Transparência
no Processo Arbitral

Transparência no Processo Arbitral

2021

Ana Olivia Antunes Haddad

TRANSPARÊNCIA NO PROCESSO ARBITRAL
© Almedina, 2021
AUTOR: Ana Olivia Antunes Haddad

DIRETOR ALMEDINA BRASIL: Rodrigo Mentz
EDITORA JURÍDICA: Manuella Santos de Castro
EDITOR DE DESENVOLVIMENTO: Aurélio Cesar Nogueira
ASSISTENTES EDITORIAIS: Isabela Leite e Larissa Nogueira

DIAGRAMAÇÃO: Almedina
DESIGN DE CAPA: FBA

ISBN: 9786556271590
Fevereiro, 2021

Dados Internacionais de Catalogação na Publicação (CIP)
(Câmara Brasileira do Livro, SP, Brasil)

Haddad, Ana Olivia Antunes
Transparência no processo arbitral / Ana Olivia Antunes Haddad.
– São Paulo : Almedina.

Bibliografia.
ISBN 9786556271590

Índice:
1. Arbitragem (Direito) - Brasil 2. Arbitragem (Direito) - Leis e legislação - Brasil
3. Processo civil - Brasil I. Título.

20-50355   CDU-347.918 (81)

Índices para catálogo sistemático:

1. Brasil : Arbitragem : Direito processual civil 347.918 (81)

Cibele Maria Dias - Bibliotecária - CRB-8/9427

Este livro segue as regras do novo Acordo Ortográfico da Língua Portuguesa (1990).

Todos os direitos reservados. Nenhuma parte deste livro, protegido por copyright, pode ser reproduzida, armazenada ou transmitida de alguma forma ou por algum meio, seja eletrônico ou mecânico, inclusive fotocópia, gravação ou qualquer sistema de armazenagem de informações, sem a permissão expressa e por escrito da editora.

EDITORA: Almedina Brasil
Rua José Maria Lisboa, 860, Conj.131 e 132, Jardim Paulista | 01423-001 São Paulo | Brasil
editora@almedina.com.br
www.almedina.com.br

AGRADECIMENTOS

O presente livro é fruto da pesquisa que desenvolvi ao longo de três anos, durante o curso de Mestrado da Faculdade de Direito da Universidade de São Paulo (2017-2020). Foi uma grande jornada de muito aprendizado e crescimento pessoal, acadêmico e profissional.

Essa jornada só foi possível graça aos meus pais, Jamil e Margarida, que proporcionaram todas as condições necessárias para que eu pudesse me dedicar aos estudos e sempre me ensinaram, através do exemplo, a importância da educação. Além disso, sempre me apoiaram e me incentivaram em todas as minhas decisões. Por isso, meu primeiro agradecimento não pode deixar de ser para eles. Muito obrigada por tudo que vocês já fizeram por mim, eu amo vocês.

Agradeço imensamente meu orientador, Prof. Heitor Vitor Mendonça Sica, por ter me dado a oportunidade de ingressar no mestrado e me ajudado muito em todas as suas etapas. Obrigada por ter sido um orientador sempre presente e gentil. Você é um grande exemplo, a quem eu admiro muito.

Também devo muitos agradecimentos a Eleonora Coelho, que abriu as portas para que eu pudesse trabalhar e estudar arbitragem, apoiou minha decisão de ingressar no mestrado e me deu o suporte necessário para que eu pudesse conclui-lo. Além disso, sempre foi um grande exemplo de mulher forte, profissional dedicada e bem sucedida, que eu admiro muito. É uma honra poder conviver e trabalhar com você. Muito obrigada.

Pelas inúmeras revisões e pelas discussões constantes sobre arbitragem, que foram fundamentais para o trabalho, agradeço a Fabiana Leite,

Louise Maia e todas as pessoas que passaram por Eleonora Coelho Advogados nesse período. Vocês são a prova de que duas (ou mais) cabeças pensam muito melhor do que uma!

Também foram essenciais para o trabalho as críticas e sugestões recebidas durante a banca de qualificação e durante a banca final, pelas quais agradeço aos Professores Marcelo José Magalhães Bonizzi (FDUSP), Rafael Francisco Alves (FGV/SP), Carlos Alberto Carmona (FDUSP) e Humberto Dalla Bernardino de Pinho (UERJ). Meu muito obrigada também a Eduardo de Albuquerque Parente, que gentilmente se dispôs a revisar minha dissertação, dando sugestões valiosas.

Não posso deixar de agradecer as minhas amigas e os meus amigos, que me deram força, apoio emocional e encorajamento quase diários, sem os quais eu não teria conseguido concluir essa jornada. Meu muito obrigada especialmente para Bárbara Correia, Camila Rocha, Joyce Jennie, Fabiana Leite e Gustavo Alkmin.

Por último, mas não menos importante, agradeço ao Comitê Brasileiro de Arbitragem – na pessoa de seu Presidente, Dr. Giovanni Ettore Nanni – e à Editora Almedina, por terem me concedido a oportunidade de publicar o meu trabalho nesta primorosa e inédita coleção, a qual certamente contribuirá muito para o desenvolvimento da arbitragem no Brasil.

São Paulo, setembro de 2020.

ANA OLIVIA ANTUNES HADDAD

APRESENTAÇÃO

Fruto da primorosa dissertação de mestrado defendida na Faculdade de Direito da Universidade de São Paulo pela brilhante advogada e acadêmica Ana Olívia Antunes Haddad, este livro brinda a comunidade arbitral brasileira com trabalho no qual a autora analisa com profundidade as várias nuances da transparência, do sigilo e da publicidade no processo arbitral, bem como, fundamentada em extensa pesquisa que realizou, apresenta soluções propositivas, concretas e eficientes para aumentar a transparência da arbitragem comercial no Brasil.

Após o questionamento acerca da constitucionalidade da arbitragem em nosso país em seus primórdios, restou assente que é lícito às partes maiores e capazes recorrerem ao instituto, por meio da celebração de convenção de arbitragem, para submeterem seus litígios relacionados a direitos patrimoniais disponíveis a árbitro (a) ou árbitros (as) – juízes de fato e de direito – cuja sentença terá força de título executivo judicial. A partir de então, a arbitragem se firmou como sistema processual autônomo ao judicial, tendo alcançado desenvolvimento exponencial.

De fato, a arbitragem comercial é hoje modo difundido de solução de controvérsias nas mais diversas áreas da economia, tendo especial adequação à resolução de demandas complexas e de vultosos valores, pacificando questões de grande impacto econômico e social. Assim, o debate acerca do equilíbrio entre o sigilo e transparência do instituto mostra-se especialmente relevante e até mesmo essencial para a preservação de sua legitimidade.

O mérito desta obra reside justamente em estabelecer, de maneira crítica, os benefícios e possíveis efeitos negativos do aumento de transparência da arbitragem à luz dos pilares que sustentam o processo arbitral, das práticas dos usuários, dos entendimentos judicial e doutrinário, para então perquirir sobre possíveis aprimoramentos do sistema, mediante aumento da transparência.

Assim, Ana Olívia Haddad começa por traçar uma comparação entre os processos arbitral e judicial, abordando pontos importantes, como a publicidade e o sigilo que existem na arbitragem, o tipo de publicidade disponível em ambos os processos, a ausência de elementos doutrinários e de *soft law* conclusivos a respeito do tema, para concluir que o processo arbitral no Brasil não é totalmente sigiloso, mas que tem nível baixo de transparência, especialmente quando comparado ao Poder Judiciário.

A autora optou por dividir a belíssima obra em duas partes: a primeira mais teórica na qual compartilha o rico estudo realizado a partir de dados coletados perante diversas instituições arbitrais e esmiúça cada uma das premissas que embasam a conclusão que vem a ser o cerne de seu completo trabalho: a necessidade de ampliar a transparência do processo arbitral tal como existente hoje em dia em nosso país.

Em tal capítulo parte-se da análise do sigilo e da privacidade em suas facetas positivas e negativas, dentre as quais: evitar que as partes sejam estigmatizadas, minimizar interferências indevidas no julgamento do caso e nas atividades das partes envolvidas, poupar-se de exposição indevida na mídia, a preservação dos segredos comerciais e industriais, mas também interesses menos nobres como evitar litígios em cascata, ocultar sentença desfavorável e ou a revelação de más práticas.

A obra revela que, a despeito de possíveis distorções, as partes buscam interesses legítimos ao optarem pelo sigilo, o que não significa dizer que se faça necessário que este seja absoluto, trazendo luz ao fato de que é possível que o sigilo seja parcialmente mitigado, reduzindo o descompasso entre sua finalidade e sua operacionalização, da forma como ela ocorre.

Partindo do pressuposto de que não basta que se averigue a possibilidade da mitigação do sigilo, a acadêmica traz a avaliação da conveniência e dos efeitos negativos e positivos do aumento da transparência na arbitragem no Brasil.

Na segunda parte, a obra nos presenteia com pesquisa extremamente rica e contributiva por meio da qual são analisadas iniciativas sugeridas e ou implementadas em nosso país e no mundo com tal mister. Dentre estas medidas, são analisadas a forma como se dá a publicação de sentenças arbitrais, de decisões em incidentes de impugnação de árbitro, a divulgação de informações sobre indicação de árbitros, até a divulgação de estatísticas, dentre outras.

A partir de uma avaliação crítica e profunda de tais iniciativas, Ana Olívia Haddad propõe – de maneira inédita na doutrina nacional – um regime de confidencialidade mitigada para a arbitragem comercial e um regime de transparência para arbitragens envolvendo a administração pública para a plena consecução do princípio da publicidade entabulado no artigo 2º, §3º da Lei 9.307/1996.

Trata-se, portanto, de inestimável contribuição que não somente fornece um panorama abrangente do tema da transparência e do sigilo da arbitragem no Brasil, como confere elementos concretos e propositivos para a evolução do instituto como sistema autônomo, eficiente e adequado à solução de controvérsias.

Os usuários da arbitragem, sejam eles árbitros, instituições arbitrais, professores, partes ou advogados encontrarão no trabalho de Ana Olívia Haddad excelentes subsídios acadêmicos e práticos para a condução de suas missões de maneira mais eficiente e adequada, de modo que a arbitragem tenha sua legitimidade e potencial reforçados a cada dia.

São Paulo, setembro de 2020.

Eleonora Coelho
Advogada em São Paulo – Pós-graduada em Arbitragem, Contencioso e Métodos Adequados de Solução de Controvérsias pela Universidade Paris II – Panthéon Assas – Atualmente presidente do Centro de Arbitragem e Mediação da Câmara de Comércio Brasil-Canadá (CAM-CCBC).

PREFÁCIO

Ana Olívia Antunes Haddad honrou-me com o convite para prefaciar seu primeiro livro, intitulado **"Transparência no Processo Arbitral"**.

Trata-se da versão comercial de sua Dissertação de Mestrado, apresentada no âmbito do Programa de Pós-Graduação da Faculdade de Direito da Universidade de São Paulo, sob minha orientação, e aprovada com todos os méritos em banca composta pelos Professores Humberto Dalla Bernardino de Pinho (UERJ), Rafael Francisco Alves (FGV/SP) e Carlos Alberto Carmona (FDUSP).

É bastante raro encontrar um trabalho de mestrado com tantas qualidades.

O tema é atualíssimo e de extrema relevância. Embora a confidencialidade não constitua elemento obrigatório do processo arbitral, tornou-se inexorável na experiência brasileira, salvo quando excepcionalmente a lei a afasta de modo expresso. Se, por um lado, o sigilo se revela uma das vantagens desse método de solução de conflitos e que muitas vezes pesa na sua escolha pelas partes, não há como ignorar que traz desvantagens, por manter restritas informações quanto aos árbitros e às sentenças arbitrais. O sigilo dificulta o processo de escolha dos árbitros, face ao desconhecimento público do *track record* dos candidatos, e impede que se forme uma "jurisprudência arbitral". Todo e qualquer mercado – e aquele dos árbitros e instituições arbitrais indubitavelmente se qualifica como tal – resta prejudicado pela incompletude das informações disponíveis àqueles que nele atuam.

O trabalho que ora tenho o prazer de prefaciar analisa tais problemas sob todos os ângulos possíveis e se propõe enfrentá-los mediante diversas sugestões de modificações em nível legal e infralegal, público e privado, as quais revelam sensibilidade e coragem incomuns para estudiosos da geração da autora.

Ao assim proceder, o trabalho inova e se apresenta utilíssimo, pois desbrava um terreno ainda inexplorado e propõe soluções efetivamente úteis e plenamente factíveis, por considerar até mesmo aspectos culturais da comunidade arbitralista (nacional e estrangeira), da qual a autora faz parte, atuando profissionalmente com muito êxito.

A pesquisa é primorosa, não apenas para amplitude e diversidade da bibliografia, mas sobretudo pelo riquíssimo levantamento empírico, a denotar, por parte de sua autora, maturidade e desenvoltura absolutamente invulgares.

A leitura é fluida e agradável, a estrutura do trabalho impecável, com todos os seus capítulos e itens bem desenvolvidos e concatenados.

Em suma, a qualidade do trabalho não surpreende a quem conhece **Ana Olívia**, por sua dedicação, comprometimento e competência.

Por todas essas razões, recomendo firmemente a leitura do trabalho, não apenas pelos estudiosos que começaram a se aventurar no exame das questões atinentes à arbitragem, mas sobretudo àqueles profissionais que se acham hoje nas posições de maior destaque da comunidade arbitralista. Temos, todos, muito a aprender com **Ana Olívia**.

Arcadas, setembro de 2020.

Heitor Vitor Mendonça Sica
Professor Associado de Direito Processual Civil da Faculdade de Direito da Universidade de São Paulo e Advogado.

ABREVIATURAS E DEFINIÇÕES

AI	*Arbitrator Intelligence*
Amcham	Centro de Arbitragem e Mediação da *American Chamber of Commerce for Brazil*.
Anac	*Camera Arbitrali – Autorità Nazionale Anticorruzione* (Itália)
Anuário de Arbitragem CESA	Pesquisa "Anuário da Arbitragem no Brasil" publicada em 2016 e 2017 pelo Centro de Estudos das Sociedades de Advogados
Arbitac	Câmara de Mediação e Arbitragem da Associação Comercial do Paraná
CADE	Conselho Administrativo de Defesa Econômico
CAM Fiep	Câmara de Arbitragem da Federação das Indústrias do Estado do Paraná
CAM Milano	*Camera Arbitrale di Milano* (Itália)
CAM Milano nº 6210	Sentença arbitral: *X v. Y, Award, CAM Case No. 6210, 4 May 2011*
CAM Santiago	*Centro de Arbitraje y Mediación de Santiago*
CAM Santiago nº 1740	Sentença arbitral: *ROL: 1740-2013*
CAM Santiago nº 1841	Sentença arbitral: *ROL: 1841-2013*
CAM Santiago nº 1845	Sentença arbitral: *ROL: 1845-2013*
Camarb	Câmara de Arbitragem Empresarial – Brasil
CAM-CCBC	Centro de Arbitragem e Mediação da Câmara de Comércio Brasil-Canadá
Cames	Câmara de Mediação e Arbitragem Especializada

Camesc	Câmara de Arbitragem e Mediação de Santa Catarina
CAS	*Court of Arbitration for Sport*
CBMA	Centro Brasileiro de Mediação e Arbitragem
CBMAE	Câmara de Mediação e Arbitragem Empresarial da Confederação das Associações Comerciais e Empresariais do Brasil
CCEE	Câmara de Comercialização de Energia Elétrica
CCI	Corte de Arbitragem da Câmara de Comércio Internacional
CCI nº 18625	Sentença arbitral: *Seller (Singapore) v. Buyer (Xanadu). Final award. ICC Case No. 18625.*
CCI nº 18830	Sentença arbitral: *Buyer (India) v. Seller (Turkey). Final award. ICC Case No. 18981.*
CCL	*Centro de Arbitraje – Cámara de Comercio de Lima*
CF	Constituição da República Federativa do Brasil de 1988.
Clout	*Case Law on Uncitral Texts*
CMA Ciesp/Fiesp	Câmara de Conciliação, Mediação e Arbitragem do Centro das Indústrias do Estado de São Paulo
Conima	Conselho Nacional das Instituições de Mediação e Arbitragem
Convenção de Nova Iorque	Convenção sobre o Reconhecimento e a Execução de Sentenças Arbitrais Estrangeira, promulgada no Brasil por meio do Decreto nº 4.311, de 23 de julho de 2002.
CPC	Código de Processo Civil: Lei nº 13.105, de 16 de março de 2015.
CPC/1973	Lei nº 5.869 de 11 de janeiro de 1973, revogado pela Lei nº 13.105, de 16 de março de 2015.
CVM	Comissão de Valores Mobiliários
GAR	*Global Arbitration Review*
IBA	*International Bar Association*
ICCA	*International Council for Commercial Arbitration*
ICDR	*International Center for Dispute Resolution*
ICDR nº 152	Sentença arbitral: *ICDR Case No. 152-04.*
ICDR nº 379	Sentença arbitral: *ICDR Case No. 379-04.*
ICSID	International Centre for Settlement of Investment Disputes

ABREVIATURAS E DEFINIÇÕES

IMI	*International Mediation Institute*
LCIA	*London Court of International Arbitration*
LCIA nº 142603	Decisão em incidente de impugnação ao árbitro: *LCIA Reference No. 142603, Decision Rendered 16 February 2016*
LCIA nº 173566	Decisão em incidente de impugnação ao árbitro: *LCIA Reference No. 173566, Decision Rendered 21 July 2017*
Lei de Arbitragem	Lei nº 9.307, de 23 de setembro de 1996
OP Ad Hoc nº 02	Ordem processual: *C SA (in Bankruptcy) v. 1. A Limited, 2. T Holdings Limited, Procedural Order No. 5, Decision Regarding Respondents' Application for Stay of Arbitration, Ad hoc arbitration (UNCITRAL Rules), 8 April 2009*
OP CCI nº 04/2008	Ordem processual: *Claimant v. Respondent, Procedural Order No. 4 on Respondent's Application to Stay the Proceedings (Extracts), ICC Case No. [...], 2008*
OP CCI nº 04/2009	Ordem processual: *Parties Not Indicated, Procedural Order No. 4, 2009*
OP CCI nº 09/2016	Ordem processual: *Claimant 1 and Claimant 2 v. Respondent, Procedural Order No. 9 (Extracts), ICC Case No. [...], 2016*
OP CCI nº 2002	Ordem processual: *A v. Z, Order, 2 April 2002*
OP SCAI nº 09/2014	Ordem processual: *Claimant and Counter-Respondent v. Respondent 1 and Counter-Claimant, Respondent 2 and Respondent 3, Procedural Order No 9 Regarding the Stay of the Proceedings in light of the Order of the Swiss Federal Supreme Court, SCAI Case No. 300273-2013, 4 October 2014*
Pesquisa CBAr-Ipsos	Pesquisa "Arbitragem no Brasil" realizada pelo Comitê Brasileiro de Arbitragem com o Instituo Ipsos (2012).
Pesquisas Queen Mary	Pesquisas conduzidas pela *School of International Arbitration* da Queen Mary University of London.
Regras de Transparência da Uncitral	*United Nations Convention on Transparency in Treaty-based Investor-State Arbitration* (*Mauritius Convention on Transparency*)

SCAI	*Swiss Chambers' Arbitration Institution*
SCC	*Arbitration Institute of the Stockholm Chamber of Commerce*
SCC nº 107	Sentença arbitral: *X, Seller (Russia) v. Y, Buyer (Germany). Final Arbitral Award. SCC Case No. 107/1997.*
SCC nº 36	Sentença arbitral: *X, Creditor (United States) v. Y, Debtor (Russia). Final Arbitral Award, SCC Case No. 36/1998.*
STF	Supremo Tribunal Federal
STJ	Superior Tribunal de Justiça
TCAA	*Taiwan Construction Arbitration Association*
TJMG	Tribunal de Justiça do Estado de Minas Gerais
TJSP	Tribunal de Justiça do Estado de São Paulo
TRF	Tribunal Regional Federal
Uncitral	*The United Nations Commission on International Trade Law*
VIAC	*Vienna International Arbitral Centre*
VIAC nº 4403	Sentença arbitral: *C 09 – Final Award, VIAC Case No. SCH-4403, 1994.*
VIAC nº 5.176	Sentença arbitral: *C 33 – Final Award, VIAC Case No. SCH-5176, 2012.*
VIAC nº 5.277	Sentença arbitral: *C 56 – Final Award, VIAC Case No. SCH-5277, 2014.*

SUMÁRIO

INTRODUÇÃO   21
   A transparência no processo   21
   Delimitações do escopo   28
   Estrutura do trabalho   30
   Pesquisas realizadas   31

PARTE I

CAPÍTULO 1. É POSSÍVEL AUMENTAR A TRANSPARÊNCIA?
A CONFIDENCIALIDADE DA ARBITRAGEM   37
   1.1 Considerações iniciais   37
   1.2 A natureza privada da arbitragem   38
   1.3 A Lei de Arbitragem   40
   1.4 Entendimento do Poder Judiciário brasileiro   45
       1.4.1 O entendimento quanto à inexistência de um dever de sigilo inerente ao procedimento arbitral   45
       1.4.2 A alegada inconstitucionalidade do artigo 189, IV do CPC   53
   1.5 Os regulamentos das instituições arbitrais do Brasil   56
   1.6 O sigilo na visão dos usuários da arbitragem   58
   1.7 Os benefícios do sigilo e da privacidade da arbitragem   64

CAPÍTULO 2. É BENÉFICO AUMENTAR A TRANSPARÊNCIA?
OS POSSÍVEIS EFEITOS DE MAIS PUBLICIDADE
NA ARBITRAGEM   69
   2.1 Benefícios aos sujeitos da relação jurídica arbitral   69
       2.1.1 Melhorar a tomada de decisões das partes   69

2.1.1.1	Escolha da instituição arbitral	70
2.1.1.2	Escolha do árbitro	75
2.1.1.2.1	Especialização na matéria submetida à arbitragem	76
2.1.1.2.2	Reputação	77
2.1.1.2.3	Experiência prévia em arbitragem	78
2.1.1.2.4	Disponibilidade	79
2.1.1.2.5	Qualidade da sentença	82
2.1.1.2.6	Afinidade com a posição defendida pela parte	82
2.1.1.2.7	Preferências procedimentais	83
2.1.1.2.8	Conclusão: escolha do árbitro	84
2.1.1.3	Escolha das regras procedimentais	86
2.1.2	Promover a paridade de armas no processo arbitral	88
2.1.3	Aumentar a eficácia da sanção reputacional	93
2.1.4	Promover segurança jurídica	101
2.1.5	Diminuir custos de transação	110
2.2	Benefícios para terceiros e para a sociedade como um todo	113
2.2.1	Desenvolvimento do Direito, em sentido amplo	118
2.2.2	Promover o escopo social da jurisdição (educação)	124
2.2.3	Fortalecer a autonomia e a legitimidade da arbitragem	125
2.3	Possíveis efeitos negativos da transparência e seus contrapontos	130
2.3.1	Aumento dos custos	130
2.3.2	Aumento do tempo de duração dos procedimentos	132
2.3.3	Aumento do número de impugnações aos árbitros	133
2.3.4	Impacto na imparcialidade do árbitro (*issue conflitc*)	135
2.3.5	Impacto sobre a qualidade e a celeridade das decisões	144
2.3.6	Mau uso das decisões arbitrais	146

CONCLUSÃO – PARTE I   147

PARTE II

CAPÍTULO 3. COMO AUMENTAR A TRANSPARÊNCIA DA ARBITRAGEM   151
   3.1 Considerações iniciais   151
   3.2 O papel das partes, dos advogados e dos árbitros   151
   3.3 O papel do Estado   155
   3.4 O papel das instituições arbitrais   158

CAPÍTULO 4. A PROPOSIÇÃO DE UM REGIME DE CONFIDENCIALIDADE MITIGADA — 165
4.1 Premissas — 165
4.2 Publicação da sentença arbitral — 172
    4.2.1 Como tornar a publicação anônima — 174
        4.2.1.1 "Anônima" para quem? — 174
        4.2.1.2 Quais informações devem ser omitidas — 178
        4.2.1.3 Quais informações devem constar da publicação — 182
    4.2.2 Seleção das sentenças que devem ser levadas à publicação — 187
    4.2.3 Formato da publicação — 191
    4.2.4 Tempo de espera entre o proferimento da sentença e sua publicação — 197
    4.2.5 Procedimento adequado e pessoa responsável por elaborar a publicação — 199
4.3 Publicação de outras decisões do tribunal arbitral (ordens processuais) — 204
    4.3.1 Considerações iniciais — 204
    4.3.2 Seleção das decisões que devem ser levadas à publicação — 206
    4.3.3 Quais informações devem constar da publicação — 208
    4.3.4 Tempo de espera entre o proferimento da decisão e sua publicação — 210
    4.3.5 Formato da publicação — 211
4.4 Publicação das decisões em incidentes de impugnação dos árbitros — 212
    4.4.1 Considerações iniciais — 212
    4.4.2 Seleção das decisões que devem ser levadas à publicação — 217
    4.4.3 Quais informações devem constar da publicação — 218
    4.4.4 Formato da publicação — 222
    4.4.5 Tempo de espera entre o proferimento da decisão e sua publicação — 224
4.5 Informações sobre candidatos a árbitro — 224
    4.5.1 Publicar o nome dos árbitros já nomeados — 225
    4.5.2 Publicar o tempo de duração dos processos conduzidos pelo árbitro — 229
    4.5.3 Questionário de conflito de interesse e de disponibilidade — 230
    4.5.4 Currículos padronizados — 232
    4.5.5 Publicação de preferências procedimentais — 234
    4.5.6 Avaliação dos usuários sobre os árbitros — 237
4.6 Informações sobre os processos arbitrais — 246

CAPÍTULO 5. A PROPOSIÇÃO DE UM REGIME DE TRANSPARÊNCIA PARA ARBITRAGENS ENVOLVENDO A ADMINISTRAÇÃO PÚBLICA — 251
   5.1 Considerações iniciais — 251
   5.2 Premissas — 253
   5.3 Regras de publicidade previstas em outros diplomas legais — 259
   5.4 Regras de publicidade estipuladas por instituições arbitrais brasileiras — 261
   5.5 Como e quais informações devem ser divulgadas — 263
   5.6 A privacidade das arbitragens com a Administração Pública — 272
CONCLUSÕES — 279

ANEXOS

ANEXO 1 – *Pesquisa Instituições Brasileiras*: critérios de inclusão e exclusão — 287
ANEXO 2 – *Pesquisa Instituições Brasileiras*: confidencialidade — 292
ANEXO 3 – *Pesquisa Instituições Brasileiras*: publicação de sentenças arbitrais — 296
ANEXO 4 – *Pesquisa Instituições Brasileiras*: lista de árbitros — 299
ANEXO 5 – *Pesquisa Instituições Brasileiras*: custos — 304
ANEXO 6 – *Pesquisa Instituições Brasileiras*: informações estatísticas — 306
ANEXO 7 – *Pesquisa Instituições Brasileiras*: nome dos árbitros — 309
ANEXO 8 – *Pesquisa Instituições Brasileiras*: questionário de disponibilidade — 311
ANEXO 9 – *Pesquisa Instituições Brasileiras*: código de ética e sanções — 313
ANEXO 10 – *Pesquisa Instituições Brasileiras*: Administração Pública — 316
ANEXO 11 – *Pesquisa Sentenças Publicadas*: sentenças analisadas — 319
ANEXO 12 – *Pesquisa Sentenças Publicadas* — 321
ANEXO 13 – *Pesquisa OPs Publicadas*: ordens processuais analisadas — 324
ANEXO 14 – *Pesquisa OPs Publicadas* — 326
ANEXO 15 – *Pesquisa Decisões de Impugnações*: decisões analisadas — 328
ANEXO 16 – *Pesquisa Decisões de Impugnações* — 330

REFERÊNCIAS — 333

Introdução

A transparência no processo

A arbitragem no Brasil teve desenvolvimento expressivo desde a promulgação da Lei nº 9.307/1996 ("Lei de Arbitragem"), mas não se trata de um instituto estático: está em contínua evolução e suscetível a mudanças e melhorias.[1] Uma das mudanças mais solicitadas recentemente pelos atores, usuários e potenciais usuários da arbitragem é o aumento da transparência do processo arbitral.

Embora "transparência" seja uma palavra muito disseminada no âmbito arbitral, não é um termo frequentemente utilizado na teoria processual. A doutrina processual discorre muito sobre a publicidade do processo, mas não a respeito de sua transparência. Os dois conceitos, porém, não se confundem.

Publicidade significa expor, divulgar algo. É, portanto, um ato de comunicação.[2] No caso da publicidade processual, objetiva-se divulgar os atos do processo. Assim, o artigo 5º, LX, da Constituição Federal ("CF") trata da publicidade dos "atos processuais" de modo geral,

---

[1] "There is, in sum, nothing eternal or inevitable about arbitration; it must find its meaning and its acceptance in the modern world it purports to serve. It cannot be static" (PAULSSON, Jan. *The idea of arbitration*. New York: Oxford University Press, 2013. p. 13).

[2] "Publicidade significa tornar público: é ato de comunicação, veiculando algo que, por exigência jurídica, não pode ficar na esfera da intimidade ou da reserva, para satisfação da pluralidade de seus fins" (MARTINS JUNIOR, Wallace Paiva. *O princípio da transparência administrativa*. 2002. Tese (Doutorado em Direito) – Faculdade de Direito da Universidade de São Paulo, Universidade de São Paulo, São Paulo, 2002, p. 30).

enquanto o artigo 93, IX, da CF refere-se à publicidade do "julgamento" e das "decisões" do Poder Judiciário.

Por ser um ato de comunicação, a doutrina classifica a publicidade a depender do receptor da mensagem: a publicidade interna envolve a ciência dos atos do processo pelas partes, enquanto a publicidade externa diz respeito à ciência dos atos do processo por terceiros, que podem, por exemplo, ter acesso aos autos e comparecer a audiências.[3]

A transparência, por sua vez, não é um ato de comunicação, e sim uma qualidade de um objeto, de uma instituição ou, até mesmo, de alguém.

O adjetivo "transparente" é originário da física, utilizado para classificar um objeto ou um meio que permite a propagação regular da luz e, assim, possibilita visualizar com nitidez o que está detrás desse meio ou desse objeto (como o ar e o vidro).[4] Aos meios transparentes se opõem os meios translúcidos e os opacos: nos primeiros, a luz propaga de forma irregular, de modo que a visualização dos objetos atrás não é nítida (por exemplo, vidro fosco), e, nos últimos, não há sequer propagação de luz, impedindo totalmente a visualização (como a madeira).

O uso da palavra transparência, contudo, não ficou restrita ao campo da física e passou a ser empregada também nas ciências sociais. Assim, uma instituição, como o processo, é considerada transparente quando é possível, sem grandes entraves, ter conhecimento sobre seu funcionamento e seu comportamento.

Nessa linha, a transparência foi definida pela doutrina estrangeira como "a abertura de uma instituição para o olhar dos outros",[5] ou "qualquer tipo de medida que tornem públicas as informações sobre o com-

---

[3] A publicidade externa também é chamada pela doutrina de ampla ou popular; e a interna também pode ser denominada de restrita. Sobre o assunto: SICA, Heitor Vitor Mendonça. Panorama atual da garantia de publicidade no processo civil brasileiro. *In*: CARVALHO, Milton Paulo de; CASTRO, Daniel Penteado de (coord.). *Direito processual civil*. São Paulo: Quartier Latin, 2011. v. II, p. 121-139.

[4] De acordo com o dicionário, transparente é a qualidade daquilo "que permite a passagem da luz, de modo que aquilo que está por detrás fica inteiramente visível" (DICIONÁRIO MICHAELIS. Versão *online*. Disponível em: http://michaelis.uol.com.br/moderno-portugues/busca/portugues-brasileiro/transparente/. Acesso em: 1º mar 2018).

[5] Tradução livre de "openness to the gaze of others" (FENSTER, Mark. The opacity of transparency. *Iowa Law Review*, v. 97, 2006, p. 888).

portamento de uma instituição",[6] ou, ainda, "a pronta disponibilidade, para partes interessadas, das regras que regem um processo".[7]

Transparência e publicidade são conceitos diferentes, mas intimamente relacionados. Para que seja possível considerar uma instituição transparente, é indispensável a publicidade de seus atos, bem como de informações associadas a ela. Logo, com base nos tipos e na quantidade de informações tornadas públicas, é possível aferir se uma instituição é muito ou pouco transparente, ou seja, a transparência é suscetível a diferentes graus.

Quando se analisa a transparência de processos jurisdicionais (seja o judicial ou a arbitragem), é difícil conceber a total ausência de transparência, isto é, um processo que seja completamente secreto, inclusive com relação às partes envolvidas. Modernamente, a publicidade interna – isto é, aquela dirigida às partes do processo – é pedra basilar do devido processo legal, intimamente relacionada ao direito ao contraditório. Assim, hodiernamente, o significado de "processo sigiloso" geralmente diz respeito à ausência de publicidade externa, voltada a terceiros.

Portanto, é possível afirmar que todo processo jurisdicional moderno possui um nível mínimo e inderrogável de transparência ligado à publicidade interna. Contudo, a partir desse patamar mínimo, o nível de transparência pode variar consideravelmente a depender do tipo do processo (por exemplo, se administrativo, judicial ou arbitral), e, dentro de cada tipo, depende ainda do objeto e das pessoas envolvidas no processo.

Dessarte, por exemplo, um processo judicial que envolva matéria de interesse público deve ter um nível de transparência maior do que um processo judicial em que está em jogo o direito das partes à intimidade. De modo semelhante, um processo arbitral que compreenda disputa comercial entre duas partes privadas pode ter um nível de transparência diferente daquele que envolve um ente público.

---

[6] Tradução livre de "any kind of measure that publicizes information about an institution's behavior" (HALE, Thomas N., SLAUGHTER, Anne-Marie. Transparency: possibilities and limitations. *The Fletcher Forum of World Affairs*, v. 30, 2006, p. 153)

[7] Trata-se de definição inspirada nos ensinamentos de Catherine Rogers, que define a transparência como "the ready availability to interested parties of the rules that regulate an adjudicatory decision-making process" (ROGERS, Catherine. Transparency in international commercial arbitration. *Kansas Law Review*, v. 54, p. 1306, 2006).

Passando da teoria à prática, quando se comparam o processo civil estatal brasileiro e o processo arbitral, constata-se que aquele tem um nível de transparência significativamente maior do que este.

No processo civil estatal, a regra é a publicidade de todos os seus atos,[8] das normas que o regem,[9] das pessoas que dele participam[10] e de informações em geral sobre seu comportamento e seus resultados.[11]

Por outro lado, os processos arbitrais no Brasil são geralmente sigilosos, em função das amplas regras de confidencialidade presentes nos regulamentos da maioria das instituições arbitrais brasileiras, as quais, em geral, impedem a publicidade de qualquer dos atos do processo a terceiros, incluindo a própria existência da arbitragem.[12]

A única publicidade que invariavelmente existe na arbitragem diz respeito às regras processuais contidas na Lei de Arbitragem, que é legislação federal e, portanto, pública. Além da Lei, *pode* haver publicidade: (i) das regras procedimentais presentes nos regulamentos das instituições arbitrais que, na maioria dos casos, são disponibilizados nos *sites* das instituições;[13] (ii) das decisões do Poder Judiciário sobre o instituto; (iii) de algumas informações disponibilizadas pelas instituições arbitrais (por exemplo, o número de procedimentos administrados,

---

[8] Não se olvida da presença do segredo de justiça em determinadas ocasiões, contudo o segredo é exceção que, ao final, confirma a regra da publicidade.

[9] Aqui se faz referência não só às normas contidas no Código de Processo Civil, mas também às normas locais, aos regimentos internos dos tribunais, às normas de condutas de juízes e advogados, às resoluções administrativas relativas a custas judiciais, entre inúmeras outras. Todas essas normas que influenciam o desenrolar do procedimento são, no processo estatal, públicas.

[10] Sejam as partes, os julgadores, serventuários e outros auxiliares da justiça.

[11] Citam-se, por exemplo, os relatórios do *Justiça em Números* organizados pelo Conselho Nacional de Justiça, que proporcionam uma visão sociológica do processo estatal. Mas não é só: a própria característica pública do processo estatal permite o desenvolvimento de trabalhos empíricos e doutrinários sobre seu funcionamento que em muito colaboram para a compreensão do instituto.

[12] O item 1.5 explorará em detalhes as previsões contidas nos regulamentos das instituições brasileiras.

[13] Nem todas as instituições publicam seus regulamentos na internet. A partir de uma pesquisa realizada com os regulamentos das instituições arbitrais brasileiras associadas ao Conselho Nacional das Instituições de Mediação e Arbitragem (Conima), constatou-se que, das 34 instituições que administram procedimentos arbitrais, cinco não divulgavam seu regulamento de arbitragem no *site*. Vide Anexo 1 com a pesquisa completa.

valores envolvidos, tempo médio de duração etc.);[14] (iv) de aspectos do processo arbitral ensinados pela doutrina, cujos autores se valem de suas experiências próprias como árbitros ou advogados para redigir artigos e livros;[15] e (v) das ditas "melhores práticas", por meio da edição de *soft law*, por exemplo, as *guidelines* publicadas pela *International Bar Association* ("IBA").[16]

No entanto, a publicidade dos atos acima referidos está longe de permitir um conhecimento amplo do instituto da arbitragem, pois, em primeiro lugar, a Lei de Arbitragem é principiológica, contendo poucas regras processuais e procedimentais, das quais algumas podem ser derrogadas e alteradas pelas partes.

Em segundo lugar, são pouquíssimas as instituições arbitrais brasileiras que publicam informações sobre os procedimentos que administram,[17] não sendo possível afirmar que estas são representativas do universo das arbitragens institucionais brasileiras.

Em terceiro lugar, o Poder Judiciário nem sempre é chamado a intervir e, além disso, muitas vezes essas ações tramitam sob segredo de justiça, especialmente após a promulgação do Código de Processo Civil em 2015 ("CPC"), que previu expressamente a possibilidade do sigilo em ações relacionadas à arbitragem (artigo 189, IV).[18]

---

[14] O Anexo 6 contém a pesquisa completa de quais instituições brasileiras divulgam informações estatísticas. Além das informações diretamente publicadas pelas instituições, há também a compilação de dados estatísticos realizada pelo Centro de Estudos das Sociedades de Advogados nos anos de 2016 e 2017.

[15] "Like the grand civil-law tradition, it is scholarly commentary that produces the law and technique of arbitration. The role of scholars is enhanced because the other potential source of lawmaking, namely legislators and judges, are called on only when the relatively autonomous system of commercial arbitration turns to national legal systems for support or enforcement. Nor can arbitral practice directly contribute to the norm-creation function because of the need for confidentiality. Scholarly (and institutional) production of arbitration law and rules fills the void" (GINSBURG, Tom. The culture of arbitration. *Vanderbilt Journal of Transnational Law*, n. 36, p. 1340-1341, 2003).

[16] Sobre o tema: ABBUD, André de Albuquerque Cavalcanti. *Soft law e produção de provas na arbitragem internacional*. São Paulo: Atlas, 2014.

[17] Das 31 instituições brasileiras analisadas neste trabalho, apenas três (9,6%) publicam em seus *sites* dados estatísticos sobre os procedimentos que administram. Vide Anexo 6.

[18] O entendimento do Poder Judiciário sobre o sigilo da arbitragem será mais bem analisado no item 1.4.

Em quarto lugar, os ensinamentos doutrinários, no mais das vezes, representam as experiências pessoais de seus autores. Isoladamente considerados, esses ensinamentos não permitem uma compreensão ampla do instituto.

Em quinto e último lugar, os repositórios de *soft law* de que se têm conhecimento dizem respeito à arbitragem internacional (não se tem notícia de nenhuma publicação semelhante eminentemente brasileira) e, mesmo assim, não há *soft law* para todos os aspectos do processo arbitral.[19]

Pelo exposto, é possível concluir que o processo arbitral no Brasil não é totalmente secreto, mas tem um nível de transparência baixo, especialmente se comparado ao Poder Judiciário.

Tal fato não tem passado despercebido por estudiosos da arbitragem. A demanda por mais transparência na arbitragem é antiga, especialmente no que toca à publicação das sentenças arbitrais.[20] Atualmente, porém, essa exigência tem crescido e se expandido para outros aspectos do processo, clamando, por exemplo, pela disponibilização de informações objetivas e públicas sobre candidatos a árbitros, sobre a duração dos procedimentos, de decisões relativas às impugnações dos árbitros, entre outros.

As arbitragens de investimento (*investor-state arbitration*) e as arbitragens entre Estados (*state-state arbitration*) atualmente são os tipos de procedimento arbitral com maior nível de transparência, o que se explica pelo fato de tais processos contarem com a participação de um ente público, exigindo, naturalmente, uma abertura maior.[21]

Isso também se verifica no Brasil. A partir da alteração da Lei de Arbitragem em 2015, processos arbitrais com a Administração Pública

---

[19] Sobre o tema: ABBUD, André de Albuquerque Cavalcanti. Soft law *e produção de provas na arbitragem internacional* cit.

[20] "The quest for more transparency in international (commercial and investment) arbitration captures the attention of novices and veteran insiders and outsiders of this area of dispute resolution. In this respect also the calls for publication of arbitral awards is not in entirely new (Julian Lew, Klaus-Peter Berger and Martin Hunter have written on the issue since the late 1970s)" (MISTELIS, Loukas A. Too much information or when information relating to arbitration obscures rather than clarifies the landscape. *Kluwer Arbitration Blog*, 18 dez. 2014. Disponível em: http://arbitrationblog.kluwerarbitration.com/2014/12/18/too-much-information-or-when-information-relating-to-arbitration-obscures-rather-than-clarifies-the-landscape/. Acesso em: 11 jul. 2018).

[21] O capítulo 5 analisa as razões pelas quais se requer uma abertura maior em arbitragens com o Estado.

Direta ou Indireta passaram a ter o dever de respeitar o princípio da publicidade (artigo 2º, § 3º).

Entretanto, em arbitragens comerciais entre partes privadas ainda se constata, na maioria dos casos, a mais absoluta confidencialidade.[22] Tal fato criou uma aparente contradição, pois, por um lado, o sigilo é comumente citado como uma das principais vantagens da arbitragem, mas, por outro, a arbitragem tem sido criticada por ser um instituto fechado, secreto e dominado por um "clube".[23]

No cenário internacional, é perceptível um movimento crescente que visa a tornar a arbitragem comercial menos opaca: algumas instituições internacionais publicam sentenças arbitrais, outras divulgam as decisões de impugnação dos árbitros, outras inserem em seu *site* os nomes das pessoas que estão atuando como árbitros.[24] Além das instituições arbitrais, a própria comunidade arbitral internacional tem se unido em iniciativas que buscam promover transparência, como a criação de bancos de dados com informações sobre potenciais árbitros.[25]

No Brasil, no entanto, ainda é tímido o movimento direcionado a implementar um nível maior transparência. Embora alguns autores já tenham se manifestado em prol de mais transparência, poucas medidas concretas foram tomadas até então.

De fato, embora a maioria das instituições arbitrais brasileiras preveja em seu regulamento a possibilidade de publicar as sentenças arbitrais,[26] apenas duas delas o fizeram até o momento.[27] Além disso, como citado,

---

[22] A esse respeito, vide item 1.5, com a análise dos regulamentos de instituições arbitrais brasileiras.

[23] "First, even with expansion, the field continues to be dominated by an elite group of insiders who are variously, though not with objection, referred to as a 'cartel', a 'club', or a 'mafia'" (ROGERS, Catherine. The vocation of the international arbitrator. *American University International Law Review*, v. 20, p. 967, 2005).

[24] As experiências de instituições estrangeiras com medidas de publicidade serão analisadas no Capítulo 4.

[25] Um exemplo de tal iniciativa é o *Arbitrator Intelligence*, que visa criar um banco de dados com *feedbacks* das partes a respeito da atuação dos árbitros em casos concretos. Informações disponíveis em: http://www.arbitratorintelligence.org/. Acesso em: 11 jul. 2017. Sobre o tema, vide item 3.2.

[26] Constatação feita com base na pesquisa conduzida neste trabalho, conforme Anexo 3.

[27] Trata-se da Câmara de Arbitragem da Câmara do Comércio Internacional (CCI) e da Câmara de Arbitragem do Mercado (CAM). Esta, pela primeira vez em 2018, publicou um ementário de algumas sentenças arbitrais. Disponível em: http://www.b3.com.br/pt_br/b3/

pouquíssimas instituições brasileiras publicam em seu *site* informações a respeito dos casos que administram. Por fim, as informações disponíveis sobre potenciais árbitros brasileiros se resumem, quando muito, a seus currículos.

A ideia do presente trabalho, portanto, nasce com a constatação de que o Brasil está muito atrás na discussão acerca da transparência do processo arbitral e na implementação de medidas que a promovam. Assim, este trabalho busca responder principalmente aos seguintes questionamentos: se o processo arbitral, no Brasil, pode se beneficiar com um nível maior de transparência, e – em caso positivo (que é o que se defende) – como fazê-lo.

Delimitações do escopo

Para atender ao escopo proposto, foi necessário traçar algumas delimitações. Primeiro, o foco do presente trabalho é a arbitragem interna, também chamada de nacional, entendida como aquela em que não há elemento de estraneidade relevante, seja em seu aspecto objetivo ou econômico.[28]

---

qualificacao-e-governanca/camara-de-arbitragem-do-mercado-cam/ementario/. Acesso em: 12 fev. 2019.

[28] A Lei de Arbitragem não classifica ou diferencia a arbitragem interna da internacional, tendo adotado um sistema monista, isto é, um conjunto de regras único que se aplica a todos os tipos de procedimentos arbitrais. No Brasil, importa apenas saber o local de proferimento da sentença para identificar se a sentença arbitral é doméstica ou estrangeira (artigo 34, parágrafo único, Lei de Arbitragem). A doutrina, por sua vez, diverge significativamente quanto à definição da arbitragem internacional. Os critérios mais citados são o jurídico (presença de algum elemento estrangeiro, como o domicílio das partes, sua nacionalidade, local de execução do contrato etc.) e o econômico (envolvimento de interesses do comércio internacional). Parte da doutrina defende a adoção do conceito mais amplo, que abrange ambos os critérios, o qual é adotado neste trabalho. Nesse sentido: "As necessidades do comércio internacional e da própria arbitragem comercial internacional requerem um sistema mais liberal. Assim, propõe-se uma aplicação alternativa dos critérios objetivos e econômicos, isto é, a arbitragem será internacional quando uma das partes residir ou tiver o seu estabelecimento no estrangeiro, ou se o litígio puser em jogo os interesses do comércio internacional" (LEE, João Bosco. A especificidade da arbitragem comercial internacional. *In*: CASELLA, Paulo B. (coord.). *Arbitragem*: lei brasileira e praxe internacional. 2. ed. São Paulo: LTr, 1999. p. 203). Também nesse sentido: BRAGHETTA, Adriana. *A importância da sede da arbitragem*: visão a partir do Brasil. Rio de Janeiro: Renovar, 2010. p. 342-345.

Logo, o trabalho analisará a questão da transparência a partir do sistema jurídico processual brasileiro, incluindo aí a cultura e a prática jurídica pátrias, pois transpor uma racionalidade tipicamente nacional para arbitragens com características internacionais (ou vice-versa) pode gerar distorções, o que se quer evitar.

Além disso, o foco no sistema brasileiro funda-se na constatação de que é impossível tratar os temas da transparência e da confidencialidade na arbitragem de modo único e com pretensões de aplicação universal. De fato, o tema da confidencialidade na arbitragem é tratado de forma bastante distinta nos diferentes ordenamentos jurídicos (seja em previsões legislativas ou nos entendimentos de cortes estatais), o que impacta significativamente o regramento sobre a transparência. Assim, embora o instituto da arbitragem tenha atingido um alto grau de uniformização internacional a respeito de vários temas,[29] no que tange à confidencialidade ainda não existe consenso.[30]

Essa delimitação, contudo, não impediu a utilização de doutrina, estudos, pesquisas, exemplos e práticas estrangeiras sobre o tema da arbitragem e transparência, porque o cenário internacional está muito mais avançado nessa discussão do que o Brasil. Essa utilização, todavia, foi feita sempre com a preocupação de aproveitar apenas aquilo que é compatível com a ordem jurídica nacional.

A segunda delimitação de escopo é a análise principal de arbitragens comerciais entre partes privadas. A única exceção a essa regra é o Capítulo 5, cujo objeto é o processo arbitral em que uma das partes é a Administração Pública brasileira direta ou indireta, no qual serão estudadas as especificidades desses processos no tocante à transparência.

O Capítulo 5, porém, não inclui as arbitragens entre o Estado Brasileiro e outro Estado, porque esses procedimentos são regidos pelo Direito Internacional Público, e não pelo Direito Privado.

Ademais, o presente trabalho não contempla um estudo específico das arbitragens de investimento com o Estado Brasileiro, pois são procedimentos pouco frequentes.[31] Não obstante, não foi possível fugir

---

[29] KAUFMANN-KOHLER, Gabrielle. Globalization of arbitral procedure. *Vanderbilt Journal of Transnational Law*, v. 36, p. 1313-1333, 2003.
[30] A esse respeito, vide item 1.3 e 1.4.
[31] Isso se dá, em grande parte, porque o Brasil não ratificou nenhum tratado bilateral de investimentos (conhecido pela sigla "BIT", fruto da expressão "*bilateral investment treaties*"),

da utilização de doutrina e de exemplos de práticas de publicidade em arbitragens de investimento, pois, sem dúvidas, é o tipo com o maior nível de transparência atualmente.

Por fim, é importante notar que as delimitações de escopo *supra* não reduzem a relevância do presente trabalho, pois o uso da arbitragem no Brasil apresenta significativo crescimento nos últimos anos,[32] sendo a grande maioria desses processos domésticos e entre partes brasileiras e privadas.[33]

Estrutura do trabalho

O trabalho foi dividido em duas partes principais, uma mais teórica e outra de cunho propositivo.

A primeira parte estabelecerá as premissas doutrinárias para defender a necessidade de tornar a arbitragem no Brasil mais transparente. A análise inicia-se buscando responder se é *possível* aumentar os níveis de transparência e, para tanto, será estudado o papel da confidencialidade no processo arbitral (Capítulo 1). Isso porque, se se chegar ao resultado de que o sigilo é uma característica imposta pela lei, ou pela jurisprudência, ou, ainda, que é uma demanda dos usuários da arbi-

---

que costumam prever arbitragem, e o Brasil tampouco é signatário da "Convenção sobre a Resolução de Disputas sobre Investimentos entre Estados e Nacionais de Outros Estados" (Convenção de Washington), que além de prever a arbitragem como método de solução de disputas, criou o *International Centre for Settlement of Investment Disputes* ("ICSID"), principal instituição que administra tais procedimentos.

[32] Em 2010, as seis principais instituições do País somaram 128 novos casos. Em 2017, esse número saltou para 275, um aumento de 114% (BACELO, Joice. Casos julgados em oito anos somam R$ 87 bi. *Jornal Valor Econômico*, 2 out 2018, 05h00).

[33] De acordo com o *Anuário de Arbitragem CESA 2017*, a instituição com maior porcentagem de procedimentos com pelo menos uma parte estrangeira é a CCI (49%) (considerando apenas os casos com alguma relação com o Brasil). Todas as demais instituições que responderam à pesquisa tinham menos de 16% de seus procedimentos com uma parte estrangeira, ou seja, a grande maioria dos processos arbitrais era apenas entre partes brasileiras. Ademais, o *Anuário de Arbitragem CESA 2017* também mostrou que do total de casos em andamento em 31.12.2017 das instituições participantes (919), apenas 10% (92) tinham uma parte da Administração Pública, sendo, portanto, 90% dos processos entre partes privadas (CARVALHO, Eliane; GRION, Renato Stephan (coord.). *Anuário de Arbitragem no Brasil 2017*. São Paulo: Comitê Temático de Arbitragem do Centro de Estudos das Sociedades de Advogados – Cesa, 2018. Disponível em: http://www.cesa.org.br/media/files/CESAAnuariodaArbitragem2017.pdf. Acesso em: 12 fev. 2018).

tragem, será necessário concluir pela impossibilidade de mitigá-lo em favor de uma maior publicidade. Adianta-se, contudo, que esse não foi o resultado obtido.

Em seguida, será estudado se, além de possível, é *desejável* aumentar o nível de transparência da arbitragem. Assim, serão analisados os potenciais benefícios e possíveis efeitos negativos de um aumento de transparência (Capítulo 2). Com isso, encerra-se a primeira parte do trabalho, com a conclusão de que o aumento da transparência não só é possível, como também é benéfico e, portanto, desejável.

A segunda parte ocupa-se em propor soluções práticas para de fato implementar o aumento de transparência desejado. Como se verá, existem medidas que podem ser empreendidas pelos sujeitos da relação arbitral (partes, advogados e árbitros), pelo Estado e pelas instituições arbitrais (Capítulo 3).

Contudo, este trabalho focará as mudanças que podem ser concretizadas pelas instituições, por considerar o meio mais eficaz de aumentar a transparência da arbitragem no Brasil. Nesse contexto, o trabalho vai propor a adoção de um "regime de confidencialidade mitigada" pelas instituições arbitrais (Capítulo 4). Como o próprio nome diz, esse regime não prevê a ampla publicidade na arbitragem, mas sim um regime em que a confidencialidade é preponderante, com exceções capazes de gerar os benefícios buscados da transparência.

Finda a análise relativa às arbitragens nacionais comerciais, passa-se ao estudo do regime de transparência em arbitragens com a Administração Pública (Capítulo 5), cujo regime foge à regra estabelecida no capítulo anterior e, por isso, será examinada separadamente.

Pesquisas realizadas

Um dos prejuízos causados pela confidencialidade da arbitragem é a dificuldade de realizar pesquisas a seu respeito, em razão da pouca disponibilidade de dados públicos. Para tentar contornar essa situação, o presente trabalho se utilizou, sempre que possível, de dados coletados por pesquisas já realizadas, sendo as principais: pesquisa efetuada pelo Comitê Brasileiro de Arbitragem com o Instituto Ipsos em 2012 (doravante denominada "*Pesquisa CBAr-Ipsos*");[34] pesquisas feitas pela *School*

---

[34] COMITÊ BRASILEIRO D-E ARBITRAGEM. *Arbitragem no Brasil* – Pesquisa CBAr-Ipsos. Disponível em: http://www.cbar.org.br/PDF/Pesquisa_CBAr-Ipsos-final.pdf. Acesso em: 7 jan. 2018.

of International Arbitration da *Queen Mary University of London* (*"Pesquisas Queen Mary"*);[35] e os "Anuários da Arbitragem no Brasil" publicados em 2016 e 2017 pelo Centro de Estudos das Sociedades de Advogados (*"Anuário de Arbitragem CESA"*).[36]

Referidas pesquisas são muito relevantes, pois o renome e os recursos das instituições que as conduziram propiciaram um grande alcance no número de pessoas entrevistadas, bem como o acesso a dados não disponibilizados ao público em geral.

Todavia, tais pesquisas não abrangem todas as questões tratadas neste trabalho. Assim, percebeu-se a necessidade de empreender pesquisas próprias, a partir da análise dos regulamentos de arbitragem, regimentos internos, exemplos de práticas de publicidade já implementadas e outros dados públicos disponibilizados por instituições arbitrais que atuam no Brasil e fora, em temas relacionados à confidencialidade e à transparência.

Na primeira parte do trabalho, a pesquisa focou no cenário brasileiro, com o objetivo de realizar um diagnóstico, isto é, traçar um panorama abrangente do estado atual da transparência do processo arbitral no País (doravante denominada "Pesquisa Instituições Brasileiras").

Na segunda parte do trabalho, que visa a propor soluções específicas para aumentar a transparência da arbitragem no Brasil, foram buscadas práticas de publicidade já implementadas, tanto por instituições brasileiras como por estrangeiras, que pudessem servir de exemplos de práticas a seguir, ou a não seguir.

Para realizar a *Pesquisa Instituições Brasileiras*, primeiro, foi necessário selecionar quais instituições estariam compreendidas na Pesquisa. Optou-se por utilizar a base de dados do Conselho Nacional das Instituições de Mediação e Arbitragem ("Conima").[37]

Em 26 de março de 2019, o Conima contava com 58 instituições associadas, conforme informação disponibilizada em seu *site*.[38] Em oito

---

[35] Disponíveis em: http://www.arbitration.qmul.ac.uk/research/. Acesso em: 12 fev. 2019.

[36] Disponíveis em: http://www.cesa.org.br/anuario_da_arbitragem_no_brasil_.html. Acesso em: 12 fev. 2019.

[37] Trata-se sociedade civil sem fins lucrativos que congrega e representa as instituições de mediação e arbitragem no Brasil. A lista dos associados foi obtida no *site* do Conima. Disponível em: http://www.conima.org.br/inst_assoc. Acesso em: 3 maio 2018.

[38] A pesquisa foi inicialmente realizada em 5 de julho de 2018 e posteriormente atualizada em 26 de março de 2019. Os dados apresentados neste trabalho refletem as informações coletadas em março de 2019.

casos, não foi possível localizar o *site* da instituição ou o *site* estava fora do ar e, assim, tais instituições foram excluídas da pesquisa, pois sem acesso ao *site* não era possível coletar as informações necessárias.

Das 50 instituições restantes, 16 não administram processos de arbitragem, apenas de mediação e ou conciliação e, portanto, também foram excluídas. Das 34 instituições que permaneceram, cinco não disponibilizavam o regulamento de arbitragem em seu *site* – também foram excluídas diante da impossibilidade de se obter, pelo acesso público, as informações necessárias. Dessa forma, chegou-se ao resultado de 29 instituições associadas ao Conima e incluídas na presente pesquisa (o Anexo 1 contém detalhes sobre quais instituições associadas ao Conima foram incluídas e excluídas).

O critério de exclusão utilizado (ausência de *site* ou ausência do regulamento no *site*) foi adotado na medida em que a internet é, atualmente, uma das principais formas de obtenção de informações sobre uma instituição. Portanto, analisar se determinada informação está ou não disponível na rede mundial de computadores tem relação direta com o nível de transparência que se deseja dar a tal informação.

Após essa triagem, percebeu-se que duas instituições de renome no País não eram associadas ao Conima: a Corte de Arbitragem da Câmara de Comércio Internacional ("CCI") e a Câmara de Arbitragem do Mercado (associada à B3, antiga BM&FBovespa) (doravante, "CAM B3"). Dada a relevância de tais instituições[39] e como elas preencheram os critérios referidos, elas foram incluídas no estudo.

Destarte, a *Pesquisa Instituições Brasileiras* analisou a prática de 31 instituições arbitrais que atuam no Brasil em temas relacionados à confidencialidade e à transparência.

Em relação às pesquisas da segunda parte do trabalho, para cada medida sugerida de publicidade elaborou-se um exame específico de práticas semelhantes. Assim, no item 4.2, que aborda a publicação de sentenças arbitrais, foram buscadas sentenças arbitrais já divulgadas, que foram utilizadas como substrato para a proposição de um modelo de publicação para o sistema brasileiro. Assim também foi feito no caso

---

[39] De acordo com o *Anuário de Arbitragem CESA 2017*, dentre as 16 instituições que responderam à pesquisa, a CCI foi a segunda com o maior número de processos arbitrais em andamento em 31.12.2017, e a Câmara de Arbitragem do Mercado foi a sétima.

de publicidade de ordens processuais (item 4.3), de decisões em incidentes de impugnação de árbitros (item 4.4) e de informações sobre os árbitros (item 4.5).

Como as instituições adotam práticas diversas de transparência, os tópicos da segunda parte do trabalho ensejaram a análise de instituições diferentes (ainda que existam coincidências em alguns casos), a partir de metodologias distintas. Assim, tanto a metodologia, como as instituições abrangidas em cada pesquisa foram detalhadas nos seus respectivos itens da segunda parte do trabalho.

PARTE I

Capítulo 1
É Possível Aumentar a Transparência? A Confidencialidade da Arbitragem

1.1 Considerações iniciais

Se na física o oposto da transparência é a opacidade, no campo do processo é o total sigilo ou a total confidencialidade. Sigilo e confidencialidade são utilizados neste trabalho como sinônimos, que significam a existência de um segredo e o dever de não o revelar.[40] Trata-se, portanto, de uma obrigação de não fazer.

Como visto na Introdução, hodiernamente, a publicidade interna (voltada às partes) é uma característica inderrogável do processo jurisdicional. Assim sendo, "processo sigiloso" ou "confidencial" geralmente refere-se à ausência de publicidade externa, direcionada a terceiros, e é esse o uso que será dado no presente trabalho.

É comum afirmar que uma das principais características ou uma das principais vantagens da arbitragem é sua confidencialidade. Se tais afirmações forem verdadeiras, não será possível mitigar o total sigilo com

---

[40] O termo "confidencialidade" deriva de "confidência", que "é o ato pelo qual uma pessoa faz a outrem comunicação de fatos íntimos que não devem ser revelados, porque constituem segredos". Por sua vez, a palavra sigilo deriva do latim *sigillum*, que se traduz como "marca pequena, sinalzinho, selo". Assim, "imperando nele a ideia de algo que está sob selo, ou sinete, o sigilo traduz, com maior rigor, o segredo que não pode nem deve ser violado" (DE PLÁCIDO E SILVA. *Vocabulário jurídico*. 26. ed. Rio de Janeiro: Forense, 2016. p. 341 e 1299).

vistas a aumentar a transparência, sob pena do instituto perder sua essência ou uma de suas principais vantagens. Assim sendo, é necessário investigar se tais afirmações têm respaldo.

1.2 A natureza privada da arbitragem

Para evitar qualquer dúvida, cumpre esclarecer que este capítulo não tem o objetivo de questionar a natureza jurisdicional da arbitragem, questão há muito pacificada e que não será abordada neste trabalho. O capítulo é focado em analisar a natureza privada da arbitragem, mas sem negar sua natureza (também) jurisdicional.

Autores de renome afirmaram no passado que a confidencialidade seria uma característica essencial da arbitragem, tendo em vista sua natureza privada.[41]

Trata-se de uma conclusão quase intuitiva quando se contrapõem o processo arbitral e o judicial, isto é, se o processo estatal tem natureza pública e respeita o princípio da publicidade, a arbitragem, que tem natureza privada, deveria respeitar o sigilo.

Entretanto, esse raciocínio não é correto nem preciso. O processo judicial respeita o princípio da publicidade não por causa exclusiva de sua natureza pública (nem tudo que tem natureza pública é publicizado), mas porque isso permite que ele atinja determinadas finalidades.

Uma dessas finalidades é propiciar que os cidadãos avaliem o serviço público prestado e por eles custeado.[42] Ademais, para que eles possam aferir a conveniência ou não de utilizar tal serviço, é necessário que tenham conhecimento das regras que o regem, dos atos de seus agentes e de seus resultados.

Além disso, por ser uma expressão do poder do Estado e da autoridade de suas leis (escopo político da jurisdição), um Estado Democrá-

---

[41] Nesse sentido, Pedro Antônio Batista Martins e José Emílio Nunes Pinto já afirmaram que o sigilo é um "dever intrínseco à natureza do instituto", "da essência da própria arbitragem [...] inerente a todo o procedimento arbitral" (MARTINS, Pedro A. Batista. Normas e princípios aplicáveis aos árbitros. In: MARTINS, Pedro A. Batista; LEMES, Selma M. Ferreira; CARMONA, Carlos Alberto. Aspectos fundamentais da lei de arbitragem. Rio de Janeiro: Forense, 1999. p. 293; PINTO, José Emílio Nunes. A confidencialidade na arbitragem. Revista de Arbitragem e Mediação, São Paulo, v. 6, p. 34-35, jul./set. 2005).

[42] As partes custeiam o Judiciário por meio do pagamento de impostos e das taxas e custas judiciais, exceção feita aos casos em que a parte é beneficiária da justiça gratuita.

tico de Direito deve permitir que a população fiscalize o exercício do poder delegado aos agentes públicos.[43] Assim, ao exigir que esse poder seja praticado perante todos, pretende-se impedir ou, ao menos, desincentivar abusos e julgamentos arbitrários.[44]

A publicidade do processo estatal também é importante para o cumprimento do escopo jurídico da jurisdição (atuação concreta da lei), pois, "se a sentença judicial realiza e concretiza a lei geral e abstrata, deve ser, tal como ela, pública".[45] Igualmente, é essencial para o escopo social de educação de toda a população acerca de seus direitos e dos direitos alheios[46] – e, por assim ser, o conhecimento acerca do processo estatal transcende os interesses privados das partes em litígio.[47]

Atualmente, o processo civil estatal também tem dado cada vez mais relevância à solução coletiva de conflitos e à uniformização de jurisprudência, de modo que a publicidade passa a ter o objetivo de permitir o conhecimento dos julgados por toda a população e a participação de terceiros que possam ser afetados.[48]

---

[43] "A publicidade sempre foi tida como um princípio administrativo, porque se entende que o Poder Público, por ser público, deve agir com a maior transparência possível, a fim de que os administrados tenham, a toda hora, conhecimento do que os administradores estão fazendo" (SILVA, José Afonso da. *Curso de direito constitucional positivo*. 29. ed. São Paulo: Malheiros, 2007. p. 669)

[44] "A ideia que se firmou na origem dessa garantia é a de que, ao julgar às claras, o magistrado tende a ater-se exclusivamente a critérios jurídicos, despindo-se de qualquer influência espúria e mantendo a sua independência" (ABDO, Helena Najjar. A publicidade do processo. *In*: CARVALHO, Milton Paulo de (coord.). *Direito processual civil*. São Paulo: Quartier Latin, 2007. p. 90).

[45] SICA, Heitor Vitor Mendonça. Panorama atual da garantia de publicidade no processo civil brasileiro cit., p. 126.

[46] DINAMARCO, Cândido Rangel. *A instrumentalidade do processo*. 8. ed. São Paulo: Malheiros, 2000. p. 162-164.

[47] THEODORO JÚNIOR, Humberto. *Curso de direito processual civil*. 57. ed. Rio de Janeiro: Forense, 2016. v. I, p. 93-94.

[48] "[...] a publicidade processual externa passa a se impor não apenas para que haja 'controle popular' e 'legitimação política' da atividade judiciária, mas, sobretudo, porque decisões proferidas em um processo podem atingir direta ou indiretamente um número cada vez maior de pessoas, em maior ou menor grau. Trata-se de um fenômeno próprio das sociedades de massa, regidas por um sistema judiciário em que é cada vez maior a relevância do precedente judicial" (SICA, Heitor Vitor Mendonça. Panorama atual da garantia de publicidade no processo civil brasileiro cit., p. 136).

Em suma, a ampla transparência do processo estatal justifica-se, pois ela possibilita o atingimento dos seguintes objetivos: (i) avaliar o serviço prestado; (ii) fiscalizar o exercício do poder delegado; (iii) proteger o cidadão contra abusos e julgamentos arbitrários; (iv) permitir que se cumpram os escopos da jurisdição (pacificação, político, jurídico e social) e (v) propiciar a solução coletiva de litígios e a uniformização de jurisprudência.

Não é, portanto, a natureza pública do processo estatal que impõe a ampla publicidade, e sim as finalidades que ele busca atingir. Ou seja, a publicidade, assim como o sigilo, é uma *ferramenta*, e não uma característica inerente a um ou outro processo. Tanto assim que o processo estatal se vale do sigilo quando considera necessário, e a arbitragem permite a publicidade quando há a participação da Administração Pública.

Isso, contudo, não significa que a natureza do processo é irrelevante para determinar seu nível de transparência. Ela é relevante, pois pode interferir na definição dos objetivos perseguidos por cada tipo de processo – mas são esses objetivos que determinarão se o processo requer mais ou menos transparência.

A análise sobre as finalidades que são ou podem ser perseguidas pela arbitragem será realizada nos itens 2.1 e 2.2. Por ora, basta a conclusão de que a natureza privada da arbitragem não impõe necessariamente o sigilo e, portanto, não impede que o processo arbitral seja mais transparente.

1.3 A Lei de Arbitragem

Apesar de o sigilo não ser um aspecto essencial ou inerente à arbitragem (assim como a publicidade não é ínsita ao processo judicial), ele pode ser imposto por lei.

Os instrumentos internacionais mais relevantes para a arbitragem internacional são silentes sobre a existência ou não de um dever de sigilo no processo arbitral, como a "Convenção sobre o Reconhecimento e a Execução de Sentenças Arbitrais Estrangeira" (Convenção de Nova Iorque)[49] e a "Lei Modelo da Uncitral sobre Arbitragem Comercial Internacional".[50]

---

[49] Promulgada no Brasil por meio do Decreto nº 4.311/2002.
[50] Para uma análise detalhada da perspectiva internacional, ver: Born, Gary B. *International arbitration*: law and practice cit., p. 2784-2787; Ly, Filip, Brozolo, Luca G. Radicati di; Friedman, Mark. Confidentiality in international arbitration. *Revista de Arbitragem e Mediação*, São Paulo, v. 31, p. 191-232, out./dez. 2011; Pryles, Michael. Confidentiality. *In*:

As legislações nacionais de diversos países, quando tratam do tema (o que não é comum),[51] divergem consideravelmente. Por exemplo, as legislações da Argentina[52] e da Noruega[53] preveem que a confidencialidade é uma cláusula facultativa da arbitragem, sem impô-la como regra.

A China,[54] a França (arbitragens domésticas)[55] e o Peru,[56] por sua vez, impõem a confidencialidade como regra, mas permitem que as partes acordem em contrário. Por fim, as legislações de Portugal,[57] Nova Zelândia[58] e Espanha[59] impõem o sigilo como regra, sem esclarecer se as partes podem ou não derrogarem tal dispositivo.

Essa ausência de consenso internacional impede que se formulem conclusões genéricas sobre a confidencialidade do instituto, sendo necessário analisar como o assunto é regulamentado especificamente em cada país.

No Brasil, até 2015, a Lei de Arbitragem não continha qualquer menção ao sigilo ou à publicidade do processo arbitral. Não obstante, alguns autores defendiam a existência de um dever legal de confidencialidade aplicável ao árbitro[60] e também à instituição arbitral,[61] o que seria

---

NEWMAND, Lawrence W., HILL, Richard D. (ed.). *The leading arbitrator's guide to international arbitration*. 2. ed. New York: Juris Publishing, 2008. p. 415-468.

[51] Países como África do Sul, Alemanha, Austrália, Chile, Colômbia, Estados Unidos da América, Inglaterra, Itália, México, Suécia e Suíça não dispõem em suas leis sobre o sigilo da arbitragem.

[52] Artigo 1658 (e) do Código Civil e Comercial (*Codigo Civil y Comercial de La Nacion, Ley nº 26.994/2004*).

[53] Capítulo 1, parágrafo quinto da Lei de Arbitragem norueguesa (*Act of 14 May 2004 nº 25*).

[54] Artigo 40 da Lei de Arbitragem Chinesa (Ordem nº 31, de 01.09.1995).

[55] Art. 1.464, parágrafo 4º da Lei de Arbitragem da França (Decreto nº 2011-48).

[56] Artigo 51 da Lei de Arbitragem do Peru (*Decreto Legislativo Nº 1.071*).

[57] Art. 30, item 5 da Lei de Arbitragem portuguesa (Lei nº 63 de 14 de dezembro de 2011). Interessante notar que o art. 30, item 6 da lei portuguesa prevê que tal confidencialidade não impede a publicação de decisões arbitrais, desde que sejam omitidos os detalhes que identificariam as partes.

[58] Art. 14 B da legislação da Nova Zelândia (*Arbitration Act 1996*).

[59] Art. 24 (2) da Lei de Arbitragem Espanhola (Ley nº 60/2003).

[60] Além de Pedro Antônio Batista Martins e José Emílio Nunes Pinto citados anteriormente, essa posição é defendida por José Antônio Fichtner, Sérgio Nelson Manheimer e André Luís Monteiro (FICHTNER, José Antonio; MANHEIMER, Sergio Nelson; MONTEIRO, André Luis. A confidencialidade na arbitragem: regras gerais e exceções. *In*: FICHTNER, José Antonio; MANHEIMER, Sergio Nelson; MONTEIRO, André Luis. *Novos temas de arbitragem*. Rio de Janeiro: Ed. FGV, 2014. p. 99).

[61] Idem, p. 101.

extraído do dever de discrição previsto no artigo 13, § 6º, assim redigido: "No desempenho de sua função, o árbitro deverá proceder com imparcialidade, independência, competência, diligência e discrição".

O uso do termo "discrição" pelo legislador confunde em razão dos vários significados dessa palavra. O adjetivo discreto pode significar aquele "que sabe guardar segredo"[62] e, nesse uso, discrição de fato equivale à confidencialidade.

Entretanto, discreto também pode ser adotado para qualificar aquele que "age com modéstia", "não faz alarde", "respeita a privacidade das outras pessoas".[63] Nessas acepções, discrição e sigilo não se confundem. Por exemplo, se o árbitro comenta sobre determinada disputa que vai julgar com uma única pessoa de sua confiança, ele não está "fazendo alarde" e, portanto, está sendo discreto. Entretanto, embora discreto, esse árbitro está violando o dever de confidencialidade.[64]

É possível, portanto, diferenciar os conceitos de "discrição" e "sigilo". E, tendo o legislador optado por um termo, e não pelo outro, o mais correto é usar o conceito que os difere, e não que os coloca como sinônimos. Outros autores também compartilham esse entendimento.[65]

Também colabora para essa interpretação o fato de a Lei de Arbitragem expressamente impor o dever de discrição somente ao árbitro, isto é, ainda que se considerem discrição e confidencialidade termos sinônimos, de acordo com a Lei de Arbitragem, só o árbitro estaria adstrito a esse dever. No entanto, esse entendimento carece de lógica, pois impor a confidencialidade apenas ao árbitro, e não às partes, prejudica a exis-

---

[62] A primeira definição de "discreto" fornecida pelo Dicionário Michaelis de português é "que sabe guardar segredo" (DICIONÁRIO MICHAELIS. Versão *online* cit.).

[63] Definições de "discreto" fornecidas pelo Dicionário Michaelis de português (DICIONÁRIO MICHAELIS. Versão *online* cit.)

[64] O termo "discrição" impõe uma grande dificuldade no que toca a estabelecer um limite entre o que pode ser considerado discreto ou não. Os extremos são facilmente identificáveis, mas entre os extremos existe uma gama de possibilidades de difícil classificação. Essa dificuldade, porém, não interfere na conclusão de que o uso do termo "discrição" na Lei de Arbitragem não se confunde com o conceito de confidencialidade.

[65] CARMONA, Carlos Alberto. *Arbitragem e processo*: um comentário à Lei nº 9.307/96. 3. ed. São Paulo: Atlas, 2009. p. 246; e FONSECA, Rodrigo Garcia da; CORREIA, André de Luizi. A confidencialidade na arbitragem. Fundamentos e limites. *In*: LEMES, Selma Ferreira, BALBINO, Inez (coord.). *Arbitragem*. Temas contemporâneos. São Paulo: Quartier Latin, 2012. p. 420.

tência do sigilo: para que uma informação seja mantida em segredo, a obrigação de não a revelar deve ser imposta a todos os que tenham contato com ela.

Assim, se a intenção do legislador tivesse sido prever o sigilo do processo arbitral como regra geral, deveria tê-lo feito com relação a todos os envolvidos na arbitragem.

Por sua vez, defender que o dever de discrição imposto aos árbitros (ainda que lido como "dever de sigilo") se estenderia também às partes significaria acrescentar algo que não está escrito na lei e, portanto, é descabido.

Também por esse motivo, o dever legal de discrição não poderia abranger as instituições arbitrais. Ainda que se considere que as instituições exerçam atividade meramente acessória ao do árbitro[66] – o que é questionável[67] –, isso não implicaria a comunicação de regime jurídico entre eles. As instituições não exercem poder jurisdicional[68] e a elas não são impostos os mesmos deveres do árbitro (cita-se como exemplo o dever de revelação). Portanto, não há por que crer que o dever de discrição do árbitro em especial seria estendido às instituições, se a lei nada diz a respeito.

Logo, mesmo a Lei de Arbitragem sendo – até 2015 – silente sobre o tema da confidencialidade, já era possível demonstrar a inexistência de um dever geral e amplo de sigilo no processo arbitral, o que, ademais, já era posição defendida por grande parte da doutrina.[69]

---

[66] Ficthner e outros defendem que o dever de discrição contido na Lei de Arbitragem seria equivalente ao dever de sigilo, e que este se estenderia às instituições arbitrais, pois haveria uma relação de acessoriedade entre a atividade das instituições e a dos árbitros (Cf. FICHTNER, José Antonio; MANHEIMER, Sergio Nelson; MONTEIRO, André Luis. A confidencialidade na arbitragem: regras gerais e exceções cit., p. 101).

[67] Isso porque as instituições atuam antes mesmo de o tribunal arbitral ser instituído e também podem ter atividade posterior ao encerramento da jurisdição dos árbitros (fornecendo relatórios e certidões, e cobrando judicialmente valores que lhes são devidos, por exemplo). Além disso, a instituição presta serviços independentes, isto é, ainda que não atue na administração de certo procedimento, pode funcionar como autoridade nomeadora de árbitros. Portanto, classificar a atividade das instituições arbitrais como mero acessório da atividade dos árbitros parece uma definição incompleta.

[68] Vide item 2.1.1.1 a respeito das funções da instituição arbitral.

[69] Cita-se, a título de exemplo: (i) CARMONA, Carlos Alberto. *Arbitragem e processo*: um comentário à Lei nº 9.307/96 cit., p. 246; (ii) LEMES, Selma M. Ferreira. Arbitragem na concessão de serviços públicos – arbitrabilidade objetiva. Confidencialidade ou publici-

O imbróglio, porém, foi finalmente pacificado com a alteração da Lei de Arbitragem pela Lei nº 13.129/2015, pois o então adicionado artigo 22-C prevê em seu parágrafo único que: "No cumprimento da carta arbitral será observado o segredo de justiça, *desde que comprovada a confidencialidade estipulada na arbitragem*".

Dois elementos na redação do referido artigo permitem concluir que a Lei de Arbitragem afastou definitivamente o entendimento de que haveria uma regra legal ou uma presunção de que todo procedimento arbitral seria confidencial.

O primeiro elemento é a escolha da palavra "estipulada" ("confidencialidade estipulada na arbitragem"). Estipular significa "estabelecer um acordo"[70] e, portanto, indica a existência de um acordo de vontades das partes em manter o procedimento arbitral confidencial.

O segundo elemento é a escolha da palavra "comprovada" ("desde que comprovada a confidencialidade"). Ao exigir que o acordo de confidencialidade seja comprovado – isto é, que seja demonstrada a existência de tal estipulação –, a lei afasta a existência de uma presunção de que o processo arbitral é necessariamente confidencial.

Dessarte, a redação do parágrafo único ao artigo 22-C da Lei de Arbitragem indica claramente que o sistema processual brasileiro não considera a confidencialidade da arbitragem como inerente ao instituto, mas apenas uma possibilidade, que depende de convenção entre as partes.[71] A confidencialidade do processo arbitral no Brasil, portanto, não é um dever legal, mas sim contratual.

---

dade processual?. *In*: GUILHERME, Luiz Fernando do Vale de Almeida (coord.). *Novos rumos da arbitragem no Brasil*. São Paulo: Fiuza, 2004. p. 386; (iii) DINAMARCO, Cândido Rangel. *A arbitragem na teoria geral do processo*. São Paulo: Malheiros, 2013. p. 62; (iv) FONSECA, Rodrigo Garcia da; CORREIA, André de Luizi. A confidencialidade na arbitragem. Fundamentos e limites cit., p. 418; (v) PARENTE, Eduardo de Albuquerque. *Processo arbitral e sistema*. São Paulo: Atlas, 2012. p. 137; (vi) CAHALI, Francisco José. *Curso de arbitragem*. 5. ed. São Paulo: RT, 2015. p. 280-281; (vii) SALLA, Ricardo Medina. Arbitragem e direito público. *Revista Brasileira de Arbitragem*, Curitiba, v. VI, n. 22, p. 101, abr./jun. 2009.

[70] DICIONÁRIO MICHAELIS. Versão *online* cit.

[71] A Lei de Arbitragem impõe somente uma vedação à liberdade das partes de estipularem o sigilo, que é o caso de arbitragem em que uma das partes é a Administração Pública, direta ou indireta. Nesse sentido, a Lei nº 13.129/2015, que alterou a Lei de Arbitragem, também incluiu o § 2º ao artigo 2º da Lei, dispondo que arbitragens com a Administração Pública deverão respeitar o princípio da publicidade. Essa questão, porém, será analisada em detalhes em capítulo próprio.

Nota-se, ainda, que o CPC contém disposição semelhante àquela da Lei de Arbitragem. O artigo 189, IV, prevê a possibilidade de que ações judiciais que versem sobre a arbitragem sejam processadas sob segredo de justiça, "desde que a confidencialidade estipulada na arbitragem seja comprovada perante o juízo".[72] Reforça-se, assim, o entendimento ora defendido.

1.4 Entendimento do Poder Judiciário brasileiro

1.4.1 O entendimento quanto à inexistência de um dever de sigilo inerente ao procedimento arbitral

A atual redação da Lei de Arbitragem é clara quanto à inexistência de um dever legal explícito ou implícito de confidencialidade. Todavia, é necessário analisar como as cortes nacionais interpretam o tema, pois isso moldará a expectativa das partes.

No cenário internacional, as cortes de alguns países têm se pronunciado de formas distintas quanto a existência ou não de um dever implícito de confidencialidade na arbitragem, o que reforça a inexistência de consenso internacional sobre o tema.

Por exemplo, em 1995, a Suprema Corte Australiana proferiu decisão declarando não existir uma presunção de sigilo na arbitragem, o qual depende de acordo entre as partes (caso *Esso Australia Resources Ltd and Others v. The Honourable Sidney James Plowman and Others*). No Reino Unido, por sua vez, as cortes entendem que o sigilo é inerente à arbitragem internacional (como decidido nos casos *Dolling-Baker v. Merret* e *Ali Shipping v. Shipyard*).[73]

No Brasil, o Superior Tribunal de Justiça ("STJ") e o Supremo Tribunal Federal ("STF")[74] não chegaram a abordar diretamente o assunto,

---

[72] "Art. 189. Os atos processuais são públicos, todavia tramitam em segredo de justiça os processos: [...] IV – que versem sobre arbitragem, inclusive sobre cumprimento de carta arbitral, desde que a confidencialidade estipulada na arbitragem seja comprovada perante o juízo."
[73] Para uma análise mais detalhada do tema da confidencialidade sob uma perspectiva internacional, ver: Born, Gary B. *International arbitration*: law and practice cit., p. 2784-2787; Ly, Filip, Brozolo, Luca G. Radicati di; Friedman, Mark. Confidentiality in international arbitration cit., p. 191-232; Pryles, Michael. Confidentiality cit., p. 415-468.
[74] A pesquisa de jurisprudência do STJ foi realizada na data de 25 de maio de 2020, utilizando a ferramenta de busca de jurisprudência disponível nos *sites* de tais tribunais, com

mas proferiram decisões que tratam da confidencialidade da arbitragem de forma incidental.

No STF, por exemplo, foi encontrado acórdão[75] que homologou acordo coletivo celebrado no âmbito de uma ação de descumprimento de preceito fundamental.[76]

O acordo foi homologado apenas parcialmente, tendo o STF entendido que a cláusula compromissória não poderia surtir efeitos, pois, entre outras razões, o objeto do acordo envolveria interesse público e, portanto, os litígios dele provenientes não poderiam ser submetidos a um procedimento sigiloso, como aquele previsto pelo regulamento do CAM-CCBC (instituição eleita pelas partes na convenção de arbitragem).

Por mais que o mérito da decisão seja questionável, já que retirou a eficácia de uma cláusula compromissória,[77] no que toca ao sigilo, o STF

---

os seguintes termos de busca: (i) arbitragem e confidencialidade; (ii) arbitragem e sigilo; e (iii) arbitragem e segredo de justiça. A pesquisa de jurisprudência do STF foi realizada na data de 08 de julho de 2020, com os mesmos termos de busca retro mencionados. No STF, a pesquisa apresentou como resultado 4 acórdãos e 5 decisões monocráticas. Após a leitura de todas as decisões, constatou-se que apenas 1 acórdão tinha relevância para o trabalho (o qual é analisado neste item). No STJ, a pesquisa apresentou como resultado 6 acórdãos e 86 decisões monocráticas. A partir da leitura de referidas decisões, constatou-se que apenas 1 acórdão e 22 decisões monocráticas eram relevantes para os fins deste trabalho, os quais foram analisados neste item do trabalho.

[75] ADPF 165 Acordo-segundo, Relator Min. Ricardo Lewandowski, Tribunal Pleno, j. 29.05.2020, *DJe* 17.06.2020.

[76] "Trata-se de pedido de homologação de Termo Aditivo ao Acordo Coletivo de Planos Econômicos firmado pela Advocacia-Geral da União – AGU, pelo Instituto Brasileiro de Defesa do Consumidor – IDEC, pela Frente Brasileira pelos Poupadores – FEBRAPO, por outras entidades representantes de poupadores, bem como pela Federação Brasileira de Bancos – FEBRABAN e pela Confederação Nacional do Sistema Financeiro – CONSIF, no qual afirmam que, com base no acordo coletivo homologado nestes autos, houve um número de adesões inferior àquele inicialmente esperado, o que justificou o aprimoramento da avença neste aditivo [...]" (trecho do inteiro teor do acórdão supra mencionado).

[77] Neste ponto específico, o STF realizou um controle prévio da eficácia de uma cláusula compromissória, o qual caberia aos árbitros em razão do princípio da competência-competência. Não bastasse, o fundamento utilizado para privar a cláusula compromissória de efeitos (a alegação de existência de "interesse público" – que não se confunde com direito indisponível) não é uma das razões previstas pela lei ou pela doutrina para invalidar uma convenção de arbitragem. Portanto, nos parece que o STF deveria ter respeitado a autonomia das partes e mantido a cláusula compromissória.

reconheceu que o processo arbitral é "tipicamente" sigiloso,[78] mas não há um reconhecimento de que ele seria *necessariamente* confidencial. Ademais, o fato de a decisão mencionar que há cláusula de sigilo no caso concreto (i.e., aquela prevista no regulamento do CAM-CCBC) sugere o sigilo da arbitragem depende de acordo expresso nesse sentido.

No STJ, não foram localizados acórdãos em que o assunto do sigilo da arbitragem tenha sido abordado. Entretanto, foram encontradas 23 decisões monocráticas que decidiram pedidos de decretação de segredo de justiça em processos relacionados à arbitragem.

Duas decisões foram proferidas antes da entrada em vigência do CPC. O artigo 155 do Código de Processo Civil de 1973 ("CPC/1973"), que tratava das hipóteses de tramitação em segredo de justiça, não previa o segredo em ações relacionadas à arbitragem, como hoje expressamente faz o artigo 189, IV, do CPC.

Em um desses casos,[79] foi deferido o processamento sob segredo de justiça com base em entendimento do STJ de que o rol das hipóteses previstas no artigo 155 do CPC/1973 não era exaustivo e que, se os fatos discutidos no processo incluem informações de natureza confidencial, cabe o sigilo do processo.[80] No outro caso julgado sob a égide do CPC/73,[81] o pedido de segredo de justiça foi indeferido, porém, tendo

---

[78] Trecho do voto do Relator: "De mais a mais, tenho reiteradamente enfatizado o interesse público que caracteriza o litígio espelhado neste processo, o qual, por isso mesmo, demanda a mais ampla publicidade de todos os atos que o integram. Não se afigura possível, destarte, relegar a solução de controvérsias supervenientes a um procedimento tipicamente sigiloso, notadamente aquele que é levado a efeito no Centro de Arbitragem e Mediação da Câmara de Comércio Brasil-Canadá. Sim, porque o respectivo regulamento prevê expressamente o sigilo do procedimento para a solução de disputas que envolvam o presente aditivo. A luz do sol, simbolicamente corporificada no art. 5º, LX, da Constituição, leva a entender que apenas a jurisdição estatal é competente para solucionar, nas palavras do aditivo, 'toda e qualquer matéria de impugnação ao presente ADITIVO e ao ACORDO, incluindo, mas não se limitando a questionamentos quanto à sua validade, eficácia, violação, interpretação, término, rescisão e/ou consectários'."

[79] STJ, CC 144.477/RJ, Rel. Min. Paulo de Tarso Sanseverino, Decisão monocrática proferida em 03.12.2015, *DJe* 09.12.2015).

[80] Na decisão monocrática foi citado o seguinte acórdão como exemplo de tal entendimento: STJ, AgRg na MC 14.949/SP, 3ª T., Rel. Min. Nancy Andrighi, j. 18.12.2008, *DJe* 18.06.2009.

[81] STJ, CC 122.439/RJ, Min. Luis Felipe Salomão, Decisão monocrática proferida em 22.02.2013, *DJe* 27.02.2013.

em vista que a parte demonstrou que o regulamento da instituição arbitral previa uma cláusula de confidencialidade, foram determinados o desentranhamento e a guarda em cartório da sentença arbitral então juntada.[82] Portanto, em ambas as decisões foi reconhecido o caráter confidencial dos documentos relativos à arbitragem, mas os julgadores não motivaram suas decisões em uma suposta confidencialidade inerente ao instituto.

As outras 21 decisões monocráticas do STJ foram proferidas sob a égide do CPC e, portanto, o deferimento do pedido de tramitação sob segredo de justiça foi condicionado à presença de prova de que a arbitragem é confidencial, nos termos do artigo 189, IV, do CPC.

Em dezenove decisões, o pedido de tramitação em segredo de justiça foi deferido, por ter sido comprovada a confidencialidade estipulada na arbitragem.[83] Em um processo, o pedido foi inicialmente indeferido por

---

[82] "Requer o deferimento de segredo de justiça, sob a alegação de que o conteúdo da sentença arbitral juntada às fls. 489-531 é confidencial, nos termos do Regulamento da Câmara FGV de Conciliação e Arbitragem, este acostado às fls. 532-546. [...] Em substituição ao pleito de atribuição de segredo de justiça, entendo que o desentranhamento da sentença arbitral juntada às fls. 489-531 e a sua guarda na Coordenadoria da 2ª Seção cumprem o desiderato almejado pela ora requerente" (STJ, CC 122.439/RJ, Min. Luis Felipe Salomão, Decisão monocrática proferida em 22.02.2013, *DJe* 27.02.2013).

[83] STJ, CC 166.591-SP, Rel. Min. Antonio Carlos Ferreira, Decisão monocrática proferida em 29.04.2020, *DJe* 04.05.2020.
STJ, CC 170.739-SP, Rel. Min. Raul Araújo, Decisão monocrática proferida em 10.02.2020, *DJe* 03.03.2020.
STJ, CC 170.603-RJ, Rel. Min. Raul Araújo, Decisão monocrática proferida em 03.02.2020, *DJe* 05.02.2020.
STJ, TP 2411-RJ, Rel. Min. Luis Felipe Salomão, Decisão monocrática proferida em 07.11.2019, *DJe* 12.11.2019.
STJ, CC 166.681-PA, Rel. Min. Marco Aurélio Bellizze, Decisão monocrática proferida em 03.09.2019, *DJe* 05.09.2019.
STJ, CC 157.099-RJ, Rel. Min. Marco Buzzi, Decisão monocrática proferida em 08.03.2018, *DJe* 15.03.2018.
STJ, CC 148.728/RJ, Rel. Min. Marco Buzzi, Decisão monocrática proferida em 06.09.2016, *DJe* 08.09.2016.
STJ, CR 11.759-EX, Rel. Min. Laurita Vaz, Decisão monocrática proferida em 07.04.2017, *DJe* 11.04.2017.
STJ, CR 11.740-FR, Rel. Min. Laurita Vaz, Decisão monocrática proferida em 07.04.2017, *DJe* 11.04.2017.
STJ, CR 11.707-FR, Rel. Min. Laurita Vaz, Decisão monocrática proferida em 26.04.2017, *DJe* 28.04.2017.

não ter sido apresentada referida comprovação,[84] mas, posteriormente, as partes supriram a ausência da prova e o juízo decretou o segredo de justiça.[85]

Por fim, em outra decisão, o pedido de segredo de justiça foi negado porque entendeu-se que a ação não versava sobre arbitragem e o fato de ter sido juntado cópia de um requerimento de arbitragem envolvendo partes diversas não era suficiente para se decretar o sigilo do processo.[86]

Em âmbito estadual[87] também não foram localizadas muitas decisões sobre o tema, somente quinze: uma no Tribunal de Justiça do Estado

---

STJ, CR 11.735-FR, Rel. Min. Laurita Vaz, Decisão monocrática proferida em 07.04.2017, *DJe* 11.04.2017.

STJ, CR 11.691-FR, Rel. Min. Laurita Vaz, Decisão monocrática proferida em 07.04.2017, *DJe* 11.04.2017.

STJ, CR 11.669-FR, Rel. Min. Laurita Vaz, Decisão monocrática proferida em 07.04.2017, *DJe* 11.04.2017.

STJ, CR 11.664-FR, Rel. Min. Laurita Vaz, Decisão monocrática proferida em 07.04.2017, *DJe* 11.04.2017.

STJ, CR 11.613-FR, Rel. Min. Laurita Vaz, Decisão monocrática proferida em 07.04.2017, *DJe* 11.04.2017.

STJ, CR 11.598-FR, Rel. Min. Laurita Vaz, Decisão monocrática proferida em 07.04.2017, *DJe* 11.04.2017.

STJ, CR 11.597-FR, Rel. Min. Laurita Vaz, Decisão monocrática proferida em 07.04.2017, *DJe* 11.04.2017.

STJ, CC 148.932/RJ, Rel. Min. Ricardo Villas Bôas Cueva, Decisão monocrática proferida em 23.10.2017, *DJe* 26.10.2017.

STJ, CC 154.752/SP, Rel. Min. Antonio Carlos Ferreira, Decisão monocrática proferida em 02.10.2017, *DJe* 05.10.2017.

[84] STJ, CC 151.130/SP, Rel. Min. Nancy Andrighi, Decisão monocrática proferida em 09.03.2017, *DJe* 10.03.2017.

[85] STJ, CC 151.130/SP, Rel. Min. Nancy Andrighi, Decisão monocrática proferida em 16.03.2017, *DJe* 17.03.2017.

[86] STJ, RESP 1.859.707-RJ, Rel. Min. Marco Buzzi, Decisão monocrática proferida em 14.02.2020, *DJe* 20.02.2020.

[87] A pesquisa foi realizada nos tribunais dos Estados de São Paulo, Minas Gerais e Rio de Janeiro, que provavelmente são os Estados com maior volume de arbitragens. A pesquisa foi realizada por meio das ferramentas de busca de jurisprudência disponíveis nos *sites* do tribunais nos dias 2 e 3 de agosto de 2020. Foram utilizados os seguintes termos de busca: (i) arbitragem e confidencialidade; (ii) arbitragem e sigilo; e (iii) arbitragem e segredo de justiça. No total, a pesquisa resultou em 566 julgados (dos quais, 254 no Estado de São Paulo, 6 no Estado do Rio de Janeiro e 306 no Estado de Minas Gerais). Foram lidas as ementas de todos os julgados, com a seleção daquelas pertinentes ao estudo para análise aprofundada. Não foi possível identificar as razões pelas quais a pesquisa no Tribunal de

de Minas Gerais (TJMG), uma no Tribunal de Justiça do Estado do Rio de Janeiro (TJRJ) e treze no Tribunal de Justiça do Estado de São Paulo (TJSP).

A decisão proferida pelo TJMG[88] aplicou o disposto no artigo 189, IV, do CPC. Assim, tendo sido constatada a existência de prova de acordo sobre a confidencialidade na arbitragem (*in casu*, previsão contida no regulamento da instituição arbitral), estabeleceu-se o segredo de justiça no processo judicial.

A decisão proferida pelo TJRJ[89] também aplicou o artigo 189, IV, do CPC, mas para indeferir o pedido de segredo de justiça, pois entendeu-se que a lide em questão não versava sobre arbitragem e, ademais, o requerimento de arbitragem juntado aos autos (formulado por parte diversa) nada dispunha sobre a existência de sigilo.

Entre as 13 decisões do TJSP, duas tramitaram sob a égide do CPC/1973. Em uma delas, ao analisar o pedido de tramitação em segredo de justiça, o julgador entendeu que "embora a confidencialidade não decorra diretamente da lei de arbitragem", no caso *sub judice*, ela decorria da vontade das partes, que haviam estabelecido o dever de sigilo. Assim, entendeu o juízo que o sigilo deveria se estender ao processo judicial.[90]

Na segunda demanda julgada de acordo com o CPC/1973,[91] o segredo de justiça foi negado, pois o juízo considerou que os requisitos previstos no artigo 155 do CPC/1973 não estavam preenchidos e, ademais, consignou que não havia sido produzida prova da confidencialidade estipulada na arbitragem.

Das onze decisões proferidas pelo TJSP após a vigência do CPC, a grande maioria (dez decisões) aplicou o artigo 189, IV, do CPC, decre-

---

Justiça do Estado do Rio de Janeiro retornou com poucos resultados, em comparação com as demais. Supõe-se que seja por falhas no mecanismo de busca do *site* do Tribunal.

[88] TJMG, AI 0538286-94.2016.8.13.0000, 6ª Câmara Cível, Rel. Des. Edilson Olímpio Fernandes, j. 27.09.2016. Publicação da súmula em 03.10.2016.

[89] TJRJ, ApC 0022287-14.2017.8.19.0209, 26ª Câmara Cível, Rel. Juíza de Direito Substituta Maria Celeste P. C. Jatahy, j. 20.05.2019.

[90] TJSP, AI 0103832-11.2007.8.26.0000, 6ª Câmara de Direito Privado, Rel. Des. Sebastião Carlos Garcia, j. 19.07.2007.

[91] TJSP, ApC 0188733-92.2010.8.26.0100, 11ª Câmara de Direito Privado, Rel. Des. Gilberto dos Santos, j. 02.05.2013.

tando o segredo de justiça quando havia prova do sigilo da arbitragem e negando-o quando ausente referida comprovação.[92]

Em duas dessas decisões, o julgador afastou *expressamente* a alegação da parte de que a confidencialidade seria inerente ao procedimento arbitral.[93]

A última decisão proferida pelo TJSP[94] destoa das demais no que tange à aplicação do artigo 189, IV do CPC. Trata-se de agravo de instrumento interposto em ação de execução de sentença arbitral, no qual o TJSP indeferiu o pedido de tramitação em segredo de justiça, por entender que o artigo 189 do CPC deveria ser interpretado restritivamente, já que limita a regra geral de publicidade dos atos processuais. Assim, como tal artigo não menciona expressamente as ações de execução de sentença arbitral, o juízo entendeu que não era possível autorizar a tramitação em segredo de justiça.

Por fim, vale a pena comentar duas decisões proferidas pelo Tribunal Regional Federal ("TRF") da 2ª e da 3ª Região.[95] Embora a pesquisa

---

[92] TJSP, ApC 0016561-32.2019.8.26.0100, 33ª Câmara de Direito Privado, Rel. Des. Sá Moreira de Oliveira, j. 14.10.2019.
TJSP, ApC 1003381-63.2018.8.26.0100, 2ª Câmara Reservada de Direito Empresarial, Rel. Des. Grava Brazil, j. 26.11.2018.
TJSP, ApC 1056008-44.2018.8.26.0100, 1ª Câmara Reservada de Direito empresarial, Rel. Des. Gilson Delgado Miranda, j. 09.10.2019.
TJSP, AI 2025056-45.2016.8.26.0000, 1ª Câmara Reservada de Direito Empresarial, Rel. Des. Hamid Bdine, j. 15.06.2016, data de registro: 17.06.2016
TJSP, AI 2040522-11.2018.8.26.0000, 2ª Câmara Reservada de Direito Empresarial, Rel. Des. Grava Brazil, j. 23.05.2018.
TJSP, AI 2103084-90.2017.8.26.0000, 16ª Câmara de Direito Privado, Rel. Des. Simões de Vergueiro, j. 11.08.2017.
TJSP, AI 2131353-42.2017.8.26.0000, 17ª Câmara de Direito Privado, Rel. Des. Afonso Bráz, j. 29.09.20017, data de registro: 29.09.2017
TJSP, AI 2273516-11.2018.8.26.0000, 12ª Câmara de Direito Privado, Rel. Des. Tasso Duarte de Melo, j. 19.08.2019.
TJSP, AI 2171477-33.2018.8.26.0000, 2ª Câmara Reservada de Direito Empresarial, Rel. Des. Araldo Telles, j. 24.09.2019.
TJSP, AI 2171492-02.2018.8.26.0000, 2ª Câmara Reservada de Direito Empresarial, Rel. Des. Araldo Telles, j. 24.09.2019.
[93] Agravos de instrumento nº 2171477-33.2018.8.26.0000 e nº 2171492-02.2018.8.26.0000.
[94] TJSP, AI 2008533-16.2020.8.26.0000, 1ª Câmara Reservada de Direito Empresarial, Rel. Des. Cesar Ciampolini, j. 31.03.2020.
[95] TRF 2ª Região, ApC 0017682-42.2013.4.02.5101, 4ª Turma, Rel. Juiz Federal Convocado Luiz Norton Baptista de Mattos, j. 13.02.2020.
TRF 3ª Região, AI 0025812-68.2013.4.03.0000, 3ª Turma, Rel. Des. Nery Júnior, j. 20.03.2014.

jurisprudencial desenvolvida neste trabalho não tenha incluído buscas no TRF, essas decisões são relevantes por abordar o tema da confidencialidade da arbitragem.

Ambas decisões são originárias de mandados de segurança, um impetrado pelo Centro Brasileiro de Mediação e Arbitragem ("CBMA") e o outro pelo CAM-CCBC, contra atos da Fazenda Pública que instavam as instituições arbitrais a apresentarem dados sobre os procedimentos por elas administrados, incluindo o teor de sentenças arbitrais e valores de honorários recebidos pelos árbitros.

Um dos argumentos aduzidos pelas instituições arbitrais, para se oporem aos mandamentos da Fazenda Pública, foi o sigilo dos processos arbitrais, que as impediria de entregar as informações solicitadas.

O TRF da 2ª Região entendeu que o sigilo da arbitragem era irrelevante para resolver a controvérsia, mas consignou que "não há previsão legal do dito dever, apenas convencional. O dever de discrição, enunciado no art. 13, §6º da Lei nº 9.307/96 [...] não se confunde com o dever de sigilo, pois este último possui maior densidade quanto à preservação das informações de terceiros".[96]

O TRF da 3ª Região proferiu entendimento semelhante ao declarar que a instituição arbitral não está "legalmente obrigada a observar sigilo", mas que tal dever decorre "do regulamento interno, acordado pelas partes".[97]

No mérito, a segurança foi concedida em favor das instituições, sob o fundamento de que inexiste norma legal que obrigue as instituições a fornecer tais dados à Fazenda Pública.

Embora o tema do sigilo da arbitragem não tenha sido central nas decisões do TRF, elas corroboram o quanto afirmado no item acima quanto à diferença entre o dever de discrição e o dever de confidencialidade e quanto à inexistência de um dever implícito ou inerente de sigilo no procedimento arbitral.

---

[96] Trecho do voto do relator (Juiz Federal Convocado Luiz Norton Baptista de Mattos), que sagrou-se vitorioso. Não obstante, no voto vencido (do Desembargador Luiz Antonio Soares) há declaração semelhante: "o sigilo alegado como óbice à ação fiscal não pode ser extraído do dever de discrição contido no art. 13, §3º da Lei nº 9.307/96, mas decorreria de cláusula de confidencialidade prevista no Regulamento Interno do CBMA [...]".
[97] Trecho do voto do relator, Des. Nery Júnior.

Diante do exposto, é possível concluir que as cortes superiores ainda não manifestaram seu entendimento acerca da questão se a confidencialidade é inerente ao processo arbitral ou não. Em decisões monocráticas, porém, o STJ vem exigindo a comprovação da estipulação do sigilo em processos arbitrais para decretar o segredo de justiça (nos termos do artigo 189, IV do CPC), o que, por si só, afasta a presunção de que toda arbitragem é sigilosa.

Em âmbito estadual também se exige prova do sigilo da arbitragem para autorizar o segredo de justiça, o que contribui para afastar a tese de que o sigilo seria inerente ao instituto. Ademais, no TJSP foram localizadas duas decisões que expressamente afastaram a alegação de que a arbitragem é sempre confidencial.

Por fim, as decisões proferidas pelo TRF da 2ª e da 3ª Região também seguem caminho semelhante, ao reconhecer que o dever de sigilo não é extraído da lei, mas sim de convenção entre as partes.

Portanto, o entendimento atual do Poder Judiciário corrobora o quanto afirmado nos tópicos precedentes: o sigilo não decorre da Lei de Arbitragem, nem tampouco pode ser considerado um dever implícito ou inerente ao instituto, dependendo de acordo expresso das partes nesse sentido.

1.4.2 A alegada inconstitucionalidade do artigo 189, IV do CPC

Durante a pesquisa de jurisprudência do TJSP, foi localizado acórdão[98] que menciona de forma lateral a tese de que seria inconstitucional o inciso IV do artigo 189 do CPC, dispositivo legal que autoriza a decretação de segredo de justiça em processos "que versem sobre arbitragem, inclusive sobre cumprimento de carta arbitral, desde que a confidencialidade estipulada na arbitragem seja comprovada perante o juízo".

Essa tese não foi encampada pelo referido acórdão do TJSP e sequer foi mencionada nas demais decisões encontradas durante a pesquisa jurisprudencial, seja nos tribunais estaduais ou nos superiores. Pelo contrário, como demonstrado no item precedente, os tribunais têm aplicado de forma consistente o previsto no art. 189, IV do CPC. Portanto, é possível afirmar que se trata de entendimento minoritário.

---

[98] TJSP, AI 2008533-16.2020.8.26.0000, 1ª Câmara Reservada de Direito Empresarial, Rel. Des. Cesar Ciampolini, j. 31.03.2020.

Não obstante, é pertinente analisar referida tese pois se tem notícias de sua adoção em outros casos julgados pelas Varas Empresariais e de Conflitos Relacionados à Arbitragem da Comarca de São Paulo – SP.[99]

De acordo com referido entendimento, o artigo 189, IV do CPC seria incompatível com os artigos 5º, LX[100] e 93, IX,[101] da Constituição Federal, os quais autorizam a restrição da publicidade processual somente quando necessária à defesa da intimidade ou do interesse social, hipóteses que não estariam presentes em demandas que versam sobre arbitragem.[102]

A tese da inconstitucionalidade também se baseia no entendimento de que o disposto no artigo 189, IV do CPC efetivamente contraria o interesse público, na medida em que causaria assimetria de informação, prejudicaria a segurança jurídica, a formação do Direito, o controle social e a tomada de decisões por terceiros.

A nosso ver, ainda que o disposto no artigo 189, IV do CPC seja questionável, não há vício de inconstitucionalidade.

Como se verá em detalhes nos itens 1.6 e 1.7 adiante, o sigilo da arbitragem atende a interesses legítimos das partes e é uma das vantagens do instituto. Portanto, ao escolher o sigilo, as partes fazem uma escolha legítima, que merece ser respeitada.

Ocorre que, mesmo optando pela arbitragem, as partes podem necessitar do auxílio e da cooperação do Poder Judiciário antes, durante ou após o processo arbitral. E, se no processo arbitral (onde será resolvido o litígio entre as partes de forma final e definitiva) foi feita a opção

---

[99] Vide, por exemplo, decisão proferida em 07.05.2020 pelo juízo da 2ª Vara Empresarial e de Conflitos de Arbitragem, nos autos do processo 1037153-46.2020.8.26.0100.

[100] "Art. 5º [...] LX – a lei só poderá restringir a publicidade dos atos processuais quando a defesa da intimidade ou o interesse social o exigirem."

[101] "Art. 93 [...] IX todos os julgamentos dos órgãos do Poder Judiciário serão públicos, e fundamentadas todas as decisões, sob pena de nulidade, podendo a lei limitar a presença, em determinados atos, às próprias partes e a seus advogados, ou somente a estes, em casos nos quais a preservação do direito à intimidade do interessado no sigilo não prejudique o interesse público à informação."

[102] De acordo com a decisão de primeira instância que aborda a tese de inconstitucionalidade, o intuito do artigo 189, IV do CPC seria "prestigiar interesses puramente privados, destacando, por um lado, o interesse do tribunal arbitral, que por razões próprias estabeleceu genericamente o sigilo dos seus procedimentos e, por outro, o interesse das partes envolvidas no litígio, que preferem manter a controvérsia em segredo" (trechos da decisão agravada objeto do agravo de instrumento nº 2008533-16.2020.8.26.0000).

pelo sigilo, é razoável que essa opção seja estendida às demandas anexas à arbitragem propostas perante o Poder Judiciário.

Destarte, ao prever o sigilo de processos judiciais que versam sobre arbitragem (desde que comprovada a confidencialidade estipulada no procedimento arbitral), buscou-se prestigiar a autonomia da vontade das partes e, ao mesmo tempo, promover o instituto da arbitragem, conferindo às partes que optam por este método uma vantagem adicional, qual seja, o sigilo de eventuais processos judiciais relacionados à arbitragem.

Nesse sentido, é possível afirmar que o segredo de justiça previsto no artigo 189, IV do CPC atende ao interesse social, na medida em que valoriza a autonomia privada e incentiva a adoção de métodos de solução de conflitos alternativos ao Poder Judiciário. E, por assim ser, está em consonância com o disposto no artigo 5º, LX da CF.

Ainda a esse respeito, reitera-se o quanto afirmado no item 1.2 acima: tanto o sigilo como a publicidade são *ferramentas*, que podem ser utilizadas para atingir determinadas finalidades. Não são características inerentes a um ou outro processo. Tanto assim que o processo estatal se vale do sigilo quando necessário e a arbitragem permite a publicidade quando há a participação da Administração Pública.

Outrossim, isso não significa que a opção do legislador é isenta de críticas. A nosso ver, e baseado em tudo o que se defende neste trabalho, seria mais benéfico tanto para a arbitragem como para a sociedade se as demandas judiciais que versam sobre arbitragem *não* tramitassem em segredo de justiça.[103] Contudo, discordar de um dispositivo legal não o torna inconstitucional e, em nosso entendimento, inexiste violação à CF capaz de afastar a aplicação do artigo 189, IV do CPC.

---

[103] Assim como ocorria durante a vigência do CPC/73, que não continha uma autorização expressa de imposição de segredo de justiça em demandas relacionadas à arbitragem. Uma sugestão (de *lege ferenda*), e possível alternativa ao disposto no art. 189, IV do CPC, é impor o sigilo apenas aos documentos extraídos do procedimento arbitral. Embora não exista uma disposição legal clara nesse sentido, algumas decisões analisadas no tópico precedente adotaram esse caminho: o pedido de segredo de justiça foi indeferido, mas, ao mesmo tempo, foi restringindo o acesso de determinados documentos às partes e seus advogados. Exemplos: STJ, CC 122.439/RJ, Min. Luis Felipe Salomão, Decisão monocrática proferida em 22.02.2013, *DJe* 27.02.2013; TJSP, AI 2103084-90.2017.8.26.0000, 16ª Câmara de Direito Privado, Rel. Des. Simões de Vergueiro, j. 11.08.2017; TJSP, AI 2171477-33.2018.8.26.0000, 2ª Câmara Reservada de Direito Empresarial, Rel. Des. Araldo Telles, j. 24.09.2019; TJSP, AI 2171492-02.2018.8.26.0000, 2ª Câmara Reservada de Direito Empresarial, Rel. Des. Araldo Telles, j. 24.09.2019.

1.5 Os regulamentos das instituições arbitrais do Brasil

Em face do exposto até aqui, concluiu-se que no Direito brasileiro a confidencialidade da arbitragem é um dever de fonte contratual e que, portanto, depende de acordo entre as partes.

A autonomia da vontade das partes para estipular a confidencialidade é ampla, podendo manter em segredo apenas atos específicos do processo ou, em sentido contrário, tudo relacionado ao processo, até mesmo a existência da disputa.

O sigilo pode ser acordado na convenção de arbitragem, em documento posterior, ou no regulamento da câmara de arbitragem, ao qual as partes aderem ao indicar aquela instituição como responsável por administrar o procedimento (artigo 5º, Lei de Arbitragem). Contudo, isso não significa que o dever de sigilo, se previsto, será absoluto: ele também está sujeito a limitações e exceções legais.[104]

Não é possível calcular a frequência exata com a qual as partes acordam o sigilo de seus procedimentos, pois não há um banco de dados de convenções de arbitragem celebradas em que se possa pesquisar.

A única informação a que se tem acesso é o conteúdo dos regulamentos das instituições arbitrais, mas a análise dos regulamentos tampouco permite chegar a uma resposta exata a respeito da frequência com que o sigilo é estipulado, pois as partes podem derrogar o previsto nos regulamentos e, além disso, não seriam contabilizadas as arbitragens *ad hoc* – a cujos números e detalhes tampouco se tem acesso.

Contudo, mesmo em face de tais limitações, a análise dos regulamentos das instituições serve como indicativo importante da prática arbitral brasileira, pois (i) como se verá em detalhes no item 3.4, é pouco provável que as partes tomem a iniciativa de alterar o que está disposto

---

[104] A doutrina e a jurisprudência têm entendimentos diversos quanto ao escopo objetivo e subjetivo do dever de confidencialidade e também quanto às suas exceções. Tais temas não serão analisados neste trabalho, mas indicam-se os seguintes textos sobre o assunto: SMEUREANU, Ileana M. Confidentiality in international commercial arbitration. *Kluwer Law International*, p. 27-31, 2011 (International Arbitration Law Library Series, v. 22.); CRETELLA NETO, José. Quão sigilosa é a arbitragem? *In*: WALD, Arnoldo (org.). *Arbitragem e mediação*: a arbitragem. Introdução e histórico. São Paulo: RT, 2014. p. 125-151 (Coleção Doutrinas essenciais, v. I.); FONSECA, Rodrigo Garcia da; CORREIA, André de Luizi. A confidencialidade na arbitragem. Fundamentos e limites cit., p. 421-447; FICHTNER, José Antonio; MANHEIMER, Sergio Nelson; MONTEIRO, André Luis. A confidencialidade na arbitragem: regras gerais e exceções cit., p. 91-151.

no regulamento da instituição (regra *default*), portanto o fato de este prever ou não o sigilo permite presumir se os procedimentos administrados por aquela instituição são ou não sigilosos; e (ii) a arbitragem institucional é a forma preferida dos usuários,[105] o que leva a crer que a quantidade de arbitragens *ad hoc* é reduzida em vista da quantidade dos procedimentos administrados.

Assim, pelo exame dos regulamentos das 31 instituições abrangidas na *Pesquisa Instituições Brasileiras*, contatou-se que todas trazem alguma disposição sobre sigilo em seu regulamento (Anexo 2). Ao se analisar o conteúdo das disposições, nota-se que 29 instituições (93,54%) preveem uma ampla confidencialidade, que recai sobre todas as informações levadas ao processo (ou com ele relacionadas) e vincula todas as pessoas que dele participam.

Apenas duas instituições não preveem o sigilo amplo do processo arbitral. Uma delas é a CCI, que estabelece a confidencialidade apenas dos trabalhos e reuniões internas da instituição, o que atinge seus funcionários e colaboradores[106], mas não alcança o processo arbitral e os sujeitos da relação arbitral. No tocante ao processo, não há imposição do sigilo, apenas uma autorização para o tribunal arbitral regulamentar o assunto, caso haja pedido das partes a respeito.[107]

A segunda instituição é a "Câmara de Mediação e Arbitragem Empresarial da Confederação das Associações Comerciais e Empresariais do Brasil" ("CBMAE"), que determina apenas o sigilo das "reuniões" (artigo 6º), isto é, das audiências, sem estendê-lo aos demais atos do processo. O artigo 10 do regulamento de arbitragem da CBMAE

---

[105] Embora não exista pesquisa empírica no Brasil, a *Pesquisa Queen Mary 2006* constatou que 76% dos entrevistados preferem arbitragens institucionais, em vez das *ad hoc* (QUEEN MARY UNIVERSITY OF LONDON. *International arbitration*: corporate attitudes and practices – 2006. Disponível em http://www.arbitration.qmul.ac.uk/docs/123295.pdf. Acesso em: 3 maio 2018).

[106] Artigo 6º do Apêndice I ao Regulamento de Arbitragem, que traz o Estatuto da CCI; e artigo 1º do Apêndice II ao Regulamento de Arbitragem, que traz o Regulamento Interno da CCI.

[107] "Artigo 22. Condução da arbitragem [...] 3. Mediante requerimento de qualquer parte, o tribunal arbitral poderá proferir ordens relativas a confidencialidade do procedimento arbitral ou de qualquer outro assunto relacionado a arbitragem e poderá adotar quaisquer medidas com a finalidade de proteger segredos comerciais e informações confidenciais" (Regulamento da CCI de 2017).

dispõe que o "[g]rau de confidencialidade das alegações, fatos, documentos, interesses empresariais ou publicidade das decisões" deve ser decidido pelas partes e árbitros no termo de arbitragem.

Nota-se, portanto, que a grande maioria das instituições arbitrais que atuam no País prevê a ampla confidencialidade dos procedimentos por elas administrados. Isso permite concluir, mesmo em vista das limitações de tal pesquisa, que grande parte dos processos arbitrais nacionais é totalmente coberta pelo sigilo.

Dessarte, embora a Lei de Arbitragem não preveja o sigilo como um dever legal, na prática, o mais amplo sigilo acaba sendo a regra em razão das previsões contidas na maioria dos regulamentos das instituições brasileiras.

1.6 O sigilo na visão dos usuários da arbitragem

A doutrina frequentemente elenca o sigilo como uma das principais vantagens da arbitragem. Há inclusive quem entenda que a confidencialidade é tão importante que eventual mitigação poderia fazer com que o instituto "imploda".[108]

As pesquisas de opinião feitas como os atores e usuários da arbitragem (advogados, partes, árbitros e instituição arbitral) fornecem dados interessantes sobre como o sigilo é visto por eles.

Muito embora tais pesquisas tenham suas limitações,[109-110] sua análise é relevante para o presente estudo, pois foram elaboradas por instituições

---

[108] "[...] o que ocorre é que uma arbitragem sem o sigilo é entrópica negativamente e pode fazer com que esse instituto imploda sob o ponto de vista estrutural" (VITA, Jonathan Barros. Arbitragem e sigilo: análise estrutural e consequências jurídicas de sua quebra. In: PINTO, Ana Luiza B. da Mota, SKITNEVSKY, Karin Hlavnicka (coord.). *Arbitragem nacional e internacional*: os novos debates e a visão dos jovens arbitralistas. Rio de Janeiro: Elsevier, 2012. p. 53).

[109] Todas as pesquisas analisadas neste item seguem uma metodologia semelhante: envio de questionários para que os entrevistados respondam, sendo que a maioria das perguntas apresentam opções limitadas de resposta, devendo o entrevistado selecionar uma ou mais opções (múltipla-escolha). Em algumas pesquisas, foram realizadas entrevistas pessoais para complementar as respostas aos questionários. Essa metodologia, porém, traz alguns desafios. Um deles é conseguir com que os *usuários finais* da arbitragem – as partes, na maioria das vezes representados pelos advogados internos das empresas (*in-house counsel*) – respondam aos questionários. Em alguns casos, como na *Pesquisa CBAr-Ipsos*, a maioria dos 158 entrevistados eram advogados externos (68%), que podem ter uma percepção diferente da arbitragem em comparação aos advogados internos. Outra limitação é tais pesquisas apre-

de renome, com metodologia confiável e com a obtenção de um número relevante de respostas.[111] Além disso, no caso das *Pesquisas Queen Mary*, por serem realizadas há mais de quatorze anos, elas também fornecem uma análise temporal sobre o tratamento do assunto.

Na *Pesquisa CBAr-Ipsos*, quando os entrevistados foram questionados sobre as principais vantagens da arbitragem, a confidencialidade apareceu em quinto lugar.[112] Quando questionados sobre as principais vantagens da arbitragem em comparação com o Poder Judiciário, a confidencialidade caiu para o sétimo lugar.[113]

Na *Pesquisa CBAr-Ipsos* havia a possibilidade de o entrevistado escolher a "transparência" como uma das vantagens do instituto. Todavia, a transparência ficou em sexto lugar no *ranking*, atrás do sigilo. Uma das possíveis interpretações deste resultado é que os usuários e atores da arbitragem preferem o sigilo em detrimento da transparência.

---

sentarem opções limitadas de resposta, impedindo que os entrevistados expressem livremente a sua opinião, o que gera um direcionamento e enviesamento das respostas.

[110] Outros desafios das pesquisas de opinião, conforme apontado pela doutrina, são: (i) pouca disponibilidade ou vontade de partes, árbitros e instituições para responder às pesquisas; (ii) correlação inversa entre profundidade/amplitude da pesquisa *versus* número de respostas obtidas (pesquisas mais densas tendem a ser mais longas, o que diminui o número de respostas); (iii) reunir uma amostragem adequada de entrevistados; (iv) possível ambiguidade e vagueza das perguntas formuladas, levando a problemas de interpretação; (v) obtenção de respostas enviesadas, entre outros. Sobre o tema, ver: STIPANOWICH, Thomas J.; VASCONCELLOS, Marcio. The interplay between empirical studies and commercial arbitration practice. In: BREKOULAKIS, Stavros L.; LEW, Julian D. M. *et al.* (ed.). *The evolution and future of international arbitration*. Kluwer Law International, 2016. p. 471-485. (International Arbitration Law Library, v. 37.)

[111] A *Pesquisa Queen Mary 2018*, por exemplo, obteve 922 respostas aos questionários, e contou com 142 entrevistas pessoais ou por telefone.

[112] Ficando atrás de: (i) o tempo necessário para ter uma solução definitiva para o conflito; (ii) o caráter técnico e a qualidade das decisões; (iii) a flexibilidade e informalidade do procedimento; e (iv) a possibilidade de indicar ou participar da escolha de um árbitro (COMITÊ BRASILEIRO DE ARBITRAGEM. *Arbitragem no Brasil – Pesquisa CBAr-Ipsos* cit., p. 12).

[113] Atrás de: (i) o tempo necessário para ter uma solução definitiva para o conflito; (ii) o caráter técnico e a qualidade das decisões; (iii) a possibilidade de indicar ou participar da escolha de um árbitro; (iv) a independência e a imparcialidade dos árbitros; (v) a possibilidade de escolher a lei aplicável e o local da arbitragem; e (vi) a flexibilidade e informalidade do procedimento (COMITÊ BRASILEIRO DE ARBITRAGEM. *Arbitragem no Brasil – Pesquisa CBAr-Ipsos* cit., p. 11).

Contudo, referido resultado também pode ser interpretado como um reflexo da pouca transparência da arbitragem em 2012 (quando a *Pesquisa CBAr-Ipsos* foi realizada), pois é possível supor que os entrevistados dificilmente apontariam a transparência como uma vantagem da arbitragem se esta característica sequer era presente, ou era muito incipiente, à época.

Além da *Pesquisa CBAr-Ipsos*, não se têm notícias de outras pesquisas no Brasil sobre o tema. Internacionalmente, a maioria das *Pesquisas Queen Mary* abordou o assunto.

A primeira *Pesquisa Queen Mary*, realizada no ano de 2006, revelou que os usuários consideravam a privacidade (*privacy*) como a terceira principal vantagem da arbitragem internacional (não houve uma pergunta específica sobre o sigilo[114]).[115] A pesquisa de 2008 não abordou o tema.[116]

Na pesquisa realizada no ano de 2010, dentre outros resultados:[117] (i) 62% dos entrevistados responderam que a confidencialidade é "muito importante" (*very important*);[118] (ii) 38% responderam que continuariam a utilizar a arbitragem, mesmo se ela não fosse confidencial (26% afirmaram não saber e 35% responderam que não a utilizariam); e (iii) 65% responderam que a falta de confidencialidade nas cortes estatais não é a principal razão para escolherem a arbitragem. Esses resultados levaram os organizadores da pesquisa de 2010 a asseverar que: "a confidencialidade é importante para os usuários da arbitragem, mas não é a razão essencial para utilizá-la".[119]

---

[114] As diferenças entre sigilo e privacidade serão abordadas em detalhes no próximo item.

[115] QUEEN MARY UNIVESITY OF LONDON. *International arbitration*: corporate attitudes and practices 2006. Disponível em: http://www.arbitration.qmul.ac.uk/media/arbitration/docs/IAstudy_2006.pdf. Acesso em: 04 jan 2020.

[116] QUEEN MARY UNIVESITY OF LONDON. *International arbitration*: corporate attitudes and practices 2008. Disponível em: http://www.arbitration.qmul.ac.uk/media/arbitration/docs/IAstudy_2008.pdf. Acesso em: 04 jan 2020.

[117] QUEEN MARY UNIVESITY OF LONDON. *2010 International arbitration survey*: choices in international arbitration. Disponível em: http://www.arbitration.qmul.ac.uk/docs/123290.pdf. Acesso em: 7 jan. 2018.

[118] Ainda, 24% afirmaram ser "razoavelmente importante"; e 12% que "possui alguma importância" (tradução livre de: "quite important" e "somewhat important").

[119] Tradução livre de: "confidentiality is important to users of arbitration, but it is not the essential reason for recourse to arbitration" (QUEEN MARY UNIVESITY OF LONDON. *2010 International arbitration survey*: choices in international arbitration cit.).

A pesquisa de 2012[120] não tratou do tema. No ano seguinte, a pesquisa buscou a perspectiva da indústria de energia, de serviços financeiros e de construção sobre a arbitragem internacional,[121] e a confidencialidade apareceu em terceiro lugar entre seus principais benefícios.

Na pesquisa realizada em 2015, a confidencialidade e a privacidade caíram para quarto lugar no *ranking* de principais vantagens do instituto.[122] Todavia, os organizadores da pesquisa destacaram que, ao isolar as respostas dos advogados internos (*in-house counsel*) – que podem ser equiparados às partes – a confidencialidade e a privacidade apareciam em segundo lugar.

A pesquisa de 2016 focou no uso da arbitragem pelo setor de tecnologia, mídia e telecomunicações.[123] A confidencialidade e a privacidade aparecerem como a terceira característica mais importante da arbitragem internacional.

Na pesquisa de 2018,[124] a confidencialidade e a privacidade caíram para o quinto lugar no *ranking* de principais características da arbitragem,[125]

---

[120] QUEEN MARY UNIVESITY OF LONDON. *2012 International arbitration survey*: current and preferred practices in the arbitral process Disponível em: http://www.arbitration.qmul.ac.uk/media/arbitration/docs/2012_International_Arbitration_Survey.pdf. Acesso em: 04 jan. 2020.

[121] QUEEN MARY UNIVESITY OF LONDON. *Corporate choices in international arbitration*: industry perspectives. Disponível em: http://www.arbitration.qmul.ac.uk/media/arbitration/docs/pwc-international-arbitration-study2013.pdf. Acesso em: 04 jan. 2020.

[122] Em primeiro lugar, ficou a possibilidade de reconhecer/executar as sentenças em outros países (*enforceability*); em segundo lugar, a possibilidade de evitar sistemas legais ou cortes nacionais específicas; e em terceiro lugar houve empate entre a flexibilidade e a possibilidade de escolher árbitro (QUEEN MARY UNIVESITY OF LONDON. *2015 International arbitration survey*: improvements and innovations in international arbitration. Disponível em: http://www.arbitration.qmul.ac.uk/media/arbitration/docs/2015_International_Arbitration_Survey.pdf. Acesso em: 10 maio 2018).

[123] QUEEN MARY UNIVESITY OF LONDON. *Pre-empting and resolving technology, media and telecoms disputes: international dispute resolution survey*. Disponível em http://www.arbitration.qmul.ac.uk/media/arbitration/docs/Fixing_Tech_report_online_singles.pdf. Acesso em: 04 jan. 2020.

[124] QUEEN MARY UNIVESITY OF LONDON. *2018 International arbitration survey*: the evolution of international arbitration. Disponível em: https://www.whitecase.com/sites/whitecase/files/files/download/publications/2018-international-arbitration-survey.pdf. Acesso em: 10 maio 2018.

[125] Os primeiros lugares foram: (i) possibilidade de reconhecer/executar as sentenças em outros países ("enforceability of awards"); (ii) possibilidade de evitar sistemas legais ou

tendo os pesquisadores de 2018 concluído que a "confidencialidade, por si só, não é o único motivador atrás da escolha da arbitragem pelas partes".[126] Não obstante, considerando apenas as respostas dos advogados internos (*in-house counsel*), constatou-se que 46% entendiam que a confidencialidade está em terceiro lugar dentre as principais características do instituto.

Na pesquisa de 2018, o percentual de pessoas que consideram que a confidencialidade é "muito importante" foi de 40%,[127] tendo havido uma ligeira queda em relação à pesquisa de 2010, na qual esse índice era de 62%.

Da análise das pesquisas *supra*, nota-se que elas não demonstram um resultado uniforme, o que confirma a asserção de que inexiste consenso internacional sobre como o sigilo da arbitragem é tratado e visto nas diferentes jurisdições do mundo. Não obstante, em geral, o sigilo e a privacidade figuraram entre o terceiro e quinto lugar nos *rankings* de "principais vantagens" ou "principais características" da arbitragem.

Cumpre observar que o fato de tais pesquisas já apresentarem a confidencialidade e/ou a privacidade como uma das possíveis opções de resposta (em uma lista múltipla-escolha) afeta o resultado, pois, de certo modo, o sigilo já é dado aos entrevistados como uma vantagem, aos quais cumpre apenas situá-lo no *ranking* em comparação com as demais opções apresentadas. Portanto, pesquisas com metodologias distintas – que, por exemplo, permitam respostas livres dos entrevistados (sem apresentar opções prévias de escolha) – podem apresentar resultados diversos.

Diante desses aspectos, os resultados de tais pesquisas devem ser analisados com cautela, sendo possível afirmar que investigações adicionais são necessárias para afirmar com certeza como os usuários finais da arbitragem (isto é, as partes), especialmente no Brasil, veem o sigilo do procedimento arbitral.

---

cortes nacionais específicas ("avoiding specific legal systems/national courts"); (iii) flexibilidade; (iv) possibilidade de escolher os árbitros.

[126] Tradução livre de: "confidentiality is not of itself the single biggest driver behind the choice of arbitration by the parties who use it" (QUEEN MARY UNIVESITY OF LONDON. *2018 International arbitration survey*: the evolution of international arbitration cit.).

[127] Anda, 33% responderam que a confidencialidade é "razoavelmente importante" e para 14% "possui alguma importância". Ainda, 9% afirmaram depender das circunstâncias e 3% acreditam que a confidencialidade "não é muito importante" (tradução livre de: "not very important").

Entretanto, mesmo em vista de tais limitações, é possível extrair algumas conclusões das pesquisas aventadas neste tópico. Em algumas delas, o sigilo e a privacidade figuraram em um patamar mais alto no *ranking*: terceiro lugar nas *Pesquisas Queen Mary* de 2006, 2013 e 2016, chegando a segundo lugar quando analisadas as respostas isoladas dos advogados internos na *Pesquisa Queen Mary* 2015. Assim, é possível concluir que, em geral, os usuários possuem uma grande estima pelo sigilo e pela privacidade.

Contudo, as pesquisas analisadas também indicam que, embora tais atributos sejam importantes, eles não são o *principal* motivador para a escolha da arbitragem, especialmente quando o processo arbitral compete com as cortes nacionais. Na *Pesquisa CBAr-Ipsos*, quando os entrevistados foram questionados sobre as principais vantagens da arbitragem em comparação com o Poder Judiciário, a confidencialidade caiu do quinto para o sétimo lugar. E na *Pesquisa Queen Mary 2010*, 65% responderam que a falta de sigilo nas cortes estatais não é a principal razão para escolherem a arbitragem.

Ademais, entre as *Pesquisas Queen Mary* de 2010 e 2018, parece ter havido uma pequena mudança de percepção quanto à confidencialidade e sua relevância no procedimento arbitral, pois o percentual de entrevistados que consideram o sigilo "muito importante" caiu de 62% para 40%. Isto *pode* ser um reflexo do aumento do debate sobre o tema e da demanda por mais transparência na arbitragem, embora seja difícil comprovar uma conexão direta entre essa causa e o efeito visto entre ambas as Pesquisas.

Em suma, de um modo geral, é possível concluir que o sigilo não é considerado uma característica *essencial* do processo arbitral pelos seus usuários e atores, ainda que ele mantenha certa relevância. Portanto, não há elementos concretos para afirmar que eventual mitigação do sigilo faria com que a arbitragem "implodisse" ou deixasse de ser atraente.

Isto abre as portas para uma derrogação parcial do sigilo em prol de mais transparência, mas, ao mesmo tempo, impede que a confidencialidade seja totalmente desconsiderada. O equilíbrio ideal entre sigilo e publicidade será abordado no item 4.1, quando será proposto o regime denominado "confidencialidade mitigada".

1.7 Os benefícios do sigilo e da privacidade da arbitragem

As pesquisas analisadas no item *supra* demonstram que o sigilo e a privacidade são relevantes para os usuários da arbitragem, mas não informam as razões para tanto, o que deve ser objeto de investigação, pois, entender as funções e os motivadores do sigilo é essencial para aferir em qual medida é possível mitigar o segredo para aumentar a transparência da arbitragem.

Como visto no item 1.2 *supra*, tanto a publicidade como o sigilo são ferramentas que podem ser utilizadas para atingir certos objetivos. Um dos objetivos da publicidade é proteger a população contra julgamentos secretos e arbitrários. Ocorre que, em determinadas circunstâncias, em vez de proteger, a publicidade pode causar relevantes danos aos envolvidos no processo.

A ampla divulgação de um litígio pode prejudicar e estigmatizar os envolvidos, além de gerar interferências indevidas no julgamento do caso, efeitos que se intensificaram a partir do desenvolvimento das grandes mídias. Tais efeitos danosos são mais sentidos em casos criminais, que em geral tocam em valores mais sensíveis da população, mas eles também estão presentes em disputas cíveis e empresariais.

Há casos limítrofes em que a mídia distorce completamente os fatos do litígio,[128] mas, mesmo quando o litígio não atrai a atenção da grande mídia e quando não há distorções, danos podem ocorrer. No âmbito empresarial, por exemplo, a mera divulgação da existência do litígio e do valor da causa ao mercado, ainda que de forma fidedigna, já é capaz de gerar a queda do valor das ações da empresa envolvida.[129]

Os danos à imagem ocasionam não só piora no desempenho econômico, mas também o incremento de custos associados à tentativa de mitigação de tais prejuízos.[130] Portanto, o sigilo é fator essencial para

---

[128] Como exemplo, Helena Najjar Abdo conta como a cobertura da mídia do caso do desabamento do edifício Palace II, ocorrido em 1998 na cidade do Rio de Janeiro, foi totalmente distorcida (ABDO, Helena Najjar. *Mídia e processo*. São Paulo: Saraiva, 2011. p. 117-118).

[129] Doutrina estrangeira cita o caso de arbitragem *Publicis vs. True North*, no qual a simples divulgação da existência da arbitragem gerou danos à Publicis, com uma significativa queda no preço de suas ações (SMEUREANU, Ileana M. Confidentiality in international commercial arbitration cit., p. 29-30).

[130] VITA, Jonathan Barros. Arbitragem e sigilo: análise estrutural e consequências jurídicas de sua quebra cit., p. 53.

preservar a imagem dos envolvidos e, consequentemente, reduzir os custos indiretos do processo.[131]

O sigilo do processo é especialmente relevante – e até mesmo essencial – em disputas que envolvem segredos comerciais e industriais de modo geral,[132] uma vez que o sigilo das informações pode ser exatamente o que confere valor de mercado a determinadas empresas. Por exemplo, uma companhia de desenvolvimento de tecnologia poderá sofrer incontáveis prejuízos na divulgação de dados relativos a um projeto de *software* à concorrência.[133]

Além desses casos, por via de regra, o sigilo é apontado como um fator que privilegia a celebração de acordos, pois as partes podem se sentir mais confortáveis em negociar longe dos olhos do público.[134] Não por outro motivo, o procedimento de mediação costuma ser confidencial: no Brasil, a confidencialidade da mediação é inclusive estipulada por lei (artigo 30 da Lei nº 13.140/2015 e artigo 166, § 1º, do CPC).

Outro benefício do sigilo é evitar problemas e tumultos relacionados à presença ou à participação de terceiros no processo, prezando pela sua eficiência.

Há também quem afirme que o sigilo geraria uma predisposição das partes ao cumprimento espontâneo da sentença arbitral, para evitar a publicidade da ação de execução.[135] Contudo, no Brasil, tendo em vista

---

[131] PUGLIESE, Antonio Celso Fonseca; SALAMA, Bruno Meyerhof. A economia da arbitragem: escolha racional e geração de valor. *In*: JOBIM, Eduardo; BICCA, Rafael Machado (coord.). *Arbitragem no Brasil*: aspectos jurídicos relevantes. São Paulo: Quartier Latin, 2008. p. 135-137.

[132] No item 4.2.1.2 mais adiante são citados exemplos de dados que podem ser incluídos na categoria de segredo comercial ou industrial.

[133] PEREIRA, Flavia A. Godinho; BENEVIDES, Mers S. G. A necessidade da confidencialidade nos litígios envolvendo tecnologia da informação. *Revista de Arbitragem e Mediação Empresarial* (Grupo de Estudos em Arbitragem da Pontifícia Universidade Católica de Minas Gerais. Grupo de Estudos em Mediação Empresarial da Pontifícia Universidade Católica de Minas Gerais), Belo Horizonte, ano I, n. 1, p. 118, 2014.

[134] FONSECA, Rodrigo Garcia da; CORREIA, André de Luizi. A confidencialidade na arbitragem. Fundamentos e limites cit., p. 417.

[135] TUNG, Sherlin; LIN, Brian. Chapter II: The arbitrator and the arbitration procedure, more transparency in international commercial arbitration: to have or not to have?. *In*: KLAUSEGGER, Christian; KLEIN, Peter *et al*. (ed.). *Austrian Yearbook on International Arbitration 2018*. Viena: Manz'sche Verlags- und Universitätsbuchhandlung, 2018. p. 80-81.

a possibilidade de que a execução tramite em segredo de justiça (artigo 189, IV, do CPC), essa suposta vantagem não se verifica.[136]

Por fim, é inegável que o sigilo também atende a interesses menos nobres das partes, por exemplo, evitar litígios em cascata; esconder uma sentença desfavorável, quando há outros litígios semelhantes; esconder alegações ou decisões sobre más práticas etc.[137]

Entretanto, mesmo não levando em consideração esses aspectos questionáveis, as partes perseguem interesses legítimos ao optarem pelo sigilo de um processo arbitral, que podem ser resumidos em: (i) evitar danos à imagem e consequentes perdas econômicas daí advindas; (ii) impedir a divulgação de dados de conteúdo sensível e estratégico a concorrentes; (iii) facilitar a celebração de acordo; e (iv) evitar a participação de terceiros e eventuais tumultos que prejudiquem o andamento do caso.

Ocorre que, para o resguardo desses aspectos, não é necessário que o sigilo do processo seja absoluto.

Os danos à imagem serão evitados, se forem mantidos confidencialmente o nome das partes e qualquer informação que permita sua identificação, bem como detalhes do contrato litigioso e valor da causa.[138] O valor da empresa é preservado, se as informações de caráter estratégico não forem divulgadas à concorrência. Além disso, a privacidade do

---

[136] Exceto nos casos em que é declarada a inconstitucionalidade do art. 189, IV do CPC – o que, todavia, parece ser uma prática isolada das Varas Empresariais e de Conflitos de Arbitragem da Comarca de São Paulo – SP, como analisado no item 1.4.2 supra.

[137] GARCEZ, José Maria Rossani, MARTINELLI, Ivan. A confidencialidade na arbitragem. *In*: MUNIZ, Joaquim de Paiva; VERÇOSA, Fabiane *et al.* (coord.). *Arbitragem e mediação*: temas controvertidos. Rio de Janeiro: Forense, 2014. p. 245.

[138] A propósito, na *Pesquisa Queen Mary 2010*, os entrevistados apontaram que os principais aspectos da arbitragem que deveriam ser mantidos em sigilo são, em ordem: (i) o valor em disputa ("the amount in dispute"); (ii) as manifestações e documentos apresentados no caso ("the pleadings and documents submitted in the case"); (iii) a sentença arbitral completa ("the full award"); (iv) os detalhes da sentença que permitam a identificação das partes ("the details in the award that allow identification of the parties"); (v) a própria existência da disputa ("the very existence of the dispute"); e (vi) a questão legal a ser decidida ("the legal question to be decided"). Não bastasse, essa mesma *Pesquisa Queen Mary* registrou que: "A number of interviewees said that they are pragmatic about what is released. Many said that it would not be particularly problematic if information that is not of a commercially sensitive nature (e.g. intellectual property or trade secrets) is released".

processo conserva um ambiente propício para a celebração de acordos[139] e impede a intervenção de terceiros.

A propósito, confidencialidade e privacidade são conceitos relacionados, mas que não se confundem: a privacidade diz respeito à impossibilidade de terceiros acessarem e acompanharem o procedimento sem expresso consentimento das partes e árbitros. Já a confidencialidade concerne à possibilidade ou não de partes, árbitros, testemunhas, e outras pessoas que participaram da arbitragem, de divulgar informações veiculadas no processo ou a ele relacionadas.[140]

Logo, enquanto a privacidade restringe direitos de terceiros (impedindo-os de ter acesso e de participar do processo), a confidencialidade limita direitos dos próprios participantes da arbitragem (obstando que estes divulguem certas informações).[141]

A doutrina em geral acata a distinção entre privacidade e confidencialidade,[142] entretanto há quem afirme que a privacidade só seria útil se houvesse sigilo. Nesse sentido, Selma Lemes sustenta que "nada adiantaria preservar ou manter a privacidade das audiências se após fosse divulgado o que nela fora tratado".[143]

Contudo, discordamos de referido entendimento. Ainda que um procedimento não seja confidencial, a privacidade oferece outros benefícios às partes, evitando problemas relacionados à participação de terceiros e deixando os envolvidos à vontade para negociar.

---

[139] "This privacy intends to provide 'an atmosphere of relative coziness' that may foster friendly peacemaking. Generally, an arbitration hearing is more 'cozy' than a Court in that it takes place in a conference room with only the arbitrators, the parties, theirs attorneys (if they have them), a few witnesses, and perhaps a stenographer are present" (SCHMITZ, Amy J. Untangling the privacy paradox in arbitration. *University of Kansas Law Review*, v. 54, p. 1215, 2006).

[140] REUBEN, Richard C. Confidentiality in arbitration: beyond the myth. *University of Kansas Law Review*, n. 54, p. 1260, 2006.

[141] FICHTNER, José Antonio; MANHEIMER, Sergio Nelson; MONTEIRO, André Luis. A confidencialidade na arbitragem: regras gerais e exceções cit., p. 97.

[142] FONSECA, Rodrigo Garcia da; CORREIA, André de Luizi. A confidencialidade na arbitragem. Fundamentos e limites cit., p. 419; GAGLIARDI, Rafael Villar. Confidencialidade na arbitragem comercial internacional. *Revista de Arbitragem e Mediação*, São Paulo, v. 36, p. 95-135, jan./mar. 2013.

[143] LEMES, Selma M. Ferreira. Arbitragem na concessão de serviços públicos – arbitrabilidade objetiva. Confidencialidade ou publicidade processual? cit., p. 383. Também nesse sentido: GAGLIARDI, Rafael Villar. Confidencialidade na arbitragem comercial internacional cit., p. 95-135.

Assim, por exemplo, a privacidade facilita a logística e a realização de audiências, pois não é necessário considerar a participação do público. Portanto, nada impede que a presença de terceiros em uma audiência seja proibida (preservando a privacidade), mas que o conteúdo desta seja posteriormente divulgado (mitigando o sigilo).

Entretanto, o inverso não se verifica: todo procedimento confidencial deverá ser também privado. Afinal, de nada adianta impedir os participantes da arbitragem de divulgar informações a seu respeito e, ao mesmo tempo, permitir que terceiros (não vinculados ao sigilo) tenham acesso ao processo.

Alguns autores parecem valorizar mais a privacidade do que a confidencialidade da arbitragem, chegando a afirmar que a primeira, diferentemente da segunda, seria aspecto *essencial* ao processo arbitral, como Jan Paulsson[144] e Rodrigo Garcia da Fonseca.[145]

Diante do exposto, conclui-se que, para as partes aproveitarem os benefícios proporcionados pelo sigilo e pela privacidade, não é necessário impor a confidencialidade sobre todas as informações e atos do processo arbitral. Isso mostra que há um descompasso entre os motivos pelos quais as partes procuram o sigilo e a forma pela qual ele é operacionalizado pelas instituições arbitrais.

Ademais, o analisado neste item reforça a conclusão dos itens anteriores, no sentido de que é, sim, possível derrogar parcialmente o sigilo praticado no Brasil com vistas a tornar o processo arbitral mais transparente.

Todavia, concluir pela *possibilidade* de mitigar o sigilo não é razão suficiente para fazê-lo. É necessário também avaliar os possíveis efeitos positivos e negativos de tal prática, pois, somente se os benefícios superarem os malefícios será possível afirmar que a arbitragem no Brasil deve ser mais transparente. É esta a análise que se empreende no próximo capítulo.

---

[144] "The vision of serene closure, without loss of dignity, is at the heart of the idea of arbitration" (PAULSSON, Jan. *The idea of arbitration* cit., p. 6-7).
[145] FONSECA, Rodrigo Garcia da; CORREIA, André de Luizi. A confidencialidade na arbitragem. Fundamentos e limites cit., p. 419.

Capítulo 2
É Benéfico Aumentar a Transparência? Os Possíveis Efeitos de Mais Publicidade na Arbitragem

2.1. Benefícios aos sujeitos da relação jurídica arbitral

Como mencionado mais de uma vez, a publicidade e o sigilo são ferramentas que possibilitam o atingimento de determinados objetivos. No capítulo anterior, foram vistos os objetivos legítimos perseguidos pelas partes quando optam pelo sigilo do processo arbitral.

Agora, cumpre analisar os objetivos que poderiam ser auferidos pelos sujeitos da relação jurídica arbitral (partes, advogados, árbitros e instituição arbitral), se houvesse o aumento da transparência da arbitragem.

2.1.1 Melhorar a tomada de decisões das partes

Administrar e solucionar um conflito requer a tomada de muitas decisões pelas partes envolvidas. Quanto maiores a quantidade e a qualidade das informações disponíveis, melhor tende a ser a decisão.[146] Portanto, ampliar a transparência do processo arbitral e, consequentemente, o número de informações disponíveis permitiria que as partes decidissem com mais qualidade.

---

[146] Sobre o tema: KAHNEMAN, Daniel. *Rápido e devagar*: duas formas de pensar. Tradução Cássio de Arantes Leite. Rio de Janeiro: Objetiva, 2012.

Esse aspecto adquire uma importância ainda maior no processo arbitral em razão da inexistência de recurso à sentença arbitral, isto é, as partes trabalham com mínima ou nenhuma margem de erro, tendo somente uma chance para tentarem sair vencedoras da disputa. Portanto, uma decisão errada pode tomar grandes proporções no processo arbitral.

Para demonstrar o impacto da transparência (ou melhor, da falta dela) no processo de tomada de decisão, será realizada uma análise mais detida de três escolhas geralmente feitas pelas partes: escolha da instituição arbitral, dos árbitros e das regras procedimentais.

2.1.1.1 *Escolha da instituição arbitral*

A presença de uma instituição para dar apoio administrativo à arbitragem é opcional, mas costuma ser frequente, tendo em vista as facilidades proporcionadas por esse serviço.[147] As instituições não interferem no julgamento do mérito (uma vez que não são imbuídas de poder jurisdicional),[148] mas exercem influência direta no curso do processo.

Isso porque, a depender do disposto no regulamento, a instituição pode ser encarregada de: (i) decidir sobre os custos do processo;[149] (ii) fixar o número de árbitros, bem como indicá-los;[150] (iii) julgar as impugnações aos árbitros;[151] (iv) estabelecer a sede da arbitragem;[152] (v) estabelecer e prorrogar o prazo para proferimento da sentença;[153]

---

[147] A *Pesquisa Queen Mary 2006* constatou que 76% dos entrevistados preferem as arbitragens institucionais às *ad hoc* (QUEEN MARY UNIVERSITY OF LONDON. *International arbitration*: corporate attitudes and practices – 2006 cit.).

[148] Uma possível exceção a essa regra é a prática de escrutínio da sentença arbitral pela CCI. De acordo com o art. 34 do Regulamento de Arbitragem da CCI, os árbitros são obrigados a enviar uma minuta da sentença para aprovação da instituição, antes de enviá-la às partes. A CCI pode sugerir modificações na sentença e, embora o regulamento da CCI afirme que tais modificações não afetam "a liberdade de decisão do tribunal" (art. 34 do Regulamento de Arbitragem, versão de 2017), a instituição pode condicionar a aprovação da decisão à realização de alterações por parte dos árbitros.

[149] Exemplo: artigo 37 do Regulamento da CCI (vigente a partir de 2017).

[150] Exemplo: artigos 4.3 a 4.8 do Regulamento da Câmara de Arbitragem Empresarial – Brasil ("Camarb") (vigente a partir de 2017).

[151] Exemplos: artigo 5.4 do Regulamento do Centro de Arbitragem e Mediação da Câmara de Comércio Brasil-Canadá ("CAM-CCBC") (vigente a partir de 2017).

[152] Exemplo: artigo 18 (1) do Regulamento da CCI (vigente a partir de 2017).

[153] Exemplo: artigo 31 do Regulamento da CCI (vigente a partir de 2017).

e (vi) decidir sobre a consolidação de procedimentos e a integração de partes adicionais.[154]

Frise-se, ainda, que a maioria das decisões acima é irrecorrível no âmbito do processo arbitral, podendo ser revertidas apenas em eventual ação anulatória.[155] Portanto, a escolha da instituição é de extrema importância para o bom andamento do processo arbitral.

De acordo com a *Pesquisa CBAr-Ipsos*[156] e a *Pesquisa Queen Mary 2018*,[157] no momento de escolher uma instituição, as partes levam em consideração, principalmente: a eficiência na condução do processo, a qualidade do regulamento, a lista de árbitros, os custos, sua reputação e experiência prévia.

Logo, para possibilitar que as partes escolham bem a instituição, seria necessário que elas tivessem acesso, pelo menos, ao regulamento, à lista de árbitros, aos dados sobre a experiência da instituição e às informações sobre tempo e custo dos procedimentos.

A *Pesquisa Instituições Brasileiras* revelou que o regulamento e a tabela de custos são informações com alto grau de transparência, o que possibilita às partes fazer boas escolhas relativamente a esses aspectos. Das 34 instituições brasileiras associadas ao Conima, apenas cinco (9,6%) não publicavam o regulamento em seu *site* (Anexo 1). Quanto à tabela de custos, das 31 instituições abrangidas, apenas quatro (12,9%) não a divulgavam em seu *site* (Anexo 5).

---

[154] Exemplos: artigo 4.5 do Regulamento do CAM-CCBC e artigos 7 e 9 do Regulamento da CCI (ambos regulamentos vigentes a partir de 2017).

[155] Leite, António Pinto. Papel das instituições de arbitragem na construção da jurisprudência arbitral – a procura das melhores práticas. *Revista Brasileira de Arbitragem*, CBAr & IOB, n. 41, v. XI, p. 114-115, 2014.

[156] Os aspectos citados em tal pesquisa foram, em ordem: (i) se tem uma secretaria competente, dotada de membros que entendem de arbitragem; (ii) qualidade do regulamento; (iii) rapidez e agilidade no trato do processo; (iv) custos; (v) tradição em arbitragem; (vi) lista de árbitros; (vii) qualidade das instalações/estrutura (Comitê Brasileiro de Arbitragem. *Arbitragem no Brasil* – Pesquisa CBAr-Ipsos cit., p. 24).

[157] Os aspectos citados em tal pesquisa foram, em ordem: (i) "general reputation and recognition of the institution"; (ii) "high level of administration (including efficiency, pro-activeness, facilities, quality of staff)"; (iii) "previous experience of the institution"; (iv) "neutrality/internationalism"; (v) "access to wide pool of high quality arbitrators"; (vi) "overall cost of service" (Queen Mary University of London. *2018 International arbitration survey*: the evolution of international arbitration cit.).

No tocante à lista de árbitros, das 26 instituições que adotam esse mecanismo (83,87% do total),[158] apenas duas não a divulgam em seu *site* (7,6%), o que poderia levar à conclusão de que há grande transparência nesse aspecto. Todavia, a Pesquisa mostrou que, das 24 instituições que divulgam a lista de árbitro em seu *site*, metade não informa quais foram as características e/ou requisitos considerados para incluir uma pessoa no rol (Anexo 4), que pode trazer questionamentos a respeito da composição e qualidade da lista.[159]

Para escolher a instituição, as partes também procuram avaliar sua experiência e a duração de seus procedimentos. Nesse tocante, o nível de transparência encontrado foi muito baixo.

Das 31 instituições compreendidas na *Pesquisa Instituições Brasileiras*, apenas três (9,6%) divulgam no seu *site* informações estatísticas: o CAM-CCBC, a CMA Ciesp/Fiesp e a CCI (Anexo 6).[160] Dentre as informações divulgadas constam o número de processos novos a cada ano e o número total de processos já administrados por cada uma,[161] o que é muito importante para que as partes possam aferir a experiência da instituição.

---

[158] Das instituições englobadas na Pesquisa duas não preveem qualquer tipo de lista (Amcham e CCI), e outras três, embora não mantenham uma lista de árbitros *a priori*, preveem o envio de uma lista sugestiva às partes caso a caso (Cindes/Findes; Consensu e CMA-Crea/MG).

[159] A outra metade das instituições informa que seu rol é composto apenas de pessoas com reputação ilibada e notável saber jurídico ou técnico. As listas dessas instituições, portanto, podem ser úteis, pois indicam às partes as pessoas que, aos olhos da instituição, têm uma boa reputação.

[160] Centro de Arbitragem e Mediação da Câmara de Comércio Brasil-Canadá (Disponível em: https://ccbc.org.br/cam-ccbc-centro-arbitragem-mediacao/sobre-cam-ccbc/estatisticas-gerais/. Acesso em: 4 abr. 2019); Câmara de Mediação, Conciliação e Arbitragem Ciesp/Fiesp (Disponível em: http://www.camaradearbitragemsp.com.br/pt/estatisticas-camara.html/. Acesso em: 4 abr. 2019) e Corte de Arbitragem da Câmara de Comércio Internacional (Disponível em: https://iccwbo.org/publication/2017-icc-dispute-resolution-statistics//. Acesso em: 4 abr. 2019).

[161] Todas as três instituições divulgam o número de processos novos; o número total de processos administrados pela instituição; os valores envolvidos e as principais matérias envolvidas nos litígios. O CAM-CCBC e a CCI divulgam ainda o número de processos com entes públicos, nacionalidade das partes, idioma dos processos, forma de indicação e sexo dos árbitros. A CCI, por sua vez, é a instituição mais transparente nesse tocante, divulgando, além das informações já citadas, o número de impugnação aos árbitros (e o número de impugnações acolhidas), número de sentenças proferidas (divididas entre as unânimes e não unânimes), sedes dos procedimentos, leis aplicáveis, nacionalidade dos árbitros,

O *Anuário de Arbitragem CESA* teve o grande mérito de preencher, ao menos em parte, a lacuna deixada pelas outras instituições. Na edição de 2017, foram publicadas informações estatísticas de outras dez instituições, além das três mencionadas e que também estão abrangidas na *Pesquisa Instituições Brasileiras*.[162] Dentre os dados divulgados estão o número de processos novos iniciados em 2017 e o número total de processos em andamento em 2017 (todas essas informações estão resumidas no Anexo 6).

Todavia, mesmo considerando os números apresentados pelo *Anuário de Arbitragem CESA*, conclui-se que, de 31 instituições brasileiras, apenas 13 divulgam dados sobre sua experiência (41,9%).

No tocante ao tempo de duração dos procedimentos arbitrais, apenas o CAM-CCBC divulga em seu *site* o tempo médio (16,6 meses).[163] O *Anuário de Arbitragem CESA 2017* obteve essa informação de outras 11 instituições, totalizando o percentual de 38,70% de instituições brasileiras que divulgam a duração média dos procedimentos, o que é baixo.

Não por outro motivo, os entrevistados da *Pesquisa Queen Mary 2015* apontaram que a principal medida que as instituições podem adotar para melhorar a arbitragem internacional é a publicação de dados sobre a duração das arbitragens que administram.[164]

Contudo, o problema não diz respeito somente ao número baixo de instituições que revelam informações, mas também à qualidade dos dados informados.

---

número de casos multipartes, idade média dos árbitros indicados e número de casos nacionais e internacionais.

[162] Na edição do Anuário de 2016, foram publicadas informações estatísticas de outras seis instituições (além do CAM-CCBC, CCI e Ciesp/Fiesp), as quais se repetiram no ano de 2017. Dessa forma, foram utilizadas apenas as informações relativas ao ano de 2017, por incluir as instituições participantes em 2016, acrescentar outras e serem mais atuais.

[163] "O tempo em médio de duração de um procedimento arbitral administrado pelo CAM-CCBC é de 16,6 meses (procedimentos iniciados e encerrados entre 2013 e 2017)" (Disponível em: https://ccbc.org.br/cam-ccbc-centro-arbitragem-mediacao/sobre-cam-ccbc/estatisticas-gerais//. Acesso em: 4 abr. 2019). A CCI publicou apenas a duração média dos procedimentos expeditos (15 dias), mas não revelou a duração média dos procedimentos regulares (ICC DISPUTE RESOLUTION BULLETIN 2018. Issue 2. Disponível em: https://cdn.iccwbo.org/content/uploads/sites/3/2018/07/2017-icc-dispute-resolution-statistics.pdf. Acesso em 13 fev. 2019).

[164] QUEEN MARY UNIVESITY OF LONDON. *2015 International arbitration survey*: improvements and innovations in international arbitration cit., p. 23.

Quando se analisa o tempo médio indicado por cada instituição, nota-se que há resultados bastante díspares: enquanto o CBMAE informou a duração média de 14 meses (o menor tempo), o Centro de Arbitragem e Mediação da Amcham (*American Chamber of Commerce for Brazil*, doravante apenas "Amcham") anunciou o dobro, 28 meses, e a CMA Ciesp/Fiesp mencionou 33,8 meses (o maior tempo). Além disso, o tempo de duração revelado no *site* do CAM-CCBC (16,6 meses) é diferente daquele apresentado pela mesma instituição no *Anuário de Arbitragem CESA 2017* (23,6 meses), sem qualquer ressalva ou explicação sobre tal disparidade.[165]

À primeira vista, seria possível concluir que a diferença de tempo entre as instituições seria reflexo da maior ou menor eficiência de cada uma. Contudo, a eficiência da instituição não é a única variável que interfere no tempo de duração do processo.

Outras variáveis são: se o caso teve uma sentença de mérito, ou se foi encerrado antes por algum motivo (acordo entre as partes, desistência do processo, falta de pagamento dos custos etc.); natureza do litígio (direito da construção, questão societária, franquia etc.); se foi julgado por árbitro único ou tribunal arbitral; se foi produzida prova pericial, oral ou apenas documental, entre outras.

Todavia, nenhuma dessas variáveis é informada ou isolada nas estatísticas do *Anuário de Arbitragem CESA 2017* ou do CAM-CCBC. Ao reunir situações muito díspares dentro da mesma avaliação, o resultado perde em credibilidade e utilidade, o que impede que se avalie qual instituição é mais eficiente e quais as razões para tanto, além de criar nas partes expectativas quanto à duração do processo arbitral, que é pouco congruente com a realidade.

Portanto, é possível concluir que atualmente as partes têm acesso a algumas informações relevantes no momento de escolher a instituição arbitral (regulamento e tabela de custos), mas faltam outras igualmente importantes. Além disso, é possível concluir que, em determinados casos, a qualidade da informação importa tanto quanto simplesmente fornecê-la. Assim, no que tange à lista de árbitros e à duração dos pro-

---

[165] A mesma crítica poderia se estender aos números de casos informados pela CCI no *Anuário de Arbitragem CESA 2017*, que não condizem com os números que constam em seu *site*, sem que tenha sido feita qualquer explicação a respeito. Todavia, quando se analisa o Anuário de 2016, há uma justificativa de que os dados informados naquela oportunidade pela CCI diziam respeito apenas aos casos relacionados ao Brasil. Assim, é possível supor que o mesmo critério foi utilizado no Anuário de 2017, embora isso não esteja explícito.

cessos arbitrais, somente informações qualificadas permitem decisões de qualidade, que não é o que se encontra no cenário atual.

2.1.1.2 *Escolha do árbitro*

A escolha do árbitro é provavelmente a decisão mais relevante para o processo arbitral, pois "a arbitragem vale o que vale o árbitro".[166] Ao mesmo tempo, porém, "a indicação de árbitros está longe de ser uma ciência exata".[167]

Embora não seja possível apontar um modelo do "árbitro ideal", a doutrina e os usuários da arbitragem indicam certas características frequentemente procuradas pelas partes no momento de indicar um árbitro.

As Pesquisas CBAr-Ipsos[168] e *Queen Mary* 2010[169] apontam que as partes buscam um árbitro que: (i) tenha especialização na matéria submetida à arbitragem; (ii) com nome respeitado no mercado (reputação); (iii) com experiência prévia em arbitragem; (iv) com disponibilidade; e (v) que elabore uma sentença de qualidade.

Além das características indicadas pelas pesquisas, a doutrina menciona que as partes também procuram candidatos que (vi) tenham afinidade com a sua posição defendida no litígio (para aumentar suas chances de vencer);[170-171] e (vii) cujo modo de conduzir o

---

[166] LEMES, Selma M. Ferreira. O papel do árbitro. Disponível em http://selmalemes.adv.br/artigos/artigo_juri11.pdf. Acesso em: 2 maio 2018.

[167] MARQUES, Ricardo Tadeu Dalmaso. A Resolução nº 35/2019 do CAM/CCBC – A transparência da constituição de tribunais arbitrais como imprescindível passo para a preservação da legitimidade e da confiança na arbitragem. *Revista Brasileira de Arbitragem*, CBAR & Kluwer Law International, n. 63, v. XVI, p. 191, 2019.

[168] Os resultados específicos da pesquisa foram, em ordem: (i) especialista ou professor na matéria submetida à arbitragem; (ii) nome respeitado no mercado (reputação); (iii) experiência como árbitro; (iv) disponibilidade; (v) bom conhecimento sobre arbitragem (COMITÊ BRASILEIRO DE ARBITRAGEM. *Arbitragem no Brasil* – Pesquisa CBAr-Ipsos cit., p. 12).

[169] Os resultados específicos da *Pesquisa Queen Mary 2010* foram, em ordem: (i) mente aberta, ser justo; (ii) experiência prévia com arbitragem; (iii) qualidade da sentença; (iv) disponibilidade; e (v) reputação (QUEEN MARY UNIVERSITY OF LONDON. *2010 International arbitration survey*: choices in international arbitration cit.).

[170] "Hipocrisias à parte, o que querem as partes, também na indicação do árbitro, é vencer" (MARQUES, Ricardo Tadeu Dalmaso. *O dever de revelação do árbitro*: extensão e consequências de sua violação. 2017. Dissertação (Mestrado em Direito) – Faculdade de Direito da Universidade de São Paulo, Universidade de São Paulo, São Paulo, 2017, p. 43).

[171] Martin Hunter é autor de famosa frase a esse respeito, na qual afirma que o árbitro ideal é "alguém com a máxima predisposição para a posição do meu cliente, mas com a mínima

processo seja equivalente àquele esperado pela parte (preferências procedimentais).[172]

Corroborando as qualidades listadas *supra*, a *Pesquisa Queen Mary 2010* demonstrou que alguns dos principais motivos de decepção com relação ao árbitro indicado são: falta de conhecimento na matéria objeto da disputa (reforçando a preferência das partes por um árbitro especializado na matéria submetida à arbitragem); atrasos causados pelo árbitro (reforçando a necessidade de um árbitro com disponibilidade); pouca fundamentação na sentença (o que tem relação com a qualidade da sentença que a parte espera); e flexibilidade demais ou falha no controle do processo (o que mostra a importância de saber se o modo que o árbitro conduz o processo equivale àquele esperado pela parte).[173]

Para que as partes possam aferir se um candidato reúne tais características, elas precisam ter acesso a informações adequadas sobre ele. O cenário ideal é aquele no qual tais informações são públicas, facilmente acessíveis e o mais precisas e objetivas possível. Assim, cumpre analisar se as partes têm acesso às informações essenciais para fazer uma boa indicação de árbitro ou se, também nesse tocante, é necessário aumentar a transparência da arbitragem.

2.1.1.2.1 *Especialização na matéria submetida à arbitragem*

É possível obter informação sobre a especialização de uma pessoa por meio de seu currículo, mas a completude e o detalhamento da informa-

---

aparência de parcialidade" (tradução livre de: "someone with the maximum predisposition towards my client, but with the minimum appearance of bias") (HUNTER, Martin. Ethics of the International Arbitrator. *Apud* ROGERS, Catherine. A window into the soul of international arbitration: arbitrator selection, transparency and stakeholder interests. *Victoria U. Wellington Law Review*, n. 46, p. 1184, 2015).

[172] Por exemplo: se o árbitro costuma indicar um secretário; se ele tenta conciliar as partes; se ele prefere a bifurcação do processo; como ele costuma alocar tempo durante audiência; se ele costuma punir táticas dilatórias e litigância de má-fé etc. Sobre o tema: VIDAK-GOJKOVIC, Ema; GREENWOOD, Lucy; MCILWRATH, Michael. Chapter II: The Arbitrator and the Arbitration Procedure, Puppies or Kittens? How to Better Match Arbitrators to Party Expectations. *In*: KLAUSEGGER, Christian, KLEIN, Peter *et al.* (ed.). *Austrian Yearbook on International Arbitration 2016*. Viena: Manz'sche Verlags- und Universitätsbuchhandlung, 2016. p. 61-74.

[173] QUEEN MARY UNIVESITY OF LONDON. *2010 International arbitration survey*: choices in international arbitration cit.

ção dependerão da vontade do autor. Também pode ser muito útil consultar a produção acadêmica do candidato, como livros e artigos escritos.

Para informações mais específicas, é possível perguntar diretamente ao candidato, o que é considerado legítimo pela *IBA Guidelines on Party Representation in International Arbitration*,[174] isto é, trata-se de prática que não fere a independência e a imparcialidade do candidato, caso ele venha a ser nomeado árbitro.

Todavia, tais medidas podem não ser eficientes, pois podem tomar tempo e resultar em informações subjetivas e pouco precisas. Nesse contexto, seria de grande valia ter acesso a eventuais sentenças proferidas pelo candidato, uma vez que isso permitiria avaliar seu conhecimento na prática e relativamente a situações e problemas específicos.

Contudo, apenas duas das 31 instituições abrangidas na *Pesquisa Instituições Brasileiras* publicam sentenças arbitrais (CCI e CAM B3) e, além disso, nenhuma delas divulga o nome dos árbitros (Anexo 3).

Assim, conclui-se que os meios atualmente disponíveis às partes para que descubram a especialização de um candidato (currículo, produção acadêmica e indagação direta) podem resultar em informações pouco precisas e subjetivas, que podem não ser suficientes para permitir uma decisão de qualidade.

2.1.1.2.2 *Reputação*

Algumas informações curriculares podem ser indício de uma boa reputação, como prêmios recebidos e cargos ocupados. Todavia, o próprio conceito de reputação ("fama reconhecida")[175] invoca a necessidade de saber a opinião de outras pessoas acerca daquele candidato. Assim, por

---

[174] Item 8 "(a) A Party Representative may communicate with a prospective Party-Nominated Arbitrator to determine his or her expertise, experience, ability, availability, willingness and the existence of potential conflicts of interest". As Guidelines também especificam ser apropriado conversar com o candidato sobre os seguintes temas: suas publicações (incluindo livros, artigos, conferências); suas atividades ou as de sua firma ou organização da qual faça parte, que possam gerar dúvidas justificadas sobre sua imparcialidade e independência; descrição geral sobre a natureza da disputa; os termos da convenção arbitragem (em particular, a sede, o idioma, a lei e o regulamento aplicáveis; quem são as partes, representantes das partes, testemunhas e peritos; sobre o calendário procedimental e, em geral, sobre a condução do procedimento ("Comments to Guidelines 7–8").
[175] Dicionário Michaelis. Versão *online* cit.

mais que seja questionável a confiabilidade de informações verbais,[176] para aferir a reputação de alguém, parece natural consultar o mercado.

Partes e advogados que atuam frequentemente em arbitragem não têm problemas em realizar tal consulta, pois estão inseridos no mercado onde essas informações estão disponíveis. No entanto, profissionais com pouca experiência provavelmente enfrentarão um grande desafio, pois não possuem acesso a esse espaço,[177] o que gera um desequilíbrio entre os litigantes (a questão da paridade de armas será mais bem tratada no item 2.1.2).

As listas de árbitros poderiam auxiliar as partes nesse tocante. Entretanto, como visto, metade das instituições que preveem uma lista no seu *site* não revela quais requisitos são exigidos para que uma pessoa integre o rol (Anexo 4), o que pode gerar questionamentos acerca de como a seleção é feita. Com relação à outra metade, os critérios informados geralmente são "pessoas com reputação ilibada" e "notável saber jurídico ou técnico". Assim, as listas dessas instituições podem ser úteis para indicar às partes quem, aos olhos da instituição, tem uma boa reputação.

Dessarte, é possível concluir que partes e advogados inseridos no mercado da arbitragem terão facilidade em aferir a reputação de um candidato a árbitro. Os demais encontram dificuldades, podendo se valer da lista de árbitros mantida pelas instituições, mas cuja qualidade nem sempre é confiável.

2.1.1.2.3 *Experiência prévia em arbitragem*

A informação sobre experiência prévia em arbitragem pode constar no currículo de um candidato, ou ser obtida por meio de indagação direta

---

[176] "*Ad hoc*, informal personal inquiries have an inherent hit-or-miss quality to them, depending on whom you ask, and how they filter information through subjective and often incomplete recollections" (ROGERS, Catherine. Chapter II: the arbitrator and the arbitration procedure, transparency in arbitrator selection. *In*: KLAUSEGGER, Christian, KLEIN, Peter *et al.* (ed.). *Austrian Yearbook on International Arbitration 2016*. Viena: Manz'sche Verlags- und Universitätsbuchhandlung, 2016. p. 75-85).

[177] "Indeed, there appears to be a troubling gap between, on the one hand, users and practitioners with easy access to arbitrator intelligence through their own internal or external network of peers and, on the other, less well-placed users and counsel who for various reasons are not in the position to make use of such readily available avenues" (BREKOULAKIS, Stavros; HODIS, Adrian. Information about arbitrators – an empirical assessment. *Kluwer Arbitration Blog*, 25 jul. 2018. Disponível em: http://arbitrationblog.kluwerarbitration.com/2018/07/25/mr/. Acesso em 23 fev. 2019).

a ele.[178] Contudo, as respostas obtidas podem ser pouco precisas e subjetivas. O acesso às sentenças arbitrais prévias seria de grande utilidade para aferir esse atributo, pois é uma fonte de dados objetivos. Entretanto, atualmente essa análise não é possível.

Para suprir essa lacuna, a CCI[179] e o CAM-CCBC[180] passaram a divulgar em seus *sites* o nome dos árbitros efetivamente nomeados em procedimentos administrados por tais instituições. Em ambos os casos, é indicado se a pessoa atua como árbitro único, coárbitro ou como presidente do tribunal, além de informar se o caso está em andamento ou se já foi encerrado (Anexo 7).

São ferramentas extremamente úteis para averiguar a experiência de possíveis candidatos. Todavia, como somente essas duas instituições a adotam, ela não permite uma análise completa sobre a experiência de uma pessoa.

Portanto, atualmente, informações objetivas sobre a experiência de um candidato ainda são limitadas, ficando as partes, muitas vezes, à mercê do que os candidatos informam em seus currículos ou por meio de inquirição pessoal.

2.1.1.2.4 *Disponibilidade*

As partes também desejam que o árbitro tenha disponibilidade, o que, ademais, é um requisito imposto pela Lei de Arbitragem.[181] Atualmente, a única fonte pública de informação a esse respeito é a lista de árbitros nomeados divulgada pela CCI e pelo CAM-CCBC, a partir da qual as

---

[178] O *IBA Guideline on Party Representation in International Arbitration* reconhece ser apropriado perguntar a um candidato a árbitro sobre sua *expertise* e experiência (item 8, a).
[179] A lista está disponível em: https://iccwbo.org/dispute-resolution-services/arbitration/icc-arbitral-tribunals/. Acesso em: 15 fev. 2019. A disponibilização dos nomes é regulamentada pelo item 35 da "Nota às partes e aos tribunais arbitrais sobre a condução da arbitragem conforme o regulamento de arbitragem da CCI, de 1º de janeiro de 2019 (Disponível em: https://cms.iccwbo.org/content/uploads/sites/3/2017/03/icc-note-to-parties-and-arbitral-tribunals-on-the-conduct-of-arbitration-portuguese.pdf. Acesso em: 5 abr. 2019).
[180] Disponível em: https://ccbc.org.br/cam-ccbc-centro-arbitragem-mediacao/resolucao-de-disputas/arbitragem/tribunais-arbitrais/. Acesso em: 27 set. 1019. A disponibilização dos nomes é regulamentada pela Resolução Administrativa nº 35/2019 (Disponível em: https://ccbc.org.br/cam-ccbc-centro-arbitragem-mediacao/resolucao-de-disputas/resolucoes-administrativas/ra-35-2019-divulgacao-dos-tribunais-arbitrais/. Acesso em: 27 set. 2019).
[181] O artigo 13, § 6º, exige do árbitro que atue com "diligência".

partes podem saber em quantos casos uma pessoa está atuando naquele momento. Contudo, considerando que apenas duas instituições adotam essa prática (Anexo 7), as listas estão longe de dar um cenário completo sobre os compromissos dos candidatos.

Além disso, mesmo que todas as instituições adotassem essa medida, ainda assim seria uma aferição incompleta, pois os casos em que um candidato atua como árbitro não é o único fator que interfere em sua disponibilidade. Assim, por exemplo, uma pessoa que atue como árbitro em um número relevante de casos pode ter mais disponibilidade do que outra que tem menos casos como árbitro, mas também atue como advogado.

Portanto, para aferir a disponibilidade de um candidato, não há alternativa, a não ser indagá-lo. As partes podem (e devem) fazer essa inquirição diretamente ao candidato,[182] até para que possam decidir se vão indicá-lo ou não.

Todavia, há casos em que as partes não têm a oportunidade de fazer essa indagação previamente, como quando o árbitro é indicado pela outra parte, ou pela instituição arbitral, ou pelos coárbitros (no caso de presidente do tribunal).

Para ajudar as partes, algumas instituições arbitrais preveem o envio de um questionário aos árbitros indicados, com perguntas que visam aferir a inexistência de conflito e a disponibilidade para assumir o encargo. Das 31 instituições abrangidas na *Pesquisa Instituições Brasileiras*, 15 preveem essa prática (48,38% – Anexo 8).

Todavia, apenas duas disponibilizam em seu *site* o modelo do questionário enviado aos árbitros (CCI e CAM B3).[183] Em consulta direta a algumas instituições, foi possível obter o modelo dos questionários utilizados pela Amcham, CAM-CCBC e CMA Ciesp/Fiesp.

No que toca à disponibilidade dos árbitros, os questionários de todas as instituições referidas, com exceção da CCI, preveem apenas a

---

[182] O *IBA Guideline on Party Representation in International Arbitration* também reconhece ser apropriado perguntar sobre a disponibilidade de um candidato (item 8, a).

[183] Declaração de Aceitação, Disponibilidade, Imparcialidade e Independência (CCI). Disponível em: https://cms.iccwbo.org/content/uploads/sites/3/2017/03/ICC-Arbitrator-Statement-Acceptance-Availability-Impartiality-and-Independence-ICC-Arbitration-Rules-PORTUGUESE.pdf. Acesso em: 5 abr. 2019.

Anexo à Orientação CAM nº 02/2013. Disponível em: http://www.b3.com.br/pt_br/b3/qualificacao-e-governanca/camara-de-arbitragem-do-mercado-cam/regulamentacao/. Acesso em: 5 abr. 2019.

seguinte pergunta ao candidato: se ele ou ela "dispõe de tempo hábil" para atuar no procedimento.

O documento elaborado pela CCI, por sua vez, além de indagar ao árbitro se ele considera possuir disponibilidade, pede que ele informe: em quantos processos arbitrais ele atua como presidente do tribunal arbitral, em quantos ele atua como árbitro único, em quantos ele atua como coárbitro e, também, em quantos ele figura como advogado. Também é solicitado que mencione os compromissos agendados para os próximos 24 meses.

A pergunta formulada no questionário da CAM B3, Amcham, CAM-CCBC e CMA Ciesp/Fiesp não possibilita um exame objetivo pelas partes, favorecendo a criação de expectativas irreais sobre a disponibilidade dos árbitros e sobre a celeridade do procedimento, o que pode gerar frustração.

As partes podem fazer indagações adicionais àquelas previstas no questionário, porém as instituições poderiam prestar um grande auxílio se os questionários contivessem perguntas mais objetivas e detalhadas, à semelhança do que já faz a CCI. Isso facilitaria a tomada de decisão das partes e agilizaria o processo de indicação de árbitros, evitando pedidos de esclarecimentos.

Em suma, é possível afirmar que não existe um banco de dados público satisfatório que possa indicar às partes a disponibilidade de eventuais candidatos. A inquirição pessoal ainda é – e provavelmente continuará sendo – a única fonte segura de informação a esse respeito. Entretanto, essa inquirição deve ser o mais objetiva possível e, nesse tocante, as instituições podem auxiliar muito as partes com a elaboração de questionários mais detalhados e transparentes, o que, atualmente, não é a prática mais comum.

Portanto, também no que concerne à disponibilidade, não existe muita transparência, prejudicando a tomada de decisão das partes e, também, gerando expectativas pouco concretas sobre a rapidez com que um procedimento será conduzido.

Nota-se, ademais, que esse não é um problema exclusivamente brasileiro: a *Pesquisa Queen Mary 2015* mostrou a insatisfação dos usuários com a aferição da disponibilidade dos árbitros, pois, na opinião deles, poder realizar uma avaliação com mais acuidade sobre esse aspecto seria uma das medidas mais eficazes para controlar o tempo e o custo do processo.[184]

2.1.1.2.5 *Qualidade da sentença*

Outra característica que as partes buscam em um árbitro é a capacidade de elaborar uma sentença de qualidade. A única forma segura de avaliar esse atributo é analisar as sentenças previamente proferidas pelos candidatos, pois o que configura uma sentença "de qualidade" pode envolver uma boa dose de subjetividade[185] e, portanto, informações de terceiros podem ser pouco úteis.

No entanto, como visto, apenas duas das 31 instituições brasileiras pesquisadas publicam sentenças, e o fazem sem a indicação do nome dos árbitros (Anexo 3). Dessarte, somente é possível ter acesso às sentenças questionadas no Poder Judiciário, cujo processo não tramita em segredo de justiça; ou às sentenças proferidas em casos passados, dos quais a parte ou seu advogado tenha participado.

Portanto, *repeat players*, por terem acesso a decisões de vários casos passados, levarão grande vantagem sobre as partes e seus advogados com pouca experiência, que não possuem tal acervo.

Isso permite concluir que a tomada de decisão das partes no tocante à qualidade da decisão de um candidato é severamente prejudicada pela pouca transparência da arbitragem, atingindo ainda mais partes e advogados com pouca experiência.

2.1.1.2.6 *Afinidade com a posição defendida pela parte*

Para escolher um árbitro, as partes também buscam alguém que tenha afinidade com a posição defendida por ela no litígio. Essa informação, todavia, só pode ser obtida em tese e sobre questões de direito, pois, se

---

[184] QUEEN MARY UNIVERSITY OF LONDON. *2015 International arbitration survey*: improvements and innovations in international arbitration cit., p. 25.

[185] É possível argumentar que existem determinados requisitos objetivos que precisam estar presentes para que se tenha uma decisão de qualidade. A esse respeito, o art. 489, §1º do CPC prevê algumas hipóteses do que se poderia considerar uma decisão "ruim", o que, de certa forma, indica o que pode ser considerada uma decisão "boa" ou, ao menos, "bem fundamentada". Todavia, nos parece que o conceito de sentença de qualidade necessariamente carrega uma dose de subjetividade, e tais requisitos podem variar de acordo com o caso e com o que as partes esperam de um árbitro.

uma pessoa já expressou sua opinião acerca do caso concreto, sua imparcialidade fica comprometida.[186]

Assim, essa informação pode ser obtida por meio de consulta à produção acadêmica do candidato, caso ele já tenha se manifestado sobre algum tema relevante para o conflito. Entretanto, a melhor fonte de informação a esse respeito são as sentenças anteriormente proferidas pelo candidato.[187]

Todavia, como visto, as duas únicas instituições que publicam sentenças fazem-no sem a identificação do nome dos árbitros, impedindo essa análise. Assim, apenas as partes e os advogados com mais experiência conseguem acesso a esse tipo de informação, por meio das sentenças de casos passados.

Portanto, também com relação a esse critério, a tomada de decisão das partes fica muito prejudicada, com pouca informação disponível.

2.1.1.2.7 *Preferências procedimentais*

Outro atributo que as partes investigam em um potencial candidato a árbitro são as técnicas de gerenciamento de processo que ele costuma ou prefere adotar, por exemplo: se indica um secretário arbitral; se delega parte do trabalho a alguém de sua equipe; se é proativo na definição das questões controversas, ou se deixa tal encargo às partes; se costuma propor ou utilizar técnicas inovadoras de *case management* etc.[188]

---

[186] As "Diretrizes IBA relativas a Conflitos de Interesse em Arbitragem Internacional" citam tal hipótese como ensejadora de conflito de interesse, sendo recomendável ao candidato não aceitar o encargo, exceto se as partes expressamente o autorizarem a fazê-lo, após ele ter revelado tal fato (item 2.1 da Lista Vermelha de Eventos Renunciáveis).

[187] "[...] prior awards seem to be a window into the arbitrators' stance on various substantive issues. In order to make an informed choice, users want to have a clear picture of the arbitrators' prior experience in various industry sectors and to learn more about their views on this or that legal issue. As for the merits of a case, respondents were keen to know whether arbitrators have a predisposition to follow the strict letter of the law and its established understanding or, on the contrary, have shown openness to novel interpretations of the applicable statutes (BREKOULAKIS, Stavros, HODIS, Adrian. Information about arbitrators – an empirical cit.)

[188] VIDAK-GOJKOVIC, Ema; GREENWOOD, Lucy; MCILWRATH, Michael. Chapter II: The Arbitrator and the Arbitration Procedure, Puppies or Kittens? How to Better Match Arbitrators to Party Expectations cit., p. 61-74.

São informações que não costumam figurar nos currículos dos candidatos. É possível indagar o árbitro a esse respeito, mas, novamente, corre-se o risco de obter respostas pouco precisas.

O *Global Arbitration Review* ("GAR") criou uma plataforma denominada *Arbitrator Research Tool*, que busca reunir informações que não constam normalmente nos currículos de candidatos a árbitros, como preferências na condução de casos.[189] Trata-se de ferramenta muito benéfica, mas que está disponível apenas para assinantes e cujo foco é a arbitragem internacional e, portanto, sua utilidade no Brasil é limitada.

Uma medida que viabilizaria o acesso a tais informações é a publicação das decisões interlocutórias proferidas pelos árbitros ao longo do processo arbitral (comumente chamadas de "ordens processuais"),[190] porém essa prática não é adotada por nenhuma instituição arbitral brasileira.

Também acerca desse aspecto, *repeat players* auferem vantagens em detrimento de partes e advogados pouco experientes, pois, uma vez participado de arbitragens anteriores, eles se familiarizam com o modo de condução de determinados candidatos, podendo escolher melhor em casos futuros.

Logo, a pouca transparência da arbitragem também prejudica o acesso às informações sobre as preferências procedimentais dos candidatos a árbitro, favorecendo os *repeat players*. Assim, remanesce às partes apenas indagar os candidatos sobre o tema, o que, todavia, não garante informações completas e objetivas.

2.1.1.2.8 *Conclusão: escolha do árbitro*

Diante do exposto, nota-se que o processo de escolha de árbitro é complexo e trabalhoso, pois envolve a análise de muitas variáveis e a procura em fontes diversas.

Algumas dessas fontes são públicas e de fácil acesso, como o currículo do candidato, sua produção acadêmica, o rol de árbitros de algumas

---

[189] Disponível em: https://globalarbitrationreview.com/arbitrator-research-tool. Acesso em: 4 maio 2019.

[190] "[...] respondents found previous awards and decisions to be highly relevant for the information they contain on the arbitrators' procedural skills and preferences. Here, case management skills and the level of involvement during proceedings were often cited" (BREKOULAKIS, Stavros; HODIS, Adrian. Information about arbitrators – an empirical assessment cit.).

instituições e a lista de árbitros efetivamente nomeados, atualmente disponibilizadas pela CCI e CAM-CCBC.

Todavia, essas fontes nem sempre são suficientes para permitir uma boa decisão, o que faz com que as partes tenham que se valer de informações verbais, questionando o próprio candidato ou o mercado a respeito de algum aspecto sobre o qual ainda tenha dúvida.

A *Pesquisa Queen Mary 2018* confirmou esse fato, pois os entrevistados responderam que as duas principais fontes de informações sobre os árbitros são informações verbais e consultas a colegas de trabalho.[191]

Essa prática, porém, prejudica a decisão sobre a escolha do árbitro, porquanto informações verbais são subjetivas e pouco precisas. Além disso, acaba conferindo uma vantagem desmedida aos *repeat players* e pode gerar frustração quanto à *performance* do árbitro, pois as partes acabam formando suas expectativas com base em informações de baixa qualidade ou confiabilidade.

Desse modo, atualmente, as partes e seus advogados não têm acesso a informações suficientes para garantir uma boa escolha de árbitro, especialmente partes e advogados pouco experientes.

Portanto, o aumento da transparência da arbitragem geraria um grande impacto positivo no processo de escolha de árbitro. Algumas das medidas que mais auxiliariam nesse tocante são: (i) publicação de decisões interlocutórias (ordens processuais) e sentenças com o nome dos árbitros; (ii) divulgação, por parte das instituições, do nome dos árbitros efetivamente nomeados em processos sob seus auspícios; (iii) envio de um questionário de disponibilidade ao árbitro que seja mais completo e objetivo; e (iv) divulgação de outras informações sobre os candidatos aos árbitros.

Confirmando o quanto dito anteriormente, a *Pesquisa Queen Mary 2018* revelou que as principais informações sobre árbitros que os usuários gostariam que fossem disponibilizadas são, em ordem: sentenças e decisões pretéritas, abordagem alusiva às questões de direito material e grau de disponibilidade.[192]

---

[191] QUEEN MARY UNIVESITY OF LONDON. *2018 International arbitration survey*: the evolution of international arbitration cit.

[192] Tradução livre de: "previous awards and decisions"; "approach to substantive issues"; e "degree of availability".

2.1.1.3 *Escolha das regras procedimentais*

Por último, cumpre analisar o impacto da falta de transparência na escolha das partes quanto às regras que regerão seu processo.

Essa escolha comumente é feita quando da celebração do termo de arbitragem (em alguns casos, chamada de "ata de missão"), documento no qual as partes, os árbitros e a instituição arbitral, definem o modo de ser do processo arbitral, o calendário processual e as regras procedimentais de modo geral.

As partes, sob controle dos árbitros, têm grande liberdade para dispor sobre diversos aspectos do procedimento, dado que as poucas normas públicas e cogentes sobre arbitragem são insuficientes para reger todo o processo.[193]

Buscando cobrir essa lacuna procedimental, aos poucos foram desenvolvidas técnicas que, embora não estejam previstas na lei ou nos regulamentos das instituições, passaram a ser ampla e reiteradamente adotadas nos processos arbitrais brasileiros,[194] configurando-se verdadeiros costumes.[195-196]

---

[193] "[...] ninguém imaginará que os regulamentos arbitrais, mesmo das entidades mais tradicionais e melhor estruturadas, possam ser completos. Bem pelo contrário: se a entidade for voltada à arbitragem comercial internacional, certamente o regulamento será muito aberto e vago a respeito do procedimento, de molde a atrair litigantes de várias origens e afeitos a sistemas jurídicos diferentes. Não se espera, portanto, que os regulamentos tratem minuciosamente de atos do processo arbitral, prazos, preclusões, impugnações, exceções e de toda a parafernália que cerca os códigos de processo, criados para utilização genérica perante juízes não escolhidos pelos litigantes" (CARMONA, Carlos Alberto. Flexibilização do procedimento arbitral. *Revista Brasileira de Arbitragem*, Curitiba, CBAr & IOB, v. VI, n. 24, p. 13, 2009).

[194] Carlos Alberto Carmona descreve alguns exemplos de tais técnicas em: CARMONA, Carlos Alberto. Flexibilização do procedimento arbitral cit., p. 7-21.

[195] "[O costume] [b]aseia-se, nesses termos, na crença e na tradição, sob a qual está o argumento de que algo deve ser feito, e deve sê-lo porque sempre o foi. A autoridade do costume repousa, pois, nessa força conferida ao tempo e ao uso contínuo como reveladores de normas, as normas consuetudinárias" (FERRAZ JR., Tercio Sampaio. *Introdução ao estudo do direito*: técnica, decisão, dominação. 6. ed. São Paulo: Atlas, 2008. p. 206-207).

[196] Havendo consenso entre as partes, elas podem adotar outras regras que não aquelas costumeiramente praticadas, mas, na falta de consenso, caberá ao árbitro decidir (artigo 21, § 1º, Lei de Arbitragem) e, nessa hipótese, o costume terá maior peso, especialmente em função do disposto no artigo 4º do Decreto-lei nº 4.657/1942 (Lei de Introdução às Normas do Direito Brasileiro).

Tais costumes foram desenvolvidos com base na experiência prática de árbitros e advogados e alguns deles passaram a ser reproduzidos em material doutrinário e em repositórios de *soft law*.[197] Contudo, tais materiais não contemplam todas as possíveis práticas, tampouco são capazes de acompanhar sua contínua evolução.

Diante disso, não é incomum partes, advogados e até mesmo árbitros pouco experientes tentarem trazer para a arbitragem a técnica com a qual são familiarizados, que, na maior parte das vezes, é a do processo judicial. Esse fenômeno, embora seja muito criticado pela doutrina arbitral,[198] é em grande parte causado pela falta de transparência da arbitragem, que dificulta o conhecimento sobre as particularidades desse processo.

Como resultado, partes, advogados e árbitros pouco experientes acabam não sabendo sequer quais regras procedimentais podem ser estipuladas, dificultando, portanto, a tomada de decisão a respeito daquelas que seriam as mais adequadas para o caso concreto.

Portanto, em um cenário de pouca transparência, a liberdade concedida às partes para escolher as regras de seu processo – que é, em tese, um aspecto positivo da arbitragem – possibilita que a parte mais experiente influencie ou até imponha as escolhas que lhe sejam mais convenientes, em prejuízo daquela menos conhecedora.[199-200]

---

[197] Alguns dos principais repositórios de *soft law* sobre arbitragem são aqueles publicados pela *International Bar Association*. Todavia, eles dizem respeito à arbitragem internacional (não se tem notícia de nenhuma publicação semelhante eminentemente brasileira) e, mesmo assim, não há *soft law* para todos os aspectos do processo arbitral. Sobre o tema: ABBUD, André de Albuquerque Cavalcanti. *Soft law e produção de provas na arbitragem internacional* cit.

[198] Para Selma M. Ferreira Lemes, para atuar na arbitragem, o profissional "deve deixar a armadura de gladiador para o foro e utilizar a vestimenta de cavalheiro do século XXI" (LEMES, Selma M. Ferreira. A arbitragem e o estudante de direito. Disponível em: http://selmalemes.adv.br/artigos/Arbitragem.pdf. Acesso em: 27 jun. 2018). Para Lauro Gama, o principal desafio para a expansão da arbitragem no Brasil é superar o "ranço do contencioso forense", para ajustar-se "às exigências éticas e ao imperativo da eficiência na arbitragem" (GAMA, Lauro. Realidade e desafios de ser árbitro no Brasil. ICC Masterclass. São Paulo. 15 de maio de 2014. *Revista Brasileira de Arbitragem*, Curitiba, CBAr & IOB, v. XI, n. 42, p. 11, 2014).

[199] "Naturalmente, a parte mais preparada ou experiente encontra nesse vazio regulatório uma oportunidade para tentar impor a aplicação ao processo das regras e práticas que lhe são mais convenientes, em prejuízo da parte menos sofisticada ou inexperiente. [...] Na queda de braço entre diferentes visões sobre como o processo deve ser conduzido, o litigante mais experiente e preparado, conhecedor das práticas usualmente adotadas na

Assim, o aumento da transparência da arbitragem propiciaria a disseminação do conhecimento produzido no bojo dos processos arbitrais, beneficiando os próprios sujeitos da relação arbitral. Auxiliaria muito a publicação das decisões interlocutórias proferidas no curso do processo, que definem questões sobre produção de provas e organização do processo, o que, atualmente, não é feito por nenhuma instituição brasileira.

2.1.2 Promover a paridade de armas no processo arbitral

O processo arbitral, assim como qualquer outro tipo de processo, é uma disputa, um jogo.[201] Para que a competição seja justa, as partes devem estar em pé de igualdade, o máximo possível. Logo, também deve-se buscar na arbitragem a paridade de armas.[202]

A confidencialidade da arbitragem impacta negativamente o equilíbrio de armas porque dificulta a disseminação de conhecimento sobre esse método e suas particularidades, prejudicando a formação e a atuação do profissional no processo arbitral. De fato, atualmente, a principal fonte de conhecimento sobre arbitragem é a experiência prática, o que concede uma vantagem competitiva desmedida aos litigantes repetitivos, em detrimento do litigante eventual.

Esse aspecto foi pincelado nos itens anteriores, mas a importância da questão exige comentários adicionais.

Os conceitos de litigantes repetitivos e eventuais são baseados no estudo de Marc Galanter publicado em 1974, no qual o autor descreve como as diferenças entre *repeat players* e *one-shooter* impactam o sistema

---

arbitragem internacional, acaba mostrando maior poder de influenciar o modo de ser do processo ao seu feitio e, assim, levando vantagem sobre a outra" (ABBUD, André de Albuquerque Cavalcanti. Soft law *e produção de provas na arbitragem internacional* cit., p. 86).

[200] "RPs [repeat players], by virtue of experience and expertise, are more likely to be able to discern which rules are likely to 'penetrate' and which are likely to remain merely symbolic commitments" (GALANTER, Marc. Why the "haves" come out ahead: speculations on the limits of legal change, p. 9. Disponível em https://www.fd.unl.pt/docentes_docs/ma/MFG_MA_11419.pdf. Acesso em: 3 jul. 2018).

[201] CALAMANDREI, Piero. O processo como jogo. Tradução Roberto B. Del Claro. *Genesis – Revista de Direito Processual Civil*, Curitiba, n. 23, p. 191-209, jan./mar. 2002.

[202] A paridade de armas nada mais é do que uma forma de expressão do princípio da igualdade previsto no artigo 5º, *caput*, CF (DINAMARCO, Cândido Rangel; LOPES, Bruno Vasconcelos Carrilho. *Teoria geral do novo processo civil*. 2. ed. São Paulo: Malheiros, 2017. p. 59).

de solução de disputas, em especial conferindo diversas vantagens ao primeiro em detrimento do segundo.[203]

Os litigantes repetitivos também podem estar presentes na arbitragem, por exemplo, grandes companhias que celebram diversos contratos de alto valor; ou companhias que adotam a política de inserir cláusulas compromissórias na maioria de seus contratos (como uma franquia com relação aos contratos com seus franqueados; ou uma empresa de alimentos no tocante a seus contratos de distribuição).

Em tais casos, a própria parte (litigante repetitiva) passa a adquirir e acumular informações sobre o processo arbitral, árbitros e diferentes instituições, bem como a montar um banco de dados próprios de sentenças arbitrais.[204]

Todavia, considerando que a arbitragem geralmente importa custos diretos significativamente maiores do que os do Judiciário, é razoável supor que poucos litigantes de fato preveem convenção de arbitragem de modo regular e constante em seus contratos (embora não existam dados empíricos nesse sentido). Assim, é possível sugerir que a maioria dos litigantes no processo arbitral é eventual, e não repetitiva.

Desse modo, na arbitragem, o equilíbrio de armas acaba sendo mais impactado pela qualidade da representação das partes, isto é, importa mais saber a experiência e *expertise* do representante da parte do que da própria parte.

Nesse sentido, a *Pesquisa Queen Mary 2018* mostrou que 80% dos advogados internos (*in-house counsel*) obtêm informação sobre árbitros de seus advogados externos. Tal resultado é consistente com a *Pesquisa Queen Mary 2010*, na qual 68% das empresas entrevistadas responderam que não colhem ou reúnem informações próprias sobre árbitros para possíveis indicações futuras. Na fase de entrevistas pessoais, diversas companhias informaram que tal prática não é eficiente, em razão do número relativamente pequeno de arbitragens das quais elas participam.[205]

---

[203] GALANTER, Marc. Why the "haves" come out ahead: speculations on the limits of legal change. *Law and Society Review*, v. 9, p. 1, 1974. Republicado (com correções) em COTTERRELL, R. (ed.). *Law and Society*. Aldershot: Darmouth, 1994. p. 165-230.

[204] "RPs [repeat players], having done it before, have advance intelligence; they are able to structure the next transaction and build a record" (GALANTER, Marc. Why the "haves" come out ahead: speculations on the limits of legal change cit., p. 4).

[205] "We asked corporations whether they routinely gather information about potential arbitrators whom they may appoint to arbitrate potential disputes: 68% do not. A num-

Dessarte, tais pesquisas indicam que as partes (representadas por seus advogados internos em ditas pesquisas) dependem em grande parte de seus advogados externos para tomar decisões sobre o processo arbitral, em especial para indicar árbitros.

Assim, ainda que a parte seja um litigante eventual, sua inexperiência pode ser compensada com a contratação de um advogado ou representante experiente.[206] Portanto, apesar de a presença do advogado na arbitragem não ser uma exigência legal,[207] ela acaba sendo extremamente importante para aumentar as chances de vencer.

Esse aspecto do processo arbitral, todavia, acaba elevando seus custos, o que ajuda a explicar por que os custos externos do procedimento arbitral, como honorários de advogados e de outros assistentes, costumam ser significativamente mais relevantes do que os custos internos (custas da câmara e honorários dos árbitros).[208]

---

ber of interviewees said that this is not cost efficient particularly in light of the relatively small number of arbitrations in which most companies become involved. Corporate counsel normally rely on their external counsel to provide up to date information and a number of arbitrator CVs to choose from when a dispute arises" (QUEEN MARY UNIVESITY OF LONDON. *2010 International arbitration survey*: choices in international arbitration cit.).

[206] Isso fez nascer um nicho de mercado composto por advogados consultores em arbitragem, que são contratados especialmente pelo seu conhecimento sobre o processo arbitral, ainda que não tenham *expertise* no direito material em litígo. A esse respeito, Luiz Olavo Baptista afirma que a função de tais profissionais é ajudar os outros advogados do caso "a pensar na estratégia e na tática da arbitragem, sendo sua função quase a de um treinador, e não a de um lutador ou atleta" (BAPTISTA, Luiz Olavo. Arbitragem: aspectos práticos. *Revista Brasileira de Arbitragem*, Curitiba, CBAr & IOB, v. 0, n. 0, p. 219-220, 2003).

[207] A presença de advogados na arbitragem não é obrigatória, podendo as partes atuar por conta própria ou contar com a representação ou assistência de outros profissionais (artigo 21, § 3º, da Lei de Arbitragem).

[208] Pesquisa realizada em 2011 pelo *Chartered Institute of Arbitrators* (CIArb) demonstrou que 74% dos custos das partes com a arbitragem são provenientes de custos legais externos e apenas 3% dos custos são internos (CHARTERED INSTITUTE OF ARBITRATORS. *Costs of international arbitration survey*. London, 2011. Disponível em: https://www.international-arbitration-attorney.com/wp-content/uploads/CIArb-costs-of-International-Arbitration-Survey-2011.pdf. Acesso em: 2 maio 2018). De forma semelhante, pesquisa conduzida durante evento da *International Federation of Commercial Arbitration Institutions* em 2012 apontou que cerca de 90% dos custos das partes com a arbitragem são externos, enquanto o custo com a instituição arbitral gira em torno de 2% a 5%; e o de honorários e despesas de árbitros em torno de 4% a 7% do custo total das partes (BÖCKSTIEGEL, Karl-Heinz. Party autonomy and case management: experiences and suggestions of an arbitrator. Disponível

Isso significa que, se uma parte não tiver condições de contar com o auxílio de um especialista, encontrará grande desvantagem, especialmente se sua contraparte tiver tais condições.

É inegável que questões de mercado[209] são os principais causadores de desigualdade entre os litigantes, mas a falta de transparência do processo arbitral reforça e perpetua a desigualdade porque dificulta a disseminação de informações sobre o processo e a formação de novos profissionais. Isso afasta novos entrantes,[210] torna o mercado mais concentrado e, por consequência, mais custoso o acesso aos especialistas.[211]

Mas não é só. O desnível de experiência entre os assessores das partes pode levar a uma situação na qual os árbitros passem a intervir mais no processo, com intuito de tornar a disputa mais equilibrada, o que, além de não ter previsão legal,[212] pode trazer dúvidas sobre a independência e a imparcialidade do julgador.

---

em: http://www.arbitration-icca.org/articles.html?author=Karl_Heinz_Bockstiegel&sort=author. Acesso em: 21 fev. 2018).

[209] Por exemplo, falta de conhecimento sobre a importância da contratação de um representante e/ou especialista; falta de acesso a tais pessoas; e impossibilidade econômica de contar com tal auxílio.

[210] "Sendo a arbitragem um campo desconhecido para alguns e, com pouco ou difícil acesso a experiências pretéritas a fim de que os menos versados compreendam a sua dinâmica e o processo decisório, maior será a barreira para que novos agentes se interessem em trocar o amplamente conhecido e praticado sistema estatal, pelo mais restrito (em números e informações), sistema arbitral" (MARIANI, Rômulo Greff. *Precedentes na arbitragem*. 2017. Tese (Doutorado em Direito) – Faculdade de Direito da Universidade de São Paulo, Universidade de São Paulo, São Paulo, 2017, p. 199).

[211] "Com efeito, falta de transparência pode ser sinônimo de denegação da justiça. A impossibilidade de ter acesso a uma jurisprudência arbitral consistente muitas vezes é responsável pelo benefício aos agentes com maior poder econômico, especialmente naquelas jurisdições que permitem a existência de justiça privada em relações não estritamente entre empresas, como as relações de consumo ou as relativas à área de saúde (é o caso norte-americano)" (SALOMÃO FILHO, Calixto. Breves notas sobre transparência e publicidade na arbitragem societária. *Revista de Arbitragem e Mediação*, São Paulo, v. 52, p. 63-69, 2017, versão *online*).

[212] Diferentemente do processo civil estatal, no qual é expresso o poder-dever do juiz em zelar pela paridade de armas (artigo 7º, CPC), além da previsão de diversas normas que buscam exatamente contornar eventual desigualdade (por exemplo, a inversão do ônus da prova – artigo 373, § 1º, CPC), a Lei de Arbitragem nada fala sobre o tema. Ademais, considerando que a arbitragem é um ambiente em que há maior predomínio da vontade das partes, tal comportamento pode ser ainda mais questionado.

Pesquisa realizada por Christopher Lau é um indício de tal prática: 75% dos árbitros entrevistados responderam que já adotaram alguma medida visando a assegurar a paridade de armas no processo arbitral, tais como "prestar gentil assistência ao advogado com menos experiência"; "conceder extensão de prazo para a parte com menos recurso apresentar alegações"; "conceder orientações específicas sobre a preparação e a inquirição de testemunhas"; "dar orientações específicas em relação a algum argumento"; "fazer menção à lei aplicável ou à jurisprudência".[213]

Com base em sua pesquisa, o autor concluiu que os árbitros "estão cientes e usam sua discrição, bem como seu poder (explícito ou implícito), para dar direções/determinações com a finalidade de garantir a paridade de armas quando as circunstâncias do caso assim exigem".[214]

Logo, aumentar a transparência da arbitragem contribuiria para que advogados pudessem se preparar melhor para os processos arbitrais, diminuindo a necessidade de os árbitros intervirem.

Por fim, cumpre ressaltar que o problema da desigualdade de armas aumenta na medida em que a arbitragem se expande, o que implica o uso desse método para disputas com menor valor envolvido, para as quais pode não ser economicamente viável a contratação de especialistas. Portanto, tais disputas tendem a contar com partes e advogados com pouca ou nenhuma experiência em arbitragem, o que impõe desafios ainda maiores.[215]

Diante de todo o exposto neste item, é possível concluir que o aumento da transparência da arbitragem também seria benéfico aos sujeitos da relação jurídica arbitral, na medida em que possibilitaria

---

[213] LAU, Christopher. Do rules and guidelines level the playing field and properly regulate conduct? – An arbitrator's perspective. *In*: MENAKER, Andrea (ed.). *International arbitration and the rule of law*: contribution and conformity. Kluwer Law International, 2017. p. 568-569. (ICCA Congress Series, v. 19.)

[214] Tradução livre de: "tribunals are aware of and make use of their discretion as well as their general (express and implied) powers to issue directions/orders for the purpose of ensuring equality of arms as and when the circumstances of a case demand" (LAU, Christopher. Do rules and guidelines level the playing field and properly regulate conduct? – An arbitrator's perspective cit., p. 569).

[215] Sobre o tema, embora sob a perspectiva da arbitragem internacional, recomenda-se a seguinte leitura: ROGERS, Catherine. The arrival of the "Have-Nots" in International Arbitration. *Nevada Law Journal*, v. 8, p. 341-384, 2007.

condições mais igualitárias para competirem, tornando o processo arbitral mais justo (*level the playing field*).

2.1.3 Aumentar a eficácia da sanção reputacional

Em teoria, a sanção reputacional funciona da seguinte maneira: um árbitro que descumpre seus deveres ou age em desconformidade com o que é dele esperado perde sua reputação e, por conseguinte, deixa de receber futuras indicações e é eventualmente excluído do mercado. Portanto, a sanção reputacional é um incentivo (inclusive econômico)[216] para os árbitros agirem de forma correta e ética, constituindo um *controle indireto* de conduta.

A doutrina, inclusive, aponta que referida sanção funcionaria como um contrapeso ao fato de os árbitros serem indicados pelas próprias partes, pois ela seria capaz de diminuir o risco de parcialidade.[217]

As pesquisas comprovam que a reputação é muito importante para um candidato a árbitro,[218] capaz de revelar o seu "capital simbólico".[219] Portanto, em tese, a sanção reputacional é uma forma eficaz de controle.

---

[216] "O conhecimento pela comunidade arbitral e o mercado em geral de que o árbitro é ruim ou proferira uma decisão errada resultaria em um sério prejuízo à sua reputação e a futuras nomeações. A necessidade de manter sua reputação ilibada e preservar seu capital simbólico faz com que a arbitragem dê bons incentivos econômicos para que o árbitro não seja parcial e seja preciso" (TIMM, Luciano Benetti; GUANDALINI, Bruno; RICHTER, Marcelo de Souza. Reflexões sobre uma análise econômica da ideia de arbitragem no Brasil. Disponível em: https://www.researchgate.net/publication/321165153_REFLEXOES_SOBRE_UMA_ANALISE_ECONOMICA_DA_IDEIA_DE_ARBITRAGEM_NO_BRASIL. Acesso em: 12 nov. 2018)

[217] "Nisso, a arbitragem moderna se assemelha com aquela histórica, no sentido de que, a despeito de como ocorra a indicação, não há favorecimentos, desequilíbrios nem iniquidades; trata-se de busca por uma decisão que merece legitimidade, sobretudo pela reputação de quem a profere e pela confiança que transmite às partes" (MARQUES, Ricardo Tadeu Dalmaso. *O dever de revelação do árbitro*: extensão e consequências de sua violação cit., p. 40-41).

[218] A pesquisa do CBAr com o Instituto Ipsos revelou que, para as partes, o segundo principal critério para escolha dos árbitros é "ter nome respeitado no mercado (reputação)" (COMITÊ BRASILEIRO DE ARBITRAGEM. *Arbitragem no Brasil* – Pesquisa CBAr-Ipsos cit., p. 12). Por sua vez, a *Pesquisa Queen Mary 2010* mostrou que a quinta principal preocupação das partes na escolha do coárbitro é a reputação do candidato (QUEEN MARY UNIVESITY OF LONDON. *2010 International arbitration survey*: choices in international arbitration cit.).

[219] A importância da reputação na arbitragem foi muito bem notada e descrita por Yves Dezalay e Bryant Garth ao analisarem, sob uma perspectiva sociológica, o surgimento do mercado da arbitragem internacional (embora o estudo tenha sido focado na arbitragem

Todavia, na prática, a eficácia da sanção reputacional depende necessariamente da coesão do mercado e do compartilhamento de valores e informações entre seus membros. Assim, quanto menor e mais coeso o mercado, a notícia de eventual transgressão por um de seus membros é disseminada de modo mais rápido e eficaz, permitindo que a sanção reputacional cumpra seu papel.

Nos primórdios da arbitragem, acreditava-se que essa sanção era suficiente para regrar a conduta dos árbitros, dispensando-se qualquer outra forma de controle.[220]

Ocorre que, com a expansão da arbitragem no Brasil e no mundo, houve o aumento significativo do número de árbitros, partes e advogados atuantes no mercado, os quais não mais compartilham o mesmo círculo social ou profissional. Essa perda de homogeneidade tem como consequência direta a redução da eficácia da sanção reputacional. Nesse sentido, Carlos Alberto Carmona coloca tal redução como um dos desafios para o futuro da arbitragem no País:

---

internacional, o fenômeno também se aplica na arbitragem doméstica no Brasil). Os autores constataram que os árbitros mais bem-sucedidos são aqueles que conseguem obter um alto "capital simbólico" (*symbolic capital*), que nada mais é do que ter um "poder reconhecido" pelos outros membros do grupo. Ensinam os autores que existem vários tipos de capital simbólico (por exemplo, classe social, educação, carreira, *expertise* em solução de disputas, publicações acadêmicas, experiência prática, *expertise* em questões técnicas, conexões pessoais e habilidade com outras línguas), e que tais tipos não são estáveis: eles podem ser mais ou menos valorizados ao longo do tempo e em determinados tipos de disputas e há controvérsia sobre qual tipo deveria ser mais relevante do que os outros: DEZALAY, Yves; GARTH, Bryant G. *Dealing in virtue*: international commercial arbitration and the construction of a transnational legal order cit.

[220] "Consta que até o início do século XX era corrente o entendimento a respeito da desnecessidade de controles formais para a regulação da conduta dos árbitros e das partes na arbitragem comercial internacional, pois se considerava que as qualidades e características dos envolvidos configurariam o fator-chave para a estabilidade da arbitragem: o *senso de honra* e o temor de reprovação ensejariam nas partes – homens de negócio, em sua maioria – pressão suficiente para o cumprimento voluntário das sentenças arbitrais, tornando desnecessárias regras para o cumprimento judicial dessas decisões; o mesmo *senso de honra* e o temor de reprovação ensejariam nos árbitros – juristas europeus renomados, em sua maioria – pressão suficiente para conduta ética e imparcial, tornando desnecessária regulação normativa nesse sentido, mesmo no âmbito da CCI" (ELIAS, Carlos Eduardo Stefen. *Imparcialidade dos árbitros*. 2014. Tese (Doutorado em Direito) – Faculdade de Direito da Universidade de São Paulo, Universidade de São Paulo, São Paulo, 2014, p. 97-98).

A arbitragem, quando estava restrita ao *country club*, ou seja, quando havia um grupo restrito de praticantes (que se revezavam na função de árbitros e advogados) girava dentro de um ambiente onde todos se conheciam. O comportamento dos *players* tinha de ser muito sério. Qualquer deslize significava a exclusão do *country club*, ou seja, nunca mais seria chamado para servir como árbitro. E, como advogado, você ficaria em descrédito. Então era muito cuidadoso o comportamento de todos os membros dessa "ordem" de árbitros e advogados que se revezavam nos processos. Hoje não. Hoje você tem novos atores na arbitragem, que nem sempre tem esse mesmo compromisso. Usam, às vezes, armas que não são lícitas. Produzem comportamentos que não são esperados. Empregam táticas de guerrilha que são inaceitáveis, intoleráveis. São os novos desafios da arbitragem: como vamos reagir? [221]

Ao lado da perda da homogeneidade, a confidencialidade é fator que contribui para reduzir a eficácia da sanção reputacional, pois ela acoberta desvios de condutas e comportamentos questionáveis[222] e, mesmo quando não o faz, reduz sensivelmente o alcance da informação.

Nesse contexto, aumentar o nível de transparência da arbitragem mostra-se uma solução possível e adequada, pois tornaria mais eficaz a sanção reputacional que, ao longo dos anos, teve seu alcance reduzido.

Isso ajudaria a corrigir e a eliminar da arbitragem comportamentos indesejados por parte dos árbitros. E isso se aplica tanto para árbitros que efetivamente descumprem seus deveres, como para árbitros que prestam um serviço aquém do esperado pelas partes.

Alguns deveres dos árbitros são previstos na Lei de Arbitragem,[223] mas também espera-se dos árbitros o atendimento a regras éticas, a eventuais deveres impostos pela instituição arbitral, pelas partes, entre outros.[224]

---

[221] NEVES, Flávia Bittar; MAIA NETO, Francisco; MUNIZ, Joaquim de Paiva; RANZOLIN, Ricardo. *Memórias do desenvolvimento da arbitragem no Brasil*. Brasília: OAB, Conselho Federal, 2018. p. 40.
[222] "There is a risk of seeing confidentiality as an instrument to mask the arbitrators' incorrect or unethical decisions, or decisions that violate the principles that should govern the course of the arbitral proceedings" (CREMADES, Bernardo M.; CORTÉS, Rodrigo. The principle of confidentiality in arbitration: a necessary crisis. *Journal of Arbitration Studies*, v. 23, n. 3, p. 33-34, set. 2013).
[223] Como, por exemplo, o dever de revelação (artigo 14, § 1º) e o dever de "proceder com imparcialidade, independência, competência, diligência e discrição" (artigo 13, § 6º).
[224] A respeito de tais deveres laterais de conduta, ver: LEMES, Selma M. Ferreira. Árbitro. O padrão de conduta ideal. Disponível em: http://selmalemes.adv.br/artigos/artigo_juri33.

Em caso de violação, a consequência aplicável depende da obrigação descumprida. A Lei de Arbitragem prevê a anulação da sentença arbitral[225] e a responsabilidade penal do árbitro para determinadas hipóteses.[226] Ademais, em caso de violação de um dever com dolo ou culpa grave é possível perseguir a responsabilização civil do árbitro.[227]

As consequências previstas na lei buscam proteger o jurisdicionado, mas, ao mesmo tempo, garantir o bom andamento do processo. Por esse motivo, a anulação da sentença é limitada aos casos mais graves (impedindo que a ação de anulação seja utilizada por motivos frívolos), e a responsabilidade do árbitro é restrita aos casos de dolo e culpa grave (possibilitando que o árbitro exerça seu mister sem o medo de sofrer retaliações).

Coube às instituições, assim, a tarefa de coibir desvios "menores" por meio de sanções administrativas, como advertência, remoção, substituição, redução dos honorários, impedir nomeações futuras, eliminação da lista de árbitros etc.[228]

---

pdf. Acesso em: 13 nov. 2018; MAGALHÃES, José Carlos. Os deveres do árbitro. *In*: CARMONA, Carlos Alberto, LEMES, Selma M. Ferreira; MARTINS, Pedro A. Batista (coord.). *20 anos da Lei de Arbitragem*: homenagem a Petrônio Muniz. São Paulo: Atlas, 2017. p. 228-238.

[225] A anulação da sentença é possível no caso de desatendimento dos princípios do devido processo legal; e da prática de prevaricação, concussão ou corrupção (artigo 32, III e VI)

[226] Artigo 17 da Lei de Arbitragem.

[227] Sobre o tema: LEMES, Selma M. Ferreira. Dos árbitros. *In*: MARTINS, Pedro A. Batista; LEMES, Selma M. Ferreira; CARMONA, Carlos Alberto. *Aspectos fundamentais da Lei de Arbitragem*. Rio de Janeiro: Forense, 1999. p. 279-283; CORREIA, Marcelo dos Santos Barradas. A responsabilidade civil do árbitro. *Revista Brasileira de Arbitragem*, Curitiba, CBAr & IOB, v. X, n. 39, p. 7-24, 2013.

[228] Por exemplo, o artigo 13 do Código de Ética da *Camera Arbitrale de Milano* estabelece que "O árbitro que não respeitar as normas do presente Código Deontológico será substituído de ofício pela Câmara Arbitral, que, após tal violação, poderá também recursar-se a confirmá-lo em um procedimento posterior". Tradução livre de: "L'arbitro che non rispetta le norme del presente Codice Deontologico è sostituito, anche d'ufficio, dalla Camera Arbitrale che, a seguito di tale violazione, può anche rifiutarne la conferma in successivi procedimenti" (CAMERA ARBITRALE DE MILANO. Codice Deontologico Arbitri. Disponível em: https://www.camera-arbitrale.it/it/arbitrato/regolamento-arbitrale/codice-deontologico-arbitri.php?id=104. Acesso em: 10 maio 2018). Ainda sobre o tema, ver: BISHOP, Doak. Ethics in International Arbitration, p. 11-12. Disponível em: http://www.arbitration-icca.org/media/0/12763302233510/icca_rio_keynote_speech.pdf. Acesso em: 20 mar. 2018.

Alguns doutrinadores[229] e os próprios usuários e atores da arbitragem[230] entendem que as instituições arbitrais são as mais adequadas para fiscalizar e punir más condutas. Todavia, a fiscalização dos árbitros por parte das instituições é imperfeita, pois há um potencial conflito de interesses.

As instituições arbitrais são entes privados, que competem entre si pela preferência das partes e de seus advogados. Ao mesmo tempo, porém, diversos advogados (que, como visto no tópico anterior, são os grandes responsáveis por fazer escolhas sobre a arbitragem) também atuam como árbitros. Portanto, a instituição acaba se deparando com a situação na qual deve fiscalizar e punir aqueles que são seus clientes.

É possível que tais razões expliquem (ao menos em parte) por que praticamente metade das instituições brasileiras não prevê um código de ética, tampouco mecanismos concretos de punição dos árbitros. De fato, a *Pesquisa Instituições Brasileiras* constatou que, das 31 instituições pesquisadas, 15 (48,38%) não possuem um código de ética voltado para os árbitros,[231] e 14 (45,16%) não preveem qualquer tipo de sanção para o árbitro que viola seus deveres (para detalhes, vide Anexo 9).

Dessarte, é possível concluir que, por um lado, as partes têm proteção adequada contra as violações mais graves que podem ser cometidas pelos árbitros (anulação da sentença arbitral e/ou responsabilidade penal e/ou civil), mas, por outro lado, no que toca aos demais deveres, a proteção atual é insuficiente.

---

[229] Para Sundaresh Menon, diante da ausência de outros mecanismos eficazes de regulação e da inadequação da fiscalização estatal, as instituições arbitrais seriam as mais adequadas para assumir tal responsabilidade: MENON, Sundaresh. *International arbitration – the coming of a new age for Asia (and elsewhere)*. Opening plenary session – ICCA Congress 2012. Disponível em: http://www.arbitration-icca.org/media/0/13398435632250/ags_opening_speech_icca_congress_2012.pdf. Acesso em: 20 mar. 2018.

[230] A *Pesquisa Queen Mary 2015* revelou que, na opinião dos usuários, a medida mais eficaz para regular a conduta do árbitro é a criação de "instrumentos" pelas instituições arbitrais (QUEEN MARY UNIVERSITY OF LONDON. *2015 International arbitration survey*: improvements and innovations in international arbitration cit., p. 38).

[231] De acordo com pesquisa realizada, 12 instituições não preveem em seu regulamento a existência de um código de ética, tampouco foi localizado um código em seu *site*. Somam-se a essas instituições outras três em que, embora haja previsão de um código de ética em seu *site*, este não está disponível no *site* da instituição. Para detalhes, vide Anexo 9.

As instituições arbitrais podem implementar mudanças visando a melhorar tal fiscalização, contudo, tendo em vista o potencial conflito de interesses, é necessário pensar em alternativas.

Seria possível considerar o aumento do controle judicial ou a criação de um órgão de controle externo à arbitragem (o que, aliás, já foi tentado no passado).[232] No entanto, essas opções devem ser afastadas, pois a arbitragem é um sistema autônomo em relação ao Poder Judiciário e, por isso, deve ser pouco regulada e fiscalizada pelo Estado. Não por outro motivo, a Lei de Arbitragem permite a intervenção do Poder Judiciário apenas em casos de graves transgressões – e assim deve ser.[233]

Diante desse cenário, a sanção reputacional é uma alternativa adequada para reduzir desvios de conduta. Contudo, para que ela possa cumprir adequadamente esse papel, sua eficácia precisa ser incrementada, o que requer o aumento do nível de transparência do processo arbitral.

Com um processo mais transparente, a notícia de uma transgressão terá alcance maior, o que desencoraja a adoção de condutas questionáveis. Ademais, as informações sobre um suposto desvio de conduta, podem ser analisadas objetivamente pelos usuários da arbitragem, trazendo mais segurança aos usuários.

De fato, o sigilo atualmente existente impede que se verifique a veracidade ou a exatidão da informação recebida sobre um suposto desvio

---

[232] Trata-se do projeto de Lei nº 4.891/2005, de autoria do Deputado Nelson Marquezelli, cujo objetivo era criar e regulamentar a profissão de árbitro e mediador, inclusive com a criação de conselhos federais e regionais para exercer tal função. Foram apresentados pareceres da Comissão de Trabalho, de Administração e Serviço Público (CTASP), da Comissão de Finanças e Tributação (CFT) e da Comissão de Constituição e Justiça e de Cidadania (CCJ), todos pela rejeição da proposta. O parecer da CCJ, apresentado em 30.08.2017, entendeu haver inconstitucionalidade formal parcial por vício de iniciativa, pois apenas a União poderia legislar sobre a organização do sistema nacional de emprego e sobre as condições de exercício de profissões. Além disso, pontuou que a Lei de Arbitragem já regulamenta o exercício da função do árbitro e que o árbitro deve ser alguém de confiança das partes, de modo que criar requisitos adicionais para o exercício da função seria inconveniente, pois reduziria o leque de possibilidades de escolha das partes. Em 31.01.2019, o projeto foi arquivado.

[233] "The ideal formula, which combines arbitral autonomy with state court legitimacy, is for the courts to maintain a distance, overseeing but not interfering with the proper functioning of private justice" (DEZALAY, Yves; GARTH, Bryant G. *Dealing in virtue*: international commercial arbitration and the construction of a transnational legal order. Chicago: The University of Chicago Press, 1996. p. 121-122).

de conduta, o que é prejudicial tanto para as partes como para os árbitros, pois estes podem ser alvo de informações inverídicas (que podem inclusive ter o intuito difamatório) e, por outro lado, as partes podem não dar credibilidade a uma informação verdadeira a depender da relação que tiver com seu interlocutor.

Assim, a transparência distribui a função fiscalizadora entre os diversos atores da arbitragem, dispensando sua concentração em uma única entidade. A transparência, em outras palavras, possibilita e torna mais eficaz a autorregulação.[234]

De qualquer modo, é necessário observar que a transparência não é capaz de impedir totalmente desvios de conduta[235] – caso contrário, o Poder Judiciário estaria isento de tal problema, o que não se verifica. A transparência e a sanção reputacional são, na verdade, mecanismos complementares à proteção já conferida pela lei às sanções estabelecidas pelas instituições e eventuais outros mecanismos de autorregulação.

Ademais, mesmo quando não se está diante da violação de um dever pelo árbitro, mas apenas de um comportamento indesejável, a sanção reputacional tem relevância. É o caso, por exemplo, de uma sentença pouco ou "mal" fundamentada ou, até mesmo, que aplique o Direito de forma errônea.

A Lei de Arbitragem não impõe um padrão nem requisitos mínimos para a fundamentação das decisões,[236] apenas exige que ela seja fundamentada. Nesse sentido, a doutrina entende que a anulação da sentença arbitral só é possível em caso de inexistência de fundamentação, e não no caso de motivação sucinta.[237]

Por outro lado, em regra, as partes não esperam do árbitro uma fundamentação breve.[238] Assim, embora não exista propriamente um *dever*

---

[234] HALE, Thomas N., SLAUGHTER, Anne-Marie. Transparency: possibilities and limitations cit., p. 162.

[235] Idem, p. 153-164.

[236] De modo distinto, o CPC impôs requisitos mínimos de fundamentação para as decisões judiciais, ao prever no art. 489, §1º o que *não* constitui uma decisão fundamentada.

[237] CARMONA, Carlos Alberto. *Arbitragem e processo*: um comentário à Lei nº 9.307/96 cit., p. 403.

[238] "Na arbitragem, a realidade é que não importa apenas o ato de responder (a fundamentação em si mesma), mas também a qualidade dessa resposta. Tão importante quanto acolher ou rejeitar um pedido é a qualidade dos fundamentos desenvolvidos pelo árbitro. [...] Não pode o árbitro se contentar com um mínimo de fundamentação, porque provavelmente

do árbitro de motivar suas decisões de forma adequada (isto é, com uma fundamentação de qualidade), aquele que não o fizer estará agindo de modo indesejável, contrário à expectativa das partes.

Igualmente, ao escolher a arbitragem, as partes o fazem consciente de que a sentença arbitral não está sujeita à revisão de mérito.[239] A arbitragem, portanto, convive com a possibilidade de aplicação errônea do Direito (*errores in judicando*). Portanto, o árbitro que aplica as normas de forma equivocada não viola um dever (e, portanto, não está sujeito à responsabilidade civil por isso[240]), mas certamente revela um comportamento ruim.[241]

Para esses casos, a sanção reputacional não é "mais" uma possível resposta, mas a única possível, dado que tais condutas inesperadas não ensejam a aplicação das sanções previstas em lei ou pelas instituições arbitrais. Contudo, como já afirmado acima, para que a sanção reputacional seja eficaz, é essencial aumentar a transparência da arbitragem e, em especial, publicar as decisões arbitrais com o nome dos árbitros.

Assim, nota-se que a presença de uma sanção reputacional eficiente pode resultar no aumentar da qualidade das decisões arbitrais e do processo arbitral em geral, excluindo do mercado profissionais que não se mostrem capazes de exercer o *munus* de julgar conforme as expectativas das partes.

---

as partes tampouco se contentarão com esse mínimo e, dentro da relação de confiança que estabelecem com o árbitro, certamente esperarão mais" (ALVES, Rafael Francisco. Árbitro e direito: o julgamento de mérito na arbitragem cit., p. 80-81).

[239] Exceto dentro das restritas hipóteses do pedido de esclarecimento, previstas no art. 30 da Lei de Arbitragem, que pode eventualmente resultar em efeitos infringentes. Inexiste, contudo, qualquer instância revisional da sentença arbitral. Tampouco a ação de anulação poderá modificar o conteúdo da sentença, mas tão somente anulá-lo em todo ou em parte.

[240] CARMONA, Carlos Alberto. *Arbitragem e processo*: um comentário à Lei nº 9.307/96 cit., p. 264.

[241] "[...] não há na lei brasileira de arbitragem uma obrigação expressa do árbitro de julgar corretamente. O que estabelece a lei é que o árbitro é 'juiz de fato e de direito' (o referido artigo 18, da lei 9.307/76), mas nada diz sobre como deve o árbitro julgar o mérito da arbitragem. O silêncio da lei não significa, todavia, que o árbitro possa ser indiferente em relação ao ato de julgar. Certamente não é essa a postura do árbitro que corresponde às expectativas das partes" (ALVES, Rafael Francisco. Árbitro e direito: o julgamento de mérito na arbitragem cit., p. 86).

2.1.4 Promover segurança jurídica

Do que já foi exposto nos itens anteriores, é possível afirmar que uma das medidas que mais traria benefícios à arbitragem, em termos de aumento de transparência, é a publicação de sentenças arbitrais. Além dos benefícios já abordados, essa medida também poderia contribuir para o aumento da segurança jurídica no sistema arbitral.

O termo "segurança jurídica" pode ser definido a partir da ideia de *calculabilidade*, isto é, a "elevada capacidade de prever o espectro das consequências jurídicas"[242] que podem decorrer de um determinado fato jurídico. Fala-se em "espectro das consequências jurídicas" porque calculabilidade não significa total previsibilidade, uma vez que essa característica é incompatível com a atividade de julgar, que é interpretativa.

Publicar as sentenças arbitrais daria às partes mais segurança, pois possibilitaria que elas soubessem como o ordenamento jurídico tem sido aplicado e interpretado pelos árbitros e, assim, poderiam adequar seu comportamento, seja evitando disputas, celebrando acordos, ou definindo melhor sua estratégia de litígio e os pedidos formulados.[243-244]

---

[242] Ávila, Humberto. *Teoria da segurança jurídica*. 4. ed. São Paulo: Malheiros, 2016. p. 270.

[243] "The use of arbitral awards as precedent would also engender a degree of certainty for businesses. Confidentiality obligations in relation to arbitral awards prevent businesses from being able to assess the risk they may face in filing a suit. If arbitral decisions were published there is a chance that the issue, or analogous issues, facing a business may have previously been adjudicated upon, and the business could then 'balance the cost of pursuing a claim against the actual loss suffered' [...] If the outcomes of adjudication are predictable, legal counsel can provide sound advice to their clients and commercial parties in general know better how to act and how to price their contracts. When disputes do arise, settlements are both more likely to be reached and easier to price accurately" (COMRIE-THOMSON, Paul. A statement of arbitral jurisprudence: the case for a national law obligation to publish international commercial arbitral awards. *Journal of International Arbitration*, Kluwer Law International, v. 34, n. 2, p. 284, 2017).

[244] "Such lack of openness equally denudes the ability of individuals, and lawyers apart from the few who are instructed in arbitrations, to access the law, to understand how it has been interpreted and applied. It reduces the degree of certainty in the law that comes through the provision of authoritative decisions of the court. As such it reduces individuals' ability to fully understand their rights and obligations, and to properly plan their affairs accordingly" (CWMGIEDD, Thomas of. Developing commercial law through the courts: rebalancing the relationship between the courts and arbitration. The Bailii Lecture 2016. Disponível em: https://www.judiciary.uk/wp-content/uploads/2016/03/lcj-speech-bailli-lecture-20160309.pdf. Acesso em: 5 dez. 2018).

Ocorre que, para haver calculabilidade, as possíveis consequências jurídicas não podem ser inúmeras nem muito distintas entre si. Portanto, para haver segurança jurídica, litígios semelhantes não podem receber decisões muito diferentes ou incoerentes entre si. A respeito, veja-se exemplo dado por Humberto Ávila:

> [...] o problema não está em conseguir prever as consequências normativas, mas em conseguir prever um número reduzido e não muito diverso de consequências normativas. O cidadão pode prever apenas duas consequências para um ato seu, mas se uma consequência é a imposição de multa de mil reais e a outra é a aplicação de uma pena de prisão perpétua, a rigor não há calculabilidade alguma, na medida em que o particular não tem como medir as consequências dos seus próprios atos.[245]

Diante disso, é possível questionar se a publicação de sentenças arbitrais é suficiente para aumentar o nível de segurança jurídica na arbitragem, pois tornar as sentenças arbitrais públicas não significa necessariamente que outros tribunais arbitrais aplicarão a seus casos as mesmas consequências de situações passadas.

De fato, não há uma *garantia* de que os árbitros decidirão casos semelhantes de forma coerente. A arbitragem é incapaz de adotar um sistema próprio de decisões vinculantes (isto é, sentenças arbitrais cuja decisão *deve* ser aplicada em casos futuros), porque os tribunais arbitrais são autônomos, descentralizados e transitórios. Portanto, não há uma estrutura hierarquizada em que se identifique qual tribunal arbitral é responsável por proferir as decisões vinculantes, nem qual vai fiscalizar a aplicação de tais decisões pelos demais.[246] Assim, é esperado algum grau de inconsistência entre as sentenças arbitrais.

Decisões arbitrais pretéritas adquirem, no máximo, força persuasiva (autoridade secundária).[247] Várias decisões em um mesmo sentido

---

[245] ÁVILA, Humberto. *Teoria da segurança jurídica* cit., p. 284-285.
[246] FOLLONIER-AYALA, Alejandro. ¿Jurisprudencia arbitral o precedente arbitral? *Spain Arbitration Review* – Club Español del Arbitraje, Madrid, n. 28, p. 47, 2017.
[247] A autoridade secundária de uma decisão decorre da *qualidade* da sua fonte (isto é, das pessoas que a proferiram) ou da *qualidade* do seu conteúdo. Ela se opõe, assim, à autoridade primária, que decorre tão somente da fonte e independentemente de sua qualidade, como ocorre, por exemplo, com as leis, que adquirem autoridade na medida em que são fruto do processo legislativo (Sobre o tema: MARIANI, Rômulo Greff. *Precedentes na arbitragem* cit.,

potencializam o efeito persuasivo,[248] mas isso não significa que uma única decisão não possa adquirir autoridade, especialmente se for proveniente de árbitros com reconhecida reputação e experiência.

Há autores que entendem que a arbitragem estaria sujeita ao sistema de precedentes do Poder Judiciário.[249] Para tais autores, a fiscalização da aplicação dos precedentes judiciais pelos árbitros dar-se-ia por meio da ação de anulação da sentença arbitral. Contudo, há quem se oponha à tal ideia. A questão é extremamente controversa (como demonstram os diversos artigos,[250] teses[251] e livros[252] a respeito), mas foge do objeto deste capítulo, o qual se ocupa em analisar os possíveis efeitos de sentenças arbitrais dentro do próprio sistema arbitral.

A inexistência de um sistema de decisões vinculantes na arbitragem, porém, não significa que os árbitros decidam de modo completamente

p. 15-18). Além das leis, algumas decisões adquirem autoridade primária quando proferida por certos órgãos (em geral, órgãos de vértice, como acontece com as súmulas vinculantes). As decisões com autoridade primária serão denominadas, neste trabalho, pelo termo "precedentes".

[248] "The persuasiveness, which supposes an exemplary value and, as a consequence, a judgement on the value of a particular decision, often needs to be combined with quantity" (MOURRE, Alexis. Arbitral jurisprudence in international commercial arbitration: the case for a systematic publication of arbitral awards in 10 questions... *Kluwer Arbitration Blog*, 28 maio 2009. Disponível em: http://arbitrationblog.kluwerarbitration.com/2009/05/28/arbitral-jurisprudence-in-international-commercial-arbitration-the-case-for-a-systematic-publication-of-arbitral-awards-in-10-questions/. Acesso em: 5 dez. 2018).

[249] CRUZ E TUCCI, José Rogério. O árbitro e a observância do precedente judicial. *Consultor Jurídico*, 1º nov. 2016. Disponível em: https://www.conjur.com.br/2016-nov-01/paradoxo-corte-arbitro-observancia-precedente-judicial. Acesso em: 4 dez. 2018; AMARAL, Guilherme Rizzo. Vinculação dos árbitros ao precedente judicial. *Consultor Jurídico*, 3 out 2017. Disponível em: https://www.conjur.com.br/2017-out-03/guilherme-amaral-vinculacao-arbitros-aos-precedentes-judiciais#_ftnref15. Acesso em: 17 dez. 2018.

[250] MARQUES, Ricardo Tadeu Dalmaso. Inexistência de vinculação do árbitro às decisões e súmulas judiciais vinculantes do Supremo Tribunal Federal. *Revista Brasileira de Arbitragem*, CBAr & IOB, v. X, n. 38, p. 96-137, 2013; GAJARDONI, Fernando da Fonseca; ROQUE, André Vasconcelos. A sentença arbitral deve seguir o precedente judicial do novo CPC? *Jota*, 7 nov. 2016. Disponível em: https://www.jota.info/opiniao-e-analise/colunas/novo-cpc/sentenca-arbitral-deve-seguir-o-precedente-judicial-novo-cpc-07112016. Acesso em: 4 dez. 2018.

[251] MARIANI, Rômulo Greff. *Precedentes na arbitragem* cit., p. 35-147.

[252] AMARAL, Guilherme Rizzo. *Judicial precedent and arbitration*: are arbitrators bound by judicial precedent? A comparative study of UK, US and Brazilian Law and Practice. London: Wildy, Simmonds & Hill, 2017; FIORAVANTI, Marcos Serra Netto. *A arbitragem e os precedentes judiciais*: observância, respeito ou vinculação? Rio de Janeiro: Lumen Juris, 2018.

ad hoc, sem se valer de decisões pretéritas e sem se preocupar com a segurança jurídica.

O senso comum parece entender que a arbitragem é um meio de burlar a aplicação de entendimentos consolidados pelo Poder Judiciário, tendo em vista, entre outros motivos, a revisão limitada da sentença arbitral.[253-254]

Todavia, pesquisas estrangeiras demonstram que isso não passa de "folclore arbitral",[255] uma vez que árbitros frequentemente citam e utilizam decisões passadas – sejam arbitrais ou judiciais – para fundamentar suas próprias sentenças.[256]

Pesquisa conduzida por Mark Weidenmaier concluiu que, de 208 sentenças proferidas em arbitragens trabalhistas administradas pela *American Arbitration Association* (AAA), 48,6% citava pelo menos uma sentença arbitral ou judicial em sua fundamentação. Nesse mesmo estudo, o autor analisou 206 sentenças proferidas em *class action arbitra-*

---

[253] "According to common wisdom, arbitrators' decisions are fundamentally ad hoc-untethered from the rules and standards applied to resolve past disputes. And because judicial review is limited, arbitrators are free to misapply or even disregard the law without fear of correction. If this vision is accurate, then arbitrators, unlike common law judges, 'neither follow the law, nor contribute to it.' As the concern is sometimes expressed, arbitrators may ignore relevant precedent, and their awards have no value as precedent in future disputes" (WEIDENMAIER, W.C. Mark. Judging-Lite: how arbitrators use and create precedent. *North Carolina Law Review*, UNC School of Law, v. 90, n. 4, p. 1092, 2012).

[254] Tal temor parece ser um dos motivos pelos quais há autores que buscam vincular formalmente o árbitro à aplicação dos precedentes judiciais.

[255] Termo utilizado por Mark Weidenmaier em: Judging-Lite: how arbitrators use and create precedent cit., p. 1093.

[256] É evidente que esse aspecto somente é aferível com base em arbitragens de direito e cujas normas aplicáveis exigem a fundamentação da sentença. Em arbitragens por equidade, decisões pretéritas não necessariamente influenciarão o julgador, que estará livre para decidir com base no seu senso de justiça. Por outro lado, em arbitragens em que não se exigem decisões fundamentadas, ainda que decisões pretéritas possam influenciar o convencimento do árbitro, tal fato não é perceptível. A título de exemplo, estudo realizado por Mark Weidenmaier analisou 203 sentenças arbitrais em casos envolvendo valores mobiliários, proferidas sob a administração da *National Association of Securities Dealers* (NASD) e da *New York Stock Exchange* (NYSE), e concluiu que apenas duas sentenças (1%) citavam decisões pretéritas. Para o autor, esse resultado se justificava, pois tais instituições arbitrais não exigem que a sentença seja fundamentada. Ver: WEIDENMAIER, W.C. Mark. Judging-Lite: how arbitrators use and create precedent cit., p. 1112-1113.

tions sob a égide da AAA e concluiu que 71,8% citavam ao menos uma decisão arbitral ou judicial.[257]

Outro estudo conduzido por Jeffery Comission concluiu que, de 207 sentenças proferidas entre 1990 e 2006 nas arbitragens administradas pelo *International Centre for Settlement of Investment Disputes* ("ICSID"), 80% citavam sentenças arbitrais passadas.[258] Por fim, pesquisa realizada por Gabrielle Kaufmann-Kohler concluiu que "praticamente todas" as sentenças da *Court of Arbitration for Sport* ("CAS"), proferidas entre 2003 e 2007, faziam referência à jurisprudência arbitral.[259]

No Brasil, a ausência de publicação de sentenças arbitrais impede que se produza pesquisa semelhante para averiguar se os árbitros brasileiros também costumam utilizar decisões pretéritas em suas sentenças.

Todavia, não há razão para crer que no Brasil o cenário seja diferente daquele mostrado pelas pesquisas estrangeiras supracitadas, pois a jurisprudência ocupa lugar de destaque no sistema judicial brasileiro, apesar de não ser um sistema originário da *common law*. Assim, partes, advogados e juízes brasileiros estão acostumados a utilizar decisões pretéritas em sua prática e, considerando que essas pessoas também atuam na arbitragem,[260] é razoável supor que esse aspecto da cultura jurídica brasileira influencia a prática arbitral.[261]

Portanto, se os árbitros buscam fundamentar suas decisões em decisões passadas, é possível afirmar que, em alguma medida,[262] eles se

---

[257] Idem, p. 1091-1146.
[258] COMISSION, Jeffery P. Precedent in Investment Treaty Arbitration. *Journal of International Arbitration*, Kluwer Law International, v. 24, n. 2, p. 129-158, 2007.
[259] "A review of the cases since 2003 shows a drastic change: nearly every award contains one or more references to earlier CAS awards" (KAUFMANN-KOHLER, Gabrielle. Arbitral precedent: dream, necessity or excuse? *Arbitration International*, London Court of International Arbitration, v. 23, n. 3, p. 362, 2007).
[260] Com relação aos juízes, nada impede que após sua aposentadoria ou exoneração do cargo eles venham atuar em arbitragens, o que inclusive é muito comum.
[261] Rômulo Greff Mariani entende que a influência de decisões pretéritas na decisão de casos futuros é um aspecto natural e inerente a qualquer sistema de administração da justiça, cujos atores não podem controlar ou evitar, portanto, também se aplicaria ao sistema arbitral brasileiro. Sobre o tema: Mariani, Rômulo Greff. *Precedentes na arbitragem* cit., p. 11-33.
[262] Também é possível inferir que, ao citar decisões pretéritas em suas sentenças, os árbitros também buscam conferir mais legitimidade às suas próprias decisões. Ao mostrar que a decisão presente também fora aplicada em outros casos parecidos, os árbitros procuram

preocupam em promover um ambiente com mais segurança jurídica, mesmo não estando formalmente vinculados a replicar entendimentos pretéritos.

Outro fator que leva os árbitros a considerar a jurisprudência no momento de decidir é a preocupação em atender as expectativas das partes,[263] as quais esperam que a arbitragem preserve e respeite a forma pela qual a relação jurídica entre elas foi moldada e *calculada*.[264]

Assim, considerando que a segurança jurídica (leia-se, calculabilidade) é aspecto muito importante aos usuários da arbitragem[265] e que a arbitragem só existe em função da escolha das partes, a expectativa destas deve ser atendida, sob pena de o próprio instituto deixar de ser atraente.[266]

Dessarte, ainda que os árbitros não estejam sujeitos a uma obrigação formal de seguir decisões pretéritas, é possível afirmar que eles estão sujeitos, pelo menos, a um *dever moral*[267] de analisar como casos semelhantes foram decididos e de manter certa coerência entre os seus resultados, visando atender a expectativa das partes e desempenhar bem sua função, entregando um resultado de qualidade.[268]

---

demonstrar que sua decisão é justa e legítima, evitando acusações de arbitrariedade. Sobre o tema: BENTOLILA, Dolores. Arbitrators as lawmakers. *International Arbitration Law Library*, Kluwer Law International, v. 43, p. 168, 2017.

[263] "The driving force of arbitral precedent is rather the arbitrators' desire to meet the parties' legitimate expectation [...]" (MOURRE, Alexis. Arbitral jurisprudence in international commercial arbitration: the case for a systematic publication of arbitral awards in 10 questions... cit.).

[264] ALVES, Rafael Francisco. Árbitro e direito: o julgamento de mérito na arbitragem. São Paulo: Almedina, 2018. p. 176.

[265] COMRIE-THOMSON, Paul. A statement of arbitral jurisprudence: the case for a national law obligation to publish international commercial arbitral awards cit.; MARIANI, Rômulo Greff. *Precedentes na arbitragem* cit., p. 182-188.

[266] "Em primeiro lugar, o árbitro deve se preocupar com as expectativas das partes como razão de ser não apenas da sua missão como julgador, mas da própria arbitragem como mecanismos de solução de conflitos" (ALVES, Rafael Francisco. Árbitro e direito: o julgamento de mérito na arbitragem cit., p. 174).

[267] KAUFMANN-KOHLER, Gabrielle. Arbitral precedent: dream, necessity or excuse? cit., p. 374.

[268] "Logo, à luz do que apontamos antes sobre a efetividade de a tutela arbitral redundar em qualidade e que nisso também se insere compor situações iguais mediante parâmetros semelhantes, não se pode negar que o árbitro interessado em bem julgar levará em consideração eventuais precedentes arbitrais sobre a mesma questão de direito material. Trata-se de

Contudo, o total sigilo da arbitragem e a correspondente confidencialidade das sentenças arbitrais é um grande empecilho para que os árbitros cumpram tal dever.[269] Eliminar tal obstáculo, portanto, beneficiaria as partes com o aumento de segurança jurídica.

Ademais, enquanto não houver no País a publicação consistente de sentenças arbitrais, as partes não poderão se valer da jurisprudência arbitral para calcular seu comportamento e formular suas expectativas, mas apenas da jurisprudência estatal.

Por um lado, isso demonstra a importância da jurisprudência estatal para a própria arbitragem, pois é ela que molda as expectativas da parte. Por outro, a ausência de jurisprudência arbitral é problemática, uma vez que o Poder Judiciário não enfrenta todas as questões colocadas aos árbitros, sejam de direito processual ou de direito material.

De fato, no tocante às questões processuais, a arbitragem tem peculiaridades que não encontram reflexo no processo estatal. Quanto ao direito material, existem determinados tipos de contratos cujos litígios são sistematicamente submetidos à arbitragem (por exemplo, disputas internas às companhias de capital aberto),[270] o que tem levado à escassez

---

uma variável ligada ao seu dever de bem julgar, decidir com isonomia" (PARENTE, Eduardo de Albuquerque. *Processo arbitral e sistema* cit., p. 307-308).

[269] Não é claro se o tribunal arbitral pode utilizar em sua fundamentação uma sentença arbitral que não seja pública. A Corte de Apelação de Paris decidiu em uma oportunidade que os árbitros poderiam fazê-lo, sem que isso implicasse a violação do devido processo legal (*Cour d'appel de Paris* de 14 fevereiro de 1989, *Société Ofer Brothers v. The Tokyo Marine and Fire Insurance Co. Ltd. et al.*, RdA 1989, at 695, 697. Apud BERGER, Klaus Peter. The International Arbitrators' Application of Precedents. *Journal of International Arbitration*, Kluwer Law International, v. 9, n. 4, p. 21, 1992). Todavia, é altamente questionável tal entendimento, pois os árbitros, além de potencialmente estarem violando deveres de confidencialidade ao mencionar uma decisão não pública, eles podem estar decidindo com base em argumento não aventado pelas partes, violando assim o direito ao contraditório. A questão, portanto, acaba desembocando no poder dos árbitros de decidir com base em fundamento jurídico não trazido pelas partes, isto é, se *iura novit curia* seria aplicável ao procedimento arbitral (sobre o tema, ver: ALVES, Rafael Francisco. Árbitro e direito: o julgamento de mérito na arbitragem cit.). Contudo, o risco de estarem violando a confidencialidade e o direito ao contraditório nos leva a crer que os árbitros tendem a não utilizar em suas decisões sentenças arbitrais não publicadas.

[270] Pesquisa realizada em abril de 2018 no banco de dados da B3 (antiga BM&FBovespa) mostrou que 179 das 395 companhias de capital aberto (45,31%) previam cláusula compromissória em seu estatuto para lidar com conflitos internos à companhia, ou seja, parcela relevante dos litígios societários é encaminhada à arbitragem. Informações coletadas no *site*

da jurisprudência sobre determinados temas.[271] Isso impede que as partes calculem as possíveis consequências para problemas comuns a tais relações e pode gerar soluções diametralmente opostas para problemas semelhantes.

Por fim, cumpre analisar uma última questão sobre o tema da jurisprudência arbitral, que poderia ser utilizada como argumento para refutar todo o exposto até então. Gabrielle Kaufmann-Kohler compreende que o desenvolvimento de uma jurisprudência arbitral para a arbitragem comercial, em especial,[272] não seria útil, uma vez que os casos comerciais submetidos à arbitragem seriam baseados em contratos e fatos muito específicos, de modo que as conclusões de um caso particular seriam intransponíveis para outros. De acordo com a autora, isso inclusive explicaria por que as sentenças arbitrais não são sistematicamente publicadas.[273] Contudo, discordamos de tal entendimento.

Não há como negar que litígios com fatos e contratos muito específicos podem demandar uma solução igualmente específica. Nesses casos, a jurisprudência poderá ser de pouca utilidade pela ausência de elementos de comparação entre os casos.[274]

Entretanto, não é possível afirmar que decisões de casos específicos não têm *qualquer utilidade*, pois, ainda que as circunstâncias fáticas e de direito material sejam muito particulares, elas podem ser úteis para formular decisões com base em analogia e para questões processuais comuns.

---

da B3. Disponível em: http://www.bmfbovespa.com.br/pt_br/produtos/listados-a-vista-e-derivativos/renda-variavel/empresas-listadas.htm?idioma=en-us. Acesso em: 30 abr. 2018.

[271] BERGER, Renato; CARVALHO, Rafael Villac Vicente de. Em prol da "jurisprudência" arbitral societária. *Revista de Direito Empresarial*, São Paulo, ano 3, v. 8, p. 197-221, mar./abr. 2015.

[272] A autora defende a utilidade da jurisprudência arbitral para outros campos, como a arbitragem esportiva e a arbitragem de investimento, mas refuta sua necessidade para a arbitral comercial.

[273] KAUFMANN-KOHLER, Gabrielle. Arbitral precedent: dream, necessity or excuse? cit., p. 375-376.

[274] Confirma tal asserção estudo realizado por Mark Weidenmaier, que concluiu que sentenças arbitrais de disputas trabalhistas citavam decisões pretéritas com menor recorrência se comparado a outros tipos de arbitragem, uma vez que litígios trabalhistas são resolvidos primordialmente com base no contexto fático (por exemplo, a ocorrência ou não de justa causa). Sobre: WEIDENMAIER, W.C. Mark. Judging-Lite: how arbitrators use and create precedent cit., p. 1113.

Ademais, não é possível sustentar que *todas* as arbitragens comerciais são muito específicas. Embora possam existir casos peculiares, a padronização de cláusulas contratuais, estruturas e até mesmo de contratos inteiros é um fenômeno muito presente na sociedade atual,[275] o que resulta em litígios comerciais com características muito semelhantes.[276]

Outrossim, com a expansão do uso da arbitragem, esse método de solução de litígios não é mais reservado às disputas de alta monta e de elevada complexidade, cujos contratos tendem a ser *tailor made*. Atualmente, a arbitragem comercial também é utilizada para contratos mais frequentes no dia a dia do empresariado, incluídos contratos de adesão, tais como os de distribuição e franquia.[277]

Portanto, defender a inutilidade da publicação das sentenças de uma categoria tão abrangente como a da "arbitragem comercial" é equivocado, pois ignora as particularidades de diversos subtipos compreendidos em tal grupo.

Assim sendo, a publicação de sentenças provenientes de arbitragens comerciais atende a diversas finalidades e promove vários benefícios, o que faz crer que o motivo pelo qual elas não são (ainda) sistematica-

---

[275] Citam-se, como exemplo, os modelos de contratos da *International Federation of Consulting Engineers* (Fidic) que, de acordo com a doutrina especializada, são muito utilizados nos setores de engenharia e construção. Ainda, de acordo com Rafael Marinangelo, tais contratos correspondem a cerca de um terço do total de contratos cujos litígios são submetidos à arbitragem administrada pela CCI. Sobre o tema: KULESZA, Gustavo Santos; AUN, Daniel. Contratos Fidic. *In*: BAPTISTA, Luiz Olavo; PRADO, Maurício Almeida. *Construção civil e direito*. São Paulo: Lex Magister, 2011. p. 175-210; e MARINANGELO, Rafael. Aspectos relevantes dos modelos contratuais Fidic. *In*: MARCONDES, Fernando (org.). *Temas de direito da construção*. São Paulo: PINI, 2015. p.187-207.

[276] "Globalization had led to a situation in which all business transactions are intertwined with international mechanisms to a certain extent. Although independent, contractual instruments backing transactions tend to follow increasingly similar standard models accepted worldwide [...] Thus, the construction and interpretation of a given contractual provision in the context of a certain arbitration may be of interest to the entire industry especially if this construction tends to prevail in the majority of the cases. The repeated construction of a given provision may lead the industry to redesign the applicable provision, making it more specific or even broader, as the circumstances require" (PINTO, José Emílio Nunes. Chapter 8: ceci n'est pas um article. *In*: DERAIN, Yves; LEVY, Laurent (ed.). *Is arbitration only as god as the arbitrator?* Status, powers and role of the arbitrator. Kluwer Law International & ICC, 2011. p. 132. [Dossiers of the ICC Institute of World Business Law, v. 8.]).

[277] Sobre o tema: TIMM, Luciano Benetti; DIAS, Lucas de Souza. Arbitragem nos contratos de franquia. *Revista Brasileira de Arbitragem*, CBAr & IOB, v. VI, n. 21, p. 35-60, 2009.

mente publicadas é tão somente a conveniência de manter o sigilo sobre todo o processo arbitral, e não uma suposta inutilidade em sua publicação.

Diante do exposto neste tópico, é possível concluir que aumentar o nível de transparência da arbitragem, em especial no que toca à publicação de sentenças arbitrais, seria um grande auxílio para promover um nível de segurança jurídica maior. Ainda que a publicação não seja suficiente para garantir segurança jurídica, considerando que os árbitros devem se preocupar mais com as expectativas das partes, é *provável* que a publicação impulsione a maior calculabilidade do sistema arbitral. Tal fato, se concretizado, traria benefícios para todo o mercado.

2.1.5 Diminuir custos de transação

Toda relação contratual importa em custos para as partes, os quais se dividem entre custos diretos (custos de produção do bem ou serviço) e custos de transação (custos de busca de informação, custos de barganha, custos para a tomada de decisão, custos de fiscalização e de execução).[278]

Os custos de transação podem, por sua vez, ser classificados entre custos *ex ante* e *ex post*. Os custos *ex ante* são aqueles incorridos pelas partes até o momento de celebração do contrato, por exemplo, os custos de localizar um contratante, buscar informações sobre ele e sobre o produto, negociar e elaborar o contrato. Os custos *ex post* são aqueles posteriores à celebração do contrato e envolvem os valores despendidos para fiscalização e execução do instrumento e em eventual litígio a seu respeito.[279]

---

[278] "Custos de transação são aqueles necessários para a efetivação de transações comerciais e foram analisados pela primeira vez em 1960 no artigo 'The Problem of Social Cost', do economista britânico Ronald Coase. Nesse trabalho, Coase faz referência a custos incorridos pelos agentes econômicos para participar em transações de mercado. O interessante dos custos de transação é que eles saem do bolso de uma das partes, mas não entram no bolso da outra. Nesse sentido, são puras ineficiências, mero atrito na relação comercial entre dois agentes, indisponível para uso útil. Os custos de transação podem ser de três tipos: (i) custos de procura e obtenção de informações; (ii) custos de negociação; e (iii) custos para garantir a execução do contrato" (TIMM, Luciano Benetti. Análise econômica dos contratos. *In*: TIMM, Luciano Benetti (org.). *Direito e economia no Brasil*. 2. ed. São Paulo: Atlas, 2014. p. 168).

[279] Carmo, Lie Uema do. *Análise econômica da interpretação contratual*. 2006. Dissertação (Mestrado em Direito Civil) – Faculdade de Direito da Pontifícia Universidade Católica de São Paulo, São Paulo, 2006, p. 146-154.

É BENÉFICO AUMENTAR A TRANSPARÊNCIA?

Aumentar a transparência do processo arbitral tem também o efeito de reduzir os custos de transação das partes, tanto os *ex ante* como os *ex post*.

No que tange aos *ex ante*, a publicação de sentenças arbitrais e o provável aumento do nível de segurança jurídica resultariam na diminuição dos custos de negociação e de elaboração do contrato, pois as partes já saberiam de antemão como determinadas questões são resolvidas pelos árbitros e confiariam que estes respeitariam as expectativas formadas com base nessa jurisprudência. Desse modo, não haveria a necessidade de elaborar e negociar contratos com previsões extensas e completas, deixando ao árbitro a tarefa de preencher eventuais lacunas.[280]

Nesse sentido, a publicação de sentenças auxiliaria setores econômicos inteiros, principalmente aqueles que se valem de contratos padronizados, como os contratos de adesão em geral e contratos elaborados a partir de modelos, como os contratos de construção sugeridos pela *International Federation of Consulting Engineers* (Fidic).

Tais contratos contam com cláusulas-padrão que se consolidaram a partir da prática. Sua redação é testada e aprovada pelo mercado e pelos mecanismos jurisdicionais. Portanto, elas são extremamente interessantes para reduzir custos de negociação e redação, pois encontram ampla aceitação.

Todavia, a confidencialidade das sentenças arbitrais que envolvem esses tipos contratuais dificulta a consolidação de cláusulas-padrão, pois impede que se tenha conhecimento de quais soluções já foram testadas e aprovadas. Consequentemente, aumentam-se os custos de negociação e redação.[281]

No que diz respeito aos custos de transação *ex post*, aqueles ligados ao processo jurisdicional são denominados pela *Law and Economics* como "custos administrativos".[282] A *Pesquisa CBAr-Ipsos* aponta que os usuários da arbitragem consideram que a principal desvantagem do instituto é

---

[280] "As partes ao confiar mais na interpretação contratual que elas julgam adequadas feitas pelos juízes, despenderiam menos recursos para tornar os contratos mais claros e completos, já que os resultados da adjudicação poderiam ser próximos àqueles que elas teriam pactuado. [...] A perspectiva de integração contratual que seja no interesse das partes faz com que as partes economizem em custos de negociação e redação" (CARMO, Lie Uema do. *Análise econômica da interpretação contratual* cit., p. 169 e 172).

[281] Idem, p. 173-174.

[282] Idem, p. 152.

seu custo.²⁸³ Em resposta, a doutrina²⁸⁴ alega que, apesar de os valores pagos à instituição arbitral e os honorários de árbitros (custos diretos) serem em geral maiores do que os valores pagos ao Poder Judiciário, a arbitragem envolve custos de transação menores em comparação às cortes nacionais.

Isso porque a solução da disputa por arbitragem seria mais célere, a decisão arbitral seria de maior qualidade (pois os árbitros seriam especialistas) e o processo arbitral seria sigiloso (o que evita danos à imagem e a divulgação de informações sensíveis). Isso faria com que a arbitragem fosse mais vantajosa em comparação ao Judiciário, inclusive do ponto de vista econômico.

Contudo, é importante notar que a economia em custos de transação não é uma qualidade intrínseca da arbitragem, mas apenas uma *potencial vantagem*, pois depende da tomada de boas decisões pelas partes. Para que a arbitragem proporcione uma redução nos custos, as partes devem escolher uma instituição eficiente, com um regulamento adequado, árbitros com disponibilidade e conhecimento na matéria submetida ao litígio, regras procedimentais adequadas etc.

Para que isso seja possível, as partes devem ter acesso a informações suficientes e adequadas, o que, como visto, requer o aumento da transparência da arbitragem. Com isso: (i) as partes e seus advogados gastariam menos tempo buscando informações sobre os candidatos a árbitros, e as informações obtidas seriam mais confiáveis;²⁸⁵ (ii) as partes e seus advogados poderiam aprender a partir de casos passados, o que facilitaria a elaboração de alegações e pedidos; (iii) os árbitros poderiam se valer de decisões e experiências pretéritas para regulamentar o procedimento, para nortear seu convencimento e fundamentar suas decisões; e (iv) as partes estariam mais aptas a avaliar a força de sua posição

---

[283] COMITÊ BRASILEIRO DE ARBITRAGEM. *Arbitragem no Brasil* – Pesquisa CBAr-Ipsos cit., p. 12.

[284] A respeito, vide: PUGLIESE, Antonio Celso Fonseca; SALAMA, Bruno Meyerhof. A economia da arbitragem: escolha racional e geração de valor cit., p. 119-140; TIMM, Luciano Benetti. Análise econômica dos contratos cit., p. 158-179; TIMM, Luciano Benetti; GUANDALINI, Bruno; RICHTER, Marcelo de Souza. Reflexões sobre uma análise econômica da ideia de arbitragem no Brasil cit.

[285] ROGERS, Catherine. Chapter II: the arbitrator and the arbitration procedure, transparency in arbitrator selection cit., p. 75-85.

e sua chance de sucesso no litígio, a partir do julgamento de casos passados e, assim, ficariam mais propensas a celebrar acordos.[286]

No que toca ao sigilo – apontado pela doutrina como um dos elementos que diminui os custos de transação do processo arbitral –, reconhece-se que, de fato, ele pode evitar custos associados a danos à imagem e a divulgação de informações sensíveis. Isso poderia levar a uma contradição, na qual o sigilo é, ao mesmo tempo, um fator que reduz e que aumenta os custos de transação da arbitragem. Contudo, é uma contradição apenas aparente, pois, como explorado no item 1.7, para que se aproveitem os benefícios do sigilo, não é necessário que ele recaia sobre todas as informações do processo arbitral.

Assim, é possível concluir que, para que a arbitragem possa de fato, e não apenas potencialmente, ser um meio de solução de litígios que reduza os custos de transação das partes, é *indispensável* que o sigilo não seja total,[287] dando lugar a um regime de confidencialidade mitigada e com maior nível de transparência.

2.2. Benefícios para terceiros e para a sociedade como um todo

Como visto nos itens anteriores, o aumento do nível de transparência na arbitragem é capaz de gerar diversos benefícios aos sujeitos da relação jurídica arbitral (partes, árbitros e instituição arbitral).

O aumento da transparência também é capaz de acarretar externalidades positivas,[288] beneficiando pessoas fora da relação jurídica arbitral e, em determinados casos, a sociedade como um todo.

---

[286] "Consoante a *Law and Economics*, as partes somente iniciarão, darão andamento e encerrarão um processo judicial quando isto for economicamente interessante para elas. [...] As partes atribuirão probabilidades de sucesso ou insucesso e os respectivos ganhos a cada uma das etapas do processo judicial. Conforme o valor esperado de cada etapa da ação, ajustado pelas correspondentes probabilidades de sucesso ou insucesso supere os respectivos custos daquela etapa, a parte decidirá iniciar, prosseguir ou realizar acordo na ação" (CARMO, Lie Uema do. *Análise econômica da interpretação contratual* cit., p. 154).

[287] Sobre o tema: PUIG, Sergio. Social capital in the arbitration market. *The European Journal of International Law*, v. 25, n. 2, p. 400, 2014.

[288] "Há externalidade sempre que determinada relação jurídica produz efeitos geralmente não mensuráveis a sujeitos que não participam daquela determinada relação jurídica" (SALOMÃO FILHO, Calixto. *Regulação da atividade econômica* (princípios e fundamentos jurídicos). 2. ed. São Paulo: Malheiros, 2008. p. 33-34).

Há quem entenda que a arbitragem é um instituto voltado apenas às partes que a contratam, sem compromisso com terceiros ou com a coletividade. A principal preocupação dos árbitros seria a de solucionar o litígio entre as partes, de preferência de forma rápida, sem se importar com a atuação concreta do Direito, nem com eventuais repercussões daquele litígio na sociedade. Por essa ótica, na qual a arbitragem é "coisa das partes",[289] a publicidade voltada a terceiros tem pouco ou nenhum sentido, sendo desejável e necessária apenas a publicidade interna.

Todavia, discordamos dessa posição que, a nosso ver, não leva em consideração a evolução e o estágio atual da arbitragem dentro do sistema de solução de controvérsias no Brasil e no mundo.

Esse pensamento se adéqua apenas aos primórdios da arbitragem comercial, quando ela tinha um enfoque puramente privatista, direcionada a solucionar pequenas disputas do dia a dia do comércio.[290] Ela era feita por comerciantes para comerciantes, a quem importava principalmente a solução rápida do litígio, ainda que em sacrifício da correta aplicação do Direito (seja material ou processual).[291] Essa foi a "era da inocência" da arbitragem que, contudo, há muito acabou.[292]

A arbitragem moderna navega por mares muito distintos. Houve aumento do número de casos, dos valores envolvidos, da complexidade dos litígios e, também, do escopo das disputas que têm sido levadas à arbitragem.

O aumento do número de casos é demonstrado pelas estatísticas disponíveis. Em 2010, as seis principais instituições brasileiras[293] somaram

---

[289] "First, any arbitration is the parties' arbitration" (SABATER, Aníbal. Towards transparency in arbitration (a cautious approach). *Berkeley Journal of International Law Publicist*, vol. 5, nº 1, 2010, p. 50)

[290] BREKOULAKIS, Stavros L. Chapter 1: introduction: the evolution and future of international arbitration. *In*: BREKOULAKIS, Stavros L., LEW, Julian D. M., et al (ed.). *The evolution and future of international arbitration*. Kluwer Law International, 2016. p. 1-3. (International Arbitration Law Library Series, v. 37.)

[291] "Arbitrators were not expected to be legal experts. Their decisions mattered only to the parties before them and more often then not, these were commercial actors who wanted a quick, final outcome to resolve their differences" (MENON, Sundaresh. *International arbitration – the coming of a new age for Asia (and elsewhere)* cit., p. 10).

[292] Idem, p. 17.

[293] Centro de Arbitragem da Amcham; Centro de Arbitragem e Mediação da Câmara de Comércio Brasil-Canadá (CAM-CCBC); Câmara de Mediação, Conciliação e Arbitragem

128 novos casos, cujo valor total envolvido foi de R$ 2,8 bilhões. Em 2016, o número de casos novos saltou para 249 (um aumento de 95%) e o valor total envolvido foi de R$ 24,27 bilhões (um aumento de 866%).[294]

Tendo em vista que o aumento do número de casos e o do valor envolvido não foram lineares, é possível inferir que a complexidade dos casos também se ampliou.

Essa expansão levou alguns autores a afirmar que a arbitragem teria deixado de ser um método *alternativo* para se transformar no método *preferencial* de solução de conflitos, ao menos no que tange a disputas comerciais internacionais.[295] No Brasil, não se pode afirmar que a arbitragem tenha se tornado o método preferencial em termos gerais, em razão de suas próprias limitações e da enorme quantidade de casos ainda levados ao Judiciário.

Contudo, ao menos em ramos específicos, é possível sustentar que a arbitragem ocupa inegável posição de destaque, como em litígios *interna corporis* em sociedades de capital aberto: pesquisa realizada em abril de 2018 no banco de dados da B3 (antiga BM&FBovespa) mostrou que 179 das 395 (45,31%) companhias de capital aberto previam cláusula compromissória em seu estatuto para lidar com conflitos internos à companhia,[296] ou seja, parcela relevante desses litígios societários é encaminhada à arbitragem.

Mas não é só. O uso da arbitragem também vem se expandindo e abarcando disputas que originalmente não eram a ela submetidas.

Ciesp/Fiesp; Câmara de Arbitragem do Mercado (Bovespa); Câmara de Arbitragem da Fundação Getuio Vargas (FGV); Câmara de Arbitragem Empresarial-Brasil (Camarb).

[294] LEMES, Selma M. Ferreira. Pesquisa: arbitragem em números e valores. Período de 2010 (jan./dez.) a 2016 (jan./dez.) – 7 anos. Disponível em: http://selmalemes.adv.br/artigos/An%C3%A1lise-%20Pesquisa-%20Arbitragens%20Ns%20%20e%20Valores%20_2010%20a%202016_.pdf. Acesso em: 1º maio 2018.

[295] "With the dramatic growth of international commercial arbitration during the course of the last century, the notion that arbitration is an 'exceptional' jurisdiction has eroded" (GAILLARD, Emmanuel. Keynote speech: consent: the essence of an ordinary jurisdiction. *In*: VALENÇA FILHO, Clávio de M.; VISCONTE, Debora; NANNI, Giovanni Ettore (org.). *Trabalhos do XV congresso internacional de arbitragem do Comitê Brasileiro de Arbitragem – CBAr*: consentimento na arbitragem internacional. São Paulo: CBAr, 2017. p. 7).

[296] Informações coletadas no *site* da B3. Disponível em: http://www.bmfbovespa.com.br/pt_br/produtos/listados-a-vista-e-derivativos/renda-variavel/empresas-listadas.htm?idioma=en-us. Acesso em: 30 abr. 2018.

Citam-se, como exemplo, litígios com a Administração Pública Direta,[297] trabalhistas[298] e concorrenciais.[299]

Diante desse novo contexto, o procedimento arbitral também sofreu mudanças, passando de um procedimento extremamente informal e *tailor made* para um procedimento mais técnico e uniformizado. Basta uma leitura comparativa dos regulamentos das instituições arbitrais brasileiras para notar que todos preveem estrutura e regras semelhantes.[300]

Além disso, o aumento da complexidade e dos valores envolvidos nas disputas fez com que os litigantes passassem a exigir uma condução técnica do procedimento e a aplicação de preceitos legais com precisão, não estando mais dispostos a sacrificar tais elementos em prol de uma

---

[297] A Lei de Arbitragem nunca proibiu a utilização da arbitragem por entes públicos, mas havia controvérsia na doutrina sobre a possibilidade de seu uso. Essa controvérsia foi gradativamente diminuindo até que, em 2015, a Lei de Arbitragem foi alterada para permitir expressamente a participação desses entes (artigo 1º, § 1º).

[298] A previsão da arbitragem em contratos individuais de trabalho era não era aceita em razão da alegação de que os direitos trabalhistas seriam indisponíveis (sobre o tema: TUPONI JÚNIOR, Benedito Aparecido. A (in)arbitrabilidade dos dissídios individuais trabalhistas. *Revista Brasileira de Arbitragem*, Curitiba, CBAr & IOB, v. V, n. 18, p. 39-59, 2008). Contudo, com a reforma trabalhista em 2017, foi incluído dispositivo autorizando o uso da arbitragem para empregados com remuneração superior a duas vezes o limite máximo dos benefícios da Previdência Social (artigo 507-A da Consolidação das Leis do Trabalho).

[299] O Conselho Administrativo de Defesa Econômica ("Cade") tem lançado mão do instituto em alguns acordos de controle de concentração (ACC), como no ACC celebrado em 2015 com a Rumo Logística e Operadora Multimodal S.A.; e o ACC celebrado em 2017 relativo à união das atividades da BM&FBovespa S.A. e da Cetip S.A. Sobre: CONSELHO ADMINISTRATIVO DE DEFESA ECONÔMICA. Cade aprova, com restrições, operação entre BM&FBovespa e Cetip. Notícia publicada no *site* do Cade em 22 mar. 2017. Disponível em: http://www.cade.gov.br/noticias/cade-aprova-com-restricoes-operacao-entre-bm-fbovespa-e-cetip. Acesso em: 2 maio 2018; POMBO, Bárbara. Cade inova e aposta em arbitragem entre empresas. *Jota*, publicado em 6 mar. 2015. Disponível em: https://www.jota.info/justica/cade-inova-e-aposta-em-arbitragem-entre-empresas-06032015. Acesso em: 2 maio 2018; GABBAY, Daniela Monteiro; PASTORE, Ricardo Ferreira. Arbitragem e outros meios de solução de conflitos em demandas indenizatórias na área de direito da concorrência. *Revista Brasileira de Arbitragem*, Curitiba, v. XI, n. 43, p. 7-32, 2014.

[300] O Conima disponibiliza em seu *site* um regulamento de arbitragem modelo e um código de ética modelo que, de fato, foi utilizado por diversas instituições associadas ao Conima. Disponível em: http://www.conima.org.br/regula_modarb. Acesso em: 5 jul. 2018.

solução mais rápida, como poderia ter ocorrido nos estágios iniciais de desenvolvimento da arbitragem.[301]

Como consequência, mudou também o perfil do árbitro. A primeira geração de árbitros tinha como característica comum não serem especialistas em arbitragem, mas ocuparem tal posição em razão do prestígio obtido dentro de suas carreiras jurídicas (*the grand old man*).[302] Posteriormente, foram substituídos por pessoas com extenso conhecimento em matéria arbitral, com carreiras muitas vezes dedicadas integralmente à arbitragem (chamados de "tecnocratas"[303]).[304]

Em face do exposto, conclui-se que a arbitragem mudou consideravelmente. Embora tenha começado como um método de tímido alcance, hoje em dia ela é utilizada para resolver um número maior de disputas, de naturezas diversas e com maior valor agregado.

Portanto, o estágio atual da arbitragem faz com que ela afete interesses além das pessoas que a contratam, não sendo mais possível considerá-la unicamente "coisa das partes". Assim, os impactos gerados para terceiros e para sociedade como um todo devem ser discutidos e ponderados em qualquer decisão envolvendo o instituto.

Por essa ótica, o aumento da transparência do procedimento arbitral ganha outras dimensões. Ele passa a ser importante não apenas para beneficiar diretamente as partes, mas também em benefício da coletividade e, em última instância, do próprio instituto. Por isso, entende-se ser relevante analisar as externalidades positivas do aumento da transparência do processo arbitral, o que se passa a fazer.

---

[301] "In the days when commercial disputes were less complicated, parties were willing to accept the rough and ready dispensation of justice. This is not so today when commercial transactions are far more detailed and technical, with modern parties demanding more transparency and accuracy" (MENON, Sundaresh. *International arbitration – the coming of a new age for Asia (and elsewhere)* cit.).

[302] DEZALAY, Yves; GARTH, Bryant G. *Dealing in virtue*: international commercial arbitration and the construction of a transnational legal order cit., p. 18-25.

[303] Idem, p. 34-41.

[304] "Há muito tempo, o árbitro deixou de ser um 'amador esclarecido', um diletante dotado de competências para o ofício de julgar. Nas palavras de Yves Derains, 'espera-se dele, antes de tudo, que ele seja capaz de conduzir um procedimento arbitral com 'eficiência' e 'profissionalismo'" (GAMA, Lauro. *Realidade e desafios de ser árbitro no Brasil* cit., p. 11).

2.2.1 Desenvolvimento do Direito, em sentido amplo

A forma pela qual o Direito é aplicado e interpretado pelos julgadores influencia o desenvolvimento do próprio Direito (aqui, o termo "Direito" deve ser lido em sentido amplo, incluindo tanto o direito material como o processual em suas diversas formas: lei, *soft law*, regulamentos, contratos etc.).

As decisões jurisdicionais ajudam no "esclarecimento dos conceitos genéricos da norma legislativa",[305] de modo que, "se não inovam a lei, dão-lhe um sentido geral de orientação".[306] Além disso, elas permitem identificar os problemas concretos decorrentes da aplicação das normas, indicando quais regras precisam ser modificadas ou criadas.

As decisões jurisdicionais, quando publicizadas, permitem o amplo debate público sobre seu conteúdo e efeitos, possibilitando sua evolução e, até mesmo, que se alcance consenso sobre como determinadas questões devem ser decididas.[307]

Nada impede que as sentenças arbitrais também contribuam para esse fenômeno, como inclusive já fizeram na criação e consolidação da *lex mercatoria* em âmbito internacional, tal como demonstrado por Rodrigo Octávio Broglia Mendes em sua obra *Arbitragem*, lex mercatoria *e direito estatal*.[308] Para que isso seja possível, contudo, é imprescindível que as sentenças arbitrais sejam publicizadas.

A confidencialidade das sentenças arbitrais atrapalha a evolução do Direito, especialmente em setores econômicos cujos litígios são reiteradamente submetidos à arbitragem. Cita-se, como exemplo, o que vem ocorrendo com os litígios societários internos às companhias abertas.[309]

---

[305] MONTORO, André Franco. *Introdução à ciência do direito*. 26. ed. São Paulo: RT, 2005. p. 411.
[306] FERRAZ JR., Tercio Sampaio. *Introdução ao estudo do direito*: técnica, decisão, dominação cit., p. 211.
[307] "When an arbitral tribunal and other subjects consider and discuss past arbitral decisions, they create a dialogue that builds consensus on certain arbitral solutions. This dialogue is a dialectic process through which the solutions and interpretations of past awards are criticized, modified, and accepted. The general acceptance of solutions or interpretations shows that they represent an agreement of the arbitral community on their persuasiveness" (BENTOLILA, Dolores. Arbitrators as lawmakers cit., p. 171-172).
[308] MENDES, Rodrigo Octávio Broglia. *Arbitragem,* lex mercatoria *e direito estatal*: uma análise dos conflitos ortogonais no direito transnacional. São Paulo: Quartier Latin, 2010.
[309] BERGER, Renato; CARVALHO, Rafael Villac Vicente de. Em prol da "jurisprudência" arbitral societária cit., p. 197-221; KUYVEN, Luiz Fernando Martins. O necessário precedente arbitral. *Revista de Arbitragem e Mediação*, São Paulo, v. 36, p. 295-315, 2013.

Empresas que pretendem ingressar nos segmentos de mercado Nível 2,[310] Bovespa Mais,[311] Bovespa Mais Nível 2[312] e Novo Mercado[313] precisam necessariamente prever cláusula compromissória em seus estatutos (é uma "cláusula mínima estatutária" exigida pela B3). A redação da cláusula sugerida pela B3 é ampla, impondo arbitragem para dirimir todo e qualquer litígio entre a companhia, seus acionistas, administradores e membros do conselho fiscal.[314]

Pesquisa realizada em abril de 2018 no banco de dados da B3[315] mostrou que 179 das 395 companhias listadas nas B3 (45,31%) faziam parte de algum dos segmentos de mercado mencionados, ou seja, quase metade das companhias abertas listadas na B3 previa cláusula compromissória em seu estatuto para lidar com conflitos internos à companhia.

Além disso, uma parte considerável das companhias que não estão listadas em tais segmentos (companhias que figuram no Nível 1 ou no Nível Tradicional da B3) opta voluntariamente pela arbitragem. Em pesquisa realizada em 2014, constatou-se que 71 das 266 companhias que então figuravam no Nível 1 e no Nível Tradicional (27%) previam cláusula compromissória em seu estatuto ou em acordo de acionista.[316]

---

[310] Regulamento de Listagem do Nível 2. Disponível em: http://www.bmfbovespa.com.br/lumis/portal/file/fileDownload.jsp?fileId=8AA8D09753A65AFD0153EC6D6AB67E5A. Acesso em: 31 jan. 2018.

[311] Regulamento de Listagem do Bovespa Mais. Disponível em: http://www.bmfbovespa.com.br/lumis/portal/file/fileDownload.jsp?fileId=8A828D294F270E45014FEFE4D14571AE. Acesso em: 31 jan. 2018.

[312] Regulamento de Listagem do Bovespa Mais Nível 2. Disponível em: http://www.b3.com.br/data/files/C1/D5/B0/8E/57E3861012FFCD76AC094EA8/Regulamento%20de%20Listagem%20do%20Bovespa%20Mais%20-%20N%C3%ADvel%202%20(San%C3%A7%C3%B5es%202019).pdf. Acesso em: 19 jan. 2018.

[313] Regulamento de Listagem do Novo Mercado (vigente desde 02.01.2018). Disponível em: http://www.bmfbovespa.com.br/lumis/portal/file/fileDownload.jsp?fileId=8AA8D0975ECA76A9015EE47401334D3B. Acesso em: 31 jan. 2018.

[314] A redação completa da cláusula pode ser conferida nos regulamentos de cada segmento (conforme *links* indicados *supra*.

[315] Informações coletadas no *site* da B3. Disponível em: http://www.bmfbovespa.com.br/pt_br/produtos/listados-a-vista-e-derivativos/renda-variavel/empresas-listadas.htm?idioma=en-us. Acesso em: 30 abr. 2018.

[316] PARGENDLER, Mariana; PRADO, Viviane Muller; BARBOSA JÚNIOR, Alberto. Cláusulas arbitrais no mercado de capitais brasileiro. *Revista de Arbitragem e Mediação*, São Paulo, v. 40, p. 105-111, 2014.

Conclui-se, portanto, que atualmente uma grande parcela dos litígios societários internos à companhia é encaminhada à arbitragem e é encoberta pela confidencialidade,[317] o que prejudica não só as partes, árbitros e instituição arbitral (como visto nos itens anteriores), mas também toda a sociedade, pois dificulta o desenvolvimento do Direito societário.

Felizmente, em 12 de dezembro de 2018, a CAM B3 divulgou pela primeira vez as ementas de 22 sentenças arbitrais.[318] Embora o formato adotado pela CAM B3 esteja longe de ser o ideal (como será explorado no item 4.2 mais adiante), não deixa de ser um importante avanço.

Outrossim, o valor da jurisprudência arbitral é grande mesmo em disputas que não são reiteradamente submetidas a ela, em razão da *expertise* dos árbitros que a proferem e da complexidade das disputas que tendem a ser submetidas à arbitragem.

Portanto, as sentenças arbitrais, independentemente do tipo de conflito a elas submetido, têm o potencial de conter lições valiosas, mas que infelizmente não alcançam um público maior.[319-320]

A confidencialidade é ainda mais prejudicial em sistemas cujo Direito é constituído principalmente pelas decisões dos tribunais, como nos sistemas filiados ao *common law*, o que tem gerado severas críticas ao uso da arbitragem nesses países.[321]

---

[317] As companhias listadas nos segmentos de mercado Nível 2, Bovespa Mais, Bovespa Mais Nível 2 e Novo Mercado devem inserir cláusula compromissória optando necessariamente pela Câmara de Arbitragem do Mercado (CAM). Em seu regulamento, a CAM prevê o sigilo em sua cláusula 9, portanto todos esses procedimentos arbitrais estão, em regra, cobertos de confidencialidade.

[318] Disponível em: http://www.b3.com.br/pt_br/b3/qualificacao-e-governanca/camara-de-arbitragem-do-mercado-cam/ementario/. Acesso em: 20 jan. 2019.

[319] "To condemn arbitral decisions to oblivion (very often of great juridical content) would imply leaving important doctrinal reflections that would shed great light on future cases in limbo. The vast intellectual effort of the arbitrators would thus have a very limited life. Awards constitute, in many cases, highly noteworthy juridical works and keeping them private deprives the Law of the opportunity to benefit from their content" (CREMADES, Bernardo M.; CORTÉS, Rodrigo. The principle of confidentiality in arbitration: a necessary crisis cit., p. 35).

[320] Na visão de António Pinto Leite, as sentenças arbitrais são "verdadeiro tesouro escondido no fundo do oceano do Direito" (LEITE, António Pinto. Papel das instituições de arbitragem na construção da jurisprudência arbitral – a procura das melhores práticas cit., p. 109).

[321] CWMGIEDD, Thomas of. Developing commercial law through the courts: rebalancing the relationship between the courts and arbitration cit.

É BENÉFICO AUMENTAR A TRANSPARÊNCIA?

A ausência de publicação de sentenças também impacta a evolução de contratos, especialmente daqueles padronizados e/ou recorrentes, pois impede que se saibam quais cláusulas têm dado origem a controvérsias, dificultando o desenvolvimento de regras melhores e mais adequadas. Além de atrasar a evolução desses tipos de contratos, também impacta diretamente sua economia, aumentando custos de transação, como visto no item 2.1.5 *supra*.

A jurisprudência também exerce enorme influência no desenvolvimento do Direito arbitral. Diversas regras, hoje comuns nos processos arbitrais, foram criadas a partir de experiências em casos concretos. Vide, por exemplo, o caso Dutco *vs.* Siemens e BKMI,[322] que mudou a forma de nomeação de árbitros em arbitragens multipartes.[323] No Brasil, o caso Paranapanema[324] enfrentou o mesmo problema e o Judiciário adotou o mesmo entendimento exposto no caso Dutco.[325]

---

[322] Em breve síntese, em referida arbitragem, Dutco indicou seu árbitro, contudo Siemens e BKMI, que compunham o polo oposto, não chegaram a um consenso sobre quem indicar. Diante disso, o segundo coárbitro foi apontado pela instituição arbitral em substituição a Siemens e BKMI. A sentença arbitral foi anulada em 1992 pela Corte de Cassação da França por entender que houve violação ao tratamento igualitário das partes, uma vez que um polo processual teve a oportunidade de indicar árbitro, mas tal oportunidade não foi concedida ao outro polo (Siemens AG and BKMI Industriaen Lagen GmbH vs. Auto Construction C°, French Cour de Cassation, 1re Ch. civile, 7 January 1992).

[323] CARVALHO, Lucila de Oliveira; LOPES, Luiz Felipe Calábria. Arbitragem multiparte e multicontrato: um estudo comparativo de regulamentos de arbitragem. *Revista Brasileira de Arbitragem*, CBAr & IOB, v. XI, n. 42, p. 39-40, 2014.

[324] Em resumo, o conflito diz respeito a instrumento de mútuo e contratos de *swap* celebrados entre Paranapanema S.A., Santander e BTG Pactual. Houve desentendimento quanto ao adimplemento dos contratos e foi iniciada arbitragem. Paranapanema indicou seu coárbitro, mas o Santander e BTG Pactual (ambos no mesmo polo) não chegaram a um consenso sobre qual coárbitro indicar, tendo este sido indicado pelo presidente do CAM-CCBC, como mandava o regulamento da época. Posteriormente, a sentença arbitral foi anulada pelo Judiciário, pois se entendeu que houve violação ao princípio da igualdade das partes (expressamente previsto no artigo 21, § 2º, da Lei de Arbitragem). O regulamento de arbitragem do CAM-CCBC também foi posteriormente modificado para fazer constar que, em arbitragens multipartes, se um polo não chegar a um consenso sobre a indicação do árbitro, todos os árbitros serão indicados pela instituição.

[325] O Tribunal de Justiça de São Paulo adotou posicionamento semelhante ao exposto no caso Dutco e o Superior Tribunal de Justiça manteve o entendimento do Tribunal (STJ, REsp 1.639.035/SP, Rel. Min. Paulo de Tarso Sanseverino, j. 18.09.2018; e TJSP, Apelação Cível 0002163-90.2013.8.26.0100, 11ª Câmara de Direito Privado, Rel. Des. Gilberto dos Santos, j. 03.07.2014, *DJe* 10.07.2014). Sobre o caso, ver: MELO, Leonardo de Campos. Note

Cita-se, também, o caso Dow Chemical *vs.* Isover Saint Gobain, que solidificou, em âmbito internacional, o entendimento de que uma parte não signatária pode estar vinculada à cláusula compromissória em virtude de seu comportamento.[326] No Brasil, referido entendimento foi adotado pelo Tribunal de Justiça do Estado de São Paulo nos casos Trelleborg,[327] Imbra[328] e Viracopos.[329]

Mas não é só. A flexibilidade e a autonomia da vontade na arbitragem permitem que partes e árbitros criem suas próprias soluções para questões procedimentais e para tornar o processo mais eficiente. Algumas dessas soluções foram concebidas em casos específicos, mas acabaram se difundindo posteriormente, como o Redfern Schedule[330] e o Sachs Protocol,[331] trazendo grande contribuição para a prática arbitral.[332]

– Banco Santander Brasil S/A *v.* Paranapanema S/A, Tribunal de Justiça do Estado de São Paulo, Agravo de Instrumento nº 0036343-44.2013.8.26.0000, 2 May 2013. *Revista Brasileira de Arbitragem*, CBAr & IOB, v. X, n. 40, p. 129-133, 2013.

[326] BERGER, Klaus Peter. The International Arbitrators' Application of Precedents cit., p. 19-20.

[327] TJSP, Ap 267.450.4/6-00, 7ª Câmara de Direito Privado, Rel. Constança Gonzaga, j. 24.05.2006. Sobre o tema: SCALETSCKY, Fernanda. A teoria dos grupos societários e a extensão da cláusula compromissória a partes não signatárias. *Revista Brasileira de Arbitragem*, CBAr & IOB, v. XII, n. 46, p. 20-47, 2015.

[328] TJSP, APL 0035404-55.2013.8.26.0100, 1ª Câmara Reservada de Direito Empresarial, Rel. Des. Pereira Calças, j. 26.08.2015.

[329] TJSP, APL 1009300-25.2017.8.26.0114, 16ª Câmara de Direito Privado, Rel. Des. Daniela Milano, j. 13.03.2018.

[330] Trata-se de uma planilha que visa organizar melhor o procedimento de exibição de documentos. A planilha contém colunas que devem ser preenchidas por cada uma das partes, em que elas especificam quais são os documentos solicitados e sua categoria, o fundamento para o pedido, as objeções da contraparte, bem como uma coluna para a decisão do tribunal arbitral.

[331] É uma possível solução para indicação de peritos quando as partes não chegam a um consenso. Consiste no seguinte procedimento: cada parte envia à parte contrária uma lista pequena de candidatos. As partes então tecem seus comentários sobre as pessoas indicadas pela contraparte e, com base nisso, o tribunal arbitral escolhe um *expert* de cada lista para formar um time de peritos. Depois disso, partes, peritos e tribunal arbitral formulam um documento conjunto (protocolo) especificando a missão do time de peritos. Sobre o tema: SACHS, Klaus. Protocol on expert teaming: a new approach to expert evidence. Disponível em: https://www.lawlibrary.ie/rss/CPDArbitration09072011/15SachsProtocolOnExperts.pdf. Acesso em: 20 jan. 2019.

[332] "These tools are meant to facilitate the work of practitioners and spare them the effort of 'reinventing the wheel', with the ultimate goal of saving time and costs. Using these

A arbitragem, portanto, é um ambiente que permite e incentiva a criatividade de partes e árbitros, cujas soluções poderiam ser mais difundidas, se houvesse mais transparência. Essa troca de conhecimento seria possível a partir da publicação das sentenças arbitrais e das decisões incidentais do tribunal arbitral (ordens processuais).

Por último, aumentar a transparência da arbitragem poderia elevar a troca de influências entre processo arbitral e processo estatal, seja por meio de criação de regras para o processo estatal inspiradas na prática arbitral, seja fornecendo subsídios para os juízes estatais decidirem certos casos.

Alguns autores afirmam que a criação de regras inspiradas na prática arbitral é um fenômeno presente, como se nota com a ampliação dos negócios jurídicos processuais no CPC, que teria sido, em alguma medida, supostamente inspirada na experiência arbitral.[333]

Ademais, os juízes estatais poderiam valer-se da jurisprudência arbitral como subsídio e fonte de interpretação para suas próprias decisões (ainda que não se possa falar em um "precedente arbitral vinculante"). Isso poderia ocorrer para casos em geral, tendo em vista a qualidade de determinadas sentenças arbitrais e, especialmente, nas hipóteses em que juízes estatais tenham que enfrentar disputas que são geralmente submetidas à arbitragem (como questões societárias, conforme visto anteriormente).

Essa troca de experiências também seria valiosa nas hipóteses em que o Judiciário deve decidir questões relativas ao processo arbitral,

---

instruments does not mean that practitioners lack knowledge or experience, but shows that recommendations by peers may be useful even if practitioners have their own way of doing things. Overall, they contribute to making arbitration universal" (MILLS, Karen; PHILIPPE, Mirèze; SMEUREANU, Ileana M. Lists, checklists, guidelines, principles, techniques, protocols, best practices: are they useful?. *Kluwer Arbitration Blog*, 16 jan. 2014. Disponível em: http://arbitrationblog.kluwerarbitration.com/2014/01/16/lists-checklists-guidelines-principles-techniques-protocols-best-practices-are-they-useful/. Acesso em: 20 jan. 2019).

[333] Sobre o tema: YARSHELL, Flávio Luiz. Convenção das partes em matéria processual: rumo a uma nova era? *In*: CABRAL, Antonio do Passo; NOGUEIRA, Pedro Henrique (coord.). *Negócios processuais*. Salvador: JusPodivm, 2015. p. 63-80; e VAUGHN, Gustavo Fávero; SANTOS, Guilherme P. M. C. dos; SÁ, Lucas Fernandes de. Um paralelo entre os negócios jurídicos processuais e a arbitragem. *Migalhas*, 14 set. 2016. Disponível em: http://www.migalhas.com.br/dePeso/16,MI245509,11049-Um+paralelo+entre+os+negocios+juridicos+processuais+e+a+arbitragem. Acesso em: 27 jun. 2018.

por exemplo, avaliar se determinado procedimento arbitral respeitou o devido processo legal (via ação de anulação de sentença arbitral). As sentenças arbitrais seriam ótimas fontes para que juízes estatais pudessem aferir o *standard* e a prática arbitral que, em certos casos, difere daquelas adotadas no processo estatal.[334]

Portanto, diante de todo o exposto neste item, é possível concluir que mais transparência, especialmente com a publicação de decisões e sentenças arbitrais, traria benefícios não só às partes da relação jurídica arbitral, mas também a toda a sociedade, pois colaboraria para a evolução do Direito em geral.

2.2.2 Promover o escopo social da jurisdição (educação)

O esclarecimento da população sobre seus próprios direitos e sobre os direitos alheios é um dos escopos da jurisdição (chamado escopo social ou pedagógico).[335] A arbitragem pouco atende a esse objetivo, apesar de ser um método jurisdicional, pois o sigilo dificulta e limita o acesso da população às informações a respeito do funcionamento e dos resultados do processo arbitral.

Em processos mais transparentes, há a possibilidade de aprender com base nas experiências dos outros e nos casos passados, mas, na arbitragem, o conhecimento criado em um procedimento fica quase sempre restrito a seus participantes.

Isso se aplica tanto ao direito material quanto ao processual. Como visto, a publicação das sentenças arbitrais poderia contribuir para que terceiros utilizassem os ensinamentos das decisões em seus próprios contratos e relações jurídicas, evitando futuros litígios e calculando melhor seu comportamento.

No que respeita ao direito processual, mais transparência melhoraria a qualidade do ensino sobre a arbitragem e o treinamento de futuros advogados e árbitros.

Não se pode negar que o ensino sobre a arbitragem tem se difundido no Brasil, tanto nas faculdades de Direito (sendo notável a contribuição

---

[334] Inclusive, há autores que defendem que o *devido processo legal arbitral* é distinto do devido processo legal do processo estatal. Sobre o tema: PARENTE, Eduardo de Albuquerque. *Processo arbitral e sistema* cit.

[335] DINAMARCO, Cândido Rangel. *Instituições de direito processual civil*. 8. ed. São Paulo: Malheiros, 2016. v. I, p. 222-223.

das competições de arbitragem nessa tarefa)³³⁶ como na produção acadêmica. Entretanto, a confidencialidade restringe o ensino à teoria, o que limita o aprendizado. De acordo com Kaj Hober, estudar arbitragem sem analisar sentenças arbitrais é como "treinar natação fora da água".³³⁷

Ademais, mais transparência traria uma contribuição expressiva para a pesquisa acadêmica, permitindo estudos sobre arbitragem com base em dados empíricos, em adição às pesquisas de opinião que, atualmente, são a principal forma de pesquisa em arbitragem, o que encontra limitações e desafios.³³⁸ A partir de dados empíricos, seria possível aferir o que partes, árbitros e instituições realmente fazem, e não só o que eles "dizem que fazem".³³⁹

Em suma, o aumento da transparência da arbitragem permitiria a expansão do escopo social da jurisdição para além das próprias partes, colaborando também para que o ensino e a pesquisa sobre arbitragem fossem de maior qualidade.

2.2.3 Fortalecer a autonomia e a legitimidade da arbitragem

A autonomia do sistema arbitral depende de seu fechamento estrutural, isto é, da possibilidade de recriar a partir de seus próprios instrumentos (autopoiese).³⁴⁰ Com o aumento da transparência do processo arbitral, o

---

[336] COELHO, Eleonora. Desenvolvimento da cultura dos métodos adequados de solução de conflitos: uma urgência para o Brasil. *In*: ROCHA, Caio Cesar Viera; SALOMÃO, Luis Felipe (coord.). *Arbitragem e mediação*: a reforma da lei brasileira. São Paulo: Atlas, 2015. p. 119-121.

[337] HOBER, Kaj. Chapter 34: Interpreting and understanding arbitral awards for purposes of scholarly research. *In*: BREKOULAKIS, Stavros L.; LEW, Julian D. M. *et al.* (ed.). *The evolution and future of international arbitration*. Kluwer Law International, 2016. p. 465. (International Arbitration Law Library, v. 37.)

[338] Os desafios das pesquisas de opinião já foram abordados no item 1.6 *supra*. Sobre o tema: STIPANOWICH, Thomas J.; VASCONCELLOS, Marcio. The interplay between empirical studies and commercial arbitration practice. cit.

[339] DRAHOZAL, Christopher R. Chapter 32: The State of Empirical Research on International Commercial Arbitration: 10 years later. *In*: BREKOULAKIS, Stavros L.; LEW, Julian D. M. *et al.* (ed.). *The evolution and future of international arbitration*. Kluwer Law International, 2016. p. 453-458. (International Arbitration Law Library, v. 37.)

[340] "Na aplicação da ideia de *autopoiese* para os sistemas, *grosso modo*, um sistema social, para ser assim considerado, deve ser composto por um conjunto instrumental lógico, coerente e produzido pelo próprio sistema. Tais mecanismos compõem o seu modo de ser, de funcionar. O sistema, nestes termos, basta-se a si próprio, é autônomo. Sendo capaz de produzir e

sistema teria mais instrumentos disponíveis para se reinventar, diminuindo (mas nunca eliminando)[341] a necessidade de recorrer a outros sistemas.

A título de exemplo, foi visto (item 2.1.3) que os árbitros têm um "dever moral" de analisar como casos semelhantes foram decididos. No entanto, atualmente, os árbitros somente têm acesso à jurisprudência estatal para fundamentar suas decisões.

Caso houvesse a publicação de sentenças arbitrais, os árbitros poderiam utilizar mais as ferramentas (decisões) provenientes do próprio sistema, o que reforçaria sua autonomia. Nessa linha, Alexis Mourre entende que a autonomia da arbitragem depende necessariamente da criação de um sistema jurisprudencial arbitral.[342]

Outras medidas de transparência também fortaleceriam a autonomia da arbitragem. Por exemplo, a publicação de decisões a respeito das impugnações dos árbitros permitiria estabelecer um *standard* de independência e imparcialidade próprio ao sistema arbitral brasileiro, diminuindo a necessidade de recorrer ao modelo imposto ao juiz estatal[343] ou ao modelo estabelecido para a arbitragem internacional.[344]

---

regular seu conteúdo instrumental funcional, independem de outros sistemas, ou de instrumentos vindos de outros sistemas" (PARENTE, Eduardo de Albuquerque. *Processo arbitral e sistema* cit., p. 13).

[341] Isso porque a outra característica fundamental de um sistema é a sua abertura cognitiva, de modo que "o fato de ser fechado estruturalmente, relativamente a seus instrumentos, não quer dizer indiferente aos demais sistemas [...] Logo, é autônomo, mas não autista" (PARENTE, Eduardo de Albuquerque. *Processo arbitral e sistema* cit., p. 14).

[342] "The idea that opting for arbitration as an international means of resolving business disputes implies the adhesion to a justice which is to a certain extent different from that of courts not only as regards procedure but also as to the perspective adopted for the resolution of substantive law issues. Accepting the dynamics of arbitral precedent as a tool for consistency and as a rule-making instrument cannot go without accepting the specificity of arbitration, not only as regards procedure, but also the way substantive issues are dealt with. On the other hand, arbitration cannot be thought as a truly autonomous system of justice without accepting the role and existence of arbitral precedent. Precedent in arbitration and arbitral autonomy are two closely intertwined concepts" (MOURRE, Alexis. Arbitral jurisprudence in international commercial arbitration: the case for a systematic publication of arbitral awards in 10 questions... cit.).

[343] Não se olvida que o artigo 14 da Lei de Arbitragem estabelece certa comparação entre os padrões de independência e imparcialidade dos árbitros e dos juízes. Contudo, não há total sobreposição, uma vez que o artigo 14 determina que os deveres e responsabilidades do juiz se aplicam "no que couber" ao árbitro. Portanto, há margem para a criação de um padrão próprio.

[344] Como as Diretrizes da IBA sobre Conflitos de Interesse, que embora sejam muito úteis, foram criadas para a arbitragem internacional.

É BENÉFICO AUMENTAR A TRANSPARÊNCIA?

Outro exemplo é a publicação de decisões incidentais sobre a organização do processo arbitral (ordens processuais), o que difundiria as soluções procedimentais criadas pelos árbitros, diminuindo a necessidade de recorrer ao CPC.

No que toca à legitimidade da arbitragem, Dinamarco ensina que a legitimidade pode ser traduzida como "aceitação social".[345] É inegável que o crescimento desse instituto no Brasil só foi possível em razão da *aceitação* e da *confiança* nele depositada pelos seus usuários e pelo Estado.

Todavia, a aceitação social não é um marco imóvel, que precisa ser atingido uma única vez. A sociedade muda e, portanto, a arbitragem também precisa mudar e provar seu valor continuamente. Como dito na Introdução, a arbitragem é suscetível a mudanças e melhorias.

Diversas críticas hoje direcionadas à arbitragem, e que podem fazer com que ela perca legitimidade, podem ser resolvidas pelo aumento da transparência. Vide, por exemplo, a crítica em relação ao longo tempo de duração dos procedimentos arbitrais.[346] A falta de transparência impede até mesmo que se confirme a crítica, pois não existem dados empíricos disponíveis para afirmar se a arbitragem está ou não mais lenta.

Independentemente disso, fato é que a opacidade do processo é um solo fértil para frustrações com o instituto. Se não há dados suficientes para que as partes façam uma estimativa sobre a duração de seu litígio (como visto no item 2.1.1.1 *supra*), a propagada afirmação de que a arbitragem é "mais rápida" permanece um tanto abstrata. Dessa forma, os

---

[345] "Em linhas gerais, pode-se dizer que legítimo é o sistema processual na medida em que conquiste maiores graus de aceitação social a partir da observância desses três princípios [*due process of law*, isonomia e contraditório]" (DINAMARCO, Cândido Rangel. *A instrumentalidade do processo* cit., p. 140). Dinamarco elabora seu conceito a partir dos ensinamentos de Luhmann, para quem legitimidade significa a "obrigatoriedade de determinadas normas e decisões, ou do valor dos princípios que a justificam". Para Luhmann, uma instituição é legítima quando suas decisões são consideradas obrigatórias (*i.e.*, aceitas), independentemente de seu conteúdo: a obrigatoriedade ou aceitação deve existir *a priori* (LUHMANN, Niklas. *Legitimação pelo procedimento*. Tradução Maria da Conceição Corte-Real. Brasília: Editora Universidade de Brasília, 1980. p. 29-31).

[346] "The professionals tend generally to be very satisfied with the satisfying intellectual challenge and good revenue that comes with arbitration work. Users, on the other hand, are often astounded by the complexity, costs and time taken" (MENON, Sundaresh. *International arbitration – the coming of a new age for Asia (and elsewhere)* cit.).

usuários formam expectativas pouco concretas, se frustram com o resultado obtido e, consequentemente, perdem confiança no instituto.[347]

Esse é, a nosso ver, um dos principais motivos pelos quais a crítica sobre a duração do processo arbitral persiste,[348] mesmo depois de terem sido criados diversos mecanismos para contorná-la, tais como regulamentos para procedimentos expeditos,[349] diretrizes sobre a condução de eficiente dos casos[350] e até a diminuição dos honorários dos árbitros que não cumprem determinados prazos.[351]

Portanto, de um modo geral, a publicidade é um meio eficaz de rebater críticas infundadas e, em relação às críticas fundadas, é capaz de fornecer informações que apontem a comunidade arbitral para a solução mais eficaz e adequada.[352]

E mais, conforme sugerido por Constantine Partasides, a ausência de informações gerada pela falta de transparência permite que esse vazio seja preenchido por informações inverídicas, o que pode gerar danos severos para a legitimidade da arbitragem perante o público.[353]

---

[347] "But the information asymmetries that persist in the system inevitably give rise to frustration and a growing disparity between the perspectives of the users of arbitration and those who are in the profession." (MENON, Sundaresh. *International arbitration – the coming of a new age for Asia (and elsewhere)* cit.).

[348] Tanto a *Pesquisa CBAR-Ipsos* (realizada em 2012) como a *Pesquisa Queen Mary 2018* revelam que os usuários consideram o "tempo de duração" uma das três principais desvantagens da arbitragem, ou seja, pouco ou nada parece ter mudado no intervalo de seis anos entre as pesquisas.

[349] Em 2017, a Câmara de Comércio Internacional (CCI) atualizou seu regulamento de arbitragem expedita (apêndice VI de seu regulamento). No Brasil, em 2015, a Arbitac e a Câmara Brasileira de Mediação e Arbitragem (CBMA) passaram a prever regulamentos próprios para procedimentos expeditos.

[350] Cita-se, como exemplo, o apêndice IV do regulamento da CCI ("Técnicas para a condução do procedimento"), e sua "Nota às partes e aos tribunais arbitrais sobre a condução da arbitragem conforme o regulamento de arbitragem da CCI".

[351] INTERNATIONAL CHAMBER OF COMMERCE. ICC Court announces new policies to foster transparency and ensure greater efficiency. 5 jan. 2016. Disponível em: https://iccwbo.org/media-wall/news-speeches/icc-court-announces-new-policies-to-foster-transparency-and-ensure-greater-efficiency/. Acesso em: 19 mar. 2019.

[352] Sobre o tema, Catherine Rogers afirma que "a transparência é a cura para as verdadeiras injustiças, para as supostas injustiças e para as equivocadas alegações de injustiça". Tradução livre de: "transparency is the cure for genuine inequities, perceived inequities or inaccurate claims of inequity" (ROGERS, Catherine. Transparency in international commercial arbitration cit., p. 1335).

[353] "For we appear to be moving: from an age in which transparency is valued as an end in itself, (which, as we have seen, is imposing its own pressures on the confidentiality of the

Assim, aumentar a transparência da arbitragem possibilitaria que mais pessoas, e não apenas os usuários que já optam por ela, tivessem acesso às informações necessárias para conhecer e confiar no instituto.[354] Ademais, considerando a arbitragem um método que compete com outros no mercado de solução de disputas,[355] mais transparência pode ser uma vantagem competitiva em relação aos demais métodos.

Conclui-se, portanto, que a confiança e a aceitação da população são indispensáveis para que a arbitragem possa prosperar e se expandir,[356] o que, por sua vez, se traduz em benefícios para toda a população, pois, embora não seja correto propagar a arbitragem como panaceia para os problemas do Poder Judiciário,[357] é inegável que a existência de alternativas melhora a eficiência do sistema de solução de litígios, em benefício de todos.

---

arbitral process); to an age in which the absence of transparency or information is likely to be replaced by an avalanche of misinformation, or "fake news", to fill the void that the lack of transparency leaves" (PARTASIDES, Constantine. What has been the "spillover" effect of the transparency debate on commercial arbitrations? In: KALICKI, Jean Engelmayer, RAOUF, Mohamed Abdel (ed). *Evolution and adaptation: the future of international arbitration* (ICCA Congress Series, vol. 20). International Council for Commercial Arbitration e Kluwer Law International: 2019, p. 706).

[354] "Para poder estabilizar essas conjecturas de consenso relativas ao caráter obrigatório da decisão oficial, tem também de se fazer participar no procedimento os não participantes. Claro que eles não terão acesso ao papel de oradores, mas o procedimento, como drama, também a eles se destina. Têm de chegar à convicção de que tudo se passa naturalmente, de que pelo esforço sério, justo e intenso se investigará a verdade e a justiça e que, eventualmente, com a ajuda destas instituições, também eles recuperarão os seus direitos. Se esta atitude está efetivamente divulgada, ou se ela for supostamente divulgada com base na situação de comunicação, aquele que se quer revoltar contra uma decisão obrigatória não pode contar com o apoio dos outros. O seu protesto ser-lhe-á imputado e não atribuído a uma falha da instituição" (LUHMANN, Niklas. *Legitimação pelo procedimento* cit., p. 104).

[355] Sobre o tema: DEZALAY, Yves; GARTH, Bryant G. *Dealing in virtue*: international commercial arbitration and the construction of a transnational legal order cit., p. 120.

[356] "Public confidence is perforce at stake in the arbitral context as well, because arbitration cannot thrive without the support of the general system" (PAULSSON, Jan. *The idea of arbitration* cit., p. 91-92).

[357] Sobre o tema, ver, entre outros: DALLARI, Dalmo de Abreu. A tradição da arbitragem e sua valorização contemporânea. *In*: WALD, Arnoldo (org.). *Arbitragem e mediação*: a arbitragem, introdução e histórico. São Paulo: RT, 2014. p. 881-895. (Coleção Doutrinas essenciais, v. I.)

2.3. Possíveis efeitos negativos da transparência e seus contrapontos

Apesar de existir um aparente movimento em prol de mais transparência na arbitragem, também existem críticas a essa tendência. Em trabalhos acadêmicos e em conferências sobre o tema, costumam ser apontados alguns possíveis efeitos negativos do aumento da transparência, os quais precisam ser enfrentados para que seja possível concluir, afinal, se é ou não benéfico implementar mais medidas de publicidade na arbitragem.

Um desses contrapontos foi abordado no item 2.2 *supra* e diz respeito ao entendimento de que a arbitragem é instituto voltado somente para as partes que a contratam, sem compromisso com terceiros ou com a coletividade, de modo que a publicidade externa do processo sequer teria razão de ser. Naquele mesmo item foram analisadas as razões pelas quais se entende que essa posição não deve prevalecer.

As demais críticas são: (i) o aumento dos custos que a transparência traria;[358] (ii) o aumento do tempo de duração dos procedimentos; (iii) o aumento do número de impugnações aos árbitros; (iv) possível impacto na imparcialidade do árbitro (*issue conflict*); (v) possível impacto na qualidade e celeridade das decisões; e (vi) mau uso das decisões arbitrais. Esses são os aspectos que serão analisados neste tópico, buscando descobrir se são fortes o suficiente para ultrapassar os benefícios da transparência.

2.3.1 Aumento dos custos

A implementação de medidas de publicidade exige uma ação, diferente do sigilo, que exige uma abstenção (não revelar). Promover a transparência, portanto, significa necessariamente incorrer em algum custo.

É forçoso reconhecer que, aumentar os custos de um instituto que já é muito criticado por suas despesas elevadas[359] não é algo desejável.

---

[358] RUBINS, Noah. Chapter V: Investment arbitration – Opening the investment arbitration process: at what cost, for what benefit?. *In*: KLAUSEGGER, Christian; KLEIN, Peter *et al.* (ed.). *Austrian Yearbook on International Arbitration 2009*. Viena: Manz'sche Verlags- und Universitätsbuchhandlung, 2016. p. 483-492.

[359] Como mencionado anteriormente, a *Pesquisa CBAr-Ipsos* apontou que os usuários da arbitragem consideram o custo a principal desvantagem do instituto (COMITÊ BRASILEIRO DE ARBITRAGEM. *Arbitragem no Brasil* – Pesquisa CBAr-Ipsos cit., p. 12). Todavia, parte da doutrina discorda desse entendimento, ao alegar que ainda que os custos diretos sejam maiores, a redução dos custos de transação tornaria a arbitragem vantajosa também do

Contudo, o custo é somente um dos elementos a ser considerado para se decidir pela implementação de uma ou mais medidas de transparência. Ainda que a publicidade possa elevar os custos do processo arbitral, se esse aumento for acompanhado de benefícios, ele é justificável, se transformando em um *investimento*.

Um dos retornos pode ser, inclusive, o aumento da receita das instituições. Se a transparência aumenta a legitimidade do instituto (cf. visto no item 2.2.3), mais pessoas passarão a se utilizar dela e, dessa forma, as instituições arbitrais se beneficiarão com um número maior de procedimentos. Além disso, as instituições também podem vender os repertórios de sentenças publicadas (medida que, inclusive, é adotada pela CCI).[360]

Em relação às partes, ainda que a transparência possa aumentar as despesas da arbitragem, ela também pode reduzir os custos de transação incorrido por elas (como visto no item 2.1.5).

Portanto, analisar somente os custos diretos do processo é uma visão incompleta, e não reflete eventuais receitas e economias também geradas pela transparência. Dessa forma, não é possível utilizar o argumento do custo de forma genérica como uma "desvantagem". Essa análise deve ser feita a partir de uma perspectiva global de custo-benefício.

Isso, contudo, não significa que é justificável incorrer em todo e qualquer dispêndio em prol de mais transparência. É necessário encontrar um equilíbrio para que a publicidade não avulte os custos de forma desmedida.

Para tanto, existem inúmeras medidas de publicidade possíveis, cujos custos e benefícios variam e, portanto, a decisão sobre qual medida implementar *também* deve levar em consideração uma análise custo-benefício.

A esse respeito, como se verá em detalhes no Capítulo 4, algumas ações de publicidade são simples e de baixo custo, mas com potencial de gerar inúmeros benefícios, o que justifica sua adoção imediata.[361] Outras

---

ponto de vista econômico. Portanto, olhar apenas para as despesas diretas seria uma análise parcial. Esse tema já foi abordado no item 2.1.5.

[360] A CCI comercializa não só livros com compilados de sentenças arbitrais ("Collection of ICC Arbitral Awards"), mas também seus relatórios anuais com informações estatísticas sobre os procedimentos que administrou ("ICC Bulletins"). Disponíveis em: http://store.iccwbo.org/. Acesso em: 5 maio 2019.

[361] Reconhece-se que existem no mercado instituições arbitrais de diferentes portes, tempo de atuação e reputação, de modo que, para algumas instituições, o dispêndio necessário para

opções, porém, podem elevar o custo da arbitragem de forma relevante, de modo que se recomenda cautela na sua adoção.

Diante do exposto, é possível concluir que, por mais que a publicidade realmente importe no aumento de custos, esse fator isolado não é suficiente para afastar sua promoção. Entretanto, a decisão sobre qual medida de publicidade adotar deve levar em consideração um estudo acerca dos custos envolvidos, para que se afira se os benefícios justificam as despesas, já que não é desejável elevar os custos do processo arbitral a ponto de torná-lo pouco atraente.

2.3.2 Aumento do tempo de duração dos procedimentos

Há quem argumente que mais transparência poderia aumentar o tempo de duração dos procedimentos arbitrais.[362] Todavia, não é possível aduzir essa afirmação de modo genérico. Cada medida de publicidade deve ser analisada separadamente, para que se possa concluir se ela implicará ou não no aumento do tempo do procedimento.

Como se verá no Capítulo 4 mais adiante, para arbitragens entre partes privadas, este estudo sugere que as medidas de publicidade sejam, em regra, implementadas somente após o término dos procedimentos arbitrais e executadas pelas instituições arbitrais e não pelas partes, advogados ou árbitros.[363] Esta proposta busca, exatamente, que tais medidas não gerem impacto no curso do processo arbitral.

Entretanto, reconhece-se que, a depender do modo pelo qual as medidas de publicidade forem implementadas, elas podem gerar atra-

---

implementar medidas de publicidade *pode ser* proibitivo. Contudo, essa certamente não é a realidade em todos os casos.

[362] Nesse sentido, mas fazendo referência a arbitragens de investimento: MAGRAW JR., Daniel Barstow, AMERASINGHE, Niranjali Manel. Transparency and public participation in investor-state arbitration. *ILSA Journal of International & Comparative Law*, vol. 15, nº 2, 2009, p. 353-354.

[363] As únicas exceções são: (i) publicação do nome dos árbitros nomeados (item 4.5.1), o que deve ser feito logo após a nomeação destes, entretanto, trata-se de medida simples e que deve ser implementada pela instituição e, portanto, não deve gerar nenhuma interferência no curso do processo; (ii) questionário de conflito de interesse e de disponibilidade (item 4.5.3), que deverá ser preenchido pelo indivíduo indicado à árbitro no curso do processo, porém, sugere-se que o questionário não seja demasiadamente complexo a ponto de se tornar muito trabalhoso para responder, tendo em vista a preocupação com o tempo do procedimento.

sos. É o caso, por exemplo, de incumbir aos árbitros a tarefa de entregar, junto com a sentença, uma versão da decisão editada que possa ser publicada (medida que é efetivamente sugerida por alguns autores, como se verá em detalhes no item 4.2.5). Contudo, essa não é a única forma de publicar sentenças arbitrais e tampouco a mais recomendada, pois demanda mais horas de trabalho dos árbitros e, assim, aumenta o tempo e o custo do processo.

Em suma, não é possível afirmar que a transparência necessariamente aumentará o tempo de duração dos processos arbitrais. Contudo, caberá ao responsável por conceber e implementar as medidas de publicidade escolher o formato que considere mais adequado, de preferência, optando por aquele que gere menos impacto em termos de tempo e de custo, sob pena de a arbitragem ficar menos atrativa.

Já em relação às arbitragens com a Administração Pública, a lógica é distinta. Nesses procedimentos, a participação do ente público exige que a publicidade ocorra antes do término do processo, com a divulgação do nome das partes, objeto da disputa, entre outros elementos, o que será analisado em detalhe no capítulo 5.

Essa publicidade prévia pode ensejar pedidos de participação de terceiros no curso do procedimento arbitral (inclusive na condição de *amicus curiae*), o que certamente implicará no aumento da complexidade e do tempo de duração dos casos.

Entretanto, esse efeito colateral não permite eliminar nem atenuar a transparência nessas arbitragens (que é, antes de tudo, prevista na Lei[364]), mas, exige do tribunal arbitral e da instituição arbitral cuidados adicionais na regulamentação de tais processos, com o objetivo de contornar ou reduzir o máximo possível tal efeito.[365]

2.3.3 Aumento do número de impugnações aos árbitros

Elevar a transparência da arbitragem pode (e deve) significar uma disponibilidade maior de informações sobre candidatos a árbitros. Caso isso

---

[364] Art. 2º, § 3º da Lei de Arbitragem.
[365] Algumas possíveis soluções são: impor limites de páginas nas manifestações de terceiro; prever um calendário exíguo para manifestações; limitar o número e o tempo das apresentações orais em audiência; utilização da tecnologia; entre várias outras técnicas de case management que os árbitros e as instituições têm a sua disposição.

ocorra, determinadas informações que venham a público podem levantar dúvidas sobre a independência e a imparcialidade dos árbitros e, consequentemente, o número de impugnações pode aumentar.

A instalação de um incidente de impugnação não é desejável, pois gera atrasos no procedimento arbitral. Entretanto, ela pode ser útil e necessária. Se uma impugnação é julgada procedente, a publicidade da informação foi benéfica, pois garantiu o respeito ao devido processo legal no caso concreto, evitando a nulidade da sentença (arts. 21, § 2º, e 32, VIII, da Lei de Arbitragem).

Se a impugnação é julgada improcedente, ainda assim ela pode trazer benefícios ao sistema arbitral, ajudando a esclarecer quais hipóteses são ou não geradoras de uma "dúvida justificada" sobre a independência e imparcialidade do árbitro (parâmetro previsto no art. 14, § 1º, da Lei de Arbitragem).[366]

Portanto, o fato de a transparência trazer novas informações sobre os árbitros, bem como novas questões a debate, não deve ser visto como um efeito negativo, pelo contrário, colabora para o desenvolvimento e a evolução do instituto.

Assim, a preocupação não deve ser o crescimento do número impugnações, mas apenas o eventual aumento de impugnações frívolas. Todavia, esse não é um problema que se origina da transparência e que tampouco se resolve com sigilo.[367]

Ainda que aumentar a quantidade de informação disponível sobre os árbitros possa conferir mais "munição" para impugnações impertinentes, estas são um problema de conduta de partes e advogados (que escolhem se valer dessas táticas) que se resolve com sanções para esse comportamento, e não com menos transparência.

---

[366] Também nesse sentido: WALSH, Thomas, TEITELBAUM, Ruth. The LCIA court decisions on challenges to arbitrators: an introduction. In: PARK, William W. (ed). *Arbitration international special edition on arbitrator challenges*. LCIA, Kluwer Law International, 2011, p. 284.

[367] Sobre o tema, Sam Luttrell discorre sobre as causas (históricas, sociológicas e processuais) que, em sua visão, colaboraram para que houvesse um aumento no número de impugnações nas arbitragens comerciais internacionais, sem tratar o aumento da transparência como uma dessas causas. Ainda, o autor sugere elevar o *standard* para que uma impugnação seja julgada procedente como solução para desincentivar alegações frívolas (*Bias challenges in international commercial arbitration: the need for a "real danger" test*. International Arbitration Law Library, vol. 20. Kluwer Law International, 2009).

Inclusive, a publicação de decisões sobre impugnações aos árbitros pode colaborar para reduzir esse comportamento antiético, pois a falta de clareza sobre quais situações são geradoras de conflito de interesse permite que sejam suscitadas as mais variadas causas para impugnação. Na medida em que partes e advogados têm conhecimento sobre quais situações levam e quais não levam à remoção de um árbitro, é mais fácil identificar quais impugnações podem ser consideradas frívolas.

Destarte, eventual crescimento do número de impugnações frívolas aos árbitros não é argumento suficiente para eliminar os benefícios gerados pela transparência. Ainda que tal efeito se materialize, as instituições arbitrais deverão estar preparados para combatê-lo com as ferramentas corretas e adequadas para coibir essa conduta, proferindo decisões rápidas, fundamentadas e públicas,[368] possivelmente combinada com sanções administrativas e/ou pecuniárias para a parte que suscitou o conflito,[369] entre outras soluções a serem formuladas pelas comunidade arbitral.

2.3.4 Impacto na imparcialidade do árbitro (*issue conflitc*)

Embora o aumento de impugnações aos árbitros não seja, *per se*, um problema da transparência (como visto no item anterior), há uma hipótese específica de impugnação que pode ser incentivada pelo aumento de publicidade e pode ser problemática e, por essa razão, merece maior atenção.

Na medida em que as decisões arbitrais sejam publicadas com o nome dos julgadores (como se defende neste trabalho), é provável que os árbitros cujas decisões foram divulgadas passem a ser indicados em

---

[368] "Whilst counsel will usually employ delaying tactics if it suits the party whom counsel is representing, institutions need to deter frivolous challenges where possible, by ruling on challenges promptly, efficiently and, above all, robustly. Further, all institutions should, at a minimum, provide reasoned decisions to the parties, and all decisions should be published to raise awareness of the low 'success' rate of challenges and to help reduce the number of frivolous challenges. For their part, arbitrators should not be intimidated into resigning when facing a challenge. The default approach of a tribunal should be to continue the arbitration, challenge notwithstanding" (BAKER, C. Mark, GREENWOOD, Lucy. Are challenges overused in international arbitration? *Journal of International Arbitration*, vol. 30, nº 2. Kluwer Law International, 2013, p. 112).

[369] WALSH, Thomas, TEITELBAUM, Ruth. The LCIA court decisions on challenges to arbitrators: an introduction cit. p. 312.

casos semelhantes, pela parte que desejar reproduzir o entendimento esposado na decisão anterior em seu benefício.

O árbitro, por sua vez, provavelmente estará inclinado a replicar o entendimento anterior em casos futuros que envolvam a mesma questão jurídica, visando a manter coerência. Com efeito, a contradição no julgamento de casos similares, sem qualquer explicação,[370] é vista de forma negativa e pode afetar a reputação do julgador e, consequentemente, sua chance de receber futuras indicações.

O árbitro pode buscar essa coerência até mesmo de forma inconsciente, em virtude da atuação do "viés de confirmação", a qual todos os seres humanos estão sujeitos. Referido viés faz com que o ser humano tenha a tendência de confirmar suas primeiras opiniões e impressões sobre um assunto, ao invés de refutá-las.[371] O viés de confirmação é ainda mais forte quando a opinião é manifestada publicamente, o que aumenta o "compromisso" da pessoa com aquilo que foi divulgado. Isso não quer dizer que as pessoas não possam mudar de opinião, mas apenas que existe uma *tendência* do ser humano em manter-se coerente.

Se, por um lado, a coerência é esperada e desejada, na medida em que permite o aumento da segurança jurídica (como tratado no item 2.1.4 *supra*), de outro lado, ela é vista por alguns como um aspecto negativo, pois supostamente tornaria o resultado da demanda previsível a partir do momento em que se soubesse a composição do tribunal arbitral,[372] antes mesmo que as partes tenham a oportunidade de apresentar suas alegações e provas.

---

[370] A opinião prévia sobre um assunto, embora não possa ser vista como um compromisso do árbitro em manter aquele entendimento para sempre, certamente impõe a ele um ônus maior de motivação caso venha a tomar uma decisão diferente no futuro. Se o árbitro se desincumbe deste ônus, explicando porque mudou de opinião ou porque aquele resultado anterior não se aplica ao caso presente (fazendo a distinção, por exemplo), não se vislumbra qualquer problema. Entretanto, a súbita mudança de entendimento sem explicações não é bem vista.

[371] A resposta intuitiva do nosso cérebro é no sentido de confirmar nossas opiniões prévias. A dúvida e o questionamento é um trabalho do nosso sistema deliberativo e que requer esforço, não sendo, portanto, a primeira "resposta" fornecida. Sobre o tema: KAHNEMAN, Daniel. *Rápido e devagar*: duas formas de pensar cit. p. 146; Coelho, Eleonora. A tomada de decisões dos árbitros: a ignorada e relevante influência dos vieses inconscientes. In: BAPTISTA, Luiz Olavo, VISCONTE, Debora, ALVES, Mariana Cattel Gomes (org). *Estudos de Direito*: Uma Homenagem ao Prof. José Carlos de Magalhães. São Paulo: Atelier Jurídico, 2018, p. 801-832.

[372] Supondo, evidentemente, que todos os árbitros tenham se manifestado previamente quanto a mesma questão jurídica. Se há publicidade quanto a opinião de apenas um compo-

Em outras palavras, há quem entenda que a manifestação prévia do árbitro sobre uma questão jurídica equivaleria ao pré-julgamento da demanda. Referido árbitro não teria a "mente aberta" para primeiro, ouvir as partes e, somente depois, formar sua convicção. Portanto, ele não seria imparcial.

Essa situação é denominada de *issue conflict*, por meio da qual a imparcialidade do árbitro é questionada não com base em sua relação com a parte ou o advogado, mas sim com o objeto da disputa.

A publicação de decisões arbitrais não é a única hipótese possível a ensejar o *issue conflict*, pois existem outros meios de uma pessoa manifestar publicamente sua opinião sobre um tema, por exemplo, trabalhos acadêmicos, palestras, entrevistas à imprensa e, até mesmo, em casos em que advoga.[373]

Todavia, é possível que alegações de parcialidade do árbitro, com base em *issue conflict*, se tornem mais frequentes se as decisões arbitrais passarem a ser divulgadas com o nome dos julgadores. Assim, é necessário aprofundar o estudo do tema para aferir se decisões anteriores são ou não capazes de afetar a imparcialidade de um árbitro.

A nosso ver, não é possível, nem razoável, adotar o *issue conflict* como uma regra que impeça a nomeação de um árbitro caso ele tenha se manifestado previamente sobre um tema relevante para a controvérsia *sub judice*.

---

nente do tribunal arbitral, não é possível estimar o resultado da demanda, pois este será fruto do esforço coletivo do tribunal (isto é, o árbitro cuja opinião é conhecida pode ser voto vencido).

[373] Em relação a última hipótese, trata-se mais propriamente do problema chamado de "double hatting" ou "role confusion", que envolve a constante troca de papéis (troca de "chapéus") pelo mesmo indivíduo, que ora atua como advogado ora como árbitro. O advogado representa e defende os interesses de seu cliente e, portanto, sua manifestação pública sobre um tema em um caso não necessariamente coincide com sua opinião pessoal. Todavia, há o temor de que o indivíduo (i) seja influenciado pela posição que defende enquanto advogado; e (ii) quando ele atuar como árbitro em um caso semelhante ao de seu cliente, que ele possa buscar proferir decisões visando a "captar clientela" ou que possam ser utilizadas como jurisprudência em favor de seus clientes. Sobre o tema: PARK, William W. Part III chapter 9: arbitrator integrity. In: WAIBEL, Michael, KAUSHAL, Asha e outros (ed). *The backlash against investment arbitration*. Kluwer Law International, 2010, pp. 205-207; Burgos, María Angélica. Double-hatting in international commercial arbitration? In: GONZÁLEZ-BUENO, Carlos (ed). *40 under 40 International Arbitration*. Dykinson, S.L., 2018, pp. 87-98.

Os julgadores não são "tábula rasa", isto é, despidos de qualquer opinião prévia quanto aos casos que irão julgar. Independentemente se um árbitro manifestou-se publicamente ou não sobre um assunto, ele provavelmente tem uma opinião a respeito, o que não é um problema, mas algo natural à condição humana.[374] A doutrina costuma tratar esse aspecto como a "neutralidade" do árbitro[375] que, reconhece-se, nem sempre é possível atingir e tampouco implica a ausência de imparcialidade.[376]

Adotar uma regra nesse sentido também teria o efeito pernicioso de desincentivar a produção acadêmica dos árbitros, o que, por sua vez, iria de encontro ao desejo das partes de escolherem árbitros com *expertise* no tema em litígio. É possível argumentar, também, que o fato de um indivíduo atuar como árbitro e como advogado é benéfico a ambos papéis, pois agrega experiência e empatia.[377]

E mais, não é possível afirmar que o resultado de uma arbitragem possa ser totalmente previsível a partir do conhecimento da opinião prévia dos árbitros sobre determinado tema, pois, (i) ao longo do procedimento pode-se descobrir que os fatos da disputa *sub judice* não se assemelham suficientemente aos da disputa anterior, afastando, assim, a aplicação da mesma solução (fenômeno da distinção); e (ii) ainda que

---

[374] Como coloca Jan Paulsson, uma parte terá a garantia de ter um julgador com uma mente totalmente aberta apenas se estiver disposta a ser julgada por crianças bem pequenas (PAULSSON, Jan. Ethics, elitism, eligibility. *Journal of International Arbitration*, vol. 14, nº 4. Kluwer Law International, 1997, pp. 13-22).

[375] "Neutrality fundamentally relates to the arbitrator's predisposition towards a party personally or to the party's position" (FEEHILY, Ronán. Neutrality, independence and impartiality in international commercial arbitration, a fine balance in the quest for arbitral justice. *The Penn State Journal of Law & International Affairs*, vol. 7, nº 1, 2019, p. 92).

[376] O tema da neutralidade é mais presente no âmbito de arbitragens internacionais, em que, idealmente, busca-se que os árbitros (ou, ao menos, o árbitro presidente) não compartilhem a nacionalidade das partes, de modo a evitar algum tipo de predisposição com fulcro na origem compartilhada. Entretanto, em arbitragens domésticas, o tema da neutralidade tem menor relevância e é amplamente reconhecido que ser neutro não é requisito para que um indivíduo atue como árbitro. Sobre o tema: LEMES, Selma M. Ferreira. *Árbitro*: princípios da independência e da imparcialidade. São Paulo: LTr, 2001 e CARMONA, Carlos Alberto. *Arbitragem e processo*: um comentário à Lei nº 9.307/96 cit., p. 240.

[377] "When acting as counsel, an arbitrator might understand better the needs of the proceedings in terms of cost and efficiency. Similarly, when acting as an arbitrator, a lawyer that usually performs as counsel might obtain important insight on how to best present its cases and how arbitrators respond to the Party's pleadings" (BURGOS, María Angélica. Double-hatting in international commercial arbitration cit. p. 97).

assim não seja, os árbitros podem mudar de opinião e, não havendo na arbitragem um sistema de "precedentes vinculantes",[378] nada os obriga a seguir um entendimento pretérito (ainda que proferido por eles próprios). Portanto, toda e qualquer previsão sobre o resultado de uma arbitragem contém um risco inerente de não se concretizar.

Ao mesmo tempo, porém, não parece correto rejeitar totalmente o *issue conflict* como ensejadora de dúvida justificada quanto à imparcialidade do árbitro. As hipóteses de dúvida justificada dependem essencialmente dos contornos do caso concreto e, em relação ao *issue conflict*, não há razão para ser diferente.

Embora não se possa prever totalmente o resultado a partir de manifestações prévias do árbitro, tais manifestações indicam, ao menos, uma *predisposição* do julgador em certo sentido. Alguns autores rejeitam essa ideia, pois entendem que uma decisão não poderia, ou não deveria, ser interpretada como um reflexo da opinião de todos os árbitros que a proferiram. Tudo dependeria do contexto e da dinâmica de trabalho entre os membros do tribunal arbitral.[379]

Por exemplo, uma decisão pode ser fruto de concessões mútuas dos árbitros que, embora vencidos em algum ponto, preferem não manifestar sua divergência. Seria possível, também, que um ou mais membros do tribunal arbitral tenham agido "passivamente", a ponto de concordar com a decisão tomada pelos demais, sem notar ou se importar com o fato de que ela não reflete sua própria convicção. Em ambas hipóteses, criar-se-ia uma aparência de decisão unânime, mas que não corresponderia à verdade.

Reconhece-se que tais situações podem ocorrer na prática, mas, a nosso ver, são condutas impróprias. A inadequação é evidente no segundo caso acima, que ilustra um árbitro relapso, que não age de forma diligente.

Contudo, a primeira hipótese – do árbitro que discorda, mas não manifesta seu voto – é mais controversa. Há quem entenda tratar-se de uma postura adequada, pois ao mesmo tempo em que dá origem a uma decisão

---

[378] Aspecto analisado no item 2.1.4 *supra*.
[379] WILSKE, Stephan; EDWORTHY, Chloë. Chapter II: The arbitrator and the arbitration procedure. The predictable arbitrator: a blessing or a curse?. *In*: KLAUSEGGER, Christian, KLEIN, Peter *et al*. (ed.). *Austrian Yearbook on International Arbitration 2017.* Viena: Manz'sche Verlags- und Universitätsbuchhandlung, 2017, p. 83.

unânime (que é percebida como tendo um valor ou uma força persuasiva maior), mantém um bom relacionamento entre os árbitros.[380_381]

Todavia, o árbitro que é voto vencido em um caso, mas não o manifesta, pode ser vencedor em outro e, assim, aos olhos de partes e advogados, terá proferido uma decisão contraditória com seu entendimento anterior. A ausência de publicidade das decisões esconde em grande parte tais contradições, mas nem por isso elas deixam de ser danosas para o sistema e para o árbitro, pois mesmo com o sigilo, tais informação podem chegar ao conhecimento de outras pessoas.[382]

Portanto, como a dinâmica de trabalho dos membros do tribunal é (em regra) desconhecida pelas partes, ao receber uma decisão que não contém qualquer indicação de divergência, ela será legitimamente interpretada como um reflexo da opinião de todos os julgadores.[383] Não é razoável supor que as partes não formarão essa expectativa com base no comportamento inadequado de alguns indivíduos.

---

[380] "This cultural inclination to unanimity [...] is based on a sense of professional 'solidarity' among arbitrators and is facilitated by the lack of publicity of awards." (CONTHE, Manuel. Majority decision in complex arbitration cases: the role of issue-by-issue voting. *Spain Arbitration Review / Revista del Club Español del Arbitraje*, vol. 2010, nº 8. Club Español del Arbitraje, Wolters Kluwer España, 2010, p. 13).

[381] Em sentido contrário, Rafael Alves entende que o voto dissidente tem grande relevância para a arbitragem, pois seria uma forma do árbitro "prestar contas" sobre a confiança que nele foi depositada pelas partes (ALVES, Rafael Francisco. Árbitro e direito: o julgamento de mérito na arbitragem cit., p. 82).

[382] Se a publicação de decisões com o nome dos árbitros tornar-se prática comum, é possível supor que o voto divergente será mais frequente, como uma ferramenta para o árbitro não demonstrar contradição. Nesse sentido, a publicidade pode inclusive funcionar como um incentivo para que os árbitros passivos ou relapsos dediquem mais atenção aos seus casos, pois, se não o fizerem, correrão um risco maior de proferir decisões contraditórias. Se isso não ocorrer, a transparência agirá como uma forma de evidenciar tal comportamento inadequado, permitindo agir a sanção reputacional (nos termos expostos no item 2.1.3).

[383] Uma exceção a essa regra é a hipótese de partes ou advogados terem fortes indícios para supor que um determinado árbitro costuma ser relapso ou costuma fazer concessões. Não raro, um advogado *repeat player* tem acesso a esse tipo de informação, pois pode já ter atuado como árbitro com os membros do painel em outro procedimento arbitral. Dessa forma, ele pode ter conhecimento de como tais árbitros costumam trabalhar. Contudo, em nenhuma hipótese este advogado terá conhecimento sobre a dinâmica entre os árbitros no caso específico em que advoga, pois as deliberações do tribunal é coberta pelo sigilo, o que é uma regra bem estabelecida na arbitragem (aspecto que será abordado no item 5.6 mais adiante – embora este capítulo trate de procedimentos com a Administração Pública, o sigilo das deliberações é igualmente aplicável para arbitragens entre parte privadas).

Destarte, é possível concluir que uma decisão prévia indica uma *predisposição* do julgador em certo sentido, mas que isso não significa necessariamente que ele não analisará o caso concreto e os argumentos das partes com a atenção e cuidado devidos, tampouco que não estará disposto a mudar de opinião.

Todavia, podem existir circunstância que ensejam dúvida justificada se o árbitro é imparcial. As situações se tornam problemáticas na medida em que a manifestação prévia do candidato deixa de ser genérica e abstrata e passa a se aproximar dos contornos do caso concreto para o qual ele foi nomeado.[384] A hipótese mais sensível é aquela em que o profissional manifesta-se publicamente e de forma específica sobre um caso e, posteriormente, é indicado como árbitro para este mesmo caso.

Nesse sentido, as "Diretrizes da IBA sobre Conflitos de Interesses em Arbitragem Internacional" não considera opiniões prévias sobre questões jurídicas, feitas em abstrato, suficientes para impactar a imparcialidade do árbitro, prevendo tal hipótese em sua lista verde, que não demanda sequer revelação.[385] Entretanto, se o candidato manifestou-se anteriormente sobre o caso para o qual está sendo indicado, as Diretrizes entendem que há um potencial caso de conflito e, assim, sugerem que a revelação seja feita (lista laranja).[386] Igualmente, se o candidato atuou em um caso sobre um "assunto relacionado" e que, adicionalmente, envolvia uma das partes ou filiada de uma das partes do caso atual, também sugere-se a revelação (lista laranja).[387]

Também é nesse sentido o trabalho da *American Society of International Law* (ASIL) em conjunto com o *International Council for Commercial Arbitration* (ICCA). De acordo com os autores do estudo, opiniões genéricas sobre um tema não devem ser motivos de desqualificação, porém, se as opiniões se assemelham ou fazem referência a fatos e circunstâncias do caso concreto, ou muito próximas a do caso concreto, há razão para alerta.[388]

---

[384] Nesse sentido: PAULSSON, Jan. Ethics, elitism, eligibility cit., p. 15.
[385] Item 4.1.1 das Diretrizes.
[386] Item 3.5.2 das Diretrizes.
[387] Item 3.1.5 das Diretrizes.
[388] *Report of the ASIL-ICCA Joint Task Force on Issue Conflicts in Investor-State Arbitration.* Publicado em 17 de março de 2016. Disponível em: https://www.arbitration-icca.org/

Esta também parece ser a linha adotada por grande parte das decisões disponíveis sobre o tema[389] (cuja maioria diz respeito a arbitragens de investimento[390]).

No que toca ao presente estudo, a publicação de decisões com o nome dos árbitros provavelmente aumentará o número de impugnações de árbitros com base em *issue conflict*, o que demandará estudos aprofundado sobre o tema no futuro e, eventualmente, até mesmo regulamentação própria.[391-392] Não obstante, os estudos e decisões já existentes indicam que, em regra, decisões prévias não devem ser consideradas um dano à imparcialidade do julgador.[393]

---

media/6/81372711507986/asil-icca_report_final_5_april_final_for_ridderprint.pdf. Acesso em: 13 dez. 2019.

[389] Para uma análise das decisões, vide: *Report of the ASIL-ICCA Joint Task Force on Issue Conflicts in Investor-State Arbitration* cit.; Díaz-Candia, Hernando. "Issue conflict" in arbitration as apparently [un]seen in 2011 by a U.S. Court in STMicroelectronics vs. Credit Suisse Securities. In: *Arbitraje: revista de arbitraje comercial y de inversione*. Centro Internacional de Arbitraje, Mediación y Negociación (CIAMEN), IproLex 2012, vol. 5, nº 1, p. 287-297; Hwang, Michael, Lim, Kevin. Issue conflict in ICSID arbitrations. *Transnational Dispute Management*, vol. 8, nº 5, 2011, pp. 1-32.

[390] A questão de *issue conflict* é mais presente no âmbito das arbitragens de investimento porque: as sentenças arbitrais destes casos costumam ser publicadas, muitos acordos bilaterais de investimentos contêm previsões semelhantes e, por fim, porque o número de árbitros com vasta experiência nesses litígios é ainda mais restrito do que na arbitragem comercial.

[391] A esse respeito, 63% dos entrevistados da *Pesquisa Queen Mary* 2015 responderam que *não* consideram necessária a criação de regulamentação específica para abordar o tema do "issue conflict" em arbitragens comerciais; enquanto 49% dos entrevistados responderam que essa regulamentação *é* necessária no âmbito de arbitragens de investimento. Não é possível aferir com precisão o motivo de tal divergência, contudo, é possível supor que seja um reflexo da transparência reduzida em arbitragens comerciais, de modo que a questão do "issue conflict" ainda não é percebida como um problema forte o suficiente neste tipo de procedimentos.

[392] No bojo de arbitragens de investimento, já foi inclusive sugerido impedir que árbitros atuem como advogados e vice-versa, o que, a nosso ver, é uma solução drástica e que prejudica demasiadamente a autonomia das partes em escolher um julgador no qual detêm confiança. Sobre o tema: Hwang, Michael, Lim, Kevin. Issue conflict in ICSID arbitration cit., pp. 31-32.

[393] A maioria dos trabalhos atualmente existentes fazem referência à arbitragem de investimento e, portanto, serão necessários estudos mais específicos para a arbitragem comercial. Todavia, a princípio, não há razões para crer que a arbitragem comercial demandaria uma solução diversa. Nesse sentido: Burgos, María Angélica. Double-hatting in international

Frise-se que, com a publicação de decisões em incidentes de impugnação de árbitros, será mais fácil definir os contornos das situações de *issue conflict* que de fato ensejam uma dúvida justificada quanto à imparcialidade do árbitro. E nos casos em que tais situações se verificarem, a publicidade terá tido o mérito de evidenciá-la, afastar o árbitro e proteger a higidez do processo.

Ademais, a publicação das decisões com o nome dos árbitros traria outros benefícios como desincentivar condutas inadequadas dos julgadores (como é o caso do árbitro relapso, como visto acima) e colocaria as partes em uma situação mais igualitária, já que ambas teriam a possibilidade de saber se e como os árbitros já se pronunciaram sobre um tema relevante para sua disputa. Sem a publicidade, é possível que apenas uma das partes tenha acesso aos posicionamentos prévios dos árbitros, o que lhe confere uma vantagem desmedida no momento de indicar árbitros.

Portanto, por qualquer ótica que se analise, não se vislumbra que o aumento da transparência da arbitragem possa gerar um efeito negativo em relação à imparcialidade do julgador.

Por fim, ainda sobre o assunto, há que se questionar se este "desconforto" com a predisposição do árbitro de fato diz respeito à imparcialidade do julgador ou se, ao contrário, se origina no método de indicação dos árbitros.

No Poder Judiciário, a predisposição dos julgadores também existe, já que as decisões são publicadas e, ademais, em razão do volume de casos submetidos ao juízo estatal, é possível que um julgador tenha um histórico ainda mais relevante de decisões em determinado sentido. Contudo, nem por isso é admitido seu afastamento para julgar casos semelhantes em razão de uma suposta quebra de imparcialidade.[394] Pelo contrário, o fato de o julgador se especializar em determinado assunto costuma ser visto de forma positiva.

---

commercial arbitration? In: GONZÁLEZ-BUENO, Carlos (ed). *40 under 40 International Arbitration*. Dykinson, S.L., 2018, pp. 87-98.

[394] Ao menos em relação ao Poder Judiciário Brasileiro, a hipótese ora tratada não está no rol de casos de suspeição e impedimento do julgador (art. 144 e 145 do CPC). No máximo, o julgador poderia declarar-se suspeito por motivo de foro íntimo (art. 145, §1º) caso não se sinta apto a decidir de modo imparcial.

A diferença entre um sistema e outro é o fato de as partes não escolherem seu julgador no Poder Judiciário,[395] mas terem esse poder na arbitragem. Portanto, o fato de as partes poderem, em alguma medida, interferir na escolha de ao menos um dos árbitros parece ser determinante para o desconforto sentido no âmbito arbitral.

Não se pretende entrar na discussão acerca dos benefícios e malefícios das indicações unilaterais, nem se elas devem ou não ser extintas.[396] Esse tema é ora mencionado apenas para evidenciar que a publicação das decisões arbitrais com o nome dos árbitros e o fato de estes terem predisposições não parecem estar no cerne do problema e, portanto, impedir a divulgação das decisões provavelmente não o resolverá.

2.3.5 Impacto sobre a qualidade e a celeridade das decisões

A doutrina também expressa a preocupação de que a publicação de decisões arbitrais possa fazer com que os árbitros levem ainda mais tempo para proferi-las, pois passariam a se preocupar em redigir decisões que possam "virar jurisprudência", o que resultaria em decisões mais longas e que abordam temas além dos necessários para a solução da controvérsia.[397]

É inegável que a publicidade pode mudar a forma pela qual os árbitros se comportam, incluindo a forma como redigem suas decisões. A mudança pode ser negativa: alguns árbitros podem tentar usar um caso particular como uma plataforma para aumentar sua reputação, incluindo na decisão ilações impertinentes e desviando o foco daquilo que realmente importa, que é resolver o litígio *sub judice* de forma célere e justa.

---

[395] Em determinados casos, as partes podem escolher a comarca ou o foro judicial, mas nunca a pessoa física do julgador.

[396] Sobre o tema: PAULSSON, Jan. *Moral hazard in international dispute resolution*. Inaugural lecture as holder of the Michael R. Klein Distinguished Scholar Chair University of Miami School of Law 29 April 2010. Disponível em: https://www.arbitration-icca.org/media/0/12773749999020/paulsson_moral_hazard.pdf. Acesso em: 25 nov. 2019.

[397] "It has been argued that arbitrators writing with a public audience in mind, 'may tend to write awards that are longer and that are driven by considerations beyond those necessary to resolve the particular dispute'" (COMRIE-THOMSON, Paul. A statement of arbitral jurisprudence: the case for a national law obligation to publish international commercial arbitral awards cit., p. 287-288).

Entretanto, a mudança também pode ser positiva: o árbitro pode ficar mais propenso a estudar o caso e a fundamentar melhor a sentença.

Nota-se assim que, mais uma vez, o cerne do problema não é a transparência. Embora ela possa incentivar um comportamento considerado nocivo, o problema continua sendo a conduta do árbitro, que viola seus deveres éticos e não atende às expectativas das partes.

Ocorre que, por mais paradoxal que possa ser, a transparência, ao mesmo tempo que pode incentivar esse tipo de comportamento, também pode auxiliar a coibi-lo. Ao revelar ao público um tipo de comportamento inadequado, ela permite que o próprio mercado o corrija (não indicando mais aquele árbitro). Sem publicidade, eventual desvio permaneceria em sigilo, gerando ainda mais danos ao sistema, conforme visto no item 2.1.3 *supra*.

Esse aspecto dual da transparência, que igualmente incentiva e coíbe desvios de comportamento, apenas corrobora que ela não é a raiz do problema. Caso contrário, bastaria eliminá-la para que este desaparecesse, o que não é o caso.

Em relação ao tempo de proferimento das decisões, é impossível desvincular esse aspecto da qualidade de referidas decisões e, portanto, a conclusão a que se chega é a mesma: a transparência não é o cerne do problema.

Se os árbitros começaram a tomar mais tempo para prolatar as decisões e, como consequências, estas forem de maior qualidade, o resultado pode ser positivo. Com isso, não se pretende afirmar que a qualidade da decisão justifica o dispêndio de um tempo demasiado longo para proferi-la, pois a justiça da decisão também está relacionada ao fator "tempo". Entretanto, a prolação de uma boa decisão, em geral, demandará um tempo maior para a sua elaboração e, portanto, trata-se de um *trade-off* que pode ser vantajoso para as partes.

Contudo, se as partes desejam principalmente uma decisão célere, ainda que em prejuízo de sua qualidade, elas podem (e devem) levar isto aos árbitros, podendo inclusive limitar o tempo de prolação das decisões, o que, ademais, já é feito pela Lei de Arbitragem em relação às sentenças (art. 23).

Por fim, se a qualidade da decisão não compensar o tempo tomado para sua prolação, ou se o árbitro não respeitar a vontade e os prazos previstos pelas partes, por mais que haja prejuízo para as pessoas envolvidas naquele litígio, no longo prazo, a transparência poderá corrigir esse equívoco, pois tal desvio de conduta será evidenciado ao mercado, que poderá escolher indicar ou não os árbitros por ele responsáveis.

2.3.6 Mau uso das decisões arbitrais

Outro receio expressado acerca da publicação das decisões arbitrais é o mau uso de tais decisões por advogados e árbitros. No que tange aos advogados, estes poderiam "deturpar" as decisões, citando em suas petições apenas trechos que lhes fossem favoráveis, buscando convencer os árbitros de determinado argumento.

Quanto aos árbitros, estes poderiam passar a fundamentar suas próprias decisões unicamente com base em decisões arbitrais pretéritas, sem proceder a uma análise profunda do caso *sub judice* e de suas eventuais peculiaridades.

Essas preocupações se assemelham àquelas atualmente existentes em relação ao Poder Judiciário, no qual alguns advogados e juízes cingem-se a citar ementas em suas petições e decisões, sem um cotejamento analítico das semelhanças e diferenças entre o caso *sub judice* e a jurisprudência mencionada.

A publicação de decisões arbitrais de fato implica o risco de que estas possam ser mal utilizadas. Todavia, novamente, é um problema de conduta e de educação dos advogados e árbitros, que não se relaciona com a transparência.

Ao menos em relação aos julgadores, na arbitragem, tal desvio de conduta é mais facilmente corrigido, pois, diferentemente do Judiciário, as partes escolhem os árbitros. Portanto, se essa prática de fundamentação de sentença não é desejável, basta não indicar árbitros que a adotam.

Em relação aos advogados, porém, a arbitragem não pode resolver este problema, pois os árbitros ou a instituição arbitral não interferem na escolha das partes quanto aos seus representantes. Entretanto, é possível supor que os advogados *podem* começar a mudar sua prática se notarem que, na arbitragem, ela não é efetiva.

Portanto, o argumento do mau uso de decisões arbitrais também não é suficiente para afastar os benefícios gerados pela transparência. O combate efetivo a tal problema se dá por outros meios, que não são relacionados à publicidade ou ao sigilo do processo arbitral.

Conclusão – PARTE I

Do exposto na primeira parte deste trabalho, em especial em função do cenário demonstrado pela *Pesquisa Instituições Brasileiras* (Anexos 1 a 10), é possível afirmar que o nível atual de transparência da arbitragem no Brasil é muito baixo, predominando o sigilo quase absoluto dos processos arbitrais.

Como visto nos itens 1.1 a 1.5 *supra*, esse amplo sigilo não decorre da natureza privada da arbitragem, não é uma exigência da Lei de Arbitragem, nem da jurisprudência e tampouco da doutrina. É uma consequência das cláusulas de confidencialidade presentes nos regulamentos da grande maioria das instituições arbitrais brasileiras (Anexo 2). Portanto, não há empecilhos jurídicos para a mitigação da confidencialidade do processo arbitral.

Ademais, como visto no item 1.6, as pesquisas de opinião com os usuários e atores da arbitragem revelam que, por mais que o sigilo seja importante, não é o principal motivo pelo qual eles utilizam a arbitragem. A escolha pelo sigilo se dá em função dos benefícios legítimos que ele proporciona às partes, tal como explorado no item 1.7. Ocorre que, para auferir os benefícios do sigilo, ele não precisa recair sobre todos os atos e informações da arbitragem.

Não obstante, de forma contraditória, quase todas as instituições arbitrais brasileiras preveem uma cláusula de confidencialidade ampla em seus regulamentos, que impõe o dever de segredo sobre todas as informações do processo, inclusive sobre sua própria existência (Anexo 2).

Portanto, existe um evidente descompasso entre os motivos pelos quais as partes procuram o sigilo e a forma pela qual ele é operacionalizado pelas instituições arbitrais. Isso significa que há espaço para que processo arbitral se torne mais transparente sem perder as vantagens da confidencialidade. Em outras palavras: aumentar a transparência da arbitragem é *possível*.

Ademais, tendo em vista os benefícios proporcionados pelo aumento da transparência, tanto para os sujeitos da relação jurídica arbitral como para a sociedade (como explorado nos itens 2.1 e 2.2), conclui-se que, além de possível, o aumento da transparência também é *desejável*.

Eventuais e supostas consequências negativas do aumento da transparência (abordadas no item 2.3), não são suficientes para impedir sua implementação. Entretanto, é certo que aumento do nível transparência terá impactos no sistema arbitral, podendo incentivar certos tipos de comportamentos indesejáveis. Embora estes não sejam problemas intrínsecos da transparência (e, por isso, não se resolvam com sigilo), a comunidade arbitral deve estar ciente de tais impactos para que possam tomar as medidas adequadas para evitá-los, se e quando for necessário.

Dessarte, diante do exposto até então, chega-se à conclusão de que é *possível* e *benéfico* aumentar a transparência da arbitragem. A questão a ser resolvida, então, passa a ser: como fazê-lo, sem eliminar os benefícios que as partes legitimamente buscam com um processo sigiloso, e evitando eventuais consequências negativas? É o que se pretende responder nos próximos capítulos.

PARTE II

Capítulo 3
Como Aumentar a Transparência da Arbitragem

3.1 Considerações iniciais

Como exposto na Introdução, este trabalho é dividido em duas partes principais, uma teórica e outra propositiva. Os capítulos até aqui desenvolvidos compunham a primeira parte. A partir de agora, o objetivo é propor medidas concretas para aumentar a transparência da arbitragem, sem eliminar os benefícios proporcionados pelo sigilo.

Como se verá adiante, existem várias medidas que podem ser implementadas, por diferentes pessoas (partes, árbitros, advogados, instituições e, até mesmo, o Estado). Todavia, também como se verá, algumas dessas medidas são mais eficazes e mais adequadas do que outras. Assim, o Capítulo 4 será focado na iniciativa considerada a mais adequada e a mais eficaz: a criação de regras de publicidade pelas instituições arbitrais.

3.2 O papel das partes, dos advogados e dos árbitros

Apesar de a maioria das instituições arbitrais prever regras amplas de sigilo, estas são dispositivas, de modo que as partes e seus advogados podem derrogá-las e criar regras de publicidade específicas para seus processos arbitrais. Portanto, criar regras próprias de publicidade é uma das formas pelas quais as partes e seus advogados podem colaborar com o aumento da transparência da arbitragem.

Partes e advogados também podem contribuir, cedendo informações sobre os processos dos quais participaram para determinados repositórios, por exemplo, o *Arbitrator Intelligence*, iniciativa criada pela própria comunidade arbitral para reunir informações sobre a arbitragem e os árbitros, mas preservando dados confidenciais, bem como a identidade de quem os fornece.[398]

Os árbitros, por sua vez, podem colaborar provendo informações mais detalhadas a seu respeito, seja em seus próprios currículos, seja para bancos de dados criados com a finalidade de auxiliar as partes na escolha de árbitro, por exemplo, o *Arbitrator Research Tool*, do *GAR*,[399] e o *Find Practicioners*, do *ArbitralWomen*.[400]

Essas medidas são louváveis e foram bem recepcionadas pela comunidade arbitral. Entretanto, elas só serão capazes de gerar um grande impacto na transparência do sistema quando houver o acúmulo e a divulgação de um volume relevante de informações, o que naturalmente exige tempo. Além disso, como elas dependem do investimento de tempo daqueles que se propõem a contribuir, traduzem-se em custos de transação.

De fato, a depender do caso, gasta-se um tempo considerável para lançar as informações nos questionários nos meios retromencionados ou, ainda, para criar e negociar com a contraparte regras de publicidade específicas para seu processo arbitral (impondo, assim, custos de negociação e custos de oportunidade).[401] Contudo, partes, advogados e árbi-

---

[398] O objetivo dessa iniciativa é colher tais informações a respeito dos procedimentos arbitrais e elaborar relatórios sobre a prática arbitral, visando tornar a arbitragem mais transparente. Para contribuir, partes e advogados preenchem formulários com os dados de casos em que atuaram, sem precisar divulgar informações confidenciais (como nome das partes e detalhes do litígio). Disponível em: https://www.arbitratorintelligence.org/. Acesso em: 4 maio 2019.

[399] É interessante notar que o *Arbitrator Research Tool* busca reunir informações que não estão normalmente presentes nos currículos dos candidatos, como detalhes sobre a experiência do candidato com arbitragem e suas preferências na condução de casos. Disponível em: https://globalarbitrationreview.com/arbitrator-research-tool. Acesso em: 4 maio 2019.

[400] Disponível em: https://www.arbitralwomen.org/find-practitioners/. Acesso em: 4 maio 2019.

[401] Os custos de negociação são aqueles incorridos pelas partes para criar e negociar regras próprias de transparência, seja na cláusula compromissória, no termo de arbitragem ou mesmo depois de encerrado o procedimento. Já os custos de oportunidade são aqueles incorridos quando partes, advogados e árbitros decidem investir seu tempo em tais medidas

tros beneficiam-se muito pouco (ou nada) de seu próprio esforço, pois os benefícios de tais medidas são diferidos, *i.e.*, só serão sentidos quando um número significativo de outras pessoas também investir seu tempo nelas.

Isso impõe um grande obstáculo de ordem econômica para a eficácia de tais medidas. Não por outro motivo, a doutrina indica serem raras as cláusulas compromissórias que tratam sobre a confidencialidade ou a publicidade do processo,[402] afinal, as partes não querem dispor de recursos discutindo detalhes de um processo que eles esperam não existir.[403]

Conclui-se, assim, que, para as partes e seus advogados, a opção mais econômica e mais conveniente no curto prazo é adotar uma cláusula de amplo sigilo ou simplesmente se omitir sobre o tema e aplicar as regras previstas pela instituição arbitral, que, como visto, costuma prever o sigilo.

Os árbitros também encontram empecilhos de ordem econômica que os desincentivam a contribuir para o aumento da transparência da arbitragem. É possível que árbitros prefiram não dar informações detalhadas sobre si mesmos, sobre suas preferências processuais ou sobre sua disponibilidade, com o objetivo de ser candidatos "adequados" ao maior número de disputas possível e, assim, aumentar suas chances de futuras indicações.[404]

Todos esses fatores fazem com que a transparência seja um *investimento* para partes, advogados e árbitros: para alcançá-la, é necessário arcar com os custos agora, mas seus benefícios somente serão sentidos no futuro.[405] No tocante aos investimentos, a economia comportamental

---

(que não geram um retorno financeiro imediato) e, com isso, deixam de realizar outra atividade que lhes proporcionaria outro benefício (trata-se, portanto, do custo da oportunidade perdida). Sobre custos de transação, vide item 2.1.5 *supra*.

[402] AZZALI, Stefano. Introduction: balancing confidentiality and transparency. *In*: MALATESTA, Alberto; SALI, Rinaldo (ed.). *The Rise of Transparency in International Arbitration*: the case for the anonymous publication of arbitral award. Milano: JurisNet, 2013. p. xx.

[403] SCHMITZ, Amy J. Untangling the privacy paradox in arbitration cit., p. 1241-1242.

[404] Por mais que essa prática seja criticável – uma vez que elimina uma das principais vantagens da arbitragem, que é ter um julgador especialista –, não se pode negar que ela exista.

[405] "At one extreme are what might be called investment goods, such as exercise, flossing, and dieting. For these goods the costs are borne immediately, but the benefits are delayed [...] At the other extreme are what might be called sinful goods: smoking, alcohol, and jumbo chocolate doughnuts are in this category. We get the pleasure now and suffer the consequences later" (THALER, Richard H.; SUSTEIN, Cass R. *Nudge*: improving decisions about health, wealth, and happiness. New Haven & London: Yale University Press, 2008. p. 73).

ensina que "as pessoas geralmente erram ao fazer muito pouco",[406] exatamente porque não sentem os impactos positivos de forma imediata.

Isso não significa que partes, advogados e árbitros sejam incapazes de ultrapassar as barreiras econômicas e contribuir, de fato, para o aumento de transparência.[407] Pelo contrário, muitos o fazem (vide, como exemplo, os resultados positivos obtidos por algumas das iniciativas acima mencionadas).[408]

Todavia, a ausência de incentivos econômicos faz com que contribuições individuais sejam menos frequentes. Assim, é provável que tais esforços não sejam suficientes para gerar uma mudança sistêmica.[409]

Nesse cenário, o papel das organizações é fundamental, pois são capazes de pensar além dos interesses meramente individuais e de adotar medidas que tragam benefícios a longo prazo. Portanto, estão mais aptas a absorver os custos necessários para promover os bens de investimento, pois estarão presentes para colher os resultados futuros.

Assim, nos dois próximos itens serão analisadas as medidas de transparência que podem ser adotadas por duas organizações, em sentido amplo: o Estado e as câmaras arbitrais.[410]

---

[406] Tradução livre de: "For investment goods, most people err on the side of doing too little" (THALER, Richard H.; SUSTEIN, Cass R. Nudge: improving decisions about health, wealth, and happiness cit., p. 73).

[407] Atualmente, sabe-se que o ser humano não toma decisões exclusivamente baseadas em benefícios ou incentivos econômicos. Diversos outros fatores são levados em consideração nesse momento, que inclusive levam, com frequência, a tomada de decisões "antieconômicas". Nesse sentido, Richard Thaler e Cass Sustein brincam com as diferenças entre o *homo economicus* (aquele que supostamente pensa 100% do tempo racionalmente) e o *homo sapiens*: THALER, Richard H.; SUSTEIN, Cass R. Nudge: improving decisions about health, wealth, and happiness cit., p. 6-8.

[408] O *site* do *Arbitrator Intelligence* relata que, até então, já teriam sido preenchidos mais de 700 questionários (informações disponíveis em 13 de julho de 2019).

[409] Também nesse sentido: "[...] it is unlikely that transparency reforms will occur solely through parties' contract negotiations" (SCHMITZ, Amy J. Untangling the privacy paradox in arbitration cit., p. 1242).

[410] Existem outras instituições que também podem colaborar para o aumento da transparência da arbitragem no Brasil, por exemplo, o CBAr, o Conima, a Ordem de Advogados do Brasil, entre outras. Entretanto, por uma limitação de escopo, tais instituições não serão objeto de análise neste estudo.

3.3 O papel do Estado

O Estado é capaz de promover importantes mudanças no nível de transparência da arbitragem no Brasil, tanto no âmbito legal como no infralegal, tendo sido ele o autor de algumas das principais regras de publicidade atualmente vigentes.

É o caso do princípio da publicidade em arbitragens com a Administração Pública, imposto por meio da Lei nº 13.129/2015. Além disso, o Estado criou deveres legais de divulgação para arbitragens no mercado de capitais.

No tocante às companhias de capital aberto, há a obrigação de divulgar ao mercado a existência de processos arbitrais "que possa[m] vir a afetar a situação econômico-financeira da companhia", nos termos do disposto na Instrução nº 358/2002 da Comissão de Valores Mobiliários ("CVM"), que regulamenta a publicação de fatos relevantes.[411] Sobre o assunto, Érica Gorga entende que a divulgação proposta pela CVM não seria sequer suficiente, defendendo a implementação de um regime de transparência ainda mais amplo.[412]

O Estado também criou deveres legais de divulgação para o ambiente de contratação livre de energia elétrica. A convenção de arbitragem da Câmara de Comercialização de Energia Elétrica ("CCEE")[413]

---

[411] Artigo 2º, parágrafo único, XXII.

[412] Para a autora, o acesso a informações de litígios societários é uma ferramenta essencial para a evolução dos padrões de governança corporativa e, portanto, o sigilo das arbitragens seria responsável pelo retrocesso do País nessa seara, bem como pela assimetria de informações no mercado de capitais. Assim, a autora defende que se dê acesso a "informações substanciais" a respeito dos conflitos societários existentes, enquanto eles ainda estão em curso. Em determinadas passagens, a autora sugere a adoção do mesmo regime de publicidade dos processos judiciais, mas, em outra, parece defender a aplicação, no processo arbitral, do mesmo regime de publicidade previsto para processos administrativos perante a Comissão de Valores Mobiliários, tal como disposto no artigo 8º, § 2º, da Lei nº 6.385/1976 (GORGA, Érica. Arbitragem, governança corporativa e retrocesso no mercado de capitais brasileiro. In: FONTES FILHO, Joaquim Rubens; LEAL, Ricardo Pereira Câmara (org.). *O futuro da governança corporativa*: desafios e novas fronteiras. São Paulo: Saint Paul, 2013. p. 216-232).

[413] O artigo 4º, §§ 5º e 6º, da Lei nº 10.848/2004, que autorizou a criação da CCEE, previu a arbitragem como forma de solução de conflitos. Posteriormente, foi emitida a Resolução Normativa da Aneel nº 109/2004, que aprovou o estatuto da CCEE, que novamente previu a arbitragem em seu artigo 58. Por seu turno, a convenção de arbitragem atualmente vigente é aquela aprovada pela Resolução Homologatória da Aneel nº 531 de 2007.

obriga a instituição arbitral[414] a enviar extratos das sentenças arbitrais já proferidas aos árbitros e a todos os demais agentes da CCEE.[415]

Além desses dois setores, há no Congresso Nacional um projeto de lei[416] que busca regular os contratos de seguro privado. Consta em tal projeto a obrigação do "responsável pela resolução de litígios" de "divulgar, em repositório de fácil acesso a qualquer interessado, os resumos dos conflitos e das decisões respectivas, sem identificações particulares" (artigo 63).[417]

Fora do Brasil também existem leis que impõem e regulamentam a transparência do processo arbitral. O estado da Califórnia nos Estados Unidos, por exemplo, aprovou em 2002 uma lei que obriga instituições arbitrais a publicar em seus *websites* inúmeras informações sobre arbitragens consumeristas (*California Code of Civil Procedure*, § 1281.96).[418]

A regulamentação estatal é, sem dúvida, uma medida muito eficaz para aumentar a transparência da arbitragem no Brasil, porquanto as normas estatais têm em regra eficácia vinculante e *erga omnes*. Contudo, é necessário indagar se essa é a solução mais adequada, especificamente no que diz respeito às arbitragens comerciais entre partes privadas.

---

[414] Até o momento, a única câmara de arbitragem autorizada pela CCEE e pela Aneel a dirimir os litígios entre os agentes é a Câmara FGV de Arbitragem e Mediação (32ª Assembleia Geral Extraordinária da CCEE).

[415] Cláusulas 16 e 19 da convenção de arbitragem (Resolução Homologatória da Aneel nº 531 de 2007).

[416] Projeto da Câmara dos Deputados nº 3.555/2004, de autoria do Deputado Federal José Eduardo Cardozo (PT/SP). A redação final aprovada na Câmara e remetida ao Senado passou a ser denominado Projeto de Lei da Câmara (PLC) nº 29/2017. Disponível em: https://legis.senado.leg.br/sdleg-getter/documento?dm=5231568&ts=1553284118738&disposition=inline. Acesso em: 5 maio 2019.

[417] Sobre o tema: Tzirulnik, Ernesto. A arbitragem no projeto de lei de contrato de seguro. Disponível em: http://www.etad.com.br/a-arbitragem-no-projeto-de-lei-de-contrato-de-seguro/. Acesso em: 5 maio 2019.

[418] Devem ser publicados, por exemplo: (i) o nome do fornecedor (*non-consumer party*), e se ele era requerente ou requerido na disputa; (ii) o tipo de disputa; (iii) o vencedor; (iv) quantas vezes aquele fornecedor já foi demandado naquela instituição; (v) se o consumidor estava representado por um advogado e, em caso positivo, o nome do advogado e de seu escritório; (vi) a data do requerimento de arbitragem, a data em que o árbitro foi indicado e a data de encerramento; (vii) como a arbitragem foi encerrada (homologação de acordo, decisão de mérito ou terminativa); (viii) o nome dos árbitros e os honorários por ele percebidos.

A regulamentação que existe hoje no Brasil busca impor mais transparência em litígios nos quais o interesse público é sobressalente: procedimentos com a Administração Pública e em setores da economia fortemente regulados (mercado de capitais e energia elétrica).[419]

Nesses casos, a prevalência do interesse público pode justificar a intervenção estatal, embora seja amplamente discutível qual deve ser o nível de interferência desejável. Todavia, isso não significa que é necessário, tampouco benéfico, estipular regras gerais de transparência para todos os tipos de arbitragens, em especial para as comerciais entre partes privadas.

A arbitragem é instituto privado, fundado no princípio da autonomia da vontade e, nesse contexto, cabe ao legislador apenas estabelecer limites e garantir a segurança jurídica mínima para que o mercado se desenvolva. Assim, a liberdade das partes e das instituições arbitrais de criar suas próprias regras de sigilo e de publicidade deve ser respeitada e protegida.

Outrossim, o sistema arbitral é flexível, autônomo e independente e, portanto, capaz de criar soluções para seus próprios problemas.[420] E as pessoas que atuam dentro do sistema são as mais capacitadas para criar tais soluções. Portanto, delegar essa tarefa a órgãos estatais pode resultar em regras inadequadas[421] e tornar o instituto indesejavelmente mais

---

[419] A regulamentação prevista pelo Estado da Califórnia, nos EUA, também segue essa mesma lógica. O uso da arbitragem para dirimir conflitos de consumo nos EUA é uma prática muito difundida e, também, muito criticada por supostamente violar direitos dos consumidores. Há, portanto, um grande debate nos EUA acerca da necessidade de intervenção estatal para regulamentar a arbitragem nesse setor. Nesse contexto, o Estado da Califórnia criou deveres legais de publicidade nessas arbitragens buscando facilitar a identificação de eventuais abusos e alimentar com dados empíricos o debate público. Sobre o tema, ver: RESNIK, Judith. Diffusing disputes: the public in the private of arbitration, the private in Courts, and the erasure of rights. *The Yale Law Journal* (Faculty Scholarship Series), n. 124, p. 2804-2939, 2015; BAKER, Kevin G. Mandatory Consumer Arbitration: has compliance with California's landmark data transparency law been sufficient to accomplish the legislature's goals? Assembly Judiciary Committee. p. 9-10. Disponível em: https://ajud.assembly.ca.gov/sites/ajud.assembly.ca.gov/files/reports/Arbitration%20Data%20Background%20paper.pdf. Acesso em: 18 maio 2019.

[420] PARENTE, Eduardo de Albuquerque. *Processo arbitral e sistema* cit.

[421] Exemplo disso é o próprio projeto de lei sobre o seguro privado, cuja previsão sobre a publicação das sentenças arbitrais cria diversas dificuldades práticas para sua concretização, tal como explicitado pelo Comitê Brasileiro de Arbitragem em parecer apresentado ao

rígido, impondo empecilhos para sua futura adaptação às novas exigências do mercado.

Também não se pode olvidar que a arbitragem sofreu alterações legislativas em 2015 (Lei nº 13.129), sendo prejudiciais à segurança jurídica novas modificações em um curto espaço de tempo.

Por essas razões, ainda que a edição de normas legais de publicidade possa se justificar em situações pontuais, criar deveres gerais de publicidade, aplicáveis a todas as arbitragens comerciais não é recomendável. O nível de intervenção estatal para impor medidas de transparência na arbitragem deve ser reduzido, privilegiando a flexibilidade e a autonomia do instituto.

Em todo caso, as referidas leis recentes, bem como o projeto de lei que busca impor mais transparência na arbitragem envolvendo seguros, não podem passar despercebidos pela comunidade arbitral. Essas iniciativas devem ser interpretadas tanto como uma resposta à demanda dos usuários por mais transparência como uma tentativa de endereçar um problema que o sistema arbitral, até agora, não conseguiu resolver satisfatoriamente.

De fato, caso o sistema já tivesse dado resposta a esse clamor – que, como visto na Introdução deste trabalho, não é novo –, não haveria necessidade de o Estado intervir. Portanto, de nada adianta repelir a tentativa do Estado de impor mais transparência, sem oferecer alternativas. Em outras palavras: se o sistema arbitral não deseja regulamentação estatal sobre o tema, deverá implementar suas próprias soluções e, diante disso, o papel das instituições arbitrais passa a ganhar relevância ainda maior.

3.4 O papel das instituições arbitrais

Do exposto nos dois itens precedentes, conclui-se que as medidas de transparência que podem ser adotadas pelos indivíduos (partes, advogados e árbitros) e pelo Estado não são as mais eficazes e adequadas para endereçar o problema da opacidade do processo arbitral. Falta analisar o papel exercido pelas câmaras arbitrais.

Senado Federal sobre o projeto de lei (COMITÊ BRASILEIRO DE ARBITRAGEM. Projeto de Lei 29/2017, de autoria do Sr. Deputado José Eduardo de Cardozo. Disponível em: http://cbar.org.br/site/wp-content/uploads/2018/04/Parecer-PLC-n%C2%BA-29.2017.pdf. Acesso em: 6 maio 2019).

As instituições arbitrais são frequentemente apontadas como as "guardiãs" do processo arbitral e, na opinião dos usuários, são as principais responsáveis pela evolução do instituto.[422] E, de fato, as instituições detêm grande poder para influenciar a prática arbitral.

Esse poder é explicado pela conjunção de diversos fatores, como: (i) a existência de pouca interferência estatal na arbitragem, de modo que as instituições, muitas vezes, assumem o papel de órgão regulador;[423] (ii) a expansão do uso da arbitragem, tornando-o um mercado relevante, que movimenta bilhões de reais por ano;[424] e (iii) a preferência dos usuários pela arbitragem institucional em detrimento da *ad hoc*,[425] de modo que a maioria dos processos arbitrais se desenvolve sob os auspícios de uma instituição.

Assim, as instituições, em especial aquelas que conquistam parcela relevante do mercado, influenciam a prática e o fazem principalmente por meio das regras previstas em seus regulamentos.

Tais regras são, tecnicamente, regras-padrão (também chamadas de regras *default*), que são "linhas de ação determinadas previamente e que vigoram se o tomador de decisão não especificar nada em contrário".[426] Elas são importantes para influenciar a prática porque, como comprovam diversas pesquisas,[427] os comandos previstos nas regras *default* tendem a prevalecer. Apesar de os tomadores de decisão serem livres para alterar as regras-padrão, a maioria não o faz.[428]

---

[422] *Pesquisa Queen Mary 2018* cit.

[423] MENON, Sundaresh. *International arbitration – the coming of a new age for Asia (and elsewhere)* cit.

[424] BACELO, Joice. Casos julgados em oito anos somam R$ 87 bi cit.

[425] Embora não haja pesquisa empírica no Brasil, a *Pesquisa Queen Mary 2006* constatou que 76% dos entrevistados preferem arbitragens institucionais.

[426] ÁVILA, Flávia; BIANCHI, Ana Maria (org.). *Guia de economia comportamental e experimental*. São Paulo: EconomiaComportamental.org, 2015. p. 44.

[427] As obras a seguir listadas trazem inúmeros exemplos nesse sentido: THALER, Richard H.; SUSTEIN, Cass R. *Nudge*: improving decisions about health, wealth, and happiness cit.; ÁVILA, Flávia; BIANCHI, Ana Maria (org.). *Guia de economia comportamental e experimental* cit.; e KAHNEMAN, Daniel. *Rápido e devagar*: duas formas de pensar cit.

[428] Uma das pesquisas mais citadas sobre o tema diz respeito à porcentagem de doadoras de órgão em diferentes países. Tanto em países em que a opção *default* é ser doador (i.e., as pessoas deveriam marcar no formulário caso *não* quisessem participar do programa) como em países na qual a opção *default* é não ser doador (as pessoas deveriam manifestar no formulário se *quisessem* ser doadores), a regra-padrão estabelecida é aquela que prevalece.

Esse fenômeno é explicado, entre outros, pelos seguintes motivos: (i) mudar a regra-padrão requer uma atitude positiva do tomador de decisão, o que geralmente significa incorrer em custos de transação e, por isso, costuma ser evitada;[429] (ii) o ser humano tem a tendência natural de permanecer na inércia e de seguir a opção menos trabalhosa (*path of least resistance*) que, em geral, são as regras *default*; e (iii) as regras-padrão normalmente são interpretadas como a prática mais recomendada ou a mais utilizada pelos demais e, assim, exercem pressão social sobre o tomador de decisão para aceitá-las.[430] Por esses motivos, a regra-padrão funciona como um eficaz "empurrão" (*nudge*),[431] direcionando as pessoas em determinado sentido.

Dessarte, a instituição arbitral, ao escolher qual regra incluir em seu regulamento, está tomando uma decisão muito importante, pois influenciará a escolha das partes e a prática arbitral. As instituições são, portanto, "arquitetas de escolha".[432]

Compreender esse papel das instituições e o poder das regras-padrão é fundamental para o presente trabalho, pois permite identificar, ao mesmo tempo, a principal causa do problema enfrentado, bem como a solução mais eficaz e adequada para combatê-lo.

Com efeito, a principal causa do baixo nível de transparência da arbitragem no Brasil não é a lei, nem a jurisprudência, nem a vontade dos usuários, mas sim a adoção de regras amplas de sigilo por parte das instituições arbitrais. Portanto, a solução mais eficaz para o problema

---

Isso sugere que basta mudar a opção-padrão para que se aumente ou diminua o percentual de pessoas que aceitam ser doadores de órgãos (Economia Comportamental. "Opção Default". Disponível em: http://www.economiacomportamental.org/opcao-padrao-default/. Acesso em: 7 jul. 2019; Davidai, Shai; Gilovich, Thomas; Ross, Lee. The meaning of default options for potential organ donors. *PNAS*, v. 109, n. 38, p. 15201-15205, 2012. Disponível em: https://www.pnas.org/content/109/38/15201. Acesso em: 7 jul. 2019.

[429] Trata-se exatamente do mesmo empecilho encontrado pelas partes e advogados na hipótese em que desejam derrogar as regras de sigilo previstas no regulamento e criar suas próprias medidas de publicidade, tal como visto no item 3.2 *supra*.

[430] Thaler, Richard H.; Sustein, Cass R. *Nudge*: improving decisions about health, wealth, and happiness cit., p. 83.

[431] Idem, ibidem.

[432] Essa expressão designa as pessoas ou entidades responsáveis por organizar o contexto no qual outras pessoas tomarão decisões e, ao fazê-lo, elas indiretamente influenciam a decisão dessas pessoas. Sobre o tema: Thaler, Richard H.; Sustein, Cass R. *Nudge*: improving decisions about health, wealth, and happiness cit., p. 3.

é substituir as regras *default* de amplo sigilo por outras que prevejam medidas de publicidade. Ou seja, a causa do problema não é a utilização de regras-padrão (que é inevitável), mas sim a escolha de quais regras adotar.

Promovendo tal mudança, as pesquisas já mencionadas neste capítulo sugerem que as regras *default* de publicidade tenderão a prevalecer e, assim, aumentarão o nível de transparência da arbitragem no Brasil.[433]

Contudo, novas regras de publicidade são apenas parte da solução, pois não basta criá-las sem tomar as devidas medidas para concretizá-las. Ainda que esse comentário possa parecer óbvio, ele é necessário.

A *Pesquisa Instituições Brasileiras* mostrou que algumas instituições já preveem certas regras de publicidade, mas nem todas as colocam em prática. É o caso da publicação das sentenças arbitrais: 80,64% das instituições pesquisadas anteveem tal medida em seu regulamento, mas apenas 8% publicaram alguma decisão até o momento.[434]

Assim, para que a solução seja efetiva, é indispensável que as instituições ultrapassem eventuais barreiras que as impeçam de colocar as medidas de publicidade em prática. Pode-se pensar em, pelo menos, três possíveis barreiras.

A primeira é a falta de recursos. Durante a *Pesquisa Queen Mary 2015*, representantes de instituições arbitrais informaram que esse era, de fato, um empecilho para implementar mais transparência.[435]

---

[433] André Abbud também sugere a mudança nas regras-padrão como forma de aumentar a transparência da arbitragem, especificamente no tocante à publicação de sentenças arbitrais (ABBUD, André. Confidencialidade *vs.* publicação de sentenças pelas câmaras arbitrais: das regras às condutas. *In*: VASCONCELOS, Ronaldo; MALUF, Fernando; SANTOS, Giovani Ravagnani; LUÍS, Daniel Tavela (org.). *Análise prática das Câmaras Arbitrais e da Arbitragem no Brasil*. São Paulo: Iasp, 2019. p. 379.

[434] Dentre as 31 instituições pesquisas, 25 preveem a publicação, mas apenas duas publicaram: a CAM B3 e a CCI (Anexo 3).

[435] "A recurring theme throughout the interviews was users' discontent with the lack of insight provided into institutions' efficiency and arbitrator performance, and the lack of transparency in institutional decision making in relation to the appointment of, and challenges to, arbitrators. [...] These issues were also discussed in personal interviews with respondents who worked (or had worked) for arbitral institutions. They generally showed the same appreciation for these suggestions as the respondent group as a whole. When asked why these innovations have not yet materialised in practice, interviewees indicated that a lack of resources prevented institutions from pursuing many options that they would

Essa questão já foi abordada no item 2.3.1 acima, em que se concluiu que o custo da publicidade não deve ser o único fator analisado e que a transparência também pode ser fonte de receita para as instituições. É preciso considerar que a transparência é um *investimento* e que, portanto, poderá trazer retornos a longo prazo.

A segunda possível barreira enfrentada pelas instituições é o receio de que o aumento da transparência possa gerar perda de mercado. Como se trata de uma prática diferente da atual, há temor que os usuários a estranhem e passem a escolher apenas instituições que continuem prevendo o amplo sigilo.

Todavia, esse receio é infundado, pois não se tem notícias de instituições que adotaram medidas de publicidade e perderam mercado por esse motivo. Pelo contrário, os exemplos são em direção oposta.

A CCI é a instituição pesquisada que mais concretiza medidas de transparência, e há mais tempo,[436] sem ter sofrido qualquer prejuízo em função disso. Ela continua sendo uma das principais instituições arbitrais no mundo,[437] administrando um número expressivo de processos arbitrais, inclusive no Brasil.[438]

Outras instituições que também adotaram medidas de transparência, sejam estrangeiras[439] ou nacionais (como a CAM B3, que passou a

---

otherwise consider developing" (QUEEN MARY UNIVESITY OF LONDON. *2015 International arbitration survey*: improvements and innovations in international arbitration cit.).

[436] A CCI publica sentenças arbitrais desde pelo menos 1990 (data da primeira edição do "Collection of ICC Arbitral Awards") e, a partir de 2016, passou a divulgar os nomes dos árbitros indicados em procedimentos por ela administrados.

[437] Na *Pesquisa Queen Mary 2018*, a CCI foi apontada como uma das instituições arbitrais preferidas de 77% dos entrevistados, ocupando o primeiro lugar no *ranking*. Na *Pesquisa Queen Mary 2015*, ela também apareceu em primeiro lugar, sendo indicada como uma das preferidas por 68% dos entrevistados.

[438] De acordo com o *Anuário de Arbitragem CESA 2017*, a CCI foi a segunda instituição que administrou o maior número de casos no Brasil naquele ano.

[439] "There is no evidence that the ICC lost any market share because it publishes some awards in sanitised form. Similarly, effective 1 January 2010, the Milan Chamber of Commerce amended its rules so that parties agree in advance that awards may be published 'for purposes of research'. It is too soon to be certain, but there is nothing in the recent literature to suggest that parties or counsel are avoiding the Milan Chamber as a result. The decision of the LCIA to publish its own decisions on challenges to arbitrators, announced in 2007, has been generally applauded and does not appear to have led to a decrease in LCIA arbitrations" (Karton, Joshua. A conflict of interests: seeking a way

divulgar ementas das sentenças arbitrais, e o CAM-CCBC que passou a publicar o nome dos árbitros nomeados),[440] não apresentaram nenhum indício de perda de mercado.

É evidente que tais instituições não alcançaram uma posição de destaque no mercado em função unicamente de suas práticas de transparência. Tanto assim que muitas medidas de publicidades foram adotadas apenas recentemente por tais entidades, quando elas já detinham prestígio. Todavia, o que se busca ressaltar é o fato de que, mesmo adotando novas medidas de publicidade, tais instituições não aparentam ter perdido mercado ou reputação.

Em relação às instituições mais novas, que ainda buscam crescer no mercado, embora não seja correto afirmar que a adoção de medidas de publicidade seja suficiente para aproximá-las das câmaras mais bem-sucedidas, a transparência pode ser, sim, um diferencial competitivo.

Instituições mais novas, sem histórico ou experiência relevantes, precisam utilizar outros meios para ganhar a confiança dos usuários e a transparência pode ser um desses meios, demonstrando ao mercado que a instituição é séria, ética e comprometida com as melhores práticas.[441]

A terceira e última barreira diz respeito a um possível conflito de interesses: se a instituição adota práticas que não deseja expor ao público, ela será refratária a implementar medidas de publicidade. Entretanto, a única solução possível para esse problema é a pressão do mercado e dos usuários.

Conforme as instituições começarem a adotar medidas de publicidades, aquelas que não o fizerem podem se sentir pressionadas a seguir a prática das demais. Isso pode obrigar a instituição a revisar suas práticas, ainda que seja apenas para evitar acusações de que a instituição não divulga, pois "tem algo a esconder".

Ademais, aquelas instituições que adotarem um nível maior de transparência passarão a mensagem contrária – que "não têm nada

---

forward on publication of international arbitral awards. *Arbitration International*, London Court of International Arbitration & Kluwer Law International, v. 28, n. 3, p. 484, 2012).

[440] Embora as medidas de publicidade adotadas pela CAM B3 e pelo CAM-CCBC sejam recentes (a publicação das ementas pela primeira ocorreu em 2018, e a publicação dos nomes dos árbitros pela segunda em 2019), até o momento não se teve notícia de qualquer reflexo palpável no número de casos de tais instituições.

[441] ROGERS, Catherine. Transparency in international commercial arbitration cit., p. 1314-1316.

a esconder" –, o que pode significar um incremento em sua imagem e reputação. Assim, é possível crer que, ao mesmo para as instituições menos conhecidas, o investimento em medidas de transparência pode significar uma vantagem competitiva em relação às demais.

Conclui-se, portanto, que as instituições arbitrais, além de deterem o controle sobre o mecanismo mais eficaz para aumentar a transparência da arbitragem no Brasil (regras-padrão), elas têm incentivos econômicos para investir em transparência. Trata-se de situação contrária àquela enfrentada pelos indivíduos (partes, advogados e árbitros), cujos incentivos econômicos são voltados ao sigilo.

Por essas razões, a atuação das instituições em prol da transparência é imprescindível, de modo que o próximo capítulo será focado em propor novas regras para as instituições arbitrais, que contemple mais normas de publicidade, sem, contudo, eliminar completamente o sigilo do processo arbitral.

Capítulo 4
A Proposição de um Regime de Confidencialidade Mitigada

4.1 Premissas

Como visto no capítulo anterior, este trabalho defende que a medida mais eficaz e mais adequada para aumentar a transparência da arbitragem no Brasil é a inclusão pelas instituições arbitrais, em seus regulamentos, de disposições que prevejam a publicidade de, pelo menos, alguns atos e informações do processo arbitral. Antes de adentrar nas sugestões específicas de como e quais atos do processo arbitral podem ser publicizados pelas instituições, é necessário estabelecer algumas premissas gerais para o regime que ora se propõe – denominado "confidencialidade mitigada".

A *primeira premissa* é que, assim como o sigilo não pode ser considerado um valor absoluto no processo arbitral, também não o pode ser a busca por mais transparência. Portanto, a promoção da transparência não deve ignorar as vantagens do sigilo, sendo necessário encontrar um equilíbrio entre esses dois valores.

Como se verá, o regime proposto pende mais para o sigilo do que para a publicidade, pois as medidas de publicidade são previstas como exceções à regra. Essa equação se justifica, pois os usuários finais da arbitragem ainda percebem o sigilo, pelo menos em alguma medida, como uma das vantagens do instituto (item 1.6 *supra*). Além disso, a maioria das instituições arbitrais já prevê o sigilo como regra geral (Anexo 2) e, portanto, manter essa regra e sugerir exceções é a estratégia mais eficaz para que se produza alguma mudança. Não nos parece factível esperar ou exigir uma mudança radical do *status quo*, de um processo totalmente sigiloso para um amplamente público.

Entretanto, não se descarta a possibilidade de que outras regras de publicidade sejam adotadas no futuro, ou que uma instituição inverta a prática atual e passe a utilizar a publicidade como regime geral e o sigilo como exceção.

Por mais que esse último cenário possa causar espécie, ele é possível. Afinal, o sigilo não é uma imposição legal, nem jurisprudencial, tampouco há na Lei de Arbitragem qualquer vedação à divulgação de atos processuais. Portanto, escolher entre a publicidade ou o sigilo (ou, ainda, entre as diversas combinações possíveis entre eles) não viola os preceitos básicos do processo arbitral e, por isso, há liberdade para que as partes e as instituições arbitrais disponham a respeito.[442] Assim, se as partes desejam ter um processo arbitral total ou majoritariamente público e se há condições materiais para que isso ocorra,[443] não se vislumbra qualquer impedimento.

A *segunda premissa* é que todas as medidas de publicidade que a instituição se propuser a adotar devem estar previstas preferencialmente em

---

[442] Alguns autores entendem que a privacidade (diferentemente do sigilo) seria aspecto inerente ao processo arbitral (vide, por exemplo, FONSECA, Rodrigo Garcia da; CORREIA, André de Luizi. A confidencialidade na arbitragem. Fundamentos e limites cit., p. 419), o que poderia ser um argumento contra uma arbitragem totalmente pública. Ainda que tal entendimento seja verdadeiro e se possa falar em um "princípio da privacidade", a nosso ver, o princípio da autonomia da vontade das partes se sobreporia a ele, autorizando as partes e derrogar a privacidade da arbitragem, se assim desejarem.

[443] As condições materiais dizem respeito tanto ao custo para possibilitar um procedimento totalmente público – o qual deverá ser arcado pelas partes – como à capacidade da instituição arbitral de atender a essa demanda. Isto porque, embora as partes tenham liberdade para criar regras específicas para seu procedimento, se a arbitragem for institucional e se as regras pensadas pelas partes interferirem na atividade da câmara, esta pode se recusar a cumpri-las, ou até mesmo a administrar o procedimento. Portanto, a aceitação da instituição arbitral acaba sendo um limite à criatividade das partes. Sobre o tema: QUINTANA, Guilherme Enrique Malosso; BARTHASAR, Rafael Martinez. Sujeição ao regulamento arbitral. *In*: VASCONCELOS, Ronaldo; MALUF, Fernando; SANTOS, Giovani Ravagnani; LUÍS, Daniel Tavela (org.). *Análise prática das Câmaras Arbitrais e da Arbitragem no Brasil*. São Paulo: Iasp, 2019. p. 39-58.

seu regulamento de arbitragem ou em algum outro documento de fácil acesso às partes e aos árbitros. Ademais, não basta prever que determinada medida será implementada, mas também *como* isso será feito. Desse modo, confere-se previsibilidade, tratamento isonômico e segurança jurídica para os usuários da arbitragem.

Ademais, essa premissa tem uma finalidade prática: uma vez que as regras de divulgação estão previstas no regulamento, quando as partes escolhem aquela instituição, elas automaticamente manifestam seu consentimento a tais regras. Igualmente, quando os árbitros aceitam atuar em um processo administrado por aquela instituição, eles também demonstram concordância com as medidas de transparência que possam lhes afetar.

A obtenção de consenso das partes e árbitros ganha ainda mais relevância quando confrontada com a Lei nº 13.709/2018 (Lei Geral de Proteção de Dados),[444] que dispõe que o tratamento de informações pessoais por uma entidade somente pode ser realizado mediante consentimento do seu titular (art. 7º, I). Portanto, para que as instituições possam tratar e divulgar dados de partes e árbitros, é indispensável obter um claro consentimento de tais pessoas, o que reforça a relevância de dispor claramente em seus regulamentos quais medidas adotam e como a divulgação é feita, pois, assim, tais pessoas podem dar seu consentimento por meio de uma decisão bem informada.

A *terceira premissa* desse regime é o respeito à autonomia da vontade das partes, o que significa conferir a elas a possibilidade de derrogar a aplicação de uma ou mais regras de publicidade previstas no regulamento, bem como de criar outras regras de publicidade se assim desejarem.[445]

---

[444] Por fugir do escopo do presente trabalho, não se analisou com profundidade os impactos da Lei Geral de Proteção de Dados no aumento da transparência da arbitragem. Contudo, reconhece-se a importância do tema, o qual certamente exigirá estudos aprofundados no futuro.

[445] A criatividade das partes é limitada apenas pela vontade e possibilidade da instituição arbitral. A instituição não é obrigada a aceitar mudanças pretendidas pelas partes em seu modo de funcionamento. Assim, por exemplo, se a instituição adota determinado método para a publicação de sentenças arbitrais, as partes não podem exigir que a instituição publique sua sentença de modo distinto. Da mesma forma, não podem as partes exigir que a instituição promova a divulgação de atos de seu processo no *website* da câmara, se esse serviço não for oferecido. Em ambos os casos, eventuais medidas acordadas entre as partes dependerão de concordância da instituição em realizá-las.

É inegável que o aumento da transparência na arbitragem seria mais eficiente se as regras de publicidade ora propostas fossem cogentes, isto é, se previssem a divulgação de atos e informações independentemente da vontade das partes. Entretanto, a autonomia da vontade tem papel muito relevante no processo arbitral, que precisa ser sopesado *vis-à-vis* o interesse no aumento da transparência. Além disso, exercer a publicidade a qualquer preço pode causar danos às partes, e não há ninguém melhor do que elas próprias para definir quando se está diante de uma situação prejudicial.[446]

Diante disso, este trabalho propõe que o equacionamento entre esses interesses se dê com a previsão de regras *default* de publicidade com um regime de *opt out*, permitindo às partes excluir sua aplicação no caso concreto.

Alguns autores entendem que conceder tal liberdade às partes tornaria as regras de publicidade inócuas, pois a tendência das partes seria a de exercer o *opt out*, isto é, afastar as regras de publicidade e escolher o máximo sigilo sempre que possível.[447-448]

Contudo, há diversos estudos que comprovam que o modelo *opt out* é eficaz, pelo menos em outros campos do conhecimento, por exemplo, saúde e finanças pessoais.[449] Nesses casos, a regra sugerida como

---

[446] Cita-se, como exemplo, a hipótese de um litígio muito específico, relativo a um mercado muito pequeno, cuja divulgação da sentença, mesmo com os esforços de anonimização, poderia levar à identificação das partes. Nesses casos, as partes já sabem de antemão que a divulgação da sentença de seu caso será facilmente identificada por seus pares e, assim, podem excluir a publicidade da sentença.

[447] Exemplos: COMRIE-THOMSON, Paul. A statement of arbitral jurisprudence: the case for a national law obligation to publish international commercial arbitral awards cit., p. 299; KARTON, Joshua. A conflict of interests: seeking a way forward on publication of international arbitral awards cit., p. 477-478.

[448] Para suportar sua afirmação, Paul Comrie-Thomson faz referência ao trabalho de Chang-fa Lo (Lo, Chang-fa. On a balanced mechanism for publishing arbitral awards. *Contemporary Asia* Arbitration Journal, v. 1, n. 2, p. 235-253, 2008) no qual é dado o exemplo da *Taiwan Construction Arbitration Association* (TCAA), que utilizou a política de indagar as partes se autorizavam a publicação das sentenças e, como resultado, nenhuma sentença arbitral teria sido publicada. Entretanto, o mecanismo citado no exemplo é diferente daquele proposto neste trabalho. Enquanto a TCAA publica sentenças somente se as partes expressamente autorizarem (*opt in*), o modelo proposto sugere que a publicação sempre ocorra, *exceto* se as partes se opuserem (*opt out*).

[449] Tal como visto no item 3.4 *supra*.

default prevalece, sendo muito baixo o índice de pessoas que de fato "optavam fora" da regra.

Portanto, é possível crer que tal eficácia também se verificará na arbitragem e que será baixo o índice de pessoas que excluirão as medidas de publicidade. Assim, será possível aumentar o nível de transparência de forma satisfatória e, ao mesmo tempo, preservar a autonomia da vontade das partes.

Contudo, caso essa hipótese não se confirme – e se verifique que o índice de *opt out* é elevado –, não se descarta a possibilidade de adotar regras cogentes de publicidade (o que, ademais, já é feito por algumas instituições arbitrais),[450] tendo em vista a premência na adoção de um regime mais transparente para a arbitragem.

A quarta, quinta e sexta premissa estabelecidas adiante têm como objetivo preservar os interesses legítimos das partes ao escolher um processo confidencial – os quais foram analisados em detalhes no item 1.7 e estão resumidos no Quadro 1:

QUADRO 1 – Benefícios do sigilo *vs.* medidas necessárias para sua preservação

Benefícios buscados pelas partes	Medidas necessárias para alcançar os benefícios
Evitar danos à imagem dos litigantes.	Ocultar qualquer elemento que permita a identificação das partes e da controvérsia.
Evitar a divulgação de informações sensíveis e estratégicas a concorrentes.	Ocultar as informações consideradas sensíveis e estratégicas.
Facilitar a celebração de acordo.	Ocultar qualquer elemento que permita a identificação das partes e da controvérsia, e manter a privacidade durante o curso do processo.
Evitar participação de terceiros e tumultos que prejudiquem o andamento do caso.	Manter a privacidade durante o curso do processo.

Fonte: elaborado pela autora.

---

[450] A Câmara de Arbitragem do Mercado (B3), por exemplo, prevê no seu Regimento Interno que poderá publicar a sentença independentemente da vontade das partes: "6.3 Na publicação da sentença arbitral, a tese e os fundamentos jurídicos definidos pela sentença poderão ser objeto de divulgação, independentemente do consentimento das partes, desde que suas identidades não sejam reveladas".

Como se nota, para que as finalidades do sigilo sejam alcançadas, não é necessário manter em segredo todo o processo arbitral, mas apenas que ele tramite em privacidade e que, na hipótese de divulgação de atos, seja preservada a identidade das partes.

Portanto, a *quarta premissa* desse trabalho é que as medidas de publicidade não devem interferir na privacidade do processo arbitral, que deve ser mantida. Logo, o acesso ao processo em andamento deve ser restrito aos sujeitos da relação jurídica arbitral e de outras pessoas eventualmente autorizadas a tanto, por exemplo, secretário do tribunal arbitral, peritos, assistentes técnicos, testemunhas, representantes das instituições arbitrais e outros auxiliares.

Isso significa restringir o acesso a qualquer ato ou informação relacionados ao processo, como os autos de modo geral (incluindo as petições apresentadas pelas partes, documentos, decisões dos árbitros, atos e decisões da instituição arbitral, transcrição de audiências, laudos periciais), e aos atos presenciais (audiências, exames periciais). As instituições arbitrais também devem se abster de dar qualquer informação sobre o processo em andamento a terceiros, exceto se assim autorizado pelo tribunal arbitral.

A *quinta premissa* é a de que qualquer ato de divulgação por parte da instituição (independentemente do momento em que ele ocorra) deve ser feita de modo a não permitir a identificação das partes e da controvérsia e com a omissão de qualquer dado que seja considerado sensível ou estratégico para ao menos uma das partes.[451]

---

[451] A partir de janeiro de 2019, a CCI passou a adotar uma nova política de publicação de sentenças arbitrais que se afasta dessa premissa. Ela prevê a publicação integral das sentenças, sem qualquer omissão, no prazo mínimo de dois anos após sua prolação. As partes podem, contudo, excluir a incidência dessa regra (por meio do regime *opt out*) e escolher que a publicação se dê de forma anônima, isto é, sem revelar a identidade das partes. Isso, contudo, aplica-se apenas para as arbitragens em que não foi celebrada uma cláusula expressa de confidencialidade. Nesses casos, a publicação ocorrerá apenas se as partes concordarem expressamente (*opt in*), e a CCI tomará os cuidados necessários para anonimizar a sentença (CORTE DE ARBITRAGEM DA CÂMARA DE COMÉRCIO INTERNACIONAL. *Nota às partes e aos tribunais arbitrais sobre a condução da arbitragem conforme o regulamento de arbitragem da CCI*. 1º de janeiro de 2019. Disponível em: https://cms.iccwbo.org/content/uploads/sites/3/2017/03/icc-note-to-parties-and-arbitral-tribunals-on-the-conduct-of-arbitration-portuguese.pdf. Acesso em: 25 nov. 2019).

Por fim, a *sexta premissa* diz respeito a quais atos podem ou devem ser divulgados. Considerando exclusivamente a relação entre meios e fins estabelecida no Quadro 1, seria possível alegar que, uma vez encerrado o processo arbitral, caberia a divulgação de todos os atos do processo (os autos de modo geral), apenas com a omissão da identidade das partes e outros dados sensíveis. Essa opção certamente atingiria o fim pretendido de tornar a arbitragem mais transparente. No entanto, ela apresenta sérios riscos.

Uma divulgação tão ampla após o encerramento do processo imporia o trabalho de ocultar determinadas informações de inúmeras peças, documentos e decisões. Quanto maior o número de atos sujeitos à edição, maior é a margem para erros e um único equívoco pode sujeitar a instituição à responsabilidade civil.

Além disso, considerando que a arbitragem tende a lidar com disputas complexas (o que pode significar autos extensos), esse trabalho de edição pode se tornar hercúleo, o que desaconselha sua adoção.

Outrossim, a publicidade de todos os atos do processo arbitral não corresponde às expectativas da maioria dos usuários da arbitragem. Na *Pesquisa Queen Mary 2010*, os entrevistados apontaram que não desejam que as petições e os documentos juntados aos autos, por exemplo, fossem divulgados.[452]

É também questionável se uma ampla divulgação, que inclua todos os atos do processo, é a forma mais eficaz para que se alcancem os benefícios pretendidos pela transparência, pois publicar informações em excesso (especialmente aquelas de cunho técnico) pode ter o efeito de ofuscar, em vez de clarear.[453]

Portanto, é possível concluir que a relação entre meios e fins do sigilo não deve ser o único elemento levado em consideração na tarefa de mitigar o sigilo atualmente previsto pelas instituições arbitrais. Sendo a arbitragem uma atividade econômica, é necessário sopesar também os interesses dos agentes que nela atuam, em especial o das instituições, que são as principais responsáveis por efetivar o regime que aqui se propõe.

---

[452] Tradução livre de: "Top aspects of the arbitration that should be kept confidential (based on multiple responses): the amount in dispute; the pleadings and documents submitted in the case; the full award; the details in the award that allow identification of the parties; the very existence of the dispute; the legal question to be decided".

[453] MISTELIS, Loukas A. Too much information or when information relating to arbitration obscures rather than clarifies the landscape cit.

Dessa forma, entende-se que a divulgação parcial – *i.e.*, com a omissão da identidade das partes, da controvérsia e de informações estratégicas – de determinados atos do processo, mas não de todos, atende tanto ao interesse das partes como da instituição arbitral, além de ser suficiente para aumentar a transparência da arbitragem.

Com base nessas premissas, os itens a seguir se ocuparão de analisar os principais atos e informações sobre o processo arbitral que devem ser divulgados para aumentar a transparência da arbitragem, bem como a forma como a divulgação pode ocorrer, sempre levando em consideração os parâmetros sugeridos neste e nos itens anteriores.

4.2 Publicação da sentença arbitral

Quando foi analisado se era benéfico aumentar a transparência na arbitragem (Capítulo 2), viu-se que a publicação da sentença arbitral é a medida capaz de gerar o maior número de benefícios. Portanto, consideramos a iniciativa mais importante a ser adotada pelas instituições arbitrais.

Este item busca endereçar as seguintes questões: (i) como tornar uma publicação anônima; (ii) quais sentenças devem ser divulgadas; (iii) qual é o melhor formato para a publicação; (iv) qual é o lapso temporal adequado entre a prolação da sentença e sua publicação; e (v) qual é o procedimento e a pessoa mais adequados para preparar a sentença para divulgação.

Para responder a tais questões, foram utilizados como substratos: os ensinamentos da doutrina; as *Guidelines for the Anonymous Publication of Arbitral Awards*, elaboradas pela Câmara de Arbitragem de Milão (*Camera Arbitrale di Milano*, doravante "CAM Milano");[454] e exemplos práticos de sentenças arbitrais publicadas por instituições arbitrais (doravante denominada "*Pesquisa Sentenças Publicadas*").

A escolha das sentenças abrangidas na *Pesquisa Sentenças Publicadas* obedeceu aos seguintes critérios: (i) buscaram-se três sentenças publicadas por uma mesma instituição (critério de disponibilidade)[455]

---

[454] Disponível em: https://www.camera-arbitrale.it/Documenti/guidelines_anonym-aw.pdf. Acesso em: 10 set. 2019.

[455] Por meio da pesquisa, foram identificadas outras instituições que publicam sentenças arbitrais, mas cujas publicações não estavam à disposição para acesso, por exemplo, o Centro de Arbitragem e Mediação da Bélgica (*Centre Belge d'arbitrage et de Médiation* – Cepani) e o Centro de Arbitragem Internacional de Cingapura (*Singapore International Arbitration Centre*

– quando havia mais de três decisões, foram escolhidas as mais recentes;[456] (ii) foram excluídas as instituições que administram apenas ou majoritariamente arbitragens de investimento (cuja prática será analisada incidentalmente no Capítulo 5); e (iii) foram excluídas as decisões ou instituições que publicam sentenças sem omitir a identidade das partes,[457] por fugir da premissa estabelecida anteriormente.

No tocante ao primeiro critério, é importante informar que algumas sentenças foram publicadas pela própria instituição que administrou o procedimento. Todavia, em outras situações, as sentenças foram divulgadas por outras entidades. É o caso, por exemplo, das sentenças da CCI, que foram divulgadas no *Yearbook Commercial Arbitration*, publicado pelo *International Council for Commercial Arbitration* ("ICCA").[458] A CCI possui uma publicação própria,[459] mas que apenas republica as decisões já divulgadas no *Yearbook*.

Não obstante, o presente trabalho tratará das práticas da publicação como se tivessem sido estabelecidas pela instituição arbitral, porquanto

---

– Siac). Tais instituições publicaram sentenças apenas em versões físicas (*Collection of Cepani Arbitral Awards* (disponível em: https://www.cepani.be/publications/. Acesso em: 10 set. 2019) e *Singapore Arbitral Awards 2012*, publicado por Lexis Nexis (disponível em: https://store.lexisnexis.com.sg/products/singapore-arbitral-awards-2012-skusku750055/details. Acesso em: 10 set. 2019).

[456] Algumas instituições têm a prática de enviar suas sentenças para publicação desde 1976, como é o caso da CCI. Foram escolhidas as decisões mais recentes, pois crê-se que, com o tempo, tais instituições tenham mudado e aperfeiçoado o método de divulgação, sendo mais interessante analisar a prática atual.

[457] É o caso da Corte de Arbitragem para o Esporte (*Court of Arbitration for Sport* – CAS), que divulga em seus *sites* as decisões proferidas pelo seu mecanismo de apelação. Explica-se: o CAS possui dois tipos de procedimento arbitral, um "comum" e outro de apelação, sendo este último uma forma de recurso cabível contra decisões proferidas por federações e associações de esportes. As decisões proferidas pelo mecanismo de apelação são, em geral, publicadas na íntegra com a identificação das partes (cf. artigo R59 do *Code of Sports-related Arbitration*, vigente desde 1º jan. 2019), e podem ser acessadas no *site* da instituição (Disponível em: https://www.tas-cas.org/en/jurisprudence/recent-decisions.html. Acesso em: 10 set. 2019).

[458] O *Yearbook Commercial Arbitration* também divulga sentenças de diversas outras instituições arbitrais. A lista completa das sentenças já publicadas pode ser acessada no *site* do ICCA. Disponível em: https://www.arbitration-icca.org/publications/consolidated_list_of_arbitral_awards.html. Acesso em: 13 set. 2019.

[459] *Collection of ICC Arbitral Awards*, que já conta com sete volumes. O *site* da CCI contém mais informações sobre tais livros. Disponível em: https://2go.iccwbo.org/collection-of-icc-arbitral-awards-2008-2011.html. Acesso em: 13 set. 2019.

é ela que possui responsabilidades perante as partes, ainda que terceirize o serviço de divulgação (não foi possível descobrir por meio da pesquisa qual é a dinâmica ou a relação estabelecida entre as instituições e as editoras – isto é, quem torna as sentenças anônimas, quem impõe os critérios de publicação etc.).

Com base nesses parâmetros, foram selecionadas três sentenças arbitrais publicadas pelas seguintes instituições: (i) CAM B3; (ii) CCI; (iii) Instituto de Arbitragem da Câmara de Comércio de Estocolmo (*Arbitration Institute of the Stockholm Chamber of Commerce* – "SCC"); (iv) CAM Milano; (v) Centro Internacional de Arbitragem de Viena (*Vienna International Arbitral Centre* – "VIAC"); (vi) Câmara de Arbitragem e Mediação de Santiago (*Centro de Arbitraje y Mediación de Santiago* – "CAM Santiago"); e (vii) *International Center for Dispute Resolution* ("ICDR").

Além das sentenças selecionadas, foi incluído na Pesquisa o exame dos regulamentos (ou documentos semelhantes) de tais instituições que tratem sobre a publicação de sentenças. Com relação à CCI, a partir de 1º de janeiro de 2019, a instituição passou a adotar uma nova política de publicação de sentenças arbitrais.[460] As sentenças da CCI analisadas neste trabalho não estavam submetidas a essa nova política, mas em alguns momentos nos tópicos a seguir serão feitos comentários a seu respeito, por ser um marco relevante para a transparência da arbitragem.

Todos os detalhes da *Pesquisa Sentenças Publicadas*, incluindo a referências das sentenças analisadas, constam nos Anexos 11 e 12, mas os tópicos a seguir destacam os aspectos mais relevantes.

4.2.1 Como tornar a publicação anônima

4.2.1.1 *"Anônima" para quem?*

Questão interessante e pouco abordada pela doutrina diz respeito ao parâmetro que deve ser utilizado para aferir se a divulgação cumpre o requisito de anonimização, isto é, se ela omite satisfatoriamente a identidade das partes e da controvérsia.

---

[460] CORTE DE ARBITRAGEM DA CÂMARA DE COMÉRCIO INTERNACIONAL. *Nota às partes e aos tribunais arbitrais sobre a condução da arbitragem conforme o regulamento de arbitragem da CCI* cit.

A PROPOSIÇÃO DE UM REGIME DE CONFIDENCIALIDADE MITIGADA

Parece intuitivo utilizar como parâmetro a perspectiva de um terceiro: um ato será considerado anônimo se uma pessoa que não participou do processo arbitral (um terceiro) não puder identificar as partes e/ou conflito envolvido, pois, na teoria, uma vez estipulado o dever de sigilo na arbitragem, nenhum terceiro deveria ter ciência a seu respeito.

Todavia, na prática, ser "terceiro" não significa necessariamente não ter acesso a informações sobre o processo. Dificilmente um processo arbitral se mantém totalmente sigiloso, seja pela presença de alguma hipótese legal de exceção à confidencialidade,[461] seja pela possibilidade de violação do dever de sigilo por alguém. Nesse sentido, não é incomum a divulgação de notícias em jornais sobre temas objeto de arbitragens "sigilosas".

Isso evidencia a inadequação do parâmetro "terceiro", pois é uma categoria muito ampla, que abrange tanto pessoas que vivem do outro lado do mundo como pessoas próximas às partes. E mais, a depender do litígio (por exemplo, se ele tiver atraído muita atenção da mídia), mesmo pessoas distantes podem conseguir identificar as partes a partir de uma publicação que se reputava anônima.[462]

Dessarte, não existe um parâmetro exato e objetivo que possa atestar, *a priori*, se uma publicação é totalmente anônima ou não. Essa aferição será sempre *a posteriori* e relativa, pois depende de quem é o leitor e das características do conflito subjacente.[463]

---

[461] Por exemplo, quando a arbitragem é objeto de processo judicial que não tramita em segredo de justiça, ou quando há algum dever legal de informação, como a obrigação de companhias de capital aberto de divulgar "fato relevante" (artigo 2º, parágrafo único, XXII, da Instrução CVM nº 358/2002).

[462] "In some cases, in fact, the award, although not recognizable by most people, could be anyhow recognized by certain subjects (third parties somehow 'qualified') characterized by a special relationship with the parties of the award or by a peculiar knowledge of specific circumstances (even unrelated to the award), apparently neutral, which, however, in combination with other elements of the award, make it recognizable" (COMOGLIO, Paolo; RONCAROLO, Chiara. Guidelines for publication of arbitral awards. *In*: MALATESTA, Alberto; SALI, Rinaldo (ed.). *The rise of transparency in international arbitration*: the case for the anonymous publication of arbitral award. New York: JurisNet, 2013. p. 10).

[463] A *Guidelines* elaborada pela CAM Milano tem a pretensão de fornecer *standards* que tornem as sentenças anônimas até mesmo para "terceiros qualificados" (conforme informado em: COMOGLIO, Paolo; RONCAROLO, Chiara. Guidelines for publication of arbitral awards cit., p. 10). Todavia, por mais que o esforço seja louvável, não concordamos que esse objetivo

Uma forma de reduzir o risco de identificação é adotar um formato de publicação enxuto, que contenha apenas informações genéricas do caso e da decisão. Todavia, como se verá em detalhes no item 4.2.1.2 a seguir, esse formato não é adequado, pois reduz muito a utilidade da publicação, especialmente no caso de decisões, pois, sem os detalhes do caso concreto, é muito difícil transpor as conclusões de um litígio para outro.

Portanto, para que a divulgação de determinado ato do processo arbitral seja útil e produza os benefícios que dela se esperam, é inevitável que se corra o risco de determinados terceiros identificarem as partes ou o litígio envolvido.

Contudo, o ideal é que esse número de pessoas seja o mais reduzido possível[464] e, para tanto, é recomendável que as instituições levem alguns fatores em consideração no momento de elaborar sua publicação, pois algumas decisões podem exigir um esforço de anonimização maior do que outros.

Alguns fatores de atenção são: se um litígio recebeu muita atenção da mídia, se as partes são muito conhecidas e visadas e se o caso envolve um mercado pequeno e coeso (pois, nesses ambientes restritos, o compartilhamento de informações é facilitado, de modo que um agente econômico costuma ter conhecimento do litígio do outro).

Entretanto, não se pode *exigir* das instituições que realizem uma ampla investigação de tais circunstâncias antes de publicar toda e qualquer decisão, pois isso seria impor um fardo muito grande que pode inibir as instituições de fazer qualquer publicação.

Ademais, não é sequer razoável supor que a instituição tenha acesso a essas informações sobre todos os litígios que administra – basta pensar em instituições que conduzem um número elevado de procedimentos, pertinentes a vários países do mundo. Nesse sentido, Paolo Comoglio e

---

seja possível de ser alcançado – isto é, nenhuma instituição poderá *garantir* que nenhuma pessoa será capaz de identificar as partes ou o conflito.

[464] Em alguns casos, não se trata de "quantas" pessoas vão conseguir identificar a sentença, mas sim "quais". Como ensinam Paolo Comoglio e Chiara Roncarolo: "Generally, in fact, parties do not care so much that the award might be recognized by 'undistinguished' third parties, but rather, that it might be recognized by 'some' specific third parties, such as competitors, creditors, stakeholders" (Guidelines for publication of arbitral awards cit., p. 10).

Chiara Roncarolo afirmam não ser possível exigir das instituições que elas "saibam o que terceiros sabem" sobre a arbitragem.[465]

Permitir às partes se opor à publicação é uma medida adequada para endereçar essa questão, pois as partes sabem (melhor do que qualquer outra pessoa) quais as repercussões de seu litígio e as nuances do mercado em que atuam.

Em qualquer hipótese, mesmo se um terceiro conseguir identificar as partes ou o litígio, isso não pode significar necessariamente a responsabilidade da instituição arbitral. Entender o contrário seria desincentivar qualquer tipo de divulgação, em prejuízo da transparência.

Nesse contexto, a obrigação da instituição de preservar a identidade das partes e do conflito deve ser considerada uma obrigação de meio, e não de fim. E, para concluir que a instituição violou seu dever, deve ser demonstrado que não foram tomados os cuidados necessários e razoáveis para proteger a identidade das partes, *vis-à-vis* as peculiaridades do litígio subjacente. Também deve ser levada em consideração a condição do terceiro que pôde identificar o litígio e sob que circunstâncias ele teve acesso às informações que permitiram tal identificação[466]. Em todo caso, qualquer responsabilização está condicionada à comprovação dos danos, nos termos do artigo 927 do Código Civil.

Para se proteger de eventual responsabilização, é altamente recomendável que as instituições adotem duas medidas: sejam transparentes com relação à prática e aos cuidados que tomam para tornar a decisão anônima e prevejam a possibilidade de as partes excluírem a publicação da sentença no seu caso concreto (*opt out*).

Desse modo, as partes podem tomar uma decisão bem informada a respeito da publicação no seu caso e, se não se opõem à divulgação nos termos sugeridos pela instituição, dão seu consentimento implícito e não podem se voltar contra essa decisão depois (*nemo potest venire contra factum proprium*).

A propósito, é importante mencionar que, com exceção da CAM Milano, que publicou as *Guidelines for the Anonymous Publication of Arbitral*

---

[465] COMOGLIO, Paolo; RONCAROLO, Chiara. Guidelines for publication of arbitral awards cit., p. 11.
[466] Assim, por exemplo, se restar demonstrado que o terceiro conseguiu identificou o caso em virtude da quebra de sigilo por outra pessoa – que não a instituição arbitral –, esta não pode ser penalizada.

Awards, nenhuma outra instituição abrangida pela *Pesquisa Sentenças Publicadas* informa quais são as práticas e os cuidados adotados para preparar uma decisão para publicação. Trata-se de aspecto muito negativo para transparência da arbitragem, além de gerar insegurança às partes.

Assim, é recomendável que as instituições publiquem detalhadamente os parâmetros, informando, entre outros: (i) quais informações serão omitidas; (ii) quais constarão na publicação; (iii) como é feita a seleção das decisões publicadas; (iv) o formato adotado na publicação (resumo ou excertos, se a decisão ficará disponível no *site* ou será publicada em livros etc.); (v) lapso temporal que será aguardado entre o proferimento da sentença e sua publicação; e (vi) pessoa/empresa responsável por elaborar a publicação.

Todos esses aspectos serão analisados em detalhes nos tópicos a seguir, com sugestões específicas de como as instituições podem realizar sua própria publicação.

4.2.1.2 *Quais informações devem ser omitidas*

Conforme premissa estabelecida anteriormente, a publicação deve se dar de forma "anônima" (em inglês, também se utiliza o termo *sanitized*), isto é, omitindo informações consideradas sigilosas ou sensíveis e quaisquer outros elementos que possam levar à identificação das partes ou do litígio. Embora a maior parte da doutrina concorde com tal premissa, poucos autores se debruçaram sobre questões práticas de como viabilizar a publicação nesses termos.

O silêncio da doutrina pode se justificar pelo fato de ser uma análise necessariamente casuística, isto é, a decisão de quais informações omitir vai variar a cada caso, o que dificulta a elaboração de regras a respeito. Entretanto, isso não significa que não seja possível estabelecer balizas gerais. Fixar alguns parâmetros (por mais que sejam maleáveis) é muito recomendável tanto para facilitar o trabalho de edição como para dar segurança às partes. É o que se pretende fazer neste capítulo.

No tocante às informações sigilosas ou sensíveis que devem ser omitidas, a doutrina geralmente aponta: segredos comerciais, dados relacionados à propriedade intelectual, bem como qualquer informação que, se revelada à concorrência, possa trazer prejuízo às partes. São citados como exemplos:

[...] técnicas e estratégias de captação de clientes, modelo de projeções e rendimentos ou de lucros, aspectos particulares de projetos de investigação e desenvolvimento, aspectos particulares de atividades desenvolvidas por uma empresa ativa no comércio, salvo quando a respectiva informação for obrigatória por razões de segurança pública, saúde pública, defesa do ambiente, defesa do consumidor, ou por outros fins legalmente relevantes, as fórmulas ou receitas para preparação de produtos, os avanços conseguidos por uma entidade em qualquer área mas que ainda não se encontrem compreendidos nos conhecimentos comuns entre os especialistas desse ramo, os desenhos de novos produtos ou protótipos, ou outras informações internas da empresa, ainda não públicas, relativas à atividade produtiva objetivamente considerada.[467]

[...] balancetes internos, mapas de vendas, estratégias de *marketing*, estudos de viabilidade econômico-financeiros, relatórios de *due diligence* – caso a empresa planeje adquirir outra ou outras empresas –, planos de fusão, incorporação, cisão etc.[468]

Essas informações devem ser suprimidas, pois elas possuem um valor intrínseco, que não depende das partes que as produziram ou que as detêm. Portanto, revelar tais dados, mesmo com a omissão da identidade das partes, ainda assim pode gerar prejuízo a estas.[469]

Em contrapartida, existem outros tipos de informações sigilosas cuja divulgação não gera prejuízo, se não for possível identificar a quais pessoas se referem. Nesses casos, omitir a identidade das partes é suficiente, sendo possível divulgar a informação.

Assim, por exemplo, dados relacionados à intimidade e à vida privada das partes[470] podem, a princípio, ser divulgados, desde que não seja possível identificar a quem se referem. Todavia, a publicação de tais

---

[467] PUGLIESE, Antonio Celso Fonseca; SALAMA, Bruno Meyerhof. A economia da arbitragem: escolha racional e geração de valor cit., p. 136.
[468] CRETELLA NETO, José. Quão sigilosa é a arbitragem? cit., p. 128.
[469] Citam-se, como exemplo, informações sobre o desenvolvimento de um novo produto: a divulgação dessa informação gera prejuízo àquele que criou o produto, independentemente de quem seja.
[470] Protegidas pelo artigo 5º, X, da Constituição Federal: "X – são invioláveis a intimidade, a vida privada, a honra e a imagem das pessoas, assegurado o direito a indenização pelo dano material ou moral decorrente de sua violação".

informações pessoais pode elevar o risco de identificação das partes e, portanto, deve ser evitada.

Além desses casos, para tornar a decisão anônima é necessário omitir qualquer elemento que possa conduzir à identificação das partes ou do litígio, seja isoladamente ou com outras informações.

As *Guidelines for the Anonymous Publication of Arbitral Awards* da CAM Milano auxiliam muito nesse tocante. Elas sugerem parâmetros gerais para a elaboração da publicação e citam exemplos específicos de informações que costumam levar à identificação das partes e que, portanto, devem ser suprimidas ou substituídas. Assim, é recomendável que as instituições se amparem no trabalho da CAM Milano, sobre o qual cabe tecer alguns comentários.

As *Guidelines* sugerem a omissão: (i) do nome das partes e de sua qualificação, substituindo-os por termos gerais; (ii) de fatos que possam levar à identificação das partes, trocando-os por termos genéricos; (iii) do nome dos advogados, assistentes técnicos, testemunhas e demais auxiliares, mudando por termos que indiquem seu papel na disputa; (iv) da data e local onde a sentença foi assinada (que não se confunde com a sede da arbitragem, a qual deve ser indicada, como se verá adiante); (v) dos lugares mencionados na decisão; e (vi) dos valores envolvidos na controvérsia, substituindo-os por letras.

A nosso ver, tais sugestões são adequadas, com exceção da omissão da data de proferimento da sentença, pois é uma informação crucial para que o leitor possa situar a decisão em um contexto histórico-temporal. Não saber a data em que a sentença foi prolatada impede que se determine se o entendimento ali consubstanciado é atual ou obsoleto. Assim, a data em que a sentença foi proferida deve ser informada ou, pelo menos, o ano.

Por meio da *Pesquisa Sentenças Publicadas* (Anexo 12), foi possível identificar que a prática das instituições converge, em grande parte, com as medidas sugeridas pelas *Guidelines*, o que reforça a utilidade e a adequação destas.

Por exemplo, as sentenças analisadas substituíam o nome das partes por termos genéricos como "requerente" e "requerida"; "X" e "Y"; ou a indicação de sua posição no contrato, como "comprador" e "vendedor". O mesmo aconteceu com os representantes das partes e testemunhas, que eram citados somente como "advogado" e "testemunha".

Acerca do tipo, objeto e contexto da controvérsia, algumas publicações transcreviam a descrição elaborada pelos próprios árbitros, com as omissões devidas.[471] Outras omitiam tais trechos e os substituíam por resumos, informando, por exemplo, que se tratava de um contrato de compra e venda "de certo produto", cuja entrega deveria se dar "entre agosto e setembro do ano X".[472]

Também se nota que, das 21 sentenças analisadas, a maioria omitiu os locais em que ocorreram os fatos[473] e os valores envolvidos na controvérsia. A respeito da data de proferimento da sentença, a maioria das publicações informa pelo menos o ano em que foi publicada, o que corrobora a crítica feita *supra* sobre a inadequação da sugestão das *Guidelines* nesse tocante.

Apesar da convergência entre as sugestões das *Guidelines* e a maioria das sentenças analisadas, é importante frisar que houve casos desviantes. Assim, por exemplo, algumas publicações citam os valores envolvidos e o lugar em que os fatos ocorreram. Essa divergência reforça que as sugestões das *Guidelines* são apenas orientações gerais e que o trabalho de anonimização deve ser verificado e ajustado caso a caso.

Por fim, as *Guidelines* fazem uma recomendação importante: se houver uma sentença que, não obstante todos os cuidados e omissões, ainda não tenha se tornado anônima de forma satisfatória, ela não deve ser publicada ou deve ser publicada apenas com expressa autorização das partes.[474]

Consideramos tal orientação válida, pois podem existir casos cujas características são tão peculiares que dificilmente eles não serão identificados. Outrossim, é possível acrescentar outra solução para tais casos, além daquelas previstas pelas *Guidelines*: divulgar apenas um resumo da

---

[471] Cita-se como exemplo a sentença ICDR nº 152: "Prior to May 2002, CLAIMANT 1 and CLAIMANT 2 owned COMPANY 1, a Massachusetts company that uses off-shore facilities in India to provide software development and information technology support services primarily to U.S. state and local governments".

[472] Tradução livre do seguinte trecho da sentença CCI nº 18.625: "The Singapore Seller and the Xanadu Buyer entered into a sale contract in respect of a cargo of a certain product (the Contract). The Contract provided that the cargo was for collection between August and September – undisputedly, of Year X".

[473] Na maioria dos casos em que era informado o local, citava-se apenas o país, mas não cidades ou estados.

[474] Itens 1.3 e 1.5 das *Guidelines*.

decisão, se cabível. Conquanto o resumo não seja o formato ideal para a publicação (como se verá no item 4.2.3 adiante), é uma solução intermediária que prestigia a transparência, porquanto publicar um resumo é melhor do que não divulgar informação alguma.

4.2.1.3 *Quais informações devem constar da publicação*

A omissão de informações visando ao anonimato não pode resultar em uma decisão ininteligível. Dessarte, o estudo de quais informações suprimir deve ser feito com o estudo de quais informações devem constar na publicação.

As *Guidelines* sugerem que as seguintes informações estejam presentes: (i) nome dos árbitros; (ii) número de árbitros; (iii) procedimento de nomeação dos árbitros; (iv) sede da arbitragem (pelo menos o país, se a informação sobre a cidade facilitar o reconhecimento do caso); (v) lei aplicável; (vi) nome da instituição (em arbitragens institucionais); (vii) nacionalidade das partes; (viii) nome dos peritos indicados pelo tribunal arbitral; (ix) convenção de arbitragem; (x) língua do procedimento e se a decisão foi ou não traduzida; (xi) mês e ano em que os fatos ocorreram, com a supressão dos dias; e (xii) tipo, natureza, objeto e contexto jurídico-econômico da controvérsia objeto da arbitragem, ainda que em termos genéricos.

Parte das informações referidas é exigida com o fim de garantir a compreensão adequada do caso e da decisão para, assim, permitir que a conclusão ali exposta possa ser replicada em casos semelhantes ou para se fazer a distinção entre casos diferentes.

São elas: sede; lei aplicável; nacionalidade das partes; convenção de arbitragem; língua e se houve tradução da sentença; data em que os fatos ocorreram; tipo, natureza, objeto e contexto jurídico-econômico da controvérsia.

O tipo, a natureza, o objeto e o contexto jurídico-econômico da controvérsia, bem como a data em que os fatos ocorreram (ainda que de forma parcial, com a omissão dos dias) são informações indispensáveis para compreender a controvérsia e a decisão. A convenção de arbitragem, por sua vez, é relevante, pois é ela que delimita a jurisdição dos árbitros.

A lei aplicável, em geral, refere-se ao direito aplicável ao mérito da disputa. Contudo, em determinados casos, a sentença pode também decidir questões processuais e, considerando que existe a possibilidade de o direito aplicável ao mérito ser distinto daquele aplicado ao procedimento, é preciso que essa diferenciação seja feita, quando cabível e necessária.

Informar a sede e a nacionalidade das partes é importante, pois podem interferir na definição do direito aplicável e/ou na classificação da arbitragem entre doméstica e internacional.[475] Portanto, tais elementos são relevantes para o leitor aferir, de modo geral, o regime jurídico do caso.

Determinar a língua do procedimento e se houve ou não tradução da sentença pode ser importante, pois podem existir diferenças de interpretação e de tradução entre a versão original e a publicada. Por isso, o ideal é que a sentença seja publicada no idioma em que foi proferida.[476]

A *Pesquisa Sentenças Publicadas* mostrou convergência com a maioria dessas sugestões, com exceção da convenção de arbitragem, língua do procedimento e se houve tradução, pois a maioria das decisões não trouxe tais informações. Todos os demais elementos constavam na maioria das sentenças analisadas (para detalhes, ver o Anexo 12).

Além das informações mencionadas pelas *Guidelines*, reputa-se essencial para a compreensão da decisão que nela constem: (xiii) pedidos das partes; (xiv) dispositivo; (xv) decisão sobre custos; e (xvi) data de proferimento da decisão. Tais informações podem ser apresentadas parcialmente ou resumidas, se necessário para não revelar a identidade das partes.

Ainda que a fundamentação provavelmente seja a parte mais relevante da sentença, sua compreensão é prejudicada se não se conhecem os pedidos aduzidos, os quais balizam e limitam a jurisdição dos árbitros

---

[475] A Lei de Arbitragem não faz distinção entre arbitragem nacional ou internacional para fins de aplicação de diferentes regimes jurídicos, isto é, ela adota a teoria monista. A Lei apenas distingue a arbitragem doméstica e a estrangeira segundo o critério territorial (artigo 34, parágrafo único). Contudo, outros países diferenciam a arbitragem nacional da internacional, aplicando regimes jurídicos distintos a cada uma delas, como é o caso da França. Sobre o assunto, ver: LEE, João Bosco. A Lei 9.307/96 e o direito aplicável ao mérito do litígio na arbitragem comercial internacional. *Doutrinas Essenciais Arbitragem e Mediação*, São Paulo, v. 5, p. 425-440, 2014.

[476] As *Guidelines* da CAM Milano também sugerem essa prática, em seu item 2.8.

e o resultado final do processo. A maioria das sentenças analisadas na *Pesquisa Sentenças Publicadas* expunha os pedidos e o dispositivo.

No que tange à decisão sobre os custos do processo, sabe-se que os critérios previstos no CPC sobre o tema não se aplicam automaticamente na arbitragem e, atualmente, não existem parâmetros legais nem doutrinários uniformes concernentes a essa questão no processo arbitral. Também não é claro se são ou não devidos honorários advocatícios sucumbenciais na arbitragem e, em caso positivo, quais seriam os parâmetros para sua mensuração.[477] Logo, seria de grande valia saber como os árbitros têm decidido a respeito. Aliás, a maioria das sentenças analisadas contém a decisão sobre divisão dos custos (apenas quatro das 21 sentenças analisadas não continham).

Como visto no capítulo anterior, as *Guidelines* da CAM Milano sugerem a omissão da data de proferimento da decisão, mas consideramos tal sugestão equivocada. A data é uma informação crucial para o leitor situar a decisão em um contexto histórico-temporal. Portanto, ela deve ser informada, o que já é feito pela maioria das sentenças analisadas (apenas nove das 21 sentenças não informaram).

As *Guidelines* também recomendam que na publicação constem o nome, o número e a forma de nomeação dos árbitros, bem como o nome dos peritos e da instituição arbitral. Tais dados não buscam permitir a compreensão da controvérsia, e sim viabilizar aos usuários da arbitragem avaliar o trabalho de tais pessoas, além de aumentar sua responsabilidade (*accountability*).

Nenhuma das sentenças analisadas deixou claro se houve perícia e, portanto, não houve indicação do nome de peritos. Entretanto, todas as sentenças continham o nome das instituições.

---

[477] Sobre o tema, ver: NEVES, José Roberto Castro. Os honorários advocatícios de sucumbência na arbitragem. *In*: CARMONA, Carlos Alberto; LEMES, Selma M. Ferreira; MARTINS, Pedro Batista (coord.). *20 anos da Lei de Arbitragem*: homenagem a Petrônio R. Muniz. São Paulo: Atlas, 2017. p. 639-649; FICHTNER, José Antonio; MANHEIMER, Sergio Nelson; MONTEIRO, André Luis. A distribuição do custo do processo na sentença arbitral. *In*: FICHTNER, José Antonio; MANHEIMER, Sergio Nelson; MONTEIRO, André Luis. *Novos temas de arbitragem*. Rio de Janeiro: Ed. FGV, 2014. p. 231-274; APRIGLIANO, Ricardo. Custas, despesas e condenação em honorários advocatícios em arbitragem. *In*: CARMONA, Carlos Alberto; LEMES, Selma M. Ferreira; MARTINS, Pedro Batista (coord.). *20 anos da Lei de Arbitragem*: homenagem a Petrônio R. Muniz. São Paulo: Atlas, 2017. p. 667-688.

No tocante aos árbitros: apenas quatro das 21 sentenças analisadas revelaram seus nomes,[478] porém 16 informaram o número de árbitros e 10, a forma de nomeação.

Revelar o número de árbitros pode interferir na formação de jurisprudência, pois uma decisão colegiada pode receber mais prestígio ou respaldo do que uma decisão singular. Assim, mesmo se o nome dos árbitros não for revelado, é importante que a publicação divulgue o número de julgadores.

A forma de nomeação dos árbitros, por sua vez, parece ter utilidade apenas nos casos em que houver voto divergente, pois assim será possível aferir eventual indício de parcialidade do árbitro que proferiu o voto dissidente (conforme sugerem certas pesquisas).[479]

Revelar o nome dos árbitros é medida extremamente importante, pois há na arbitragem uma ligação direta e inexorável entre o árbitro e a decisão,[480] o que não ocorre no Poder Judiciário, em que as partes escolhem, no máximo, o órgão jurisdicional, mas nunca a pessoa física do julgador.

Ademais, saber o nome do julgador interfere na construção da jurisprudência arbitral, pois a capacidade de uma sentença influenciar julgamentos futuros variará a depender do renome e credibilidade daquele que a proferiu.[481]

Além disso, a divulgação do nome é essencial para que se alcancem os seguintes benefícios: (i) melhorar a qualidade da decisão das partes quanto à escolha de árbitro, pois elas podem indicar alguém

---

[478] Revelavam o nome dos árbitros: as três sentenças da CAM Santiago e uma sentença da CAM Milano.

[479] REDFERN, Alan. Dissenting opinions in international commercial arbitration: the good, the bad and the ugly – 2003 Freshfields Lecture. *Arbitration International*, LCIA, v. 20, n. 3, 2004.

[480] SALI, Rinaldo. Transparency and confidentiality: how and why to publish arbitration decisions. *In*: MALATESTA, Alberto; SALI, Rinaldo (ed.). *The rise of transparency in international arbitration*: the case for the anonymous publication of arbitral award. New York: JurisNet, 2013. p. 83.

[481] Em um sistema de jurisprudência que não adquire força vinculante – como a arbitragem –, as decisões prévias adquirem apenas autoridade secundária, que depende da *qualidade* da sua fonte (isto é, das pessoas que a proferiram) ou da *qualidade* de seu conteúdo. Sobre o tema, ver item 2.1.4 *supra* e também: MARIANI, Rômulo Greff. *Precedentes na arbitragem* cit., p. 15-18.

com base no conhecimento que demonstra ter sobre uma matéria, na forma como a pessoa redige a sentença e no modo como o processo foi conduzido;[482] (ii) reduzir custos de transação do processo de escolha dos árbitros, pois torna o acesso à informação mais fácil e as partes despendem menos tempo procurando-as;[483] (iii) aumentar a eficácia da sanção reputacional;[484] e (iv) contribuir para o aumento da diversidade dos candidatos a árbitro, uma vez que a divulgação do nome de pessoas que fizeram um bom trabalho facilita a construção de sua reputação no mercado.[485]

Por essas razões, diversos doutrinadores defendem que a publicação das sentenças seja acompanhada do nome dos árbitros que a proferiram.[486] Entretanto, como visto, ainda não é uma prática amplamente adotada pelas instituições arbitrais.

É forçoso reconhecer que a publicação da sentença arbitral, mesmo sem o nome dos árbitros, produz diversos benefícios, porém grande parte das melhorias estudadas neste trabalho se perde sem a divulgação do nome dos julgadores e, por esse motivo, consideramos imperativo que as instituições mudem sua prática e passem a divulgar o nome dos árbitros.

A esse respeito, a decisão sobre divulgar ou não o nome dos árbitros pode ser feita dentro de um contexto de conflito de interesses: podem existir árbitros que não desejam a publicação de seu nome, e a institui-

---

[482] Como visto no item 2.1.1.2.
[483] Como visto no item 2.1.5.
[484] Como visto no item 2.1.3.
[485] "Lack of information about arbitrators also affects how easy it is for new arbitrators to get appointments. Career highlights from the legendary arbitrators are often woven into reputational stories that sound more like hagiographies than biographies. But newer, highly skilled arbitrators can labor in obscurity for what seems like a professional eternity without catching the collective eye of the international arbitration community" (ROGERS, Catherine. Chapter II: the arbitrator and the arbitration procedure, transparency in arbitrator selection cit., p. 84).
[486] Citam-se como exemplos: MOURRE, Alexis. The case for the publication of arbitral awards. *In*: MALATESTA, Alberto; SALI, Rinaldo (ed.). *The rise of transparency in international arbitration*: the case for the anonymous publication of arbitral award. New York: JurisNet, 2013. p. 65-66; SALI, Rinaldo. Transparency and confidentiality: how and why to publish arbitration decisions cit., p. 83; ROGERS, Catherine. Chapter II: the arbitrator and the arbitration procedure, transparency in arbitrator selection cit., p. 75-85.

ção, ao decidir pela divulgação, poderá entrar em conflito ou desagradar tais pessoas, que são também seus clientes.[487]

Para evitar que tal conflito impeça totalmente a divulgação do nome dos árbitros, uma alternativa possível é a instituição prever que caberá aos árbitros decidir se a sentença será publicada sem ou com seus nomes. Não se trata de conferir ao árbitro o poder de impedir a veiculação da sentença, mas apenas de impedir que a sentença seja divulgada com seu nome.

Caso adotada essa opção (que, entretanto, deve ser subsidiária), é importante que a sentença proferida por um tribunal só veicule o nome dos árbitros, se todos estiverem de acordo, pois a decisão é um produto conjunto.

Essa medida, embora não seja a ideal, ao menos contemplaria aqueles que desejam a divulgação de seu nome, inclusive como uma forma de construir ou de melhorar sua reputação dentro da comunidade.

4.2.2 Seleção das sentenças que devem ser levadas à publicação

Considerando-se que este trabalho defende que as partes possam se opor à publicação da sentença por meio do regime *opt out*, nem todas as sentenças proferidas em determinada instituição estarão aptas à divulgação. Portanto, a escolha das partes é um critério que impede a publicação da sentença.

Outro critério de exclusão é recusar a publicação de casos que, mesmo tomando todos os cuidados possíveis, sua anonimização não é alcançada ou é atingida a custo de tornar a decisão pouco inteligível, não sendo viável sequer a divulgação de um resumo.

É possível, ainda, pensar em outras hipóteses em que a publicação não seja recomendável ou não seja útil. Considerando os tipos de sentenças[488] que podem resultar de um processo arbitral, em alguns casos

---

[487] Existem árbitros que também são advogados e, nesta última posição, são os principais responsáveis por escolher ou indicar uma instituição arbitral às partes, conforme visto no item 2.1.1 *supra*.

[488] A Lei de Arbitragem não define o conceito de sentença arbitral. Emprestando o conceito formulado por Cândido Rangel Dinamarco, é possível defini-la como o ato pelo qual o árbitro "dá uma definição à causa" (DINAMARCO, Cândido Rangel. *A arbitragem na teoria geral do processo* cit., p. 174). Eduardo Parente também utiliza definição semelhante (Cf. PARENTE, Eduardo de Albuquerque. *Processo arbitral e sistema* cit., p. 260). A sentença arbitral comporta

inexiste interesse na divulgação, por exemplo, algumas sentenças arbitrais terminativas,[489] como aquelas que extinguem o processo em virtude de desistência das partes ou da ausência de pagamento dos custos.

Em contrapartida, outras sentenças terminativas são de grande valor para publicação, pois podem contribuir para o desenvolvimento do Direito e para o aumento da segurança jurídica. Citam-se, em especial, as sentenças que tratam sobre a existência e os limites da jurisdição dos árbitros. Mas não só. Também podem ser extremamente interessantes as sentenças terminativas sobre litispendência, capacidade e legitimidade das partes, interesse de agir, entre outros pressupostos processuais arbitrais.[490]

No que diz respeito às sentenças de mérito, as únicas que apresentam pouca utilidade são as homologatórias de acordo (artigo 28 da Lei de Arbitragem), pois em regra a atividade criativa e decisória dos árbitros nesses casos é muito limitada.[491]

Todas as demais sentenças de mérito, sejam finais ou parciais,[492] devem ser divulgadas sem qualquer distinção, pois sua publicação produz inúmeros benefícios: desenvolvimento do Direito, segurança jurídica,

---

inúmeras classificações diferentes (tal como a sentença judicial). Não é objetivo deste trabalho fazer uma lista exaustiva dos tipos de sentenças arbitrais, cumprindo realizar tais classificações apenas na medida necessária.

[489] Uma das possíveis classificações das sentenças arbitrais é entre sentença de *mérito* e *terminativa*, sendo a primeira aquela que decide o litígio e segunda aquela que põe fim ao processo sem decidir o litígio (DINAMARCO, Cândido Rangel. *A arbitragem na teoria geral do processo* cit., p. 180-181).

[490] O tema dos pressupostos processuais não costuma ser abordado de forma sistematizada pela doutrina arbitral – ao menos não de forma tão robusta quanto a doutrina sobre o processo judicial. Há, todavia, aparente consenso de que os pressupostos processuais na arbitragem diferem em diversos aspectos do processo judicial. Portanto, ter acesso a tais sentenças seria de grande valor para o desenvolvimento da arbitragem. Sobre o tema: VALLE, Martim Della. Considerações sobre os pressupostos processuais em arbitragens. *Revista Brasileira de Arbitragem*, CBAr & IOB, v. III, n. 12, p. 7-30, 2006; PARENTE, Eduardo de Albuquerque. *Processo arbitral e sistema* cit., p. 156-164.

[491] Podem existir exceções, como sentenças homologatórias que enfrentem questões substanciais, como a análise sobre licitude ou não do acordo, ou que toma uma decisão relevante quanto à divisão dos custos da arbitragem.

[492] A sentença arbitral final é aquela em que o árbitro decide toda a causa, e a sentença parcial, em que decide apenas parte dela, sendo esta última expressamente prevista no artigo 23, § 1º, da Lei de Arbitragem.

avaliação do trabalho dos árbitros, ensinamentos sobre arbitragem, paridade de armas, entre outros.

Embora esse seja o cenário ideal, é preciso reconhecer que ele pode representar uma dificuldade prática para instituições que administram um grande volume de casos. Na CCI, por exemplo, foram proferidas 599 sentenças no ano de 2018.[493] Portanto, para algumas instituições, adotar outros critérios de escolha pode se justificar.

Em todo caso, é importante citar que a realidade enfrentada pelas instituições arbitrais brasileiras é distinta. Considerando as informações atualmente disponíveis, o CAM-CCBC é a instituição que teve o maior número de sentenças proferidas no ano de 2017: 57 sentenças finais. Em 2016, esse número foi de 23. Em segundo lugar está a CMA Ciesp/Fiesp, com 27 sentenças proferidas em 2017 e 25 em 2016.[494]

Não são números tão elevados a ponto de inviabilizar a publicação de todas as sentenças, ainda mais considerando os critérios de exclusão estipulados *supra*, que reduziriam ainda mais o número de sentenças aptas à publicação. Todavia, se mesmo assim as instituições arbitrais brasileiras considerarem necessário adotar outros critérios de exclusão, será preciso definir (e informar) quais são esses critérios.

Alguns autores sugerem que sejam publicadas apenas sentenças que afetem o interesse público[495] ou que envolvam questões jurídicas relevantes.[496] Todavia, são critérios relativos e pouco precisos e, portanto, devem ser afastados.

Ademais, decisões consideradas irrelevantes para uma pessoa podem ser de crucial importância para outras, e o fato de o mérito de uma decisão não envolver interesse público não torna sua divulgação inútil, pois ela ainda assim pode auxiliar na decisão de casos semelhantes, incrementar a segurança jurídica, ser uma forma de avaliação do trabalho do árbitro, revelar ensinamentos sobre arbitragem etc.

---

[493] "ICC Arbitration figures reveal new record for awards in 2018", Paris, 11 jun. 2019. Disponível em: https://iccwbo.org/media-wall/news-speeches/icc-arbitration-figures-reveal-new-record-cases-awards-2018/. Acesso em: 21 set. 2019.

[494] Informações coletadas do *Anuário de Arbitragem CESA 2017* (Disponível em: http://www.cesa.org.br/anuario_da_arbitragem_no_brasil_.html. Acesso em: 12 fev. 2019).

[495] SCHMITZ, Amy J. Untangling the privacy paradox in arbitration cit., p. 1245.

[496] SALI, Rinaldo. Transparency and confidentiality: how and why to publish arbitration decisions cit., p. 76.

Adotar critérios pouco objetivos abre margem para arbitrariedades, que podem interferir na construção da jurisprudência e gerar manipulação de dados. Por exemplo, se são publicadas diversas decisões em determinado sentido, mas não aquelas em sentido contrário, o debate público acerca de tais soluções é prejudicado, além de criar a aparência falsa de uma jurisprudência dominante e coerente.

A propósito, há autores que alegam que a escolha das sentenças publicadas atualmente feita pelas instituições já é enviesada, pois só seriam divulgadas decisões que vão ao encontro das opiniões e dos interesses da própria instituição.[497]

É uma alegação grave, mas não existem meios de ser confirmada. Entretanto, a falta de transparência das instituições sobre sua prática favorece esse tipo de elucubração. De fato, nenhuma das instituições abrangidas pela *Pesquisa Sentenças Publicadas* informa quais os critérios utilizados para escolher as sentenças levadas à publicação. Não obstante, na maioria dos casos, é expresso ou ao menos evidente que alguma seleção é feita.[498]

Portanto, caso seja necessário adotar outros critérios para escolher as sentenças que serão publicadas, é indispensável que estes sejam os mais

---

[497] "Researchers have noted that they cannot determine whether the sample of published awards is representative of the whole. However, it is in fact certain that this sample is biased. The arbitral institutions, which publish the majority of available awards, first choose which awards to publish and then seek the permission of the parties. This engenders the inescapable sensation that institutions are cherry-picking those awards that apply legal principles of which they approve, regardless of whether the weight of decisions rejects those principles" (KARTON, Joshua. A conflict of interests: seeking a way forward on publication of international arbitral awards cit., p. 476).

[498] Alexis Mourre estima que, dentre as sentenças proferidas na CCI no período de 1974 a 2013, no máximo 10% foram publicadas (MOURRE, Alexis. The case for the publication of arbitral awards cit., p. 64). Com relação às sentenças proferidas a partir de janeiro de 2019, a CCI expressamente se reserva o direito de não publicar decisões "a seu exclusivo critério", mas não informa qual critério é este (item 46 da "Nota às partes e aos tribunais arbitrais sobre a condução da arbitragem conforme o regulamento de arbitragem da CCI", de 1º de janeiro de 2019). O livro de sentenças do CAM Santiago afirma expressamente se tratar de uma "seleção" das sentenças proferidas em determinado período, mas também não informa o critério utilizado. O regulamento do ICDR é claro ao sustentar que poderá publicar decisões "selecionadas". O regulamento da Viac é silente, porém a instituição possui apenas um livro publicado com 60 sentenças, denominado *Selected Arbitral Awards*, evidenciando que houve uma seleção. Por fim, os regulamentos da SCC, do CAM B3 e da CAM Milano são silentes a respeito, não sendo possível aferir com certeza se alguma seleção é feita.

A PROPOSIÇÃO DE UM REGIME DE CONFIDENCIALIDADE MITIGADA

objetivos possíveis e que as instituições sejam transparentes em sua prática. Dessa forma, o leitor tem conhecimento das limitações da amostra divulgada e as instituições evitam alegações de arbitrariedade.

Nesse sentido, um critério possível é selecionar decisões com base na matéria ou no contrato envolvido, por exemplo, responsabilidade civil ou contratos de distribuição. Logo, ao menos dentro do universo escolhido, não são feitas distinções entre as sentenças, diminuindo o risco de ser criada uma jurisprudência artificial.

Ao selecionar esses critérios, é importante que as instituições priorizem os ramos do Direito ou os tipos de disputas cuja divulgação seja mais urgente ou que traga mais benefícios. Mencionem-se, por exemplo, litígios societários, que é um dos ramos que mais sofre com a falta de jurisprudência arbitral, como visto.[499]

Entretanto, reitera-se que o ideal, ao menos com relação às sentenças de mérito (já excluindo as homologatórias de acordo), é a publicação mais ampla possível, com a adoção de critérios adicionais de exclusão, apenas se a divulgação de todas as decisões for inviável em razão do grande volume de sentenças proferidas.

4.2.3 Formato da publicação

A Lei de Arbitragem não prescreve uma forma específica para as sentenças arbitrais, apenas exige conteúdo e requisitos mínimos, descritos no artigo 26. Dessarte, os árbitros têm grande liberdade no momento de redigir e formatar suas sentenças,[500] o que é, ademais, um reflexo da flexibilidade da arbitragem.

A partir da *Pesquisa Sentenças Publicadas*, foi possível notar que há uma grande variedade de forma e conteúdo entre as sentenças. Em alguns casos, os árbitros fazem longos resumos das alegações das partes[501] e das provas produzidas[502] e, em outros, não. Acerca da fundamentação, em

---

[499] Item 2.2.1.
[500] As instituições arbitrais podem fazer exigências adicionais quanto à forma e ao conteúdo da decisão, embora não seja prática comum. A esse respeito, destaca-se a prática da CCI, que "sugere" aos árbitros o atendimento de certos requisitos, presentes na "Lista de verificação para sentenças arbitrais da CCI" (Disponível em: https://cms.iccwbo.org/content/uploads/sites/3/2018/12/icc-award-checklist-portuguese-3.pdf. Acesso em: 19 set. 2019).
[501] CCI nº 18625.
[502] CAM Santiago nº 1740.

algumas decisões ela é concisa[503] e em outras é extensa.[504] No que toca à forma, algumas sentenças são divididas em vários subitens,[505] mas outras contam apenas com um ou dois tópicos.[506]

Essa diversidade interferirá na publicação, pois o formato adotado pelos árbitros pode não se enquadrar totalmente no formato escolhido pelas instituições para a publicação. Portanto, também com relação a esse aspecto, as instituições devem manter algum grau de flexibilidade. Diante disso, este item busca estabelecer aspectos gerais relativos ao modelo e formato de divulgação mais adequados.

Da Pesquisa realizada extraem-se três diferentes modelos de publicação: (i) um resumo do que foi decidido, no qual é relatado o que constou na decisão, sem transcrever trechos da sentença; (ii) um breve resumo acompanhado da decisão na íntegra, com as substituições e omissões necessárias para tornar a sentença anônima; e (iii) um rápido resumo acompanhado de excertos (trechos) da decisão, omitindo não só o necessário para a anonimização da sentença, mas também outras partes da sentença.

Das 21 sentenças analisadas: sete eram apenas um resumo;[507] sete apresentavam um resumo e a sentença na íntegra; e sete continham um resumo com excertos. Ou seja, não foi possível identificar, a partir da amostra analisada, se existe ou não um modelo predominante. Cumpre, assim, examinar as vantagens e desvantagens de cada formato.

A publicação apenas de um resumo, sem transcrever parte ou a totalidade da sentença, é a opção que oferece o menor risco de identificação das partes e do caso, como referido. Todavia, o resumo priva o leitor de acessar a decisão tal como elaborada pelo árbitro, impedindo que se verifique a qualidade de seu trabalho. Além disso, o resumo é inevita-

---

[503] SCC nº 36 e ICDR nº 379.
[504] No caso CCI nº 18830, os árbitros ocuparam várias páginas da decisão com o enfrentamento de cada uma das decisões trazidas pelas partes como fundamento de suas alegações, explicando os motivos pelos quais o entendimento de tais decisões poderia ou não ser transposto para o caso em questão.
[505] ICDR nº 152.
[506] CAM Santiago nº 1845.
[507] É digno de nota o caso particular das decisões da CAM B3: são divulgadas apenas ementas das decisões, conforme formato amplamente utilizado pelo Poder Judiciário. Neste trabalho, as ementas foram consideradas dentro da categoria "resumos".

velmente imbuído da interpretação daquele que o redigiu, o que gera o risco de distorção do conteúdo da sentença.[508]

Ademais, os resumos analisados na *Pesquisa Sentenças Publicadas* eram extremamente concisos,[509] limitando-se a relatar as principais conclusões da sentença. Isso restringe muito a utilidade da publicação, em especial seu papel como jurisprudência, pois sem saber detalhes do caso é difícil (ou impossível) transpor suas conclusões ou diferençá-lo de outros casos.[510] Logo, o resumo não é o formato mais adequado, especialmente considerando o modo como vem sendo elaborado pelas instituições pesquisadas.[511]

A publicação da decisão na íntegra é, sem dúvida, aquela que apresenta o nível mais elevado de transparência e, consequentemente, a que permite que se produza o maior número de benefícios. As *Guidelines for the Anonymous Publication of Arbitral Awards* sugerem esse modelo, com a divulgação do máximo conteúdo possível da sentença (só devem ser substituídas ou omitidas as informações necessárias para tornar a sentença anônima).[512]

---

[508] Esse risco será menor, se o resumo for elaborado pelo próprio julgador, em vez de um terceiro.

[509] Os resumos continham, em média, duas ou três páginas. O mais extenso tinha sete páginas (VIAC nº 5.176).

[510] "Se o objetivo de divulgar laudos arbitrais é o desenvolvimento de uma jurisprudência ou teoria do precedente arbitral, a publicação de ementas ou súmulas dos julgados iria na contramão" (ABBUD, André de Albuquerque Cavalcanti. Confidencialidade *vs.* publicação de sentenças pelas câmaras arbitrais: das regras às condutas cit., p. 378).

[511] "It is true that some institutions currently publish awards in such sanitised form. However, they have been criticised on the ground that their process sanitises awards to such an extent that the reader cannot determine the bases on which tribunals arrived at their decisions" (KARTON, Joshua. A conflict of interests: seeking a way forward on publication of international arbitral awards cit., p. 479).

[512] As *Guidelines* sugerem o seguinte procedimento: os elementos que podem levar à identificação das partes ou do litígio devem ser substituídos por termos genéricos ou por termos mais específicos, se necessário. Se, mesmo com a substituição, ainda for possível identificar as partes ou o litígio, então tais trechos devem ser omitidos, ou seja, a exclusão de trechos é medida subsidiária, utilizada apenas se for indispensável para tornar a sentença anônima (MILAN CHAMBER OF ARBITRATION. *Guidelines for the Anonymous Publication of Arbitral Awards*. Disponível em: https://www.camera-arbitrale.it/Documenti/guidelines_anonymaw.pdf. Acesso em: 15 set. 2019).

Esse formato, além de promover segurança jurídica e o desenvolvimento do Direito, é benéfico para o ensino sobre arbitragem, permitindo inclusive o aprendizado sobre como redigir (ou não redigir) uma sentença.

Além disso, a divulgação do relatório da decisão, em que geralmente são descritos os principais acontecimentos do processo, pode permitir que se conheça mais sobre a prática arbitral, bem como as preferências dos árbitros na condução do caso. Todavia, isso dependerá necessariamente de como o relatório foi elaborado (relatórios muito extensos ou que apenas citam os eventos ocorridos, sem explicá-los, serão de pouca serventia).

Pressupondo que a sentença seja publicada com o nome dos árbitros, a divulgação na íntegra possibilita avaliar o trabalho do árbitro sob diversos aspectos: seu conhecimento sobre a matéria em litígio; suas preferências na condução do procedimento; e, também, sua forma de redigir e fundamentar a decisão; fatores que importam às partes no momento de escolher um árbitro, como visto.[513]

Por outro lado, quando se analisa a questão pela perspectiva da instituição arbitral, conclui-se que a publicação na íntegra pode demandar um trabalho considerável para torná-la anônima (especialmente em decisões muito complexas e extensas), além de ser a que apresenta o risco mais elevado de identificação das partes e do caso, pois é a que divulga a maior quantidade de informações.

Mas não é só. A *Pesquisa Sentenças Publicadas* também mostrou que reproduzir a sentença na íntegra pode implicar transcrever trechos que, embora possam fazer sentido para as partes envolvidas no litígio e cumprir outras finalidades, são pouco ou nada relevantes para a compreensão da controvérsia ou da decisão.

Por exemplo, uma das sentenças conta com a relação de todos os documentos apresentados no curso do processo.[514] Em outra, foram

---

[513] Conforme exposto no item 2.1.1.2, as partes buscam um árbitro que, entre outras características, tenha especialização na matéria submetida à arbitragem e que elabore uma sentença de qualidade.

[514] Para ilustrar, transcreve-se a seguir um pequeno pedaço do trecho referido da sentença: "1.1 Prueba documental de la demandante. A. Em un otrosí de la demanda, a fs. 89, acompaña tres documentos, de los cuales sólo parte del primero en español, específicamente: 1. Copia del contrato suscrito entre las partes con fecha 16 de septiembre 2011. 2. Copia de

listadas todas as manifestações e eventos ocorridos durante o procedimento, inclusive com referência às folhas dos autos em que tais atos estão registrados.[515] Embora a divulgação desses trechos possa servir a outras finalidades, ela não contribui para a compreensão do caso.

Ademais, no esforço de anonimização da decisão, alguns trechos requerem tantas omissões e "remendos" que sua transcrição é inócua e atrapalha a leitura. Em uma das sentenças, por exemplo, foi transcrito o parágrafo de qualificação das partes, que continha tantas tarjas[516] que o tornaram ineficaz.

Todos esses trechos poderiam ter sido suprimidos ou substituídos por um breve resumo, sem nenhum prejuízo para a compreensão da controvérsia ou da decisão. E mais, a omissão produziria um ganho em matéria de eficiência, pois a publicação ficaria mais enxuta e restrita ao conteúdo mais relevante.

É claro que suprimir trechos "pouco relevantes" implica admitir um grau de subjetividade na publicação, pois caberá ao editor julgar quais partes devem ou não permanecer. Isso pode ser considerado um aspecto negativo da publicação de excertos, mas precisa ser sopesado com as vantagens associadas a esse mesmo modelo.

Do exposto conclui-se que a divulgação de um breve resumo seguido da sentença na íntegra ou de um resumo acompanhado de excertos são

---

carta de fecha 23 de octubre de 2012, emitida por M.A., en representación de ZZ. 3. Boletines de Servicios de Alerta emitidos por ZZ. B. En escrito de fs. 499, la demandante acompaña diez documentos, de los cuales sólo los referidos em números 2, 3 y 10 están en idioma español. Son los siguientes: 1. Folleto promocional emitido por ZZ respecto del modelo 'MD1' [...]" (CAM Santiago nº 1740).

[515] Para ilustrar, transcreve-se uma pequena parte do referido trecho: "A fs. 185 y siguientes, consta la réplica de la demanda reconvencional por la parte de ZZ. A fs. 191 y siguientes, consta la dúplica a la demanda reconvencional, presentada por XX. A fs.201, por resolución de fecha 3 de enero de 2014, se citó a las partes a audiencia de conciliación, para el día 10 de enero del mismo año" (CAM Santiago nº 1841).

[516] O trecho mencionado é o seguinte: "LODO RITUALE nel procedimento prot. n. [1062] tra [ATTRICE] di [AA], in persona del [...], Sig. [AA], C.F. [...], P. IVA [...], com sede in [...], Via [...], n. [...], apresentata e difesa, come da procra in calce alia domanda di arbitrato rituale, dall'Avv. [AVVOCATO A1], presso il cui studio in [...], n. [...], è elletivamente domiciliata (di seguito, per brevità, '[ATTRICE]') - attrice - e [Convenuta] A.G., società di diritto svizzero, com sede in CH [...] (Svizzera), [...] Strasse, [...], P.O. Box [...], in persona del legale rappresentante pro tempore (si seguito, per brevità '[CONVENUTA]') - convenuta contumace" (CAM Milano nº 6210).

ambos adequados. Contudo, representam benefícios e riscos diversos, que devem ser avaliados pela instituição ao escolher qual formato adotar. Em contrapartida, a publicação apenas de um resumo representa mais desvantagens do que vantagens, sendo desaconselhável sua utilização.

Ainda no tocante ao formato, com base na *Pesquisa Sentenças Publicadas* é possível tecer os seguintes comentários e recomendações adicionais.

Todas as publicações indicam palavras-chave ou temas centrais abordados, ferramenta muito útil para pesquisas de jurisprudência e que deve ser adotada.

Também é recomendável atribuir um número de referência para a sentença, que pode ser real ou fictício,[517] para facilitar futuras alusões ao caso (todas as decisões analisadas, com exceção das publicadas pela CAM B3, adotam essa prática).

Ademais, sugere-se que toda alteração no texto original seja sinalizada, por exemplo, utilizando caixa alta, sublinhado ou colchetes, para que o leitor diferencie o texto original do trabalho de edição.[518]

Por fim, o último ponto a ser analisado quanto ao formato diz respeito ao meio pelo qual a sentença deve ser divulgada: digital ou físico. Disponibilizar as sentenças em meio digital com acesso livre e gratuito é a opção que mais prestigia a transparência e a paridade de armas.[519] Assim o faz a CAM B3, que apresenta em seu *site* todas as decisões já

---

[517] Nesse sentido, veja sugestão das *Guidelines* da CAM Milano: "2.2. Arbitration number (for institutional arbitration). The identifying number of the proceedings is indicated, and a different progressive numbering can be adopted, conventionally established by the person in charge of the publication" (MILAN CHAMBER OF ARBITRATION. *Guidelines for the Anonymous Publication of Arbitral Awards* cit.).

[518] Nesse sentido, veja sugestão das *Guidelines* da CAM Milano: "3.4. Electronic version of the award. When the text of the award is available in an electronic format, the omitted words or phrases are replaced with square brackets containing either suspensions dots (if the words or phrases will not be replaced) or substituent words or phrases (if the words or phrases should be replaced with other expressions). In any event, substituent or added words and phrases when compared to the original text are written in capital letters or highlighted".

[519] "The best way to guarantee massive access is that the awards were uploaded to the institutions' web-pages" (VILLAGGI, M. Florencia. International commercial arbitral awards: moving from secrecy towards transparency?. *Young ICCA Blog*, 14 jan. 2013, p. 19. Disponível em: http://www.youngicca-blog.com/international-commercial-arbitral-awards-moving-from-secrecy-towards-transparency/. Acesso em: 25 set. 2019).

publicadas; e a CAM Milano, que dispõe em seu *site* algumas, mas não todas, sentenças já divulgadas.

Outra opção é colocar à disposição em meio digital mediante uma plataforma de acesso restrito, como é o caso do *Kluwer Arbitration*, aberto apenas a assinantes. As sentenças da CCI, SCC e VIAC foram obtidas por intermédio desse veículo.[520]

O meio físico (livros, revistas) é o que menos prestigia a transparência, pois, mesmo se a publicação for gratuita, há limitações de alcance (um livro publicado por uma instituição estrangeira pode não ser distribuído em solo brasileiro) e de espaço (algumas sentenças arbitrais são muito extensas, o que pode inviabilizar sua publicação por meio físico).

Dentre as instituições pesquisadas, as sentenças da CAM Santiago e do ICDR estavam disponíveis apenas em livros.

Portanto, o ideal é que as instituições disponibilizem as sentenças em meio digital e de forma gratuita. Todavia, não é possível exigir das câmaras que o façam gratuitamente, pois são entidades privadas. Ademais, cobrar pelo acesso a tais sentenças é uma maneira de amortizar e diluir os custos da publicação, para que estes não recaiam somente sobre as partes – afinal, a publicação de sentenças produz benefícios a toda a sociedade, e não só aos usuários da arbitragem. Portanto, é razoável esperar que algum valor seja cobrado, por mais que não seja o cenário desejado.

4.2.4 Tempo de espera entre o proferimento da sentença e sua publicação

Tendo em vista a necessidade de proteger a identidade das partes e do litígio, alguns autores sugerem que se aguarde um tempo entre o proferimento da decisão e sua divulgação.[521] Sentenças recentes podem dizer respeito a fatos também recentes, o que pode facilitar a associação dos fatos descritos na decisão a determinada pessoa ou acontecimento, levando à identificação das partes.[522]

---

[520] A VIAC e a CCI, além de disponibilizarem as decisões no Kluwer, lançaram um livro com tal conteúdo.

[521] BERGER, Renato; CARVALHO, Rafael Villac Vicente de. Em prol da "jurisprudência" arbitral societária cit., p. 207.

[522] Citam-se, como exemplo, os fatos revelados na Operação Lava Jato, que foram (e ainda são) amplamente divulgados pela mídia. Uma sentença arbitral que, de alguma forma, se

Entretanto, há autores que defendem que a publicação ocorra logo após o proferimento da decisão,[523] para permitir acesso aos entendimentos mais atuais e evitar anacronismos.

Ambas as preocupações são válidas, sendo necessário encontrar uma solução que as acomode da melhor forma possível, ou seja, é preciso que o tempo de espera para divulgar a sentença seja suficiente para que os fatos do litígio "esfriem", mas não tão longo a ponto de deixar a decisão obsoleta.

O problema é que não existem fundamentos objetivos para embasar essa escolha. Assim, as instituições devem utilizar de sua experiência própria para estimar um tempo adequado. É possível que essa estimativa varie a depender dos fatos do caso concreto, porém, como as instituições devem aos seus clientes segurança jurídica e tratamento isonômico, é recomendável que se adote um único critério temporal, ainda que ele possa comportar exceções em determinados casos.

As sugestões da doutrina variam entre um[524] e dois anos.[525] No que tange às instituições pesquisadas, a CCI costumava aguardar três anos,[526] mas em sua nova política de publicação reduziu tal prazo para dois, sendo permitido às partes estipular um prazo mais longo ou mais curto.[527] Nenhuma outra instituição pesquisada informa se adota algum critério temporal.

Da *Pesquisa Sentenças Publicadas* não foi possível extrair uma prática comum nesse tocante. Nos casos em que esse exame foi possível,[528] os

---

relacione a tais fatos, se divulgada enquanto a Operação está sob os holofotes, poderia permitir a identificação das partes ou do litígio subjacente, mesmo com o esforço de omitir o nome das partes.

[523] KUYVEN, Luiz Fernando Martins. O necessário precedente arbitral cit., p. 295-315.

[524] KARTON, Joshua. A conflict of interests: seeking a way forward on publication of international arbitral awards cit., p. 480; VILLAGGI, M. Florencia. International commercial arbitral awards: moving from secrecy towards transparency? cit., p. 20.

[525] BERGER, Renato; CARVALHO, Rafael Villac Vicente de. Em prol da "jurisprudência" arbitral societária cit., p. 207.

[526] MOURRE, Alexis. The case for the publication of arbitral awards cit., p. 68.

[527] Esse critério é aplicável apenas para as sentenças proferidas a partir de janeiro de 2019, conforme item 42 da "Nota às partes e aos tribunais arbitrais sobre a condução da arbitragem conforme o regulamento de arbitragem da CCI", de 1º de janeiro de 2019.

[528] Das vinte e uma decisões analisadas, nove não informaram a data de proferimento de sentença e doze informaram. Todavia, dentre as doze que informaram, as três decisões

resultados foram muito díspares, indo de 1 até 21 anos de intervalo, mais especificamente: 1 ano (VIAC nº 5.277); 2,5 anos (todas as três sentenças do CAM Santiago); 3 anos (VIAC nº 5176); 6 anos (ICDR nº 379); 20 anos (SCC nº 107 e nº 36); e 21 anos (VIAC nº 4403).

Diante do exposto, parece ser bem aceito que se aguarde pelo menos um ano após a prolação da sentença para que ela seja divulgada, podendo tal prazo ser estendido para até dois anos.

Conquanto seja possível extrair esse prazo mínimo, nenhum autor ou instituição fala sobre eventual prazo máximo, a partir do qual a publicação não seria recomendável. Não nos parece necessário prever um limite máximo, pois isso é prejudicial à transparência. Ademais, há decisões antigas que ainda possuem valor e são atuais. Portanto, ainda que seja recomendável não demorar muito tempo para publicar a decisão, é importante deixar aberta a possibilidade de sua divulgação no futuro.

Essa opção acomoda aqueles casos que possam exigir um tempo maior de espera para resguardar o sigilo, bem como eventuais casos em que as partes tenham se oposto inicialmente à publicação, mas possam ter mudado de ideia posteriormente.

Em qualquer hipótese, como referido anteriormente, reputa-se essencial que as publicações informem, senão a data completa, ao menos o ano em que a sentença foi proferida, para que o leitor interprete a decisão em conformidade com o contexto histórico-temporal em que foi proferida.

4.2.5 Procedimento adequado e pessoa responsável por elaborar a publicação

Um tema relevante que deve ser decidido pelas instituições arbitrais é qual procedimento adotar para a elaboração da publicação, em especial, quem será o responsável por editar a sentença. Vislumbram-se três possibilidades: a própria instituição, os árbitros ou terceiros.

Esclareça-se que o responsável pela edição não precisa necessariamente ser aquele que vai divulgar a sentença. Portanto, por exemplo, a instituição pode se ocupar do trabalho de edição, mas optar por publicá-la em um veículo de terceiro.

---

da CAM Milano não especificaram a data da publicação da sentença, o que também obstou a análise.

As *Guidelines* da CAM Milano não abordam essa questão e nenhuma das instituições abrangidas pela *Pesquisa Sentenças Publicadas* esclarece em seus regulamentos qual é o procedimento adotado. A doutrina apresenta algumas sugestões.

Um autor sugere que os árbitros deveriam alocar as informações confidenciais e as não confidenciais em diferentes capítulos da sentença, possibilitando que os capítulos não confidenciais fossem automaticamente publicados.[529]

Outro sugere que as partes indiquem em suas petições quais informações são confidenciais, a fim de possibilitar que os árbitros elaborem duas versões da sentença, uma com os dados sigilosos para envio às partes e outra sem os dados sigilosos para publicação.[530]

Também foi mencionada a criação de um órgão estatal nacional[531] ou internacional,[532] para onde todas as sentenças arbitrais proferidas seriam

---

[529] "Arbitrators should be instructed to write awards in such a way that aspects of the decision that deal with weighing evidence or that would enable identification of the parties are separated from legal issues of general application. For example, an award can begin with a recitation of the evidence and the facts found by the tribunal; a separate section can deal with applicable legal and procedural issues; a third section can deal with the application of the law to the facts and such matters as the allocation of costs. For publication, the first section would normally remain confidential in its entirety, the second would normally be published in its entirety, and the third would be edited to remove or paraphrase passages that would reveal the parties' identities or any proprietary information" (KARTON, Joshua. A conflict of interests: seeking a way forward on publication of international arbitral awards cit., p. 479).

[530] "The paper suggests an automatic mechanism of publishing arbitral awards by requiring the parties to the dispute to identify confidential part in their respective submissions. As such, the arbitrators will pay due regard to the confidential information so that when they draft their award, they should prepare two separate awards, one with the confidential parts (confidential edition) and another one without confidential parts (non-confidential edition). It follows that the non-confidential edition will immediately be subject to full publication" (Lo, Chang-fa. On a balanced mechanism for publishing arbitral awards cit., p. 247).

[531] "Under this proposal, a state-based institution would be created whose responsibility it is to review all arbitral awards from arbitrations seated in the state, and then summarize the legal elements of those awards. This would provide for the systematic consideration of all awards, and a comprehensive publication of important and novel legal findings by tribunals. Under this approach, an arbitral tribunal would be required to submit an unsanitized award to this state-based institution" (COMRIE-THOMSON, Paul. A statement of arbitral jurisprudence: the case for a national law obligation to publish international commercial arbitral awards cit., p. 296-297).

encaminhadas, possibilitando a edição e a publicação de modo uniforme e centralizado por esse terceiro.

Há, por fim, a sugestão de criar uma base de dados que pudesse editar e divulgar as sentenças de modo centralizado, semelhante ao *Case Law on Uncitral Texts* ("Clout"),[533] que reúne sentenças judiciais e arbitrais sobre as convenções da *United Nations Commission on International Trade Law* ("Uncitral").[534]

Todavia, a nosso ver, nenhuma das soluções sugeridas pela doutrina é acertada. O item 3.3 *supra* analisou o papel da regulamentação estatal na promoção da transparência, no qual se concluiu que, embora seja um meio eficiente, não é adequado, pois o nível de intervenção estatal na arbitragem deve ser reduzido, privilegiando a flexibilidade e a autonomia do instituto. Logo, rejeita-se a ideia de criar um órgão nacional ou internacional para esse fim (este último caso seria ainda mais difícil, pois dependeria da concordância de diversos países).

A criação de uma base de dados que reunisse e divulgasse as sentenças arbitrais de maneira uniforme e centralizada seria extremamente positiva, mas encontra empecilhos de ordem prática. O principal deles é assegurar que todas as instituições arbitrais enviem suas sentenças para essa ferramenta. Como as instituições são entes privados, não há meios de garantir que isso aconteça, o que, por si só, elimina a ideia de uma ferramenta única.

Nesse sentido, o *Kluwer Arbitration* e o *Arbitrator Intelligence* são exemplos de base de dados que reúnem sentenças arbitrais, mas não são as fontes únicas nem exclusivas de sentenças arbitrais.[535] Ainda, com relação ao *Kluwer*, não se sabe se ele é de fato o responsável por fazer

---

[532] "It has been suggested that a public regulatory body in charge of overseeing and regulating arbitral institutions and keeping a depository of arbitral awards, statistics and other arbitration-related information should be established. Such an international institution has to be created by a new treaty or by amending the New York Convention" (ZLATANSKA, Elina. To publish or not to publish arbitral awards: that is the question... *Arbitration: The International Journal of Arbitration, Mediation and Dispute Management*, Thomson Reuters – Sweet & Maxwell, v. 81, n. 1, p. 35, fev. 2015).

[533] Disponível em: https://uncitral.un.org/en/case_law. Acesso em: 26 set. 2019.

[534] MOURRE, Alexis. The case for the publication of arbitral awards cit., p. 66.

[535] As sentenças da CCI, por exemplo, são primeiro divulgadas no *Yearbook Commercial Arbitration*, publicado pelo *International Council for Commercial Arbitration* (ICCA). Essa publicação também é disponível para consulta no *Kluwer* e, além disso, a CCI republica em um livro

o trabalho de edição, ou se apenas divulga as sentenças que recebe. O *Arbitrator Intelligence*, por sua vez, depende do envio de sentenças pelas partes e advogados, as quais são publicadas tal como enviadas pelos seus colaboradores, sem nenhuma edição.

Portanto, a opção de uma única entidade (*i.e.*, um terceiro) ficar responsável pelo trabalho de edição e/ou de publicação das sentenças não é factível no contexto da arbitragem.

Outras sugestões da doutrina buscam imputar ao árbitro a tarefa de elaborar a publicação. O mecanismo "automático" sugerido é, a nosso ver, impraticável, pois pode ser extremamente difícil separar em capítulos diferentes da sentença as informações que podem ser divulgadas daquelas que não o podem, o que, ademais, pode resultar em uma parte "publicável" incompreensível.

Além disso, imputar ao árbitro um formato rígido da sentença não se coaduna com a flexibilidade da arbitragem. O modo de elaborar e redigir uma decisão faz parte do conjunto de habilidades de uma pessoa, aspecto levado em consideração pelas partes ao indicar árbitro e, portanto, não é apropriado impor um formato comum a todos.

Por fim, a sugestão de que os árbitros elaborem duas versões da sentença, uma para as partes e outra publicável, é extremamente ineficiente, pois implicaria o aumento dos honorários dos árbitros e/ou do tempo de proferimento da decisão. Ademais, como as partes e seus advogados provavelmente ficariam desgostosos com tais consequências, eles passariam a evitar a publicação sempre que possível, gerando um efeito colateral indesejado.

Também por esse motivo, não é recomendável que as partes participem do trabalho de edição – seja indicando quais informações são sigilosas, seja com a possibilidade de avaliar o trabalho feito[536] – pois isso pode dar azo a inúmeros incidentes, que apenas alongariam o tempo do processo.

---

próprio (*Collection of ICC Arbitral Awards*) as decisões previamente divulgadas no *Yearbook* e no *Kluwer*.

[536] A esse respeito, vide sugestão de Joshua Karton, que se reputa inadequada: "Prior to publication, the administering institution will provide to the parties the text to be published. Parties will have the right to object to the proposed text and will have to provide grounds for removing objectionable details from the publishable version of the award" (KARTON, Joshua. A conflict of interests: seeking a way forward on publication of international arbitral awards cit., p. 479).

Em outras palavras, questões relacionadas à publicação da sentença não devem integrar o objeto da arbitragem, nem ser uma função do árbitro, enquanto não for proferida a sentença arbitral.

Assim, somente seria possível delegar esse trabalho ao árbitro após o fim do processo arbitral, para não interferir em seu andamento. Contudo, ainda assim essa parece não ser a melhor escolha.

A jurisdição dos árbitros encerra-se com o proferimento da sentença ou da decisão de pedidos de esclarecimentos (artigo 29 da Lei de Arbitragem)[537] e, portanto, elaborar a publicação não estaria contemplada no *munus* do árbitro, configurando um serviço adicional que ele pode ou não concordar em prestar, podendo inclusive exigir pagamento para tanto.

Ademais, essa opção torna difícil manter alguma uniformidade entre as publicações, pois seriam pessoas diversas fazendo o trabalho de edição, com pouca ou nenhuma ingerência da instituição sobre esse trabalho.

Em face do exposto, a melhor alternativa é a própria instituição arbitral preparar as sentenças para publicação, pois assim é possível ter controle sobre os parâmetros utilizados, assegurando uniformidade entre as publicações.

Além disso, com essa opção, os custos da transparência não ficam restritos às partes que permitem a publicação. Tal custo, provavelmente, será embutido no preço cobrado pela câmara por todos os seus serviços, viabilizando sua diluição e compartilhamento com outras pessoas, mesmo se elas optarem por não autorizar a publicação em seu caso concreto. Como mencionado, tendo em vista que os benefícios da publicação não atingem somente as partes entre as quais a sentença é proferida, é razoável que seus custos sejam compartilhados.

Outrossim, as instituições podem fazer parcerias com outras empresas (editoras, por exemplo), seja para elaboração da sentença, seja para sua divulgação. Nessa hipótese, será indispensável a celebração de um acordo de confidencialidade entre a instituição e a empresa, a qual potencialmente terá acesso a informações sigilosas. Em todo caso, a responsabilidade pela publicação perante as partes continuará sendo da instituição arbitral, ainda que ela terceirize o serviço.

---

[537] "Art. 29. Proferida a sentença arbitral, dá-se por finda a arbitragem [...]"

Não obstante, o trabalho de edição deve ser realizado por alguém que detenha conhecimentos jurídicos[538] e que possa avaliar corretamente se a publicação atende ao requisito do anonimato. Ademais, alocar uma pessoa ou um grupo de pessoas especificamente para essa tarefa pode oferecer ganhos de qualidade e de eficiência, "profissionalizando" o trabalho de edição e publicação.

4.3 Publicação de outras decisões do tribunal arbitral (ordens processuais)

4.3.1 Considerações iniciais

No curso do processo arbitral, os árbitros proferem inúmeras decisões que não são sentenças, isto é, cujo objetivo não é "dar uma definição à causa",[539] mas decidir questões incidentais ou simplesmente dar andamento ao processo. Tais decisões costumam ser denominadas "ordens processuais" ("OP") e é esse o termo que será utilizado neste trabalho.[540]

Como visto na Parte I deste trabalho, a publicação de ordens processuais pode gerar vários benefícios[541], portanto, a divulgação de tais atos é de extrema relevância para a arbitragem, sendo altamente recomendável

---

[538] "Maybe needless to say, given the conceptual and not merely executive character, the Guidelines shall be handled by persons with a specific legal training" (COMOGLIO, Paolo; RONCAROLO, Chiara. Guidelines for publication of arbitral awards cit., p. 19).

[539] A Lei de Arbitragem não define o conceito de sentença arbitral. Emprestando o conceito formulado por Cândido Rangel Dinamarco, é possível defini-la como o ato pelo qual o árbitro "dá uma definição à causa" (DINAMARCO, Cândido Rangel. *A arbitragem na teoria geral do processo* cit., p. 174). Eduardo Parente também utiliza definição semelhante (Cf. PARENTE, Eduardo de Albuquerque. *Processo arbitral e sistema* cit., p. 260).

[540] A Lei de Arbitragem não adota esse termo tampouco faz distinção entre sentenças e outras decisões proferidas pelos árbitros. Todavia, este trabalho se vale do termo "ordem processual" por ser frequentemente utilizado na doutrina especializada e nas próprias decisões analisadas neste capítulo.

[541] Por exemplo: (i) melhorar a escolha do árbitro, pois seria possível aferir a afinidade do candidato com as preferências processuais da parte; (ii) aperfeiçoar a tomada de decisão das partes quanto às regras procedimentais mais adequadas; (iii) incrementar a paridade de armas; (iv) aumentar a eficácia da sanção reputacional; (v) promover segurança jurídica; (vi) aumentar a eficiência do processo com a disseminação de boas práticas; (vii) favorecer o desenvolvimento do Direito Arbitral; e (viii) fortalecer a autonomia e a legitimidade da arbitragem, incrementando seu componente autorreferencial.

que as instituições também adotem essa prática. A publicação das ordens processuais também deve se dar de forma anônima e seguindo os mesmos moldes para anonimização das sentenças, como disposto no item 4.2.1.

Aliás, os critérios definidos para a publicação de sentenças arbitrais aplicam-se em grande parte para a divulgação de outras decisões dos árbitros. Tanto assim que as *Guidelines for the Anonymous Publication of Arbitral Awards* da CAM Milano explicam que seu escopo vai além das sentenças, abarcando qualquer decisão proferida no curso da arbitragem.

Todavia, a equiparação nem sempre se mostra adequada, sendo necessário fazer algumas distinções, como se verá nos próximos itens. As conclusões expostas a seguir são feitas principalmente com base na análise de exemplos práticos de ordens processuais já publicadas (doravante denominada "*Pesquisa OPs Publicadas*").

Por meio dessa Pesquisa, constatou-se que a divulgação de ordens processuais é bem menos frequente do que a de sentenças. Não foi localizada nenhuma publicação ou livro que veiculasse exclusivamente ordens processuais e, aparentemente, nenhuma instituição adota a prática de divulgar essas decisões de forma consistente ou periódica.

Foram identificadas apenas decisões esparsas por meio da plataforma *Kluwer Arbitration*. Dentre as decisões encontradas, foram excluídas da Pesquisa aquelas que revelam a identidade das partes, por fugir da premissa estabelecida anteriormente.

Todas as demais foram incluídas,[542] totalizando 20 ordens processuais, das quais: (i) nove foram proferidas em arbitragens administradas pela CCI; (ii) sete foram proferidas em arbitragens administradas pela *Swiss Chambers' Arbitration Institution* ("SCAI"); e (iii) quatro foram proferidas em arbitragens *ad hoc*.

A CCI e a SCAI não preveem em seus regulamentos a possibilidade de divulgação de outras decisões que não sentenças arbitrais. Portanto, a análise dos regulamentos dessas instituições não teve utilidade para esta parte do estudo.

Todas as decisões abrangidas pela *Pesquisa OPs Publicadas* foram divulgadas no *ASA Bulletin*, uma revista editada pela *Association Suisse de l'Arbitrage*, disponível apenas para membros ou assinantes do *Kluwer*.[543]

---

[542] Com exceção de uma decisão publicada na língua francesa, que também foi excluída.
[543] Informações disponíveis em: https://www.arbitration-ch.org/en/publications/asa-bulletin/index.html. Acesso em: 11 out. 2019.

A maioria das decisões foi publicada no volume 28 (*issue 1*) e no volume 36 (*issue 3*) da revista, que foram edições temáticas sobre, respectivamente, pedido cautelar de depósito para assegurar os custos da arbitragem (*security for costs*) e sobre suspensão da arbitragem. Portanto, a maior parte das ordens processuais abrangidas na Pesquisa refere-se a esses dois assuntos.[544]

Todos os detalhes da *Pesquisa OPs Publicadas* constam nos Anexos 13 e 14, mas os tópicos a seguir destacam os aspectos mais relevantes.

4.3.2 Seleção das decisões que devem ser levadas à publicação

Ao longo do processo arbitral, podem ser proferidas ordens processuais com conteúdo muito diverso. Elas podem apenas dar regular andamento ao processo (algo semelhante ao que se convencionou chamar de "despachos de mero expediente" no processo judicial), mas também podem decidir questões mais complexas, como pedidos cautelares, a forma de produzir uma prova, pedido de consolidação de procedimentos, pedido de inclusão ou exclusão de partes, admitir ou não novos pedidos, entre muitas outras possibilidades.

Além do conteúdo, o número de ordens proferidas pode variar muito caso a caso. Esses fatores dificultam uma prática ampla de publicação de ordens processuais, seja porque muitas delas não revelam interesse na divulgação, seja pelo fato de a quantidade de decisões proferidas poder aumentar muito os custos da publicação.

Assim, diferentemente da publicação de sentenças arbitrais (em que se advogou por uma ampla divulgação, ao menos no tocante às sentenças de mérito), para viabilizar a publicação de ordens processuais é necessário estabelecer critérios de seleção diferentes.

Para defini-los, é importante ter em mente o objetivo que se busca atingir com a publicação de tais decisões. A nosso ver, a publicação de

---

[544] Nota-se, assim, que a *Pesquisa OPs Publicadas* encontrou mais limitações do que a *Pesquisa Sentenças Publicadas*, pois somente foi possível analisar a prática de duas instituições, a partir da publicação de uma única revista, e basicamente acerca de dois temas. É um limitador relevante, pois, como se verá, as ordens processuais podem abranger conteúdos muito diversos e, portanto, seria muito importante analisar decisões sobre temas variados. Contudo, mesmo após extensa pesquisa, não foi possível localizar outras ordens processuais além daquelas englobadas neste estudo, o que nos leva a crer que se trata de um limite imposto pela pouca transparência da arbitragem.

ordens processuais tem como finalidade principal disseminar o conhecimento sobre o Direito Processual e, também, permitir sua evolução.

Logo, o que vai definir se uma ordem processual deve ou não ser publicada não é o assunto ou o objeto que ela decide, mas sim suas características: se ela veicular (explícita ou implicitamente) ensinamentos replicáveis sobre Direito Processual, então ela deve ser divulgada pela instituição.

Nessa categoria estão decisões que, por exemplo: (i) esclareçam o alcance e a aplicação de princípios processuais na arbitragem; (ii) reflitam práticas comumente adotadas, mas cujo conhecimento ainda é restrito aos *repeat players*; (iii) contenham práticas inovadoras ou pouco usuais, que possam contribuir para a evolução do Direito; e (iv) auxiliem na interpretação e aplicação do regulamento da instituição.

Consequentemente, estão excluídas da publicação as ordens processuais que se limitam a dar andamento ao processo sem atingir as finalidades referidas acima.

Reconhece-se que os critérios aludidos não são tão objetivos quanto aqueles estabelecidos para a publicação de sentenças. A adoção de critérios pouco objetivos foi criticada no item 4.2.2 *supra*. Naquela oportunidade, foi sugerido que, se a instituição entender necessário adotar outros critérios de seleção além daqueles previstos para as sentenças de mérito, ela deveria optar por critérios objetivos, por exemplo, a matéria ou o contrato envolvido. Dessarte, ao menos dentro do universo escolhido, não são feitas distinções entre as sentenças, diminuindo o risco de manipulação da jurisprudência.

Todavia, para a publicação de ordens processuais não parece adequado utilizar como critério unicamente a questão decidida ou tema envolvido, pois nem todas as decisões sobre determinado tema revelam ensinamentos que possam ser aproveitados em outros casos (objetivo que ora se almeja).

No caso da divulgação das sentenças arbitrais, são buscados outros objetivos além da disseminação de conhecimento sobre o Direito (por exemplo, avaliar o trabalho do árbitro) e, por isso, faz sentido publicar uma sentença, mesmo se ela não contiver ensinamentos replicáveis.

Por conseguinte, não se considera adequado selecionar as ordens processuais que serão divulgadas apenas com base no assunto tratado, sem analisar seu conteúdo. Isso, porém, não impede que as instituições arbitrais elaborem publicações temáticas, nas quais são divulgadas de uma única vez diversas decisões relevantes sobre determinado tema (citam-se como exemplo as edições da *ASA Bulletin* mencionadas).

É uma prática recomendável e muito útil, pois a instituição tem a capacidade de aferir quais questões específicas sobre Direito Processual têm sido alvo de reiteradas controvérsias nos procedimentos por ela administrados. Assim, a instituição poderia organizar publicações para tratar especificamente desses temas, contribuindo de forma eficiente para o aprimoramento do Direito.

Em qualquer caso, reitera-se que, independentemente de qual o critério adotado pela instituição para escolher as ordens processuais publicáveis, o mais importante é que ela seja transparente sobre sua prática, para que o leitor saiba das limitações da amostra divulgada.

4.3.3 Quais informações devem constar da publicação

No item 4.2.1.3 *supra* foram analisadas as informações que precisam estar presentes na publicação de sentenças arbitrais.[545] Recomenda-se que tais informações também constem na divulgação das ordens processuais, com as adequações necessárias ao contexto e ao objetivo perseguido com a publicação dessas decisões.

Nas ordens processuais, questões envolvendo o mérito da arbitragem costumam ter importância secundária, pois elas não serão resolvidas nessas decisões, mas apenas em sentença. Portanto, para compreender uma ordem processual, não será sempre necessário detalhar o objeto da arbitragem, mas apenas o objeto daquela ordem processual específica.

Por exemplo, diversas ordens processuais da *Pesquisa OPs Publicadas* tratavam de pedidos de suspensão do procedimento. Os fundamentos dos pedidos eram diversos, como: existência de uma ação penal relacio-

---

[545] Em suma, foi sugerido que a publicação de sentenças arbitrais contenha as seguintes informações: (i) nome dos árbitros; (ii) número de árbitros; (iii) o procedimento de nomeação dos árbitros; (iv) sede da arbitragem; (v) lei aplicável; (vi) o nome da instituição; (vii) nacionalidade das partes; (viii) nome dos peritos indicados pelo tribunal arbitral; (ix) convenção de arbitragem; (x) língua do procedimento e se a decisão foi ou não traduzida; (xi) a data em que os fatos ocorreram; (xii) o tipo, natureza, o objeto e o contexto jurídico-econômico da controvérsia objeto da arbitragem, ainda que em termos genéricos; (xiii) os pedidos das partes; (xiv) o dispositivo; (xv) a decisão sobre custos; e (xvi) a data de proferimento da decisão.

nada aos mesmos fatos;[546] ajuizamento de ação de anulação da sentença parcial;[547] existência de decisão judicial que determinava a suspensão da arbitragem,[548] entre outros.

Apenas uma ordem processual sobre pedido de suspensão informou quais eram o contrato e a controvérsia que originou a arbitragem, e isso se deu porque, nesse caso específico, o pedido de suspensão tinha como fundamento a existência de outro procedimento arbitral paralelo,[549] ou seja, para compreender a ordem processual era necessário explicitar, ainda que brevemente, o objeto de cada um dos procedimentos.

Outras duas ordens processuais também expunham brevemente qual era o objeto do mérito da controvérsia,[550] o que se mostrou necessário, pois ambas envolviam pedidos de tutela cautelar, o que normalmente requer uma análise do mérito do litígio (*fumus boni iuris*), ainda que em cognição sumária. Fora esses três casos, nenhuma outra ordem processual abordava o objeto da arbitragem, o que não prejudicou a compreensão das decisões.

Em face do exposto, é possível afirmar que "os pedidos das partes" que devem constar na publicação são, em regra, apenas aqueles que circunscrevem a questão decidida pela ordem processual, e não os pedidos relacionados ao mérito da disputa. Igualmente, o "contexto jurídico-econômico da controvérsia" é somente aquele necessário para compreender a ordem processual. As questões de fundo (de mérito) só precisam ser informadas se forem necessárias para o entendimento da questão processual decidida.

O mesmo raciocínio aplica-se à "convenção arbitral". A a finalidade de transcrever a convenção de arbitragem é saber os limites da jurisdição dos árbitros, informação importante para compreender as sentenças, mas não necessariamente as ordens processuais.

Na *Pesquisa OPs Publicadas*, apenas uma decisão continha a convenção arbitral, pois a decisão fazia referência direta a ela. Tratava-se de um pedido conjunto das partes de suspensão do processo, com a consequente alteração do prazo para prolação da sentença consignado na

---

[546] OP CCI nº 09/2016.
[547] OP Ad Hoc nº 02.
[548] OP SCAI nº 09/2014.
[549] OP CCI nº 04/2008.
[550] OP CCI nº 2002 e OP CCI nº 04/2009.

cláusula compromissória e, por isso, a transcrição desta foi necessária. Contudo, as demais ordens processuais não continham a convenção arbitral e isso não prejudicou seu entendimento.

A inclusão do nome da instituição, por outro lado, adquire uma importância ainda maior no caso de ordens processuais, porquanto muitas questões de procedimento podem envolver a aplicação ou a interpretação do regulamento da instituição. Assim, saber o nome da instituição equipara-se a ter conhecimento do direito aplicável.

Revelar o nome e o número de árbitros que proferiram a ordem processual também é relevante, pois, assim como no caso das sentenças, a força de persuasão de uma ordem processual pode variar, a depender de quem a proferiu e se foi uma decisão singular ou colegiada.

Além disso, apontar o nome dos árbitros nas ordens processuais traria benefícios para o processo de indicação deles, pois as partes poderiam analisar se seu candidato tem afinidade com suas preferências processuais.

Todavia, infelizmente, nenhuma das 20 decisões abrangidas pela *Pesquisa OPs Publicadas* trazia o nome do julgador que a proferiu, e apenas sete delas revelaram o número de árbitros – prática que, a nosso ver, precisa ser mudada.

Por fim, na publicação das ordens processuais não é requisito explicitar a decisão sobre custos, pois, por via de regra, essa decisão somente será tomada em sentença. Tanto assim que apenas cinco ordens processuais abrangidas pela Pesquisa mencionaram a questão da divisão dos custos e todas elas diferiram para a sentença a decisão a esse respeito.

4.3.4 Tempo de espera entre o proferimento da decisão e sua publicação

No item 4.2.4 *supra*, concluiu-se ser recomendável esperar entre um e dois anos após a prolação da sentença para que ela seja publicada, de modo a agregar uma proteção adicional ao sigilo da identidade das partes e do litígio.

A *Pesquisa OPs Publicadas* mostrou que, em regra, a compreensão da ordem processual não será prejudicada, se forem omitidas as questões de mérito objeto da arbitragem. Como são as informações relativas ao mérito que têm o maior potencial de revelar a identidade das partes ou do conflito, o esforço de anonimização de uma ordem processual tende a ser menor, se comparado ao de uma sentença. Assim, o risco de violação da confidencialidade também é menor.

Portanto, o tempo de espera entre a prolação da ordem processual e sua publicação também pode ser reduzido. Se para as sentenças foi sugerido um prazo de um a dois anos, para as ordens processuais parece adequado estimar um prazo de seis meses a um ano.

Todavia, recomenda-se que a ordem processual seja divulgada somente após o encerramento do processo no qual ela foi proferida. Caso contrário, se eventualmente alguém conseguir identificar as partes por meio da ordem processual publicada, essa pessoa poderia tentar interferir no curso do processo, o que geraria ainda maiores prejuízos às partes. Publicar a ordem processual apenas depois do encerramento do processo evita essa situação.

Com base nisso, o tempo de espera entre a prolação da ordem processual e sua publicação pode acabar sendo ainda maior do que o tempo sugerido para a publicação da sentença. Todavia, é um cuidado importante a ser tomado para a preservação do sigilo e da privacidade do processo.

Nesse tocante, a *Pesquisa OPs Publicadas* mostrou resultados bastante distintos, com um lapso temporal entre a prolação da decisão e sua publicação variando de um até dez anos. O tempo médio encontrado foi de 4,6 anos.[551] Apesar desse resultado, entendemos ser possível e adequado publicar ordens processuais em um tempo menor, desde que o procedimento arbitral já tenha sido encerrado.

4.3.5 Formato da publicação

Como visto no item 4.2.3, todas as publicações de sentença arbitral adotaram o formato de resumo, acompanhado ou não de excertos ou da íntegra da sentença. Foi muito criticada a publicação que contém apenas um resumo da sentença, mas quando este é combinado com excertos ou com a íntegra da decisão, ele auxilia na sua anonimização, pois permite ocultar informações sigilosas, substituindo-as por resumo ou por paráfrase.

---

[551] Das vinte decisões analisadas, apenas uma não citava a data de proferimento da decisão. Os resultados obtidos em relação às outras dezenove foram: (i) três foram publicadas após um ano de seu proferimento; (ii) três após dois anos; (iii) cinco após quatro anos; (iv) duas após de sete anos; (v) duas após nove anos, e uma decisão de cada foi publicada após três, seis, oito e dez anos.

Ocorre que, como mencionado no item anterior, o trabalho de anonimização das ordens processuais tende a ser menor do que para uma sentença, porquanto aquelas não decidem questões de mérito e costumam ser menores do que estas últimas.

Portanto, o resumo mostra-se pouco necessário para a publicação de uma ordem processual, chegando a ser dispensável.

A *Pesquisa OPs Publicadas* demonstra isto: apenas uma publicação continha um breve resumo do caso seguido de excertos da decisão. Em outras dez, foram divulgados somente excertos e, nas nove restantes, a decisão foi publicada na íntegra (também sem resumo), sem que houvesse prejuízo para o entendimento da decisão.

Diante do exposto, para a publicação de ordens processuais, parece possível dispensar o resumo e divulgar apenas a decisão na íntegra ou em excertos. Isso significa um ganho de eficiência para a instituição arbitral, uma vez que o tempo e o trabalho para preparar a publicação serão menores.

4.4 Publicação das decisões em incidentes de impugnação dos árbitros

4.4.1 Considerações iniciais

O poder e a liberdade conferidos às partes para indicar árbitro são limitados pela exigência de que este seja independente e imparcial (artigo 13, § 6º, da Lei de Arbitragem). Quando uma parte considera que o árbitro indicado não cumpre essa exigência, ela pode impugná-lo.

Em arbitragens institucionais, a impugnação costuma ser decidida por membros ou órgãos internos (presidente, conselho etc.) da instituição.[552] Em arbitragens *ad hoc*, a impugnação é decidida pelos próprios árbitros.

---

[552] Por exemplo, na CAM B3, as impugnações são decididas pelo Presidente da Câmara de Arbitragem, com os Vice-Presidentes (item 3.12 do Regulamento). Já na AMCHAM é o conselho consultivo da instituição que decide (item 8.4 do Regulamento). No CAM-CCBC, a impugnação é julgada por um "Comitê Especial constituído por 3 (três) membros do Corpo de Árbitros nomeados pelo Presidente do CAM-CCBC", cabendo à parte que apresentou a impugnação arcar com os custos desse comitê (artigo 5.4 do Regulamento de Arbitragem).

O procedimento de impugnação (em inglês, *challenge*) é um componente essencial para a legitimidade da arbitragem,[553] pois busca assegurar o respeito ao devido processo legal e, consequentemente, a validade da sentença (artigo 32, III, da Lei de Arbitragem).

Ao mesmo tempo, determinar se o árbitro é independente e imparcial é uma das questões mais intrincadas da arbitragem, objeto de inúmeros trabalhos acadêmicos[554] e de decisões judiciais de grande repercussão.[555]

Não por outro motivo, um dos instrumentos de *soft law* mais utilizados pelos usuários da arbitragem trata sobre esse tema,[556] as "Diretrizes da IBA sobre Conflitos de Interesses em Arbitragem Internacional" (*IBA Guidelines on Conflicts of Interest in International Arbitration*).[557]

A metodologia adotada pelas Diretrizes foi a de descrever situações hipotéticas e classificar quais delas podem ou não configurar um conflito de interesse. É um instrumento de grande valia, porém a realidade é muito mais complexa e rica do que as situações abstratamente descritas nas Diretrizes. Portanto, a publicação das decisões que julgam impugnações de casos concretos auxiliaria muito na definição das situações de potencial conflito de interesse.

---

[553] BORN, Gary B. Institutions need to publish arbitrator challenge decisions. *Kluwer Arbitration Blog*, 10 maio 2010. Disponível em: http://arbitrationblog.kluwerarbitration.com/2010/05/10/institutions-need-to-publish-arbitrator-challenge-decisions/. Acesso em: 19 out. 2019.

[554] No Brasil, o estudo de Selma M. Ferreira Lemes é referência no assunto (LEMES, Selma M. Ferreira. *Árbitro*: princípios da independência e da imparcialidade. São Paulo: LTr, 2001). Mais recentemente, citam-se os trabalhos de Carlos Eduardo Stefen Elias e Ricardo Tadeu Dalmaso Marques (ELIAS, Carlos Eduardo Stefen. *Imparcialidade dos árbitros* cit.; MARQUES, Ricardo Tadeu Dalmaso. *O dever de revelação do árbitro*: extensão e consequências de sua violação cit.).

[555] Em 2017, o STJ negou reconhecimento de sentença arbitral estrangeira proferida em litígio entre Adriano Ometto Agrícola e Abengoa Bioenergia, por entender que havia dúvidas sobre a imparcialidade do árbitro presidente, uma vez que o seu escritório já teria prestado serviços a uma das partes (STJ, SEC nº 9412/US, Rel. p/ acórdão Min. João Otávio de Noronha, j. 09.04.2017).

[556] A maioria dos entrevistados na *Pesquisa Queen Mary 2015* (71%) respondeu já ter visto o *IBA Guidelines on Conflicts of Interest* ser utilizado na prática.

[557] As Diretrizes foram aprovadas em 2004 e revisadas em 2014. Existe uma versão oficial das Diretrizes na língua portuguesa. Disponível em: https://www.ibanet.org/Publications/publications_IBA_guides_and_free_materials.aspx. Acesso em: 26 out. 2019.

A publicação traria mais segurança jurídica para as partes, árbitros e para a própria instituição. No tocante às partes, elas teriam mais segurança a respeito de quais situações configuram ou não um conflito de interesses, podendo calcular melhor qual pessoa indicar e, também, quando é viável apresentar uma impugnação.

Para os árbitros, as decisões publicadas lhes dariam mais segurança para aceitar ou recusar uma indicação e, também, sobre quais circunstâncias devem revelar às partes. Para as instituições, os parâmetros estabelecidos em decisões anteriores (sejam proferidas por ela mesma, ou por outras instituições) podem ser de grande auxílio no julgamento de futuras impugnações, tornando o processo decisório mais eficiente.[558]

É verdade que as decisões proferidas pelas instituições arbitrais em procedimentos de impugnação não têm natureza jurisdicional, apenas administrativa. Assim, parece impróprio utilizar o termo "jurisprudência" ao tratar de tais decisões, mas isso não impede que a decisão exerça força persuasiva e auxilie na construção de um ambiente de maior previsibilidade e segurança jurídica, assim como fizeram as Diretrizes da IBA.

Além disso, a publicação permitiria estabelecer um *standard* de independência e imparcialidade próprio ao sistema arbitral brasileiro, diminuindo a necessidade de recorrer ao modelo imposto ao juiz estatal[559] ou ao modelo determinado para a arbitragem internacional (que é o foco das Diretrizes da IBA).

A publicação de tais decisões também possibilitaria extrair conclusões acerca da prática arbitral em geral e da própria instituição arbitral, por exemplo, quais os casos que mais geram impugnações, quanto tempo demora para uma impugnação ser julgada, qual é a porcentagem de impugnação julgada procedente, entre outros.[560]

---

[558] Nesse sentido, cita-se o exposto na introdução das Diretrizes da IBA: "É do interesse de todos na comunidade arbitral internacional evitar que os processos arbitrais sejam prejudicados por impugnações infundadas de árbitros e que a legitimidade do processo não seja afetada pela incerteza e falta de uniformidade na aplicação dos critérios de revelação, objeção e impugnação".

[559] Não se olvida que o artigo 14 da Lei de Arbitragem estabelece certa comparação entre os padrões de independência e imparcialidade dos árbitros e dos juízes. Contudo, não há total sobreposição, uma vez que o artigo 14 determina que os deveres e responsabilidades do juiz se aplicam "no que couber" ao árbitro. Portanto, há margem para a criação de um padrão próprio.

[560] Nesse sentido, a *London Court of International Arbitration* (LCIA) chegou às seguintes conclusões a partir das divulgação de suas decisões: (i) metade das impugnações tinha

Por último, a publicação dessas decisões aumentaria a legitimidade do processo arbitral, pois seria possível demonstrar às pessoas que os limites legais e éticos na nomeação de árbitros são devidamente respeitados. E, quando se entender que tais limites não foram respeitados, a comunidade arbitral tem a possibilidade de criticar tais decisões e, assim, permitir melhorias.

Por todas essas razões, publicar as decisões de impugnações é mais uma importante medida de transparência a ser adotada pelas instituições arbitrais brasileiras.

A forma de implementar essa publicação segue, *mutadis mutandi*, os mesmos parâmetros previstos para a publicação de sentenças arbitrais. A seguir, são feitos comentários sobre algumas adaptações necessárias.

Para elaborar tais adaptações, foi conduzida uma pesquisa a partir da prática de instituições que divulgam decisões de impugnações em formato anônimo, quais sejam: *London Court of International Arbitration* ("LCIA") e SCC (doravante denominada *"Pesquisa Decisões de Impugnações"*).

O ICSID também publica em seu *site* algumas (mas não todas) decisões proferidas em incidentes de impugnação (*decisions on disqualification*).[561] Contudo, elas não adotam o formato anônimo e, portanto, não foram incluídas na pesquisa.

A doutrina indica, ainda, que a CCI teria o costume de eventualmente publicar artigos contendo um panorama sobre suas decisões de impugnação, porém sem mencionar ou divulgar os casos de forma indi-

---

como fundamento o proferimento de uma decisão procedimental contrária aos interesses da parte, e não situações de conflitos de interesse; (ii) leva aproximadamente 27 dias para ser dada uma decisão sobre a impugnação, contados a partir da indicação do julgador pela câmara; (iii) apenas um quinto, ou 20%, das impugnações são julgadas procedentes (Informações disponíveis em: https://www.lcia.org//News/lcia-releases-challenge-deci sions-online.aspx. Acesso em: 26 out. 2019).

Embora o ICSID não publique todas as decisões proferidas em impugnações, a instituição divulga em seu *site* o nome e o número dos casos em que houve uma impugnação e se ela foi julgada procedente ou não. A partir desses dados, é possível chegar à seguinte conclusão: até 26 de outubro de 2019, foram registrados 77 casos em que houve uma impugnação, dos quais apenas cinco foram julgados procedentes (cerca de 6%). Informações disponíveis em: https://icsid.worldbank.org/en/Pages/Process/Decisions-on-Disqualification.aspx. Acesso em: 26 out. 2019.

[561] Disponíveis em: https://icsid.worldbank.org/en/Pages/Process/Decisions-on-Disqualifi cation.aspx. Acesso em: 26 out. 2019.

vidualizada.⁵⁶² A SCAI também adota prática semelhante, pois divulga em seu *site* um compilado de conclusões extraídas das decisões proferidas em incidentes de impugnação.⁵⁶³

Essas práticas não foram incluídas na Pesquisa, cujo escopo era analisar como se dá a publicação de decisões individualmente consideradas. Não obstante, é certo que a prática da CCI e da SCAI também contribui, ao menos em algum grau, para conferir mais segurança jurídica às partes e árbitros relativamente às situações que podem gerar conflitos de interesse.

Dentre as instituições incluídas na Pesquisa, a LCIA provavelmente foi a pioneira a divulgar tais decisões,⁵⁶⁴ que, em 2018, passou a divulgá--las em seu *site*, tendo incluído uma primeira leva de 32 decisões proferidas entre 2010 e 2017. Para a presente pesquisa, foram analisadas em detalhes as dez decisões mais recentes disponibilizadas pela LCIA.

Quem julga as impugnações é a "Corte da LCIA", composta pelo presidente, vice-presidente e antigos vice-presidentes, ou por membros designados pelo presidente ou vice-presidente.⁵⁶⁵

No tocante à SCC, nos anos de 2016 e 2019, foram divulgados em seu *site* relatórios contendo um resumo das decisões de impugnações proferidas entre 2013 e 2015⁵⁶⁶ e entre 2016 e 2018,⁵⁶⁷ respectivamente.

---

⁵⁶² SALI, Rinaldo. Transparency and confidentiality: how and why to publish arbitration decisions cit., p. 81.

⁵⁶³ "Challenge upheld: The webpage of the law firm of the co-arbitrator nominated by respondent mentioned respondent's group, respectively the family owning that group, among the high profile clients of the law firm.
Challenges dismissed: The grounds put forward by the challenging party in the following cases have not been considered sufficient or sufficiently proved to warrant the challenge of the pertaining arbitrator [...]" (Disponível em: https://www.swissarbitration.org/Arbitration/Case-law. Acesso em: 30 out. 2019).

⁵⁶⁴ Em 2011, a LCIA publicou uma edição especial da sua revista *Arbitration International* com 30 decisões de incidentes de impugnação proferidas entre 1996 e 2010 (PARK, William W. (ed.). *Arbitration international special edition on arbitrator challenges*. LCIA & Kluwer Law International, 2011).

⁵⁶⁵ Artigo 3.1 do Regulamento de Arbitragem da LCIA de 2014.

⁵⁶⁶ IPP, Anja Havedal; BUROVA, Elena. *SCC Practice Note*: SCC Board Decisions on Challenges to Arbitrators 2013-2015. Disponível em: https://sccinstitute.com/media/176447/scc-decisions-on-challenges-to-arbitrators-2013-2015.pdf. Acesso em: 26 out. 2019.

⁵⁶⁷ IPP, Anja Havedal; CARÈ, Rodrigo; DUBESHKA, Valerya. *SCC Practice Note*: SCC Board Decisions on Challenges to Arbitrators 2016-2018. Publicada em ago. 2019. Disponível em:

A PROPOSIÇÃO DE UM REGIME DE CONFIDENCIALIDADE MITIGADA

Foram escolhidas dez decisões da publicação mais recente (de 2019) para incluir na pesquisa.[568]

Quem julga as impugnações na SCC é o seu Conselho (*Board*), formado por até 16 pessoas, com mandato de três anos, escolhidas pelos diretores da SCC.[569]

Os Anexos 15 e 16 contêm as referências das decisões analisadas e os resultados da Pesquisa em detalhes, mas a seguir são destacados alguns aspectos.

4.4.2 Seleção das decisões que devem ser levadas à publicação

Pelas regras consultadas da LCIA, não fica claro se são divulgadas todas as decisões proferidas em incidentes de impugnação ou se uma seleção é feita. Todavia, aparentemente, a publicação contempla todas as decisões proferidas entre 2010 e 2017.

Em seu *site*, a LCIA informa que nesse período foram iniciados mais de 1.600 procedimentos naquela instituição, tendo havido impugnação em menos de 2% dos casos, o que totaliza 32 casos de impugnação.[570] Como esse número coincide com a quantidade de decisões publicadas, infere-se que a divulgação é integral.

No que tange à SCC, a publicação não é total. A instituição informa que, entre 2016 e 2018, foram iniciados 551 procedimentos, tendo havido decisões de impugnação em 43 deles (cerca de 7% dos casos). Contudo, foram divulgadas apenas 29 delas, escolhidas com base nos seguintes critérios de exclusão: (i) decisões proferidas em arbitragens que ainda estavam em andamento até a data-limite de abril de 2019; e

---

https://sccinstitute.com/media/795278/scc-practice-note_scc-decisions-on-challenges-to-arbitrators-2016-2018.pdf. Acesso em: 26 out. 2019.

[568] A SCC divide sua publicação em duas partes: impugnações julgadas improcedentes e impugnações julgadas procedentes. Foram incluídas na pesquisa as cinco decisões mais recentes de cada um desses grupos.

[569] Artigos 3 e 4 do Appendix I do Regulamento de Arbitragem da SCC de 2017.

[570] "During the period covered by the decision, over 1,600 cases were registered with the LCIA. Challenges were heard by the LCIA Court in less than 2% of theses cases, and only one fifth of those challenges were successful. Put another way, successful challenges were made in only 0,4% of LCIA cases during that time period" (Disponível em: https://www.lcia.org//News/lcia-releases-challenge-decisions-online.aspx. Acesso em: 21 out. 2019).

(ii) decisões que envolviam fatos ou princípios já expostos em decisões previamente publicadas.⁵⁷¹

Não existem dados públicos acerca do número de impugnações julgadas pelas instituições brasileiras. Entretanto, se as baixas porcentagens apresentadas pela LCIA (2% do total de casos iniciados) e pela SCC (7%) também se confirmarem no Brasil, parece viável a publicação de todas as decisões.

Essa é a melhor opção, pois evita o risco de manipulação das decisões publicadas, tal como tratado no item 4.2.2 *supra* sobre a publicação de sentenças arbitrais. Essa também é a orientação da doutrina, especificamente quanto à publicação de decisões de impugnação.⁵⁷² No entanto, se o número de impugnações for muito grande e, assim, for necessário adotar critérios de seleção, estes devem ser informados pela instituição e, na medida do possível, eles devem ser objetivos.

Com relação aos critérios adotados pela SCC, considera-se adequado não publicar decisões de casos ainda em andamento (como se verá em detalhes no item 4.4.5 a seguir), mas isso não impede que tais decisões sejam divulgadas após o encerramento do processo. No que concerne ao segundo critério (não publicar decisões cujos fatos ou princípios se assemelham a casos já divulgados), ele não nos parece adequado, pois é importante para a comunidade arbitral saber que uma mesma situação tem gerado sucessivas impugnações. Ademais, a força de persuasão de uma decisão é mais intensa quanto maior o número de vezes que ela foi adotada.

4.4.3 Quais informações devem constar da publicação

As informações que deverão constar na publicação podem variar a depender dos fatos do caso concreto. Certas hipóteses de conflito de interesse resultam de relações pessoais ou profissionais entre o árbitro, partes e advogados, sem qualquer ligação com a controvérsia *sub judice*. Nesses casos, não haverá necessidade de dar detalhes sobre o mérito do caso.

---

⁵⁷¹ Ipp, Anja Havedal; Carè, Rodrigo; Dubeshka, Valerya. *SCC Practice Note*: SCC Board Decisions on Challenges to Arbitrators 2016-2018 cit.

⁵⁷² Sali, Rinaldo. Transparency and confidentiality: how and why to publish arbitration decisions cit., p. 81.

Para essas hipóteses, aplicam-se os mesmos critérios elaborados anteriormente para a publicação de ordens processuais, porquanto em ambos os casos o mérito da controvérsia adquire importância secundária, sendo até mesmo irrelevante para a compreensão da decisão. Assim, por exemplo, os "pedidos das partes" e o "contexto jurídico-econômico da controvérsia" que devem constar na publicação são apenas aqueles relativos à impugnação, e não ao mérito do litígio, sendo dispensáveis também a transcrição da convenção arbitral e a indicação dos valores envolvidos na controvérsia.

Em outros casos, porém, a impugnação pode estar fundada na relação do árbitro com o litígio em questão[573] e, nessas hipóteses, pode ser necessário revelar maiores informações sobre a controvérsia subjacente (sempre de forma anônima). Nessas situações, os parâmetros previstos para publicação de sentenças arbitrais se mostram mais adequados.

A *Pesquisa Decisões de Impugnações* mostrou que apenas três das vinte decisões analisadas descrevem brevemente o contexto e o objeto do mérito da controvérsia. Outras sete decisões da LCIA somente mencionam qual era o tipo do contrato que originou a arbitragem (por exemplo, contrato de *marketing* ou acordo de acionistas),[574] sem detalhar, porém, o objeto da controvérsia ou do pedido das partes com relação ao mérito. As decisões da SCC não apontavam sequer o tipo de contrato. Ademais, nenhuma das decisões analisadas transcreveu a convenção arbitral ou indicou os valores envolvidos no litígio.

Outrossim, para a publicação de decisões de impugnação é essencial declarar a forma de indicação dos árbitros, pois, para entender melhor o caso e a decisão, é necessário saber quem indicou a pessoa e quem está suscitando o conflito. A *Pesquisa Decisões de Impugnações* confirma esse parâmetro, pois 18 das 20 decisões analisadas traziam esse dado.

Também é essencial informar o direito aplicável e o nome da instituição arbitral, pois isso pode interferir nos parâmetros utilizados para

---

[573] As Diretrizes da IBA, por exemplo, colocam como situações de potencial conflito de interesse quando o árbitro teve algum envolvimento prévio no litígio (item 2.1.2 das Diretrizes) ou quando um familiar próximo do árbitro tem um interesse econômico significativo no resultado do litígio (item 2.2.2 das Diretrizes).

[574] "1.1 The underlying dispute arose out of two marketing agreements, which were governed by English law" (LCIA nº 173566). "1.1 The underlying dispute arose out of a shareholders' agreement" (LCIA nº 142603).

aferir a independência e a imparcialidade do árbitro.[575] Todas as decisões da LCIA analisadas indicavam a legislação aplicável, contudo apenas duas das dez decisões da SCC faziam-no, o que se considera um grave equívoco.

A SCC também comete outro equívoco ao não informar as datas de proferimento das decisões, o que, porém, é feito por todas as decisões da LCIA. Embora a publicação da SCC indique que tais decisões foram proferidas entre 2016 e 2018, seria importante saber ao menos o mês e o ano exatos das decisões para situá-las em um contexto temporal e realizar eventuais confrontações com outras decisões.

Acerca do nome do árbitro, diferentemente do quanto sugerido para a publicação de sentenças e de ordens processuais, considera-se mais adequado *não* o indicar, por duas principais razões.

Primeiro, diversas situações de conflito de interesse envolvem informações sobre a intimidade e a vida privada do árbitro, o que demanda a manutenção do sigilo sobre sua identidade.

Segundo, caso se adotasse a prática de divulgar o nome do árbitro impugnado, é possível crer que muitos árbitros renunciariam diante de qualquer impugnação, com intuito de não ter seu nome exposto. Isso incentivaria a formulação de impugnações frívolas, como táticas de guerrilha, pois bastaria à parte que deseja atrasar o processo apresentar sucessivas impugnações às pessoas indicadas.

Não se nega que, em tese, publicar o nome do árbitro impugnado poderia ser um mecanismo para aumentar a eficácia da sanção reputacional e, assim, reduzir desvios de condutas e comportamentos indesejados dos árbitros.[576] Saber que seu nome será divulgado poderia incentivar as pessoas a ser mais rigorosas na aferição de possíveis situações de conflito de interesse e no cumprimento de seu dever de revelação. Ademais, a comunidade arbitral seria beneficiada em saber quais os árbitros que violaram seus deveres e, assim, tiveram uma impugnação contra si julgada procedente.

---

[575] Tanto as legislações nacionais como os regulamentos das instituições arbitrais podem conter diferentes regras sobre os requisitos de independência e imparcialidade, e sobre o dever de revelação dos árbitros. Nesse sentido, a *Pesquisa Instituições Brasileiras* constatou que, das trinta e uma instituições pesquisadas, dezesseis possuem um código de ética voltado para os árbitros, com normas sobre esses temas (Anexo 9).

[576] Aspecto analisado no item 2.1.3.

Todavia, considerando o *supra* exposto, essa medida de transparência provavelmente traria mais efeitos negativos do que positivos e, supondo que grande parte dos árbitros simplesmente renunciaria, se impugnada, a finalidade positiva sequer se produziria.

Ademais, como referido no item 2.1.3 *supra*, a transparência é apenas um dos meios possíveis para reduzir desvios de conduta. Portanto, no caso específico de decisões de impugnação, a total transparência não é a forma mais adequada ou eficaz para atingir esse fim, devendo as instituições adotar outras medidas.

Portanto, considera-se mais adequado não informar o nome do árbitro impugnado quando da publicação da decisão. Em consonância com esse entendimento, nenhuma decisão abrangida pela Pesquisa menciona o nome do árbitro.

Além do nome do árbitro impugnado, é necessário avaliar se é conveniente divulgar o nome das pessoas que julgaram as impugnações. Nem a SCC nem a LCIA apresentaram essa informação nas decisões analisadas.

A LCIA, em publicações antigas, chegou a divulgar o nome das pessoas que julgaram as impugnações[577] (com o expresso consentimento destas),[578] mas, não se sabe por que, mudou sua prática. Nas decisões analisadas neste trabalho, a LCIA apenas indicou o cargo ocupado pelo julgador, por exemplo, "antigo vice-presidente", ou "membro da corte da LCIA", o que não permite a identificação da pessoa.

A depender do regulamento da instituição, será possível identificar quem proferiu a decisão, mesmo se esse dado não constar expressamente na publicação. Por exemplo, se é o presidente da instituição quem julga as impugnações, basta saber a data em que a decisão foi proferida para que se descubra quem ocupava o cargo naquela época. Todavia, em outros casos, se não for informado o nome, não há como descobrir quem são.

Por um lado, como visto, as decisões de impugnação têm natureza administrativa e são tomadas por pessoas que integram a instituição ou que são escolhidas por esta, sem qualquer ingerência das partes nesse

---

[577] PARK, William W. (ed.). *Arbitration international special edition on arbitrator challenges* cit.

[578] "The digests include, with their permission, the names of the LCIA Court members who took each decision" (WALSH, Thomas; TEITELBAUM, Ruth. The LCIA Court Decisions on challenges to arbitrators: an introduction cit. p. 284).

tocante. Trata-se, assim, de situação distinta das sentenças arbitrais ou das ordens processuais proferidas por árbitros com poder jurisdicional e que, por via de regra, são indicados pelas partes. Com base nessa distinção, apontar o nome do julgador no caso da impugnação parece adquirir uma importância reduzida, uma vez que a decisão deverá ser atribuída à instituição.

Entretanto, não é uma informação totalmente irrelevante, pois, a depender da reputação, *status* e conhecimento da pessoa que proferiu a decisão, esta pode adquirir um efeito persuasivo maior ou menor.

Portanto, a indicação do nome das pessoas que julgam a impugnação, embora não se mostre essencial, pode ser benéfica, cabendo às instituições definir a melhor opção, considerando as especificidades de seu procedimento de impugnação.

4.4.4 Formato da publicação

No tópico 4.2.3, relativo ao formato da publicação de sentenças arbitrais, concluiu-se que tanto a publicação na íntegra como a apresentação de um resumo seguido de excertos são formatos adequados. Essa conclusão também se aplica ao presente caso, como constatado por meio da *Pesquisa Decisões de Impugnação*.

Todas as decisões da LCIA analisadas seguem o formato de resumo seguido de excertos. Antes do resumo, há ainda um quadro sinótico, que informa o tema da decisão, o cargo da pessoa que a proferiu e uma brevíssima síntese do julgamento (algo semelhante a "palavras-chave").

O resumo traz informações estritamente de cunho procedimental ou pertinentes à impugnação. Por exemplo, é mencionada a data em que a arbitragem foi iniciada, quando foram indicados os árbitros, as petições e alegações das partes relativas à impugnação etc. Como aludido, a maioria das decisões da LCIA apenas cita o tipo de contrato que originou a controvérsia, sem dar maiores detalhes sobre o litígio subjacente – o que não prejudica a compreensão da decisão.

Em seguida, são trazidos os excertos da decisão, que em geral são bem detalhados (a média de páginas das decisões era 10,2). Esse formato permite compreender com clareza os fatos que motivaram a impugnação, bem como os fundamentos da decisão.

A SCC, por sua vez, adota primordialmente o formato de resumo. Sete das dez decisões analisadas tratava-se apenas de um brevíssimo resumo, em que eram descritas as alegações de cada parte, ou a manifestação do árbitro sobre a impugnação feita contra ele (quando houve), e o resultado da impugnação (se foi julgada procedente ou não).

Portanto, o resumo não continha os fundamentos da decisão. Provavelmente, isso se deu porque a SCC, até janeiro de 2018, não exigia que as decisões proferidas pelo seu Conselho fossem motivadas, apesar de informar que, em determinados casos, o Conselho escolhia fundamentar as decisões, a seu exclusivo critério.[579]

Apenas três das dez decisões analisadas da SCC continham excertos da decisão com seus fundamentos. Todavia, o que se nota é que tanto os resumos como os excertos divulgados eram extremamente concisos, com no máximo três parágrafos.

É uma prática pouco recomendada, pois os resumos (especialmente quando muito concisos) não refletem os detalhes das situações fáticas e das decisões, o que prejudica sua utilidade para casos futuros.

Outrossim, considerando que a SCC passou a adotar a prática de fundamentar as decisões de impugnações a partir de 2018, espera-se que as próximas publicações sejam mais esmiuçadas e exponham também mais detalhadamente os fundamentos de todas as decisões.

Também é importante notar que as decisões da SCC não continham palavras-chave ou os temas centrais abordados na decisão (o que foi trazido em todas as decisões da LCIA), o que se considera prejudicial, pois dificulta a elaboração de pesquisas por parte dos usuários da arbitragem.

---

[579] "On 1 January 2018, the Arbitration Institute of the Stockholm Chamber of Commerce (SCC) will begin providing reasons for its decisions on challenges to arbitrators. This new institutional policy was adopted by the SCC Board in September. Although the SCC Arbitration Rules do not require the Board to motivate any of its decisions, including those relating to challenges, the Board has occasionally chosen to do so on its own initiative for the benefit of the parties and the challenged arbitrators [...] Under the new policy, the SCC will provide reasoned decisions on all arbitrator challenges decided by the Board, unless the parties agree otherwise" (SCC. *SCC Board to provide reasoned decisions on arbitrator challenges*. Publicado em 8 nov. 2017. Disponível em: https://sccinstitute.com/about-the-scc/news/2017/scc-board-to-provide-reasoned-decisions-on-arbitrator-challenges/. Acesso em: 17 out. 2019).

4.4.5 Tempo de espera entre o proferimento da decisão e sua publicação

Considerando que as decisões de impugnação não decidem o mérito da controvérsia, sua divulgação pode ocorrer em um lapso temporal menor do que aquele previsto para as sentenças arbitrais. Assim, entre seis meses e um ano é um prazo adequado, desde que a publicação se dê depois de encerrado o procedimento arbitral. Tais parâmetros são os mesmos sugeridos para a publicação de ordens processuais, conforme justificativas elaboradas no item 4.3.4 *supra*, que também se aplicam ao presente caso.

O repositório da LCIA divulgado em 2018 contempla decisões proferidas entre 2010 e 2017; assim, existem decisões publicadas em menos de um ano após seu proferimento, mas outras após oito anos. Contudo, não é informado se as decisões são provenientes de processos já encerrados ou não.

No que diz respeito à SCC, ela informa expressamente não divulgar decisões de casos ainda em andamento. No entanto, não menciona a data exata na qual as decisões foram proferidas, citando apenas que foram prolatadas entre 2016 e 2018. Como o relatório foi publicado em 2019, tem-se um lapso temporal que varia de três a um ano.

4.5 Informações sobre candidatos a árbitro

Como explorado no tópico 2.1.1.2, a grande maioria das informações que as partes buscam sobre candidatos a árbitros não está disponível de forma pública ou objetiva, impossibilitando-as de tomar uma decisão com mais segurança quanto à indicação de árbitros.

A insatisfação dos usuários e seus anseios por mais transparência a esse respeito ficaram registrados nas edições da *Pesquisa Queen Mary* de 2010 e de 2018.

Na Pesquisa de 2010, os entrevistados sugeriram diversas medidas para aumentar a transparência das informações sobre os árbitros, como: publicar uma biografia dos candidatos; adotar currículos padronizados; elaborar um sistema de classificação/*ranking* de árbitros; divulgar a duração dos procedimentos previamente conduzidos pelos candidatos; divulgar o número de casos e compromissos já assumidos; e, por fim, publicar as sentenças arbitrais.[580] Além disso, 76% dos entrevistados

---

[580] "[...] corporate counsel proposed a number of ideas for increasing transparency about arbitrator skills, experience and arbitration track records: for example, a joint publication by

disseram que gostariam de avaliar o árbitro ao final da disputa, por meio de relatórios enviados às instituições arbitrais.

Na Pesquisa de 2018, os entrevistados reiteraram seu desejo acerca de algumas dessas medidas, como a publicação de sentenças arbitrais; a divulgação do número de casos já assumidos pelos candidatos; e o tempo de duração de procedimentos anteriores. Adicionalmente, foi mencionado que seria muito útil ter acesso à produção acadêmica dos candidatos. Por fim, 88% dos entrevistados informaram que gostariam de avaliar o árbitro ao final da disputa, por meio de relatórios às instituições arbitrais.

A publicação de sentenças arbitrais e de ordens processuais com o nome dos árbitros seria útil para obter informações sobre possíveis candidatos. Entretanto, essas medidas têm suas próprias limitações e, portanto, não são suficientes para atender a todos os anseios dos usuários quanto à obtenção de informações sobre os árbitros. Assim, é necessário implementar outras medidas de transparência a esse respeito.

Nos itens a seguir serão analisados os prós e os contras de algumas medidas sugeridas pela doutrina e pelos usuários, buscando aferir quais delas devem ou não ser implementadas pelas instituições arbitrais.

4.5.1 Publicar o nome dos árbitros já nomeados

Algumas instituições arbitrais brasileiras e estrangeiras publicam em seus *sites* uma lista com o nome das pessoas que já atuaram como árbitro em procedimentos administrados por aquela instituição.

É um mecanismo diferente da lista de árbitros adotada por grande parte das instituições arbitrais brasileiras (Anexo 4). Essas listas contêm o nome de *árbitros em potencial*, isto é, pessoas que, aos olhos da instituição,

---

arbitration institutions with biographies of arbitrators, a public rating system for arbitrators, published awards and published information about the enforcement of awards (if not protected by confidentiality), information available from institutions about arbitrators on request, more specific information about duration and costs, template CVs and an independent manual of available arbitrators. Availability was a specific issue focused on by respondents and interviewees: many felt that arbitrators should be required to publish information about their pending commitments (without the need to mention specific case names) so parties could have a better idea of the time the arbitrator would have to commit to the matter, as this is a factor that can lead to delays" (QUEEN MARY UNIVESITY OF LONDON. *2010 International arbitration survey*: choices in international arbitration cit.).

têm a capacidade para atuar como árbitro. A lista ora tratada, porém, divulga o nome das pessoas que *efetivamente atuaram* como árbitro.

As listas de árbitros nomeados permitem que as partes averiguem de modo objetivo, a partir de uma fonte confiável, a experiência e a disponibilidade de possíveis candidatos. Como estão publicamente disponíveis (no *site* das instituições), as listas reduzem o tempo e o custo das partes na busca de informações de candidatos, bem como as diferenças entre litigantes eventuais e repetitivos.

Ademais, é uma medida que apresenta um risco muito baixo de quebra de confidencialidade, pois são fornecidas poucas informações sobre o processo arbitral e praticamente nenhuma informação sobre o litígio subjacente (como se verá a seguir). Por fim, é um mecanismo de baixa complexidade e de baixo custo.

Ou seja, é uma medida eficaz que oferece diversos benefícios para a arbitragem. Não se vislumbra nenhum prejuízo para as instituições ou para as partes na sua adoção, que é também elogiada pela doutrina.[581]

As instituições que desejarem adotar essa ferramenta podem seguir a prática de outras câmaras. Das instituições brasileiras pesquisadas neste trabalho a CCI e o CAM-CCBC são as únicas que adotam essa medida (Anexo 7),[582] e dentre as instituições estrangeiras que administram arbitragens comerciais[583] também a utilizam a CAM Milano[584] e a VIAC.[585]

---

[581] Exemplo: MARQUES, Ricardo Tadeu Dalmaso. A Resolução nº 35/2019 do CAM/CCBC – A transparência da constituição de tribunais arbitrais como imprescindível passo para a preservação da legitimidade e da confiança na arbitragem cit., p. 191-197.

[582] A lista da CCI está disponível em: https://iccwbo.org/dispute-resolution-services/arbitration/icc-arbitral-tribunals/. A lista do CAM-CCBC está disponível em: https://ccbc.org.br/cam-ccbc-centro-arbitragem-mediacao/resolucao-de-disputas/arbitragem/tribunais-arbitrais/. Ambos acessos em: 2 nov. 2019.

[583] O ICSID também adota esse mecanismo ("Arbitrators, Conciliators and Ad Hoc Committee Members". Disponível em: https://icsid.worldbank.org/en/Pages/arbitrators/CVSearch.aspx#. Acesso em: 2 nov. 2019), mas como ela administra arbitragens de investimento, sua prática não foi analisada neste capítulo, mas sim no Capítulo 5 a seguir sobre arbitragens com administração pública.

[584] "Tribunali Arbitrali CAM – I nomi dei professionisti nominati arbitri nei procedimenti amministrati CAM". Disponível em: https://www.camera-arbitrale.it/it/arbitrato/tribunali-arbitrali-cam.php?id=566. Acesso em: 3 nov. 2019.

[585] "VIAC Arbitral Tribunals". Disponível em: https://www.viac.eu/en/arbitral-tribunals-en. Acesso em: 3 nov. 2019.

Todas as instituições supracitadas revelam em suas listas: (i) o nome completo e a nacionalidade do árbitro; (ii) a data de constituição do tribunal arbitral ou a de assinatura do termo de arbitragem;[586] (iii) a posição ocupada (árbitro único, coárbitro ou presidente); (iv) por quem foi indicado (partes, instituição ou coárbitros), sem revelar o nome das partes; e (v) se o caso está em andamento ou se já foi encerrado, sem apontar a data de encerramento.

Adicionalmente, a CCI e a VIAC mencionam se o árbitro atuou até o final do procedimento ou se foi substituído, mas sem dizer a razão da substituição.

Em janeiro de 2019, a CCI divulgou que passaria a revelar também em sua lista o setor empresarial envolvido na arbitragem e o nome dos advogados das partes, relativamente aos procedimentos iniciados a partir de 1º julho daquele ano.[587] Todavia, até o momento,[588] apesar de terem sido registrados diversos casos novos depois de referida data, nenhum deles apresenta tais informações. Não se sabe se a instituição ainda não fez a alteração em sua ferramenta ou se as partes têm, até agora, negado a publicação dessas novas informações.

Informar o setor empresarial envolvido na arbitragem seria muito benéfico, pois ajudaria as partes a identificar em quais ramos o candidato tem experiência. No tocante à divulgação do nome dos advogados, é uma medida que objetivaria a aferição de possível conflito de interesse, pois possibilitaria averiguar a existência de indicações repetitivas de um árbitro pelo mesmo escritório, o que *pode* ser um indício de falta de imparcialidade e independência.

Entretanto, não deixa de ser uma medida controversa, pois a maioria das relações de conflito de interesse origina-se de eventual relação entre o árbitro e a parte, e não entre o árbitro e o advogado. Portanto, revelar apenas o nome do escritório pode criar uma aparência equivocada de conflito de interesse. Não é escopo deste trabalho tratar sobre

---

[586] No caso do CAM-CCBC e da CCI, é indicada a data de assinatura do termo de arbitragem ("terms of reference", no caso da CCI). A CAM Milano indica a data de constituição do tribunal arbitral e a Viac informa a data na qual os "autos" foram transferidos aos árbitros.

[587] Item 36 da "Nota às Partes e aos Tribunais Arbitrais sobre a Condução da Arbitragem conforme o Regulamento de Arbitragem da CCI", de 1º de janeiro de 2019.

[588] Consulta feita no *site* da CCI em 3 de novembro de 2019. Disponível em: https://iccwbo.org/dispute-resolution-services/arbitration/icc-arbitral-tribunals/.

o tema de conflito, porém, em matéria de transparência, é inegável que essa medida adotada pela CCI contribui para trazer maiores luzes sobre a dinâmica e o funcionamento do mercado da arbitragem, podendo inclusive confirmar ou derrubar o "mito" de que se trata de um mercado muito fechado.[589]

A CCI e o CAM-CCBC permitem às partes negar a divulgação do nome dos árbitros de seu procedimento (*opt out*). Contudo, não é claro se os árbitros poderiam impedir a publicação, mesmo se as partes concordarem.[590]

A CAM Milano, por sua vez, possibilita expressamente que os árbitros excluam tal medida, mas não diz se as partes teriam a mesma prerrogativa.[591] A VIAC, por seu turno, aparentemente, não permite o *opt out*.[592]

Conforme premissa estabelecida no item 4.1, considera-se o regime de *opt out* adequado, porém, a ser exercido pelas partes, e não pelos árbitros, pois são elas que podem sofrer danos com eventual quebra de confidencialidade. Ademais, conferir aos árbitros a possibilidade de *opt out* permitiria que pessoas com muitos casos omitissem maliciosamente tal informação, buscando aparentar ter mais disponibilidade, o que nega a própria finalidade da ferramenta.[593]

---

[589] Nesse sentido, o "Código de Boas Práticas em Arbitragem" voltado às instituições arbitrais, publicado pelo Clube Espanhol de Arbitragem prevê como uma "boa prática" que as instituições publiquem não só o nome dos árbitros nomeados, mas também dos advogados (item 61). Referência: CLUB ESPAÑOL DE ARBITRAJE. *Código de Boas Práticas em Arbitragem do Clube Espanhol de Arbitragem*. 2019. Disponível em: https://www.clubarbitraje.com/grupos/mediacion/publicaciones/. Acesso em: 27 nov. 2019.

[590] Artigo 1º, parágrafo único, da Resolução Administrativa nº 35/2019 do CAM-CCBC, e item 35 da "Nota às Partes e aos Tribunais Arbitrais sobre a Condução da Arbitragem conforme o Regulamento de Arbitragem da CCI", de 1º de janeiro de 2019.

[591] YOUNG, Lacey. Milan chamber reveals tribunal members. Publicado em 1º ago. 2016. Disponível em: https://www.camera-arbitrale.it/upload/documenti/centro%20studi%20articoli/Lacey%20Yong_Milan%20chamber%20reveals%20tribunal%20members_Articolo%20GAR%20(1).pdf. Acesso em: 3 nov. 2019.

[592] A instituição informa em seu *site* que são publicados os nomes de "todos" os árbitros que atuam ou atuaram em procedimentos iniciados a partir de janeiro de 2017: "In the list below you will find the names of all arbitrators acting in VIAC cases where the file has already been transferred to the arbitral tribunal and which were still pending on 1 January 2017 or were filed after this date" (Disponível em: https://www.viac.eu/en/arbitral-tribunals-en. Acesso em: 3 nov. 2019).

[593] Seria interessante se as instituições divulgassem o número ou a porcentagem de casos em que as partes exercem o *opt out*, para medir a eficácia dessa medida. Nesse sentido, como

Diante do exposto, conclui-se que a publicação da uma lista com o nome dos árbitros nomeados é medida muito eficaz para aumentar a transparência da arbitragem e, ao mesmo tempo, simples de ser implementada e com baixo risco de quebra de confidencialidade; portanto, as instituições deveriam adotá-la sem demora.

4.5.2 Publicar o tempo de duração dos processos conduzidos pelo árbitro

Alguns autores defendem que as instituições publiquem o tempo médio de duração das arbitragens conduzidas por cada árbitro,[594] o que supostamente possibilitaria aos usuários aferir a diligência de um candidato.

Além disso, tal medida teria como consequência a redução do tempo de duração dos casos, uma vez que os árbitros se empenhariam para concluí-los o quanto antes para ter bons números. Todavia, a nosso ver, essa medida traria mais prejuízos do que benefícios.

Existem inúmeras variáveis que interferem no tempo de duração de um caso, por exemplo, a complexidade do litígio, a conduta das partes e advogados, as atividades probatórias necessárias, se ocorreu suspensão, se existiram questões preliminares, se houve impugnação aos árbitros, se o caso foi encerrado com julgamento de mérito, se teve homologação de acordo, entre outras.

Sem saber todas essas variáveis, não é possível isolar o fator "diligência do árbitro" a ponto de concluir se determinada pessoa foi ou não diligente.

Simplesmente informar o tempo de duração pode gerar injustiças e equívocos, penalizando árbitros que atuaram bem em casos complexos e favorecendo outros que não foram diligentes, mas cujo caso era de baixa complexidade ou, ainda, cujas partes celebraram acordo logo no início.

---

citado anteriormente, não é possível saber se as novas informações que seriam reveladas pela CCI (setor empresarial e nome dos advogados) não o foram ainda porque as partes exerceram o *opt out*, ou por alguma questão interna da instituição.

[594] "Arbitration institutions should systematically disclose the length of time arbitrators took to deliver an award (and also the aggregated averages), from time of constitution of the tribunal to close of hearings, and from close of hearings to the issuance of an award" (MCILWRATH, Michael; SCHROEDER, Roland. Users need more transparency in international arbitration. *In*: MALATESTA, Alberto; SALI, Rinaldo (ed.). *The rise of transparency in international arbitration*: the case for the anonymous publication of arbitral award. New York: JurisNet, 2013. p. 99).

Assim, só seria benéfico divulgar o tempo que o árbitro levou para concluir um procedimento, se fosse possível divulgar todo o conteúdo do processo. Como isso não é desejável, pois se quer preservar os benefícios do sigilo, a divulgação isolada do tempo de cada árbitro não deve ser uma medida implementada pelas instituições.

Todavia, isso não impede que as instituições divulguem o tempo médio de duração de seus procedimentos. Considera-se prejudicial é informar o tempo de duração de procedimentos associados ao nome dos árbitros, o que não se confunde com a divulgação do tempo médio de duração dos processos em geral, de preferência separados em categorias, como se verá no item 4.6 adiante.

4.5.3 Questionário de conflito de interesse e de disponibilidade

A falta de informações sobre a disponibilidade dos árbitros é um dos fatores que colabora para a frustração das partes quanto ao tempo de duração do procedimento arbitral. A única forma de amenizar esse problema é tornar a aferição de disponibilidade do candidato mais transparente e objetiva possível.

Corroborando essa assertiva, as *Pesquisas Queen Mary* de 2010 e 2018 mostraram que os atores da arbitragem gostariam de ter acesso a mais informações sobre a disponibilidade dos candidatos, por exemplo, número de casos em andamentos e outros compromissos já assumidos.

A lista de árbitros nomeados auxilia nessa tarefa, pois permite às partes saber em quantos casos aquele candidato está atuando, ao menos nas instituições que publicam essas informações. Entretanto, as listas não viabilizam uma aferição completa da disponibilidade do candidato, pois, além dos casos de arbitragem, podem existir outros compromissos.

Ademais, disponibilidade é um aspecto dinâmico, que pode mudar rapidamente. Portanto, ela deve ser aferida a cada novo caso em que a pessoa for indicada como árbitra.

As partes podem e devem questionar diretamente um candidato sobre sua disponibilidade, porém isso somente é possível com relação ao árbitro indicado pela parte. No caso de árbitro indicado pela instituição, pela outra parte ou pelos coárbitros, na maioria das vezes, isso não é possível.[595]

---

[595] Quando a indicação de árbitro presidente recai sobre os coárbitros, estes podem indagar as partes sobre possíveis candidatos, por exemplo, enviando às partes uma lista de possí-

Parte expressiva das instituições adota a prática de enviar questionários aos árbitros indicados,[596] buscando identificar um possível conflito de interesse e aferir a disponibilidade da pessoa. As respostas aos questionários são então submetidas às partes para que informem se têm alguma objeção.

Analisando o modelo de questionário enviado pela CCI, CAM B3, Amcham, CAM-CCBC e CMA Ciesp/Fiesp,[597] conclui-se que apenas o da CCI permite uma aferição objetiva das partes quanto à disponibilidade do candidato.[598]

Referido documento, além de indagar ao árbitro se ele considera possuir disponibilidade, pede que ele informe: em quantos processos arbitrais exerce a função de presidente do tribunal arbitral, de árbitro único, de coárbitro; e em quantos processos arbitrais e judiciais atua como advogado. Também é solicitado que o candidato informe compromissos já agendados para os próximos 24 meses.

Os questionários das outras instituições cingem-se a perguntar ao candidato se "dispõe de tempo hábil" para atuar no procedimento. Esse questionamento, contudo, não elimina o problema sob análise, pois a aferição de disponibilidade permanece subjetiva.

As partes podem formular indagações adicionais àquelas previstas nos questionários. Portanto, não obstante a pergunta sobre disponibilidade de tais questionários ser pouco objetiva, as partes podem solicitar outras informações a esse respeito aos árbitros.

Todavia, as instituições prestariam um grande auxílio se seus questionários já contemplassem perguntas similares às da CCI,[599] as quais per-

---

veis nomes para que elas vetem alguém ou acordem um nome em conjunto. Quando algum mecanismo semelhante a esse é utilizado, é possível às partes indagarem os candidatos a presidente sobre sua disponibilidade.

[596] Das 31 instituições abrangidas na *Pesquisa Instituições Brasileiras*, 15 adotam (48,38% – Anexo 8).

[597] Os questionários da CCI e da CAM B3 foram obtidos nos *sites* dessas instituições. Com relação às demais, foi solicitado diretamente às instituições.

[598] Não serão analisadas as perguntas feitas aos árbitros visando aferir um possível conflito de interesse, por ser tema estranho ao presente estudo, mas apenas aquelas que envolvem a disponibilidade do candidato.

[599] Assim também entendem: FINKELSTEIN, Cláudio; RAMOS, Caio Pazinato. Questionário de imparcialidade/independência e conflito de interesses na arbitragem institucional. *In*: VASCONCELOS, Ronaldo; MALUF, Fernando; SANTOS, Giovani Ravagnani; LUÍS, Daniel

mitem às partes realizar um juízo de adequação entre a disponibilidade informada pelo candidato e a disponibilidade que elas esperam e consideram necessária, sem a necessidade de pedidos de esclarecimentos, o que agilizaria o procedimento de nomeação de árbitros.

Dessarte, conclui-se que a adoção de questionários de disponibilidade mais completos e detalhados é uma medida muito útil e que pode ser implementada de forma simples e a um custo praticamente zero, pois tais questionários já são enviados por grande parte das instituições brasileiras, sendo necessário apenas adaptar sua redação.

4.5.4 Currículos padronizados

Uma das fontes de informação sobre candidatos a árbitro são seus currículos, que costumam estar publicamente disponíveis. Todavia, as informações ali contidas podem variar consideravelmente e podem não trazer as informações que as partes mais buscam para decidir quem indicar como árbitro. Além disso, as informações curriculares podem não ser objetivas, mas sim excessivamente "autopromocionais".[600]

Portanto, adotar um formato padronizado de currículo, exigindo dos candidatos o fornecimento das mesmas informações, auxiliaria na comparação de diferentes pessoas. A instituição poderia exigir o preenchimento de tal documento por aqueles que figuram na sua lista de árbitro (deixando-os disponíveis em seu *site*) e também por aqueles que, embora não estejam presentes na lista, venham a ser indicados pelas partes (nesse caso, os currículos seriam enviados para preenchimento com o questionário de conflitos de interesse).

Uma das informações que deve constar em tal currículo é a experiência prévia do candidato com arbitragem, a qual não costuma estar presente de modo objetivo ou detalhado nos currículos elaborados pelos próprios candidatos.

Para não violar o dever de sigilo do candidato, é possível solicitar que informe um número aproximado de arbitragens em que já atuou,

---

Tavela (org.). *Análise prática das câmaras arbitrais e da arbitragem no Brasil*. São Paulo: Iasp, 2019. p. 179-207.

[600] Para Sundaresh Menon, os currículos são uma forma de autopromoção, contendo informações que muitas vezes fazem o candidato parecer "glorioso" (MENON, Sundaresh. *International arbitration – the coming of a new age for Asia (and elsewhere)* cit.).

separadas entre os papéis ocupados (advogado, árbitro único, coárbitro, presidente, ou até mesmo secretário de tribunal arbitral) e os tipos de litígio (construção, societário, empresarial etc., e, também, se era internacional ou eminentemente doméstico).[601]

Para evitar uma exposição excessiva dos candidatos e não prejudicar aqueles com pouca experiência, considera-se ideal indicar uma faixa de número de casos, e não o número exato, por exemplo, de 0 a 10, 11 a 30, 31 a 50, e mais de 50.

É certo que a instituição não tem meios de impedir que um candidato minta sobre o número de casos em que já atuou, porém, ao mesmo tempo, não é possível supor que todos eles faltarão com a verdade. Em todo caso, para mitigar esse risco, é importante que essa medida de transparência seja combinada com outras, como a publicação da lista de árbitros efetivamente nomeados.

Alguns autores sugerem que, além das informações referidas, o candidato informe sobre os casos em que tenha atuado: (i) valor envolvido; (ii) nacionalidade das partes; (iii) se foi encerrado por acordo; (iv) tempo de duração do procedimento; (v) se foi utilizada tecnologia no curso da arbitragem (por exemplo, videoconferência); (vi) se a sentença foi objeto de ação de anulação; e (vii) se proferiu voto dissidente.[602]

Contudo, a nosso ver, solicitar tantos detalhes não é recomendável, pois aumenta o risco de violação da confidencialidade e torna o preenchimento dos currículos tarefa árdua, especialmente para árbitros que já tenham atuado em muitos casos, o que desestimularia o uso dessa ferramenta.

Ademais, as informações mencionadas dizem muito pouco sobre o árbitro quando consideradas de forma isolada, isto é, sem a possibilidade de averiguar outros detalhes do caso. A esse respeito, vide o quanto tratado no item 4.5.2 *supra*, sobre o tempo de duração do caso,

---

[601] "Again, parties will certainly want to know whether the arbitrator they are nominating has the appropriate type of experience. For example, is this an arbitrator whose experience is mainly sitting in domestic Indian arbitrations, or and Indian-trained arbitrator whose experience is mainly in international proceedings outside of India? Often, arbitrator biographies do not make such important distinctions" (MCILWRATH, Michael; SCHROEDER, Roland. Users need more transparency in international arbitration cit., p. 98).

[602] MCILWRATH, Michael; SCHROEDER, Roland. Users need more transparency in international arbitration cit., p. 98-99.

cuja lógica se aplica também para as informações mencionadas anteriormente, como se houve voto dissidente ou o uso de tecnologia.

Outra informação relevante que poderia constar nos currículos-padrão é a listagem de artigos e obras acadêmicas do candidato, pois consultar a produção acadêmica é importante para averiguar a afinidade do candidato com a posição defendida pela parte (como visto no item 2.1.1.2.1 *supra*).

Não se tem conhecimento de uma instituição (que administre principalmente arbitragens comerciais) que adote a prática do currículo-padrão. O ICSID, porém, faz uso dessa prática, solicitando aos árbitros de sua lista que forneçam as seguintes informações: (i) dados pessoais (nome completo, nacionalidade, endereço, *e-mail*, número de telefone e *site*); (ii) idiomas; (iii) experiência profissional (nome da instituição em que trabalhou, cidade, cargo ocupado e datas); (iv) educação (nome da instituição, cidade, título obtido e datas); (v) em quais procedimentos administrados pelo ICSID a pessoa já atuou (como são arbitragens de investimento, são revelados o nome das partes) e a posição ocupada, se árbitro, coárbitro ou árbitro único; (vi) associações e instituições da qual é membro; e (vii) publicações.

Como se trata de uma medida que gera benefícios às partes e que, ao mesmo tempo, é simples de implementar, as demais instituições poderiam seguir a prática do ICSID, com as adaptações necessárias relativas à experiência prévia do candidato com arbitragem, que deve preservar o sigilo, e não deve se limitar aos procedimentos administrados por aquela instituição, nos moldes sugeridos *supra*.

4.5.5 Publicação de preferências procedimentais

Alguns autores sugerem que os árbitros publiquem suas preferências procedimentais na condução de casos, seja por meio de uma declaração com apontamentos gerais,[603] ou respondendo um questionário com perguntas detalhadas a esse respeito.

---

[603] "[...] a statement prepared by each arbitrator setting forth his/her general views and philosophy with respect to case management would be useful to parties during the selection process. A self-description would be one indication of whether the arbitrator will tend to be passive or active in directing the argument and evidence, receptive to considering proposals for early resolution of certain threshold issue, etc." (MCILWRATH, Michael; SCHROEDER, Roland. Users need more transparency in international arbitration cit., p. 98-99).

No tocante à primeira alternativa, existe o exemplo da prática do *International Mediation Institute* ("IMI"), que, além de adotar um formato-padrão de currículo de mediadores, inclui neste um item de "estilo de mediação", no qual o mediador pode declarar livremente suas preferências e estilo na condução do procedimento. Embora seja uma medida simples de ser implementada, é possível crer que a maioria dos candidatos forneceria respostas genéricas, que pouco auxiliariam as partes.

A segunda medida (questionários respondidos pelos árbitros) foi inicialmente sugerida pelos autores Ema Vidak-Gojkovic, Lucy Greenwood e Michael Mcilwrath, que inclusive elaboraram um modelo de questionário a ser respondido pelos árbitros.[604]

A utilidade dos questionários dependerá necessariamente das perguntas formuladas. A sugestão dos autores referidos, a nosso ver, não atende de forma satisfatória a finalidade perseguida, pois muitas perguntas invocam respostas que não dizem respeito às preferências do candidato, mas sim dependem do direito aplicável à demanda ou das peculiaridades do litígio, o que torna inviável respondê-las em abstrato.

Por exemplo, uma das perguntas sugeridas é se o candidato considera apropriado oferecer ajuda às partes em eventuais negociações de acordo.[605] Ocorre que a atuação do árbitro como mediador ou conciliador não é puramente uma questão de preferência, mas sim dos limites do direito aplicável, havendo legislações que permitem ao árbitro atuar também como mediador e outras que expressamente o proíbem.[606]

---

[604] Vidak-Gojkovic, Ema; Greenwood, Lucy; Mcilwrath, Michael. Chapter II: The Arbitrator and the Arbitration Procedure, Puppies or Kittens? How to Better Match Arbitrators to Party Expectations cit., p. 61-74.

[605] "4. Settlement facilitation: do you believe arbitral tribunals should offer to assist parties in reaching a settlement and actively look for opportunities to do so?" (Vidak-Gojkovic, Ema; Greenwood, Lucy; Mcilwrath, Michael. Chapter II: The Arbitrator and the Arbitration Procedure, Puppies or Kittens? How to Better Match Arbitrators to Party Expectations cit., p. 69).

[606] No Brasil, embora a Lei de Arbitragem determine que o árbitro tente a conciliação das partes ao início do procedimento (artigo 21, § 1º), esse papel é limitado, já que o artigo 7º da Lei nº 13.140/2015 (Lei de Mediação) proíbe expressamente o mediador de atuar como árbitro. Em outros países, porém, a lei permite ao árbitro atuar também como mediador, como é o caso de Hong Kong. Sobre o tema: Kaufmann-Kohler, Gabrielle. When arbitrators facilitate settlement: towards a transnational standard: Clayton Utz/University of Sydney International Arbitration Lecture. *Arbitration International*, LCIA, v. 25, issue 2, p. 187-206, 2009.

Outras perguntas sugeridas são se o candidato considera apropriado decidir questões preliminares em uma etapa prévia do procedimento ou deferir um pedido amplo de exibição de documentos (*discovery*).[607] Contudo, ambas as perguntas dependem muito mais dos contornos do caso concreto do que da "preferência" do árbitro.

Portanto, a única resposta possível para todas essas perguntas será "depende", o que não traz qualquer utilidade às partes,[608] além da falsa impressão de que o candidato não deseja revelar informações a seu respeito, quando nem sempre será esse o caso.

Em contrapartida, algumas perguntas podem ser úteis às partes por dizerem respeito unicamente às preferências e ao modo de trabalho do candidato, por exemplo: (i) se ele costuma indicar secretário do tribunal arbitral; (ii) se prefere que as partes apresentem um "memorial" antes da audiência; (iii) se costuma consultar as partes sobre possíveis nomes antes de indicar presidente; e (iv) se o candidato está disponível para uma entrevista antes de ser indicado.[609]

Nada impede, portanto, que as instituições adotem esse mecanismo com a inclusão de algumas dessas perguntas nos currículos padronizados a ser preenchidos pelos árbitros. Outrossim, é preciso que a resposta a essas perguntas sejam analisadas com parcimônia pelas partes. Não devem ser vistas como uma forma de vinculação, nem "promessa"

---

[607] "3. Preliminary or early decisions: do you believe it is appropriate for tribunals to attempt to identify and decide potentially dispositive issues early in a case, even if one of the parties does not consent to this? [...] 7. Document disclosure: do you believe it is appropriate for international tribunals to grant a party's request for e-discovery?" (VIDAK-GOJKOVIC, Ema; GREENWOOD, Lucy; MCILWRATH, Michael. Chapter II: The Arbitrator and the Arbitration Procedure, Puppies or Kittens? How to Better Match Arbitrators to Party Expectations cit., p. 69-70).

[608] Em sentido contrário, há quem entenda que a resposta "depende" ainda assim teria utilidade, pois ajudaria as partes a descartar tais árbitros, caso elas estejam procurando alguém com uma inclinação em determinado sentido (PITKOWITZ, Nikolaus. Chapter II: the arbitrator and the arbitration procedure. The Vienna predictability propositions: paving the road to predictability in international arbitration. *In*: KLAUSEGGER, Christian; KLEIN, Peter *et al.* (ed.). *Austrian Yearbook on International Arbitration* 2017. Viena: Manz'sche Verlags- und Universitätsbuchhandlung, 2017. p. 115-159).

[609] Todas essas perguntas estão mencionadas no texto dos autores Ema Vidak-Gojkovic, Lucy Greenwood e Michael Mcilwrath (Chapter II: The Arbitrator and the Arbitration Procedure, Puppies or Kittens? How to Better Match Arbitrators to Party Expectations cit., 69-70)

do árbitro, pois as circunstâncias de cada caso podem impedir sua concretização. Assim, por exemplo, por mais que uma pessoa goste de trabalhar com um secretário, se os demais membros do tribunal não compartilharem essa preferência, sua vontade pode não prevalecer.

Não se tem notícia de alguma instituição arbitral, brasileira ou estrangeira, que faça uso de medida semelhante a essa. Apenas se sabe do *Arbitrator Ressearch Tool*: ferramenta disponível para assinantes do GAR, que permite a busca de candidatos a árbitros.[610] Para que uma pessoa figure no rol de "possíveis árbitros", é necessário preencher um questionário que, além de solicitar informações pessoais (formação acadêmica e profissional), pede que a pessoa indique suas preferências na condução de casos. As perguntas elaboradas pelo GAR parecem ter sido inspiradas no questionário elaborado pelos autores Ema Vidak-Gojkovic, Lucy Greenwood e Michael Mcilwrath.[611]

Em face do exposto, é possível concluir que as instituições podem auxiliar as partes no processo de escolha de árbitro com a elaboração de um currículo padronizado que preveja também um questionário a respeito das preferências procedimentais, cujas perguntas devem ser elaboradas conforme as ressalvas tratadas neste capítulo.

4.5.6 Avaliação dos usuários sobre os árbitros

Além de competências técnicas, as partes também procuram um candidato à arbitro com determinadas *soft skills*,[612] por exemplo: que mantenha

---

[610] "*GAR's* Arbitrator Research Tool – ART – is a unique database of arbitrators that also allows you to research their approach. It delivers insight and raw data not available from any other source. ART gives you: Each arbitrator›s approach and procedural preferences; People to contact who have seen the arbitrator in action recently; CVs, speeches and other materials. You can search by specialist area, gender, experience, expertise, and more" (Informações disponíveis em: https://globalarbitrationreview.com/arbitrator-research-tool. Acesso em: 10 nov. 2019).

[611] Algumas das perguntes do questionário do GAR são: você costuma trabalhar com uma equipe de apoio; você costuma utilizar um secretário do tribunal; qual é sua conduta em relação a propor acordo às partes no curso da arbitragem; qual é sua conduta quanto a identificar potenciais questões preliminares no início do procedimento; você costuma utilizar a *IBA Rules on Taking of Evidence*; você encoraja o uso de *discovery*; entre outras (Modelo de questionário obtido diretamente com o Global Arbitration Review).

[612] *Soft skills* podem ser definidas como "competências comportamentais" e envolvem, entre outros, capacidade de comunicação, inteligência emocional e modo de interagir com outras pessoas. A elas e se opõem as *hard skills*, que dizem respeito a conhecimentos técnicos.

a mente aberta ao longo de todo o processo;[613] que seja honesto (o que incluiria não aceitar muitos casos);[614] que estude o caso e se prepare para as audiências; que organize e conduza bem o procedimento; que trate partes e advogados com cordialidade; que consiga manter um bom relacionamento com os coárbitros;[615] que tenha "firmeza" na condução do caso (sem o receio de adotar as medidas necessárias para preservar a eficiência do processo), entre outras.

Saber se um candidato a árbitro tem essas características não é tarefa fácil. Como são aspectos subjetivos, o único jeito de aferi-los é pedindo a opinião de pessoas que já atuaram com aquele candidato.[616] De fato, as medidas de transparência até então analisadas não são capazes de revelar esses atributos. A publicação da sentença, por exemplo, permite verificar se o árbitro redige bem uma decisão e se é especialista na matéria (conhecimentos técnicos), mas não se ele manteve a mente aberta ao longo do caso, nem se conduziu bem a audiência.

Entretanto, um sistema de obtenção de informações exclusivamente oral é pouco confiável e pouco acessível, especialmente para litigantes eventuais.[617]

Buscando preencher essa lacuna informacional, existem empresas que realizam pesquisas de mercado sobre a atuação de árbitros, divulgando *rankings* dos profissionais mais citados ou mais admirados (como a *Chambers and Partners* e a *Leaders League*).[618]

---

[613] A *Pesquisa Queen Mary 2010* mostrou que, em primeiro lugar, as partes esperam que o árbitro tenha a mente aberta e seja justo (QUEEN MARY UNIVESITY OF LONDON. *2010 International arbitration survey*: choices in international arbitration cit.).

[614] WILSKE, Stephan; EDWORTHY, Chloë. Chapter II: The arbitrator and the arbitration procedure. The predictable arbitrator: a blessing or a curse cit.

[615] MISTELIS, Loukas A. Too much information or when information relating to arbitration obscures rather than clarifies the landscape cit.

[616] Para auxiliar partes e advogados nessa tarefa, o *International Institute for Conflict Prevention and Resolution* (CPR) elaborou uma lista de possíveis perguntas que podem ser feitas a pessoas que já atuaram com um candidato a árbitro, cujas respostas pretendem revelar se esse candidato atende às necessidades da parte (*Due Diligence Evaluation Tool for Selecting Arbitrators and Mediators*. Disponível em: https://www.cpradr.org/resource-center/toolkits/neutral-evaluation-selection-tool. Acesso em: 25 nov. 2019).

[617] Sobre o tema: ROGERS, Catherine. Chapter II: the arbitrator and the arbitration procedure, transparency in arbitrator selection cit., p. 79-80.

[618] A *Chambers and Partnes* publica os árbitros mais citados ou "demandados" (*Most in Demand Arbitrators*), divididos em duas "bandas" (Disponível em: https://chambers.com/

Embora tais listas sejam referências, elas estão longe de permitir uma aferição ampla sobre as *soft skills* dos árbitros, pois não são divulgados quais dados foram colhidos dos entrevistados. É publicado apenas o nome do árbitro, sem detalhes sobre sua *performance*.[619]

Além disso, os *rankings* contemplam poucas pessoas, sendo certo que existem outros árbitros cuja atuação é elogiada por partes e advogados, mas que não figuram nas listas por outros motivos (porque não são amplamente conhecidos, ou porque partes e advogados que os avaliaram bem não foram entrevistados).

Portanto, hoje em dia, há pouca informação publicamente disponível sobre as *soft skills* dos árbitros. Uma possível solução para esse problema é a criação de um mecanismo público de avaliação de árbitros que colha a opinião de partes e advogados ao fim dos procedimentos e as divulgue de acordo com uma metodologia uniforme e confiável. Idealmente, esse sistema deve reunir informações sobre o maior número possível de árbitros (e não apenas dos mais conhecidos), e divulgá-las independentemente se forem boas ou ruins.

Um mecanismo como esse, além de trazer benefícios às partes, que passariam a contar com informações públicas e confiáveis, permitiria aos próprios árbitros identificar falhas e aperfeiçoar sua atuação, visando a atender melhor as expectativas dos usuários e crescer no mercado.[620] Trata-se de aspecto de grande relevância, pois, no contexto atual de amplo sigilo dos procedimentos, os árbitros não encontram muitas oportunidades de aprendizado.

---

guide/latin-america?publicationTypeId=9&practiceAreaId=928&subsectionTypeId=1&locationId=41. Acesso em: 22 nov. 2019). A *Leaders League* divulga uma lista intitulada "Melhores Árbitros do Brasil", que divide os árbitros entre "principais", "excelentes", "muito recomendados" e "recomendados" (Disponível em: https://www.leadersleague.com/en/news/brazil-s-best-arbitrators. Acesso em: 22 nov. 2019).

[619] A lista publicada pelo *Chambers and Partners* vem acompanhada de breves comentários sobre os árbitros, obtidos dos entrevistados. Contudo, são comentários simples e, evidentemente, todos são positivos. Em alguns casos, o árbitro citado na lista tem a oportunidade de pagar um valor para que seu perfil seja divulgado no *site*, mas o perfil é elaborado pelo próprio árbitro, e contém apenas informações básicas a seu respeito.

[620] As avaliações seriam importantes não só para apontar (e eventualmente corrigir) desvios graves de comportamento dos árbitros, mas principalmente para lapidar e melhorar comportamentos sutis dos julgadores que, embora não sejam suficientes para apresentar uma impugnação em face deles, podem ter gerado desconforto nas partes, fazendo com que elas não se sintam propensas a indicá-los novamente.

Além disso, as avaliações ajudariam a promover árbitros novos e a tornar o mercado menos concentrado, pois as partes teriam mais conforto em indicar uma pessoa pouco conhecida, se soubessem que ela tem recebido boas avaliações.[621]

As avaliações também seriam úteis para quando as instituições arbitrais precisassem indicar árbitro. A esse respeito, alguns autores sustentam que as instituições já mantêm um sistema próprio de avaliação de árbitros, a partir do qual elaboram listas de pessoas que não indicam mais, em razão de erros passados.[622]

Ainda que tal mecanismo de fato exista, ele provavelmente é baseado em informações a que as instituições têm acesso em razão de sua atividade, sem ouvir as partes, os advogados ou o próprio árbitro. Portanto, um sistema público de avaliação poderia melhorar e complementar eventual sistema interno já mantido pelas câmaras.

Ademais, as avaliações possibilitariam às instituições aprimorar a qualidade de seu rol de árbitros (o que reflete na reputação da instituição),[623] excluindo pessoas com baixo desempenho e incluindo outras com reiterados *feedbacks* positivos.

Em contrapartida, existem opiniões contrárias à adoção de um sistema público de avaliação. O principal argumento é o risco de prejudicar um árbitro que tenha sido mal avaliado injustamente pela parte que perdeu a demanda.

É inegável que existe o risco de a parte perdedora tentar desqualificar o julgador (buscando, assim, justificar sua derrota ou simplesmente "se vingar"). Entretanto, isso não é suficiente para *afastar* o uso das avaliações, pois não é possível afirmar que toda parte sucumbente avaliará

---

[621] "[...] newer, highly skilled arbitrators can labor in obscurity for what seems like a professional eternity without catching the collective eye of the international arbitration community. [...] More and more equally accessible information about arbitrators will help open up the market for arbitrators by increasing accountability among established arbitrators and by providing opportunities for newer arbitrators to establish reputations that are more readily accessible to parties" (ROGERS, Catherine. Chapter II: the arbitrator and the arbitration procedure, transparency in arbitrator selection cit., p. 84-85).

[622] "Several institutions even report having so-called 'black lists' of arbitrators whom they refuse to appoint because of errant behavior in past cases" (ROGERS, Catherine. Chapter II: the arbitrator and the arbitration procedure, transparency in arbitrator selection cit., p. 80).

[623] Como visto no item 2.1.1.1 *supra*, um dos pontos considerados pelas partes ao escolher a instituição é a qualidade da lista de árbitros.

mal o árbitro, tampouco é possível desconsiderar comentários negativos supondo se tratar de mero inconformismo com o resultado do litígio.

A existência desse risco apenas exige que sejam tomados cuidados para contorná-lo ou mitigá-lo. A ocorrência de opiniões desviantes não é novidade em pesquisas de mercado, existindo diversas técnicas que podem corrigir tais falhas.

Algumas delas são: fazer perguntas objetivas que comportem respostas igualmente objetivas;[624] colher uma avaliação antes de proferida a sentença e outra depois; indicar se eventual avaliação negativa proveio da parte que perdeu ou que ganhou;[625] divulgar os resultados das avaliações de modo agregado, sem publicar comentários ou notas específicas das partes;[626] dar a chance para o árbitro mal avaliado se manifestar e levar isso em consideração no momento de publicar os resultados; publicar *feedbacks* negativos apenas se ocorrerem mais de uma vez,[627] entre outras.

Dessarte, constata-se que avaliações injustas acabam sendo mais prejudiciais em um sistema informal de avaliação do que em um sistema público e formal, pois no primeiro não é possível tomar os cuidados supramencionados.

---

[624] A esse respeito, o formulário de avaliação de mediadores elaborado pelo *International Mediation Institute* (IMI) serve como exemplo. A maioria das perguntas deve ser respondida com "sim" ou "não", ou assinalando um número de 1 a 5, que representam uma escala que vai desde "muito insatisfeito" a "muito satisfeito". Em todo caso, para cada pergunta, há um espaço para a parte tecer comentários adicionais, se assim o desejar. O modelo do questionário está disponível em: https://www.imimediation.org/practitioners/feedback-request-form/#89-mediator-feedback-request. Acesso em: 20 nov. 2019.

[625] "High marks from a party that perceived itself as having 'lost' would undoubtedly be the highest form of praise, while the lower marks from a losing party might appropriately be viewed with that context" (MCILWRATH, Michael; SCHROEDER, Roland. Users need more transparency in international arbitration cit., p. 104).

[626] A prática do *International Mediation Institute*, mais uma vez, pode ser um exemplo. As avaliações preenchidas pelas partes não são diretamente publicadas. Elas são enviadas a um revisor, que congrega várias avaliações e, a partir do conjunto, elabora o relatório que ficará disponível no perfil do mediador (Disponível em: https://www.imimediation.org/practitioners/feedback-guidelines-reviewers/#. Acesso em: 20 nov. 2019).

[627] No caso de avaliação negativa, o *International Mediation Institute* sugere que o revisor converse separadamente com o mediador e com as partes para entender o que aconteceu. Eventuais comentários negativos devem ser publicados apenas se mencionados por mais de uma pessoa (Disponível em: https://www.imimediation.org/practitioners/feedback-guidelines-reviewers/#. Acesso em: 20 nov. 2019).

Além disso, na ausência de um meio oficial de avaliação do árbitro, as partes e seus advogados não têm como checar ou contrapor eventuais informações negativas obtidas oralmente. Portanto, por mais que não seja possível evitar avaliações "vingativas", um sistema público de conceituação é capaz de mitigar os prejuízos causados.

Outro argumento contrário à adoção das avaliações é o receio de que isso afete a eficiência do processo, pois os árbitros poderiam ficar refratários em tomar decisões contrárias a uma parte para não ser mal avaliados.

A arbitragem sempre conviveu com a preocupação de que um árbitro possa moldar sua conduta com intuito de "agradar" as partes e, assim, receber futuras indicações. Trata-se de uma preocupação que nasce com o sistema de indicação do árbitro pelas partes. A questão que precisa ser analisada, portanto, é se a criação de um sistema público de avaliação poderia acentuar esse problema (o qual persistirá enquanto houver indicações unilaterais).[628]

Por mais que seja inegável que os árbitros se preocupam com a opinião das partes (consequência do sistema de indicação), os *bons árbitros* são aqueles que não deixam a opinião dos outros interferir em seu comportamento além da medida.

Assim, um árbitro que se preocupar excessivamente com sua avaliação a ponto de prejudicar a eficiência do processo, ou transparecer "falta de firmeza" ou, ainda, parcialidade, muito provavelmente será mal avaliado em razão dessas condutas.

Logo, o sistema de avaliações não acentuaria o problema, pelo contrário, seria uma possível solução para ele, pois ajudaria partes e advogados a identificar quem são os árbitros que se comportam de forma adequada ou não.

Dessa forma, conclui-se que a implementação de um sistema público de avaliação de árbitros seria uma medida de transparência muito bené-

---

[628] A existência de indicações unilaterais gera preocupações não só em matéria de eficiência do processo, mas também com relação à imparcialidade do árbitro, à prática de corrupção na arbitragem, entre outros. Sobre o tema, Jan Paulsson defende eliminar a possibilidade de indicações unilaterais, de modo que todos os árbitros fossem indicados pelas instituições arbitrais (Paulsson, Jan. *Moral Hazard in International Dispute Resolution*. Inaugural Lecture as Holder of the Michael R. Klein Distinguished Scholar Chair University of Miami School of Law 29 April 2010. Disponível em: https://www.arbitration-icca.org/media/0/12773749999020/paulsson_moral_hazard.pdf. Acesso em: 25 nov. 2019).

A PROPOSIÇÃO DE UM REGIME DE CONFIDENCIALIDADE MITIGADA

fica a todos os atores da arbitragem (partes, advogados, árbitros e instituição arbitral), desde que tomados os devidos cuidados na elaboração da avaliação e na divulgação de seus resultados.

Por conseguinte, a questão que se coloca é *quem* seria a pessoa ou entidade mais indicada para concretizar essa medida de transparência. Apesar de as instituições arbitrais poderem encabeçar essa medida, elas não são as únicas que podem fazê-lo.

Como o conteúdo das avaliações não diz respeito a informações sobre o litígio subjacente, mas sim a *performance* do árbitro, qualquer pessoa ou empresa poderia enviar os formulários, receber as respostas, tratá-las e publicá-las. É um cenário distinto, por exemplo, da publicação de sentenças ou de dados estatísticos das arbitragens, cujas informações são confidenciais e, portanto, exige que as instituições ajam como intermediárias em sua divulgação.

Tanto assim que já existe empresa que concretiza a medida ora tratada, sem qualquer vínculo com instituições arbitrais. O *Arbitrator Intelligence* ("AI") foi criado com a finalidade específica de coletar e divulgar informações sobre árbitros, incluindo a opinião de partes e advogados. Como resultado das pesquisas realizadas, são divulgados relatórios individuais sobre os árbitros, que estão disponíveis para compra.[629]

Para além do AI, essa atividade poderia ser desempenhada por qualquer empresa com conhecimento em pesquisa de mercado, coleta e análise de dados, por exemplo, as empresas referidas (*Chambers and Partners* e *Leaders League*), cujos *rankings* de árbitros poderiam ser adaptados para atender às finalidades ora tratadas.

Diante disso, cabe às instituições arbitrais decidir se agregam ou não mais essa atividade a seu conjunto de serviços. Até hoje, não se tem notícia de alguma que o faça.[630]

---

[629] Sobre o projeto: https://www.arbitratorintelligence.org/. Acesso em: 10 nov. 2019.

[630] Ao menos no tocante às instituições arbitrais brasileiras pesquisadas neste trabalho, nenhuma delas informa utilizar um mecanismo de avaliação dos árbitros. O CAM-CCBC envia anualmente aos seus clientes um formulário para aferir a satisfação com os serviços da câmara, sem questionar, contudo, sobre a *performance* dos árbitros. No tocante às instituições estrangeiras, a câmara de Hong Kong (*Hong Kong International Arbitration Centre* – HKIAC) divulgou em 2015 que passaria a submeter às partes um formulário para avaliação dos serviços prestados pela instituição e pelos árbitros. A instituição informou que manteria as informações obtidas em sigilo, resguardando-se o direito de publicar dados compilados. Todavia, até o momento, não se sabe se houve alguma publicação nesse sentido ("Rate

Evidentemente, essa decisão passa por uma análise comercial e estratégica, que não é objeto deste trabalho. Cumpre-nos tão somente tecer comentários sobre os potenciais benefícios e malefícios gerados para o sistema arbitral, caso essa medida seja implementada pelas instituições ou por outras empresas.

Um dos aspectos negativos no desenvolvimento dessa atividade por terceiros é o custo para partes e advogados acessarem os resultados das avaliações. Como são empresas explorando uma atividade econômica, elas visariam ao lucro, o que pode dificultar o amplo acesso.

Outro possível aspecto negativo é a menor eficácia da medida, pois as empresas terão dificuldades de alcançar as pessoas que participaram da arbitragem e engajá-las no preenchimento das avaliações, isto é, o sucesso da empresa dependerá necessariamente da iniciativa e colaboração de partes e advogados, o que impõe os seus desafios.[631]

Não obstante, o AI tem registrado bons índices de participação,[632] o que é coerente com a vontade demonstrada pelos próprios usuários em fornecer avaliações sobre os árbitros, como registrado nas *Pesquisas Queen Mary* 2010 e 2018.

Por outro lado, a vantagem na atuação de terceiros é que estes podem já deter a *expertise* necessária em pesquisa de mercado e análise de dados. Isso é especialmente relevante para a medida de transparência, pois, como visto, o risco de avaliações injustas exige que sejam tomados diversos cuidados em sua implementação.

A esse respeito, é preciso reconhecer que as instituições arbitrais não são especialistas em tais atividades e, embora possam desenvolver

---

Your Experience – HKIAC Launches Arbitration Evaluation System", divulgado em 23 jul. 2015. Disponível em: https://www.hkiac.org/news/rate-your-experience-hkiac-launches-arbitration-evaluation-system. Acesso em: 18 nov. 2019). Além disso, é possível crer que uma parte ou um advogado dificilmente manifesta de forma espontânea sua opinião sobre a atuação dos árbitros diretamente a eles, ainda mais se for negativa, buscando evitar qualquer indisposição. E, mesmo se as partes e advogados tomam a iniciativa de dar um *feedback* sobre a atuação do árbitro à instituição, não é possível saber se o árbitro é comunicado a respeito.

[631] A esse respeito, remete-se ao quanto exposto no item 3.2 sobre os desafios na efetivação de medidas que dependem das partes e advogados, as quais tendem a ser menos eficazes, pois importam em custos indiretos, como custos de oportunidade.

[632] O site do *Arbitrator Intelligence* relata que a comunidade arbitral já preencheu mais de 700 de seus questionários, cedendo informações sobre as arbitragens das quais participaram (informações disponíveis em 13 de julho de 2019).

essa competência, isso importaria em custos relevantes. Logo, a medida de transparência ora em análise não seria de fácil implementação pela instituição como outras citadas anteriormente (como o currículo padronizado e a publicação dos árbitros nomeados), o que é um aspecto negativo em sua adoção.

Por outro lado, as vantagens na implementação da medida pelas instituições arbitrais são: a maior probabilidade de que divulguem o resultado das avaliações publicamente (mesmo se comparado a terceiros)[633] e, principalmente, o fato de terem acesso direto às partes e aos advogados que participaram dos processos arbitrais, o que tornaria mais eficaz a coleta de dados.

Do exposto conclui-se que, para o sistema arbitral, existem vantagens e desvantagens associadas a ambos os modelos. Seria extremamente benéfica a celebração de parcerias entre instituições arbitrais e empresas especializadas (como o AI), de modo a aproveitar as vantagens oferecidas por cada um deles.

Por último, vale comentar que é possível às instituições arbitrais implementar um sistema de avaliação de árbitros exclusivamente interno, sem a divulgação pública dos resultados. Embora tal sistema não permita atingir o objetivo deste trabalho – que é ampliar as informações disponíveis para partes e advogados –, ele traria alguns benefícios.

Eliminar a publicação retiraria parte da complexidade envolvida na adoção dessa medida e possibilitaria às instituições aproveitar as avaliações nos momentos em que indicam árbitro e na melhoria de seu rol de árbitros. Além disso, mesmo em um sistema interno, as instituições poderiam enviar relatórios confidenciais para os árbitros com o resultado de suas avaliações, permitindo que eles aprimorem sua atuação. Dessa forma, partes e advogados seriam, ao menos, indiretamente beneficiados.

---

[633] É evidente que as instituições também poderiam cobrar por essas informações, à semelhança do que faz o *Arbitrator Intelligence*. Todavia, diferentemente do AI, as instituições têm outras fontes de renda e, portanto, é mais provável que elas se disponham a divulgar as informações gratuitamente. Além disso, as instituições têm outros incentivos para divulgar as informações de forma gratuita, pois se beneficiariam com o consequente aumento da legitimidade da arbitragem, por exemplo. As outras empresas, por sua vez, não necessariamente enfrentam esses incentivos, sendo possível crer que entrariam nesse mercado visando unicamente os lucros.

4.6 Informações sobre os processos arbitrais

Conforme diagnóstico realizado pela *Pesquisa Instituições Brasileiras*, constatou-se que existe pouca transparência das instituições arbitrais em divulgar dados estatísticos dos procedimentos que administram (Anexo 6).[634]

A ausência de tais informações prejudica o sistema arbitral de várias maneiras. Afeta a tomada de decisão das partes sobre qual instituição escolher, pois não há como aferir e comparar as instituições.

Impede também que as partes tenham conhecimento detalhado sobre alguns aspectos do processo arbitral, em especial, a respeito de seu tempo de duração, o que favorece a criação de expectativas irreais sobre o tempo do processo e, consequentemente, gera frustrações.

Além disso, considerando a preferência dos usuários pela arbitragem institucional,[635] a ausência de dados estatísticos dificulta de modo geral o conhecimento sobre a prática arbitral brasileira, prejudicando pesquisas acadêmicas e o ensino sobre a arbitragem. A esse respeito, a divulgação de dados é o primeiro passo necessário para identificar problemas e propor soluções e, portanto, sua ausência também impossibilita melhorias no sistema.

Diante disso, seria extremamente benéfico se as instituições arbitrais passassem a divulgar periodicamente[636] as seguintes informações sobre os processos que administram (cuja lista é apenas exemplificativa): (i) número total de processos administrados; (ii) número de casos novos por ano; (iii) número de sentenças proferidas por ano (divididas entre sentenças parciais, finais e homologatórias de acordo); (iv) valores envolvidos nas arbitragens (valor agregado e/ou valor médio por caso); (v) porcentagem/número de processos domésticos e internacionais; (vi) principais nacionalidades das partes; (vii) principais idiomas dos

---

[634] Apenas três instituições brasileiras divulgam em seu *site* informações estatísticas (CAM-CCBC, Fiesp/Ciesp e CCI). Considerando as outras dez instituições que cederam informações para a edição de 2017 do *Anuário de Arbitragem CESA*, chega-se ao total de 13 instituições brasileiras que divulgam dados estatísticos, de um total de 31 abrangidas pela *Pesquisa Instituições Brasileiras* (41,9%) (Anexo 6).

[635] A *Pesquisa Queen Mary 2006* constatou que 76% dos entrevistados preferem arbitragens institucionais. (QUEEN MARY UNIVERSITY OF LONDON. *International arbitration*: corporate attitudes and practices – 2006 cit.).

[636] Entre as instituições brasileiras que divulgam tais dados (Anexo 6), todas fazem-no anualmente, o que se considera adequado. Contudo, nada impede que se adote uma periodicidade menor.

procedimentos; (viii) número/porcentagem de arbitragens de direito e por equidade; (ix) principais direitos aplicáveis; (x) porcentagem/número de procedimentos envolvendo a Administração Pública Direta e Indireta; (xi) principais matérias discutidas nos casos (natureza da disputa); (xii) tempo médio de duração dos processos; (xiii) número de casos em que houve impugnação ao árbitro (e em quantos ela foi deferida);[637] (xiv) dados sobre os árbitros e tribunais arbitrais nomeados (número de procedimentos com tribunal e árbitro único; idade, gênero e modo de indicação dos árbitros).

Muitas das informações mencionadas cumprem uma dupla finalidade: dão conhecimento sobre a prática arbitral brasileira[638] e, também, sobre a experiência e *expertise* da instituição arbitral.

Assim, por exemplo, ao publicar o número total de procedimentos administrados, a instituição está informando a potenciais clientes sua experiência na prestação do serviço. A divulgação do número de procedimentos domésticos e internacionais, bem como da nacionalidade das partes, também revela se a instituição tem um perfil internacional e se está apta a administrar procedimentos com partes estrangeiras.

Isso significa que instituições com bons números não terão problema em divulgá-los, o que aumentará sua reputação. Entretanto, instituições que não possuem bons resultados provavelmente serão reticentes em revelá-los.

Trata-se um empecilho para a eficácia dessa medida, porque não se considera razoável obrigar as instituições a apresentar dados estatísticos, o que só poderia ser feito via legislativa.[639] Entretanto, é possível supor que, quanto maior o número de instituições que revelem seus dados, haverá uma pressão de mercado para que as demais também o façam, pois a simples ausência de divulgação poderá ser interpretada como um indício de que os resultados são negativos. Assim, haveria também uma

---

[637] Caso a instituição adote a prática de publicar todas as decisões sobre impugnações aos árbitros (tal como sugerido no item 4.4.2, esse dado já seria divulgado. No entanto, caso a instituição não adote a publicação das decisões, seria extremamente benéfico que divulgasse ao menos informações estatísticas a esse respeito.

[638] É claro que a divulgação de dados por uma única instituição não permitirá tirar conclusões acerca da prática arbitral brasileira de modo geral, o que só será possível agregando-se informações de várias instituições.

[639] A esse respeito, remete-se ao item 3.3 *supra* que tratou da inconveniência em adotar medidas de transparência pela via legislativa.

pressão positiva para que as instituições melhorem sua prestação de serviço para que tenham bons números para divulgar.

Especificamente quanto ao tempo de duração dos procedimentos, as pessoas entrevistadas pela *Pesquisa Queen Mary 2015* opinaram que essa seria a principal medida que as instituições poderiam adotar para melhorar a arbitragem internacional.[640]

De fato, seria uma medida muito benéfica porque possibilitaria às partes ter uma ideia de quanto tempo, aproximadamente, pode levar para que seu caso seja decidido. No entanto, para que isso ocorra, a divulgação deve se dar de forma qualificada e específica. A simples indicação do tempo médio, considerando todos os procedimentos administrados pela instituição, pode confundir mais do que informar, criando nas partes expectativas pouco concretas quanto à duração de seu caso.

Nessa linha, as instituições deveriam separar o tempo médio de duração da fase administrativa dos processos – *i.e.*, do requerimento de arbitragem até a instituição do tribunal – da fase posterior, que passa a ser incumbência exclusiva dos árbitros.[641] Essa separação seria importante também para aferir a eficiência da instituição, o que é levado em consideração pelas partes ao escolher uma câmara (conforme visto no item 2.1.1.1).

Além disso, o ideal é que se informe o tempo de duração dos casos conforme categorias distintas de processos. Para tanto, é recomendável que se isolem (ou até mesmo se excluam) da estatística os casos em que não houve instituição do tribunal arbitral (artigo 19 da Lei de Arbitragem), isto é, que se encerraram ainda na fase administrativa.

No que tange aos casos em que houve instituição do tribunal arbitral, também seria importante isolar aqueles que se encerraram por desistência das partes, por falta de pagamento ou por homologação de acordo, pois essas variáveis não fazem parte do controle dos árbitros ou da instituição arbitral.[642]

---

[640] QUEEN MARY UNIVERSITY OF LONDON. *2015 International arbitration survey*: improvements and innovations in international arbitration cit., p. 23.

[641] A CAM Milano é um exemplo de instituição que faz essa separação (Analytical Statistics on the proceedings of the Chamber of Arbitration of Milan – 2018. Disponível em: https://www.camera-arbitrale.it/upload/documenti/statistiche/arbitration-facts-figures-2018.pdf. Acesso em: 28 nov. 2019).

[642] Nesse sentido, cita-se como exemplo a prática da CAM Milano, que divulga o tempo dos processos arbitrais separados entre: casos em que houve abandono do processo ou em que

Dentro do universo dos processos arbitrais em que houve sentença de mérito, devem ser separadas as variáveis que, em geral, costumam interferir no tempo do processo, para que as partes possam analisar em qual dessas categorias seu litígio se encontra, formando uma expectativa mais acurada sobre a duração de seu próprio caso.

Como hoje não se tem acesso a estatísticas detalhadas, não se pode sequer afirmar quais variáveis são essas. É possível supor, por exemplo, que a natureza do litígio e a extensão da produção probatória (se houve ou não perícia, por exemplo) estejam entre elas. Caberá às próprias instituições arbitrais dizer quais variáveis mais interferem no tempo do processo, a partir da análise de seus casos.

Esse e outros dados revelados podem até mesmo mudar o comportamento de partes e advogados. Por exemplo: é possível supor que processos julgados por árbitro único tendem a ser mais céleres, pois se elimina a necessidade de deliberação do árbitro com seus pares. Todavia, não há dados concretos sobre a prática brasileira que confirmem ou refutem essa suposição.[643] Se, por hipótese, ela for ratificada, isso *pode* incentivar as partes a optar mais por um árbitro único. E, mesmo se ela não o for, essa informação ainda assim é relevante para as partes decidirem entre árbitro único ou tribunal.

Ainda no tocante a mudanças de comportamento, destaca-se a recente iniciativa de algumas instituições em divulgar dados sobre a constituição dos tribunais arbitrais segundo o gênero dos árbitros,[644] o que visa trazer consciência sobre a pouca diversidade hoje presente na arbitragem e, consequentemente, tentar mudar esse cenário.[645]

---

houve acordo; casos encerrados por ausência de pagamento dos custos, e casos encerrados com sentença final (Analytical Statistics on the proceedings of the Chamber of Arbitration of Milan – 2018 cit.).

[643] A CAM Milano, por exemplo, divulga essa informação. De acordo com sua estatística de 2018, os procedimentos conduzidos por árbitro único levaram em média cinco meses a menos para serem concluídos do que os casos com tribunais arbitrais (Analytical Statistics on the proceedings of the Chamber of Arbitration of Milan – 2018 cit.).

[644] Das instituições brasileiras, o CAM-CCBC e a CCI divulgam esse dado. Outras instituições internacionais também o fazem, como a Viac e SCC.

[645] A divulgação dessas informações pelo CAM-CCBC insere-se em um contexto maior, que é o compromisso assumido pela instituição em promover a igualdade de gênero não só na indicação de árbitros que lhe cabe, mas também na composição de eventos que a instituição patrocina, em comissões internas à instituição, entre outros, nos termos da Resolução

Um aspecto negativo dessa medida de transparência é a falta de uniformidade na divulgação das informações por parte das instituições, o que dificulta fazer uma comparação entre elas.[646] De fato, não há como obrigar as instituições a adotar um formato único de divulgação (exceto por meio de lei, o que não se considera conveniente), o que prejudica a comparação dos dados.

A solução possível para essa questão é exigir das instituições que sejam mais transparentes sobre como formam suas estatísticas. Assim, por exemplo, elas devem informar quais os critérios utilizados para considerar uma arbitragem doméstica ou internacional (uma vez que há diversas conceituações viáveis);[647] se o número de procedimentos com a Administração Pública contempla apenas entes da Administração Direta ou também Indireta; quais os procedimentos englobados na estatística sobre duração dos procedimentos etc. Logo, as partes ao menos ficam cientes das limitações dos dados informados e podem fazer as comparações que entenderem adequadas.

Por fim, vale notar que a implementação dessa medida de transparência não impõe grandes custos para as instituições, pois é possível crer que grande parte delas já colete informações sobre os procedimentos que administram. Assim, bastaria organizá-los e divulgá-los, o que, preferencialmente, deve ser feito no próprio *site* da instituição. E, mesmo aquelas instituições que não mantêm um controle, não se trata de um sistema difícil de colocar em prática.

Assim sendo, diante do exposto, é possível concluir que se trata de medida que deveria ser adotada sem demora pelas instituições.

Administrativa nº 30/2018 (Disponíveis em: https://ccbc.org.br/cam-ccbc-centro-arbitragem-mediacao/resolucao-de-disputas/resolucoes-administrativas/ra-30-2018-igualdade-de-oportunidades-para-as-mulheres-no-ambito-da-arbitragem/. Acesso em: 28 nov. 2019).

[646] MCILWRATH, Michael; SCHROEDER, Roland. Users need more transparency in international arbitration cit., p. 94.

[647] "Parties to international commercial contracts will want to know if the institution has managed disputes similar to their own. For this, the concept of 'international arbitration' should be defined so that the reported data can be fairly and accurately compared" (MCILWRATH, Michael; SCHROEDER, Roland. Users need more transparency in international arbitration cit., p. 95).

Capítulo 5
A Proposição de um Regime de Transparência para Arbitragens Envolvendo a Administração Pública

5.1 Considerações iniciais

A primeira parte deste trabalho analisou se era possível e benéfico aumentar a transparência de arbitragens comerciais entre partes privadas. Depois de ter chegado a uma resposta positiva, passou-se a analisar como isso poderia ser feito.

No caso de arbitragens com a Administração Pública, a discussão sobre se é possível ou benéfico aumentar a transparência não é sequer necessária, pois o legislador já estabeleceu a obrigação de que tais processos respeitem o princípio da publicidade (art. 2º, § 3º, da Lei de Arbitragem, incluído pela Lei nº 13.129/2015).

Havendo o comando claro da lei nesse sentido, cabe estudar *como* esse princípio pode ou deve ser concretizado, que é o objeto deste capítulo.

Para alcançar esse propósito, foram buscados substratos na doutrina, em outras legislações sobre o tema e em previsões criadas pelas instituições arbitrais brasileiras. Além disso, também se olhou para experiências estrangeiras, procurando exemplos de práticas que possam ser adotadas no Brasil.

Assim, foram analisadas as regras de transparência praticadas pela (i) *Camera Arbitrali* da *Autorità Nazionale Anticorruzione* ("Anac") com sede na Itália;[648] (ii) pelo *Centro de Arbitraje* da *Cámara de Comercio de Lima* ("CCL"), no Peru;[649] (iii) pelo ICSID;[650] e (iv) pela Uncitral.

A Anac (Itália) e a CCL (Peru) são instituições que administram procedimentos arbitrais comerciais com o Estado e, portanto, são as que mais se aproximam da hipótese brasileira. Por sua vez, o ICSID e a Uncitral estabelecem regras voltadas para arbitragens de investimento. Embora o presente trabalho não se ocupe de examinar esse tipo específico de arbitragem, diante da presença do Estado nesses procedimentos, a análise da prática destas duas últimas instituições é de grande serventia.

Esclarece-se que a Uncitral não é uma instituição arbitral, isto é, ela não presta o serviço de administração de procedimentos.[651] Não obstante, ela foi incluída no estudo por ter criado em 2014 a *United Nations Convention on Transparency in Treaty-based Investor-State Arbitration* (também chamada de *Mauritius Convention on Transparency*), um conjunto de normas específicas sobre transparência em arbitragens de investimento ("Regras de Transparência da Uncitral"), que

---

[648] Trata-se de instituição arbitral criada pelo governo italiano com competência *exclusiva* para administrar processos arbitrais envolvendo certos tipos de contratos públicos (artigos 209 e 210 do Decreto Legislativo 18 Aprile 2016, n. 50 – Codice di contratti pubblici). Informações obtidas em http://www.anticorruzione.it/portal/public/classic/Autorita/CameraArbitrale/Arbitrati#annotab1. Acesso em: 9 dez. 2019.

[649] A CCL divulga informações sobre arbitragens com o Estado em um portal no *site* denominado "farol da transparência". Informações obtidas em: https://www.arbitrajeccl.com.pe/. Acesso em: 6 dez. 2019. Ainda, é importante citar que a lei de arbitragem peruana prevê que o procedimento arbitral em que o Estado é parte será confidencial, com exceção da sentença arbitral, que deve ser divulgada após o encerramento do processo (Artigo 51, § 3º, do Decreto Legislativo nº 1.071, de 1º de setembro de 2008).

[650] O ICSID foi criado em 1972 e é vinculado ao Banco Mundial, sendo uma das instituições mais utilizadas para a administração de arbitragens de investimento. Portanto, é instituição acostumada a lidar com problemas envolvendo a participação de um ente público em arbitragens. O regime de publicidade da instituição está previsto principalmente nos artigos 31 e 48 do Regulamento de Arbitragem e nas regras 22 e 23 do "Administrative and Financial Regulations" do ICSID. Ambos estão disponíveis em: http://icsidfiles.worldbank.org/icsid/icsid/StaticFiles/basicdoc/basic-en.htm; e http://icsidfiles.worldbank.org/icsid/icsid/staticfiles/basicdoc/partC.htm. Acesso em: 10 dez. 2019.

[651] Sua função é promover a harmonização de leis sobre o comércio internacional e, nessa tarefa, publicou em 1976 a primeira versão de um regulamento de arbitragem que as partes podem escolher para reger o seu procedimento (seja ele *ad hoc* ou institucional).

tem sido clamada por parte da doutrina como exemplo a ser seguido pelas câmaras arbitrais.[652]

Essas Regras são aplicáveis às arbitragens de investimento iniciadas a partir de abril de 2014 que seguem o regulamento de arbitragem da Uncitral (a não ser que as partes decidam diversamente).[653] Além disso, até o momento, foram celebrados mais de sessenta tratados bilaterais ou multilaterais de investimento que incorporaram as Regras de Transparência da Uncitral ou adotaram regras nela inspiradas,[654] o que significa que futuras disputas decorrentes desses tratados também serão divulgadas conforme os parâmetros previstos nas Regras da Uncitral.[655] Assim sendo, diante da relevância de tais regras, elas foram incluídas na presente análise.

5.2 Premissas

Para determinar como um princípio deve ser concretizado, é necessário analisar quem são as pessoas sujeitas a ele. A opinião majoritária da

---

[652] RIBEIRO, João; DOUGLAS, Michael. Transparency in investor-state arbitration: the way forward. *Asian International Arbitration Journal*, Singapore International Arbitration Centre & Kluwer Law International, v. 11, n. 1, p. 49-67, 2015.

[653] O escopo de aplicação das Regras de Transparência da Uncitral está previsto no seu artigo 1.

[654] A lista completa de tratados encontra-se em: www.uncitral.un.org/en/texts/arbitration/convention/foreign_arbitral_awards/status. Acesso em: 7 dez. 2019.

[655] Tendo em vista que a Uncitral não administra procedimentos e que, portanto, não tem condições de saber se e quando foi dado início a uma arbitragem de acordo com suas Regras de Transparência, cabem às partes informar tal fato a Uncitral, sendo imputado ao tribunal arbitral fornecer os documentos necessários para alimentar o "repositório de informações públicas" contido no *site* da Uncitral, conforme artigos 2 e 3 das Regras de Transparência da Uncitral. O repositório está disponível em: http://www.uncitral.org/transparency-registry/registry/index.jspx. Acesso em: 7 dez. 2019. O repositório da Uncitral também pode ser livremente escolhido pelas partes de uma arbitragem de investimento como o local em que serão disponibilizadas informações de seu procedimento, mesmo que este não aplique diretamente as Regras de Transparência da Uncitral. A esse respeito, o Governo do Canadá tomou a iniciativa de disponibilizar no repositório as informações de seus casos envolvendo o *North American Free Trade Agreement* (Nafta). Sobre o tema: UNITED NATIONS. *Report of the United Nations Commissions on International Trade Law*: Forty-seventh session (7-18 July 2014). United Nations, New York, 2014, p. 18.

doutrina é a de que apenas a Administração Pública está adstrita à publicidade prevista na Lei de Arbitragem.[656]

Há, inclusive, enunciado aprovado na "I Jornada de Prevenção e Solução Extrajudicial de Litígios do Centro de Estudos Judiciários do Conselho da Justiça Federal", nesse sentido: "Na arbitragem, cabe à Administração Pública promover a publicidade prevista no art. 2º, § 3º, da Lei n. 9.307/1996".[657]

De acordo com esse entendimento, caberia apenas à Administração Pública divulgar as informações consideradas necessárias. Os demais participantes da arbitragem estariam isentos de qualquer dever nesse sentido.[658]

É inegável que os entes da Administração Pública estão adstritos a um regime de ampla publicidade de seus atos (artigo 37 da CF).[659] Em oposição, os atos da vida dos particulares não seguem o mesmo preceito, sendo-lhes garantido o direito à intimidade e à privacidade (artigo 5º, X, XI, XII, da CF).

Todavia, quando o particular estabelece uma relação com a Administração Pública, ele se submete a um regime jurídico especial, distinto daquele aplicável às relações que mantêm com outros particulares.[660] A incidência do princípio da publicidade é uma das especificidades

---

[656] Nesse sentido: MARTINS, André Chateaubriand. A administração pública na reforma da lei de arbitragem. In: ROCHA, Caio Cesar Vieira; SALOMÃO, Luis Felipe (coord.). Arbitragem e mediação: a reforma da legislação brasileira. 2. ed. São Paulo: Atlas, 2017. p. 28; FONSECA, Rodrigo Garcia da; CORREIA, André de Luizi. A confidencialidade na arbitragem. Fundamentos e limites cit., p. 447; MALHEIRO, Emerson Penha; BENATTO, Pedro Henrique Abreu. Arbitragem no poder público do Brasil. *Direitos Fundamentais & Justiça*, Belo Horizonte, ano 11, n. 36, p. 131-144, 2017.

[657] "4. Na arbitragem, cabe à Administração Pública promover a publicidade prevista no art. 2º, § 3º, da Lei nº 9.307/1996, observado o disposto na Lei nº 12.527/2011, podendo ser mitigada nos casos de sigilo previstos em lei, a juízo do árbitro."

[658] CARMONA, Carlos Alberto. Arbitragem e administração pública – primeiras reflexões sobre a arbitragem envolvendo a administração pública. *Revista Brasileira de Arbitragem*, Curitiba, CBAr & IOB, v. XIII, n. 51, p. 20-21, 2016.

[659] Tanto assim que os entes públicos estão vinculados à Lei de Acesso à Informação (Lei nº 12.527/2011, regulamentada pelo Decreto nº 7.724/2012, no caso do Poder Executivo Federal).

[660] "Contudo, mesmo quando se trata de um contrato de direito privado, a presença da Administração Pública atrai a incidência de regras especiais de direito público" (DI PIETRO, Maria Sylvia Zanella. *Direito administrativo*. 24. ed. São Paulo: Atlas, 2011. p. 259).

desse regime, ao qual o particular *também* fica sujeito quando escolhe se relacionar com o Estado.

Nesse sentido, todo contrato celebrado pela Administração Pública, seja com um ente estatal ou com um particular, está submetido à publicidade[661] e, em certas hipóteses, a incidência do princípio da publicidade pode inclusive gerar obrigação de divulgação aos particulares.[662]

Com a inclusão do artigo 2º, § 3º, na Lei de Arbitragem, o princípio da publicidade passou a incidir também na *relação jurídica processual arbitral* entre particular e Administração Pública, extravasando, assim, o campo meramente contratual. De fato, a Lei de Arbitragem prevê que o "processo de arbitragem" que envolve a Administração deve respeitar o princípio da publicidade, e processo nada mais é do que relação jurídica processual[663] que, nesse caso, inclui a Administração, o particular e os árbitros.

Portanto, é equivocado considerar que somente a Administração Pública está vinculada ao princípio da publicidade previsto na Lei de Arbitragem. Não há como desvincular a parte privada e os árbitros desse princípio, até mesmo porque eles serão invariavelmente atingidos quando de sua concretização.[664]

Diante disso, chega-se à *primeira premissa* do regime de transparência proposto para arbitragens com o Estado: o princípio da publicidade previsto no artigo 2º, § 3º, da Lei de Arbitragem vincula todos os sujeitos da relação jurídica processual: Administração Pública, parte privada e árbitros.

---

[661] Artigo 7º, VI, da Lei de Acesso à Informação.

[662] Nesse sentido, o artigo 2º da Lei de Acesso à Informação e artigo 63 e seguintes do Decreto nº 7.724/2012 obrigam entidades privadas sem fins lucrativos a publicar uma série de informações quando tais entidades recebem recursos públicos por meio de contrato de gestão, de convênio, acordo etc. Além disso, o artigo 7º, III, da Lei de Acesso à Informação prevê o direito do cidadão em obter informação produzida ou custodiada por pessoa física ou entidade privada, se estes possuírem vínculo com a Administração Pública.

[663] A conceituação de processo como "procedimento em contraditório" não elimina a relação jurídica processual como elemento fundamental do processo, pois a exigência constitucional do contraditório se concretiza por meio da criação de posições jurídicas ativas e passivas aos sujeitos da relação processual. Sobre o tema: DINAMARCO, Cândido. *Instituições de direito processual civil*. 7. ed. São Paulo: Malheiros, 2017. v. II, p. 28-32.

[664] Em arbitragens com a Administração não é possível publicar apenas as informações relativas ao ente público, omitindo os dados relativos aos demais sujeitos do processo, sob pena de não se concretizarem as finalidades perseguidas pelo princípio. Esse aspecto será visto em maiores detalhes adiante.

Essa premissa tem como consequência a inclusão de todas essas pessoas na definição das regras que concretizarão a publicidade. De fato, considerar que somente a Administração Pública está vinculada à publicidade significaria que a concretização desse princípio ficaria a seu exclusivo alvedrio, o que não se coaduna com a nova tendência de "consensualização" das atividades da Administração, que é, inclusive, um dos fatores que a levou a se utilizar da arbitragem.[665]

A instituição arbitral, por sua vez, não está vinculada ao princípio da publicidade, pois ela não compõe a relação jurídica processual. Portanto, partes e árbitros não podem impor unilateralmente à instituição o dever de promover determinadas medidas de publicidade. A instituição apenas se vincula às medidas que ela oferecer em seu regulamento ou àquelas que ela expressamente concordar em concretizar, mediante acordo celebrado com partes e árbitros.

Como consequência dessa primeira premissa, os itens seguintes não se ocuparão de abordar apenas as medidas de publicidade que podem ser adotadas pelas instituições arbitrais, tal como feito no caso de arbitragens entre partes privadas.

Naquele caso, o foco foi dado às instituições uma vez que se concluiu que as medidas institucionais eram as mais adequadas e eficazes para aumentar a transparência.[666] Contudo, no presente caso, como as instituições não estão vinculadas à publicidade prevista na Lei de Arbitragem, o foco não deve ser direcionado a elas, não obstante as regras que serão sugeridas poderem ser livremente adotadas por elas, seja em seu regulamento ou mediante acordo com as partes caso a caso.

Em qualquer hipótese, embora as instituições não estejam vinculadas à publicidade, é possível crer que a instituição que antevir regras de publicidade adequadas em seu regulamento (específicas ou não para

---

[665] "A ampliação e o cabimento da arbitragem para litígios envolvendo a Fazenda Pública não se devem exclusivamente aos anseios dos processualistas civis e dos arbitralistas no sentido de aumentar a efetividade da tutela jurisdicional, mas vai ao encontro de tendências marcantes do Direito Administrativo atual, que valorizam a 'consensualidade' das atividades administrativas, ampliam sua 'contratualização' e visam criar condições mais atrativas para o investimento privado na gestão da coisa pública" (SICA, Heitor Vitor Mendonça. Arbitragem e fazenda pública. *In*: YARSHELL, Flávio Luiz; PEREIRA, Guilherme Setoguti J. (coord.). *Processo societário*. São Paulo: Quartier Latin, 2015. v. II, p. 332).

[666] Vide item 3.4 *supra*.

arbitragens com o Estado) poderá ganhar uma vantagem competitiva em relação às demais, pois serão um serviço e uma conveniência adicional oferecidos às partes.

A *segunda premissa* é a de que existe um grande espaço de liberdade para os sujeitos da relação jurídica arbitral escolherem as regras mais adequadas para concretizar o princípio da publicidade.

Essa premissa nasce da constatação de que a Lei de Arbitragem não estipula as regras específicas de concretização do princípio, o que, ademais, se coaduna com o caráter principiológico da lei.

Em alguns casos, a liberdade das partes é limitada por outras disposições legais, editadas para regulamentar o uso da arbitragem em algumas hipóteses específicas. Contudo, como se verá adiante, são poucas as disposições a esse respeito.

A *terceira premissa* diz respeito à balança entre sigilo e publicidade. Arbitragens em que o Estado é parte exigem um nível de transparência maior do que aquele previsto para arbitragens entre partes privadas.

Isso se dá porque a Administração Pública é gestora de bens e interesses públicos, sendo a publicidade uma ferramenta[667] que permite o acesso, o conhecimento e a fiscalização de tal gestão pelo cidadão.[668-669]

Ademais, a transparência dos atos da Administração Pública também tem como finalidade propiciar a participação e a colaboração dos cidadãos na gestão dos negócios públicos, o que cria não só um dever

---

[667] Como exposto no item 1.2, sigilo e publicidade são ferramentas que permitem atingir determinados objetivos. Portanto, não é a presença de um ente público que faz incidir automaticamente o princípio da publicidade, mas sim a necessidade de se atingir determinados objetivos (como permitir a fiscalização da sociedade e o controle do poder estatal).

[668] "Nesse sentido, a publicidade deve ser vista como uma maneira de garantir o devido processo legal, o contraditório, a ampla defesa e outros direitos processuais garantidos pela Constituição. Como se verifica, não trata, propriamente, de um 'direito à publicidade', mas de garantir a observância de outros direitos, colocando o jurisdicionado ou o cidadão, por meio dela, livre de qualquer arbítrio no exercício do poder" (SALLES, Carlos Alberto de. A confidencialidade possível: a administração pública como parte nos mecanismos alternativos de solução de controvérsias. *Revista Eletrônica de Direito Processual*, Rio de Janeiro, ano 11, v. 18, n. 1, p. 163-164, 2017).

[669] "[...] a publicidade não é mera formalidade, mas uma garantia dos cidadãos de que os atos estatais serão plenamente cognoscíveis e controláveis" (BINENBOJM, Gustavo. O princípio da publicidade administrativa e a eficácia da divulgação de atos do poder público pela internet. *Revista Eletrônica de Direito do Estado*, Salvador, n. 19, p. 7, jul./set. 2009).

de publicidade para o ente público, mas também um *direito subjetivo* do cidadão de obter informações.[670]

Portanto, em arbitragens com o Estado, a transparência não é somente uma medida que pode *melhorar* o sistema arbitral, ela é *essencial* para proteger e garantir o exercício de direitos pela população. A arbitragem, portanto, não pode ser um meio de tolher ou impedir que os cidadãos fiscalizem e participem da gestão dos negócios públicos. Nesse sentido: "descabe à arbitragem servir de ferramenta para diminuir a publicidade natural da própria relação material".[671]

Uma das consequências desse regime é impedir o anonimato das partes ou do litígio nos atos de divulgação relacionados a arbitragens com o Estado. Saber com quem o Poder Público mantém relações contratuais, bem como eventual conflito delas decorrente, é essencial para permitir a fiscalização dos negócios públicos.

Ao mesmo tempo, porém, não se exige a total abertura do processo em todos os casos em que o Estado é parte, sob pena de causar prejuízo às partes e de se perderem determinadas vantagens da arbitragem que, em primeiro lugar, motivaram a Administração Pública a optar por esse método.

Assim, é possível decretar o sigilo de todo o processo arbitral ou apenas de informações específicas em determinadas circunstâncias. Algumas dessas hipóteses serão vistas nos itens seguintes, mas adianta-se que uma delas é se o processo envolver dados sensíveis, cuja divulgação poderia trazer prejuízo a uma ou ambas as partes, como as relacionadas a segredos comerciais[672] e aquelas cuja confidencialidade é prevista por lei, como dados bancários (Lei Complementar nº 105/2001), informações sobre a intimidade das partes (artigo 5º, LX, da CF), e informações relacionadas à segurança da sociedade e do Estado (artigo 5º, XXXIII, da CF).

Em suma, a *terceira premissa* é que a promoção da transparência não deve ignorar as vantagens do sigilo, sendo necessário encontrar um equilíbrio entre esses dois valores. No presente caso, o regime pende mais

---

[670] MARTINS JUNIOR, Wallace Paiva. *O princípio da transparência administrativa* cit., p. 18-22.
[671] MEGNA, Bruno Lopes. *Arbitragem e administração pública*: fundamentos teóricos e soluções práticas. Belo Horizonte: Fórum, 2019. p. 310.
[672] Sobre o tema, vide 4.2.1.2 *supra*.

para a publicidade do que para o sigilo, de modo que as hipóteses de confidencialidade devem ser exceções à regra geral, que é a publicidade.

Por último, a *quarta premissa* do regime proposto é a de que, uma vez instituída a arbitragem, qualquer questão relacionada à publicidade ou ao sigilo do processo está sujeita ao crivo e à decisão dos árbitros, incumbência que está dentro do poder do tribunal arbitral de regular o procedimento, nos termos do artigo 21, *caput* e § 1º, da Lei de Arbitragem.[673]

5.3 Regras de publicidade previstas em outros diplomas legais

A concretização da publicidade prevista na Lei de Arbitragem passa, primeiro, pela aferição da existência de outras normas legais sobre o tema. Por uma questão de hierarquia, partes, árbitros e instituição deverão respeitar eventuais disposições legais específicas e, somente no silêncio da lei, elas poderão criar suas próprias normas sobre o tema.

Nesse sentido, existem diplomas que tocam no tema da arbitragem com a Administração Pública para permitir expressamente seu uso e regulá-lo em situações específicas.[674]

Dentre eles, três abordam o tema da publicidade: o Decreto Estadual nº 46.245/2018, do Rio de Janeiro (aplicável às arbitragens envolvendo o Estado do Rio de Janeiro e os entes da Administração Indireta daquele Estado); o Decreto Estadual nº 64.356/2019, de São Paulo (aplicável a arbitragens envolvendo a Administração Direta do Estado de São Paulo e suas autarquias); e o Decreto Federal nº 10.025/2019 (aplicável a arbi-

---

[673] Também nesse sentido: FINKELSTEIN, Cláudio; ESCOBAR, Marcelo Ricardo. Arbitragem na administração pública. *In*: MUNIZ, Joaquim de Paiva; BONIZZI, Marcelo José M.; FERREIRA, Olavo A. V. Alves (coord.). *Arbitragem e administração pública*: temas polêmicos. Ribeirão Preto: Migalhas, 2018. p. 280; e MEGNA, Bruno Lopes. *Arbitragem e administração pública*: fundamentos teóricos e soluções práticas cit., p. 313-314.

[674] Trata-se dos seguintes diplomas: Lei nº 8.987/1995 (Lei das Concessões); Lei nº 9.478/1997 (Lei do Petróleo); Lei nº 10.233/2001 (Transportes Aquaviários e Terrestres); Lei nº 11.079/2004 (Lei de PPP); Lei nº 10.848/2004 (Câmara de Comercialização de Energia Elétrica); Lei nº 11.909/2009 (Transporte de Gás); Lei Estadual nº 19.477/2011 do Estado de Minas Gerais (Lei Mineira de Arbitragem); Lei nº 12.815/2013 (Lei dos Portos); Decreto Estadual nº 46.245/2018 do Estado do Rio de Janeiro; Decreto Estadual nº 64.356/2019 do Estado de São Paulo; Decreto Federal nº 10.025/2019 (regula o uso da arbitragem no setor de transporte, tendo revogado o Decreto Federal nº 8.465/2015, que antes tratava do uso da arbitragem no setor portuário) e Lei Federal nº 13.867/2019 (que permite o uso da arbitragem para fixar valores em desapropriações por interesse público).

tragens no setor portuário, rodoviário, ferroviário, aquaviário e aeroportuário, para dirimir litígios que envolvam a União ou as entidades da Administração Pública Federal e o particular).[675]

O Decreto do Rio de Janeiro prevê as seguintes regras em seu artigo 13: (i) as informações devem ser divulgadas pela Procuradoria-Geral do Estado apenas àqueles que as solicitarem; (ii) as informações consideradas públicas são: as petições, laudos periciais e decisões dos árbitros de qualquer natureza (as audiências não serão públicas); e (iii) a instituição arbitral fica autorizada a informar a existência da arbitragem, data do requerimento, nome das partes e dos árbitros, bem como o valor envolvido, caso tais informações sejam solicitadas.

O Decreto de São Paulo prevê, em seu artigo 12, que: (i) salvo as hipóteses legais de sigilo ou de segredo de justiça, deverão ser publicados as petições, os laudos periciais, o termo de arbitragem (ou instrumento congênere) e as decisões dos árbitros; (ii) caberá à Procuradoria-Geral do Estado disponibilizar tais atos na internet; (iii) as audiências serão privadas.

A esse respeito, a Procuradoria-Geral do Estado de São Paulo disponibiliza em seu *site* uma lista das arbitragens em que o Estado de São Paulo é parte,[676] informando o nome das partes, o número do procedimento, a instituição arbitral responsável, o nome dos árbitros e uma breve descrição do objeto do litígio.

O Decreto Federal nº 10.025/2019 prevê, no seu artigo 13, IV e § 2º, que: (i) as informações sobre o processo serão públicas, ressalvadas aquelas necessárias para preservar segredo industrial ou comercial, e outras consideradas sigilosas pela legislação brasileira; e (ii) caberá à instituição arbitral fornecer acesso a essas informações, salvo acordo diverso entre as partes.

Embora se tenha afirmado anteriormente que a publicidade prevista na Lei de Arbitragem não vincula a instituição arbitral, nota-se que o Decreto Federal nº 10.025/2019 cria essa vinculação, impondo à

---

[675] Conforme artigo 1º: "Este Decreto dispõe sobre a arbitragem, no âmbito do setor portuário e de transportes rodoviário, ferroviário, aquaviário e aeroportuário, para dirimir litígios que envolvam a União ou as entidades da administração pública federal e concessionários, subconcessionários, permissionários, arrendatários, autorizatários ou operadores portuários".
[676] Disponível em: http://www.pge.sp.gov.br/arbitragens/arbitragens.html. Acesso em: 6 dez. 2019.

instituição arbitral o dever de divulgar as informações sobre o processo arbitral, salvo acordo em contrário entre as partes. Assim, as instituições arbitrais que optarem por aceitar a administração de uma arbitragem submetida a referido Decreto[677] fá-lo-ão cientes dessa imposição legal.

Dessarte, respeitadas essas disposições legais específicas, partes e árbitros têm liberdade para estipular suas próprias regras de publicidade, o que pode ser feito na própria convenção de arbitragem, no termo de arbitragem ou em ato posterior do processo arbitral. Além disso, as partes podem decidir adotar, na convenção, as regras de uma instituição arbitral (artigo 21 da Lei de Arbitragem). Em razão disso, é conveniente analisar o que as instituições brasileiras preveem a esse respeito.

5.4 Regras de publicidade estipuladas por instituições arbitrais brasileiras

Dentre as instituições arbitrais brasileiras pesquisadas neste trabalho apenas sete de um total de 31 (22,5%) possuem regras específicas sobre a publicidade em procedimentos em que a Administração Pública figura como parte (Anexo 10).[678] As previsões diferem substancialmente umas das outras.

A Câmara de Mediação e Arbitragem da Associação Comercial do Paraná ("Arbitac") prevê que "poderá" divulgar a sentença arbitral em casos em que uma das partes é a Administração Pública, mas não prevê nenhuma obrigatoriedade.[679] Não foi localizada no *site* da instituição nenhuma informação a respeito – não se sabe se é porque inexiste sentença a ser publicada, ou se a instituição simplesmente optou por não torná-la pública.[680]

O regulamento da Câmara de Mediação e Arbitragem Especializada ("Cames") prevê que, salvo manifestação expressa de qualquer das partes em sentido contrário, a instituição fica autorizada a divulgar (i) a existência do processo; (ii) o nome das partes; (iii) o valor do litígio; e (iv) o inteiro teor da sentença arbitral. Ainda que alguma parte se

---

[677] A esse respeito, o Decreto Federal nº 10.025/2019 estipula a necessidade de cadastramento prévio das instituições na Advocacia-Geral da União, para que elas possam ser escolhidas para administrar tais procedimentos arbitrais (artigos 10 e 11).
[678] Pesquisa realizada nos regulamentos arbitrais disponíveis em 5 de julho de 2018.
[679] Artigo 54, § 1º, do Regulamento da Arbitac.
[680] Disponível em: http://www.arbitac.com.br/. Acesso em: 5 dez. 2019.

oponha à publicação, a instituição poderá apresentar a íntegra do processo aos órgãos de controle da Administração Pública que solicitarem. A instituição prevê, ainda, que não fornecerá documentos e outras informações a terceiros, cabendo às partes fazê-lo.[681] Não foi localizada no *site* da instituição nenhuma informação sobre procedimentos arbitrais com a Administração Pública.[682]

O regulamento da Camarb prevê que "divulgará, em seu *site*, a existência do procedimento, a data da solicitação da arbitragem e o(s) nome(s) do(s) requerente(s) e requerido(s)",[683] e que a instituição fica autorizada a publicar a sentença arbitral em seu *site*, salvo manifestação expressa de qualquer das partes em sentido contrário. O regulamento prevê, ainda, que a câmara não fornecerá documentos ou outras informações a terceiros, cabendo às partes fazê-lo, e que as audiências serão privadas.[684] No *site* da Camarb consta uma lista dos procedimentos de que a Administração é parte, revelando o número do processo, a data da solicitação, as partes e o *status* (em andamento ou encerrado), mas não há nenhuma sentença arbitral.[685]

Outras três instituições (Câmara de Arbitragem e Mediação de Santa Catarina – "Camesc"; Federação das Indústrias do Estado do Paraná – "CAM Fiep"; e CBMAE) preveem que, havendo requerimento de terceiro interessado, poderá ser dada publicidade às sentenças e demais decisões proferidas pelo tribunal ou pela instituição, e que a sentença poderá ser veiculada no *site* da instituição ou em publicações impressas.[686] Não foi localizada no *site* de nenhuma dessas instituições a efetiva divulgação de sentenças.[687]

Por último, o CAM-CCBC prevê, em sua Resolução Administrativa nº 15/2016, que as partes deverão dispor quais informações e documentos

---

[681] Artigo 83 do Regulamento da Cames.
[682] Disponível em: https://www.camesbrasil.com.br/. Acesso em: 5 dez. 2019.
[683] Artigo 12.2 do Regulamento da Camarb.
[684] Artigo 12 do Regulamento da Camarb.
[685] Disponível em: http://camarb.com.br/arbitragem/arbitragens-com-a-administracao-publica/. Acesso em: 5 dez. 2019.
[686] Artigo 25 do Regulamento da Camesc; artigo 25 do Regulamento da CAM Fiep; e artigo 24, § 7º, do Regulamento da CBMAE
[687] Disponível em: http://www.camesc.com.br; http://www.fiepr.org.br/para-empresas/camara-de-arbitragem/; e http://www.cbmae.org.br/n/. Acesso em: 5 dez. 2019.

serão divulgados e a forma para torná-los acessíveis a terceiros. A instituição poderá informar a terceiros e disponibilizar em seu *site* os dados sobre a existência da arbitragem, a data do requerimento da arbitragem e o nome das partes. A instituição não fornecerá documentos ou outros elementos, o que deverá ser feito pela parte que integra a administração pública. Por fim, prevê que as audiências serão privadas. O CAM-CCBC também divulga em seu *site* informações sobre os procedimentos em andamento, mas apenas aqueles em que é parte a Administração Pública Direta. São divulgados a data do requerimento de arbitragem e o nome das partes.[688]

Como se nota, são poucas as instituições brasileiras que preveem regras específicas sobre o tema e, de acordo com nosso entendimento, estas não são suficientes para dar efetividade ao princípio da publicidade (como se verá a seguir). Portanto, ainda que as partes escolham uma instituição que estabeleça determinadas regras de transparência para processos com a Administração Pública, elas não devem se contentar com tais regras, podendo (e em alguns casos devendo) estabelecer regras adicionais.

5.5 Como e quais informações devem ser divulgadas

Há autores que consideram que o cumprimento do princípio da publicidade se limitaria à apresentação de informações aos órgãos de controle da Administração Pública, dentro do âmbito de prestação de contas do ente público. Seria despicienda, assim, a divulgação de informações ao público em geral.[689]

Entretanto, rejeita-se esse entendimento, pois ele não é compatível com as finalidades perseguidas pelo princípio da publicidade, quais sejam: permitir o acesso, a fiscalização e a participação do cidadão nos assuntos públicos.

Para outros autores a publicidade prevista na Lei de Arbitragem deveria ser realizada somente na forma passiva, fornecendo dados

---

[688] Disponível em: https://ccbc.org.br/cam-ccbc-centro-arbitragem-mediacao-resolucao-de-disputas/arbitragem/arbitragem-com-adm/. Acesso em: 5 dez. 2019.
[689] Nesse sentido: MARTINS, André Chateaubriand. A administração pública na reforma da lei de arbitragem cit., p. 27; PINTO, José Emílio Nunes. A arbitrabilidade de controvérsias nos contratos com o Estado e empresas estatais. *Revista Brasileira de Arbitragem*, Curitiba, CBAr & IOB, v. I, n. l, p. 21, 2004.

àqueles que os solicitassem. Assim, não seria necessária nem desejável a publicação espontânea e pública de informações sobre a arbitragem.[690]

Como visto no item *supra*, o Decreto Estadual nº 46.245/2018 do Rio de Janeiro adota esse entendimento, determinando que a Procuradoria-Geral do Estado divulgue informações apenas àqueles que as requererem (artigo 13, § 2º).

Todavia, criar regras de publicidade passiva não é suficiente para atingir as finalidades perseguidas pelo princípio, pois a publicidade passiva só pode ser exercida por alguém que, de alguma forma, já tenha prévio conhecimento da existência da arbitragem.

Portanto, pelo menos em alguma medida, a publicidade ativa é essencial, inclusive para tornar viável o exercício da publicidade passiva. A dúvida que se coloca é quais informações devem ser divulgadas de forma espontânea e ativa.

Há quem defenda a máxima divulgação, isto é, a disponibilização ativa de todos os atos praticados na arbitragem.[691] Por outro lado, há quem é a favor de uma publicidade ativa restrita: só caberia divulgar as informações "essenciais"[692] ou "relevantes"[693] do processo arbitral. Contudo, não há consenso sobre quais informações estariam dentro dessas categorias.

---

[690] "Não parece que a Administração possa ou deva simplesmente divulgar espontaneamente tais informações ao público em geral" (TALAMINI, Eduardo; FRANZONI, Diego. Arbitragem e empresas estatais. *Interesse Público – IP*, Belo Horizonte, ano 19, n. 105, p. 15-45, set./out. 2017).

[691] Nesse sentido: TIBURCIO, Carmen; PIRES, Thiago Magalhães. Arbitragem envolvendo a administração pública: notas sobre as alterações introduzidas pela Lei 13.129/2005. *Revista de Processo*, São Paulo, v. 254, p. 431-462, abr. 2016; HATANAKA, Alex S. O poder público e a arbitragem após a reforma da Lei nº 9.307/1996. *Revista Brasileira de Arbitragem*, Curitiba, CBAr & IOB, v. XIII, n. 49, p. 26, 2016; SICA, Heitor Vitor Mendonça. Arbitragem e fazenda pública cit., p. 336; OLIVEIRA, Gustavo; SCHWARSTMANN, Guilherme Baptista. Arbitragem público-privada no Brasil: a especialidade do litígio administrativo e as especificidades do procedimento arbitral. *Revista de Arbitragem e Mediação*, São Paulo, v. 44, p. 150-171, jan./mar. 2015.

[692] CARMONA, Carlos Alberto. *Arbitragem e processo*: um comentário à Lei nº 9.307/96 cit., p. 51-52; e SOMBRA, Thiago Luís. Mitos, crenças e a mudança de paradigma da arbitragem com a administração pública. *Revista Brasileira de Arbitragem*, Curitiba, CBAr & IOB, v. XIV, n. 54, p. 65, 2017.

[693] MARTINS, Julia Girão Baptista. Administração pública: arbitragem e confidencialidade. *Revista de Arbitragem e Mediação*, São Paulo, v. 53, p. 263-282, abr./jun. 2017.

Para alguns autores seria necessário divulgar apenas a publicação da sentença;[694] outros incluem a existência do conflito, seu objeto e o valor da disputa;[695] outros adicionam o nome da instituição e dos árbitros;[696] outros, ainda, citam as petições em que os pleitos são apresentados[697] e os documentos produzidos no processo.[698]

A partir da análise da prática das instituições arbitrais estrangeiras, constata-se existir certa convergência entre elas quanto às informações ativamente divulgadas, conforme detalhado no Quadro 2 a seguir:

---

[694] LEMES, Selma M. Ferreira. Arbitragem na concessão de serviços públicos – arbitrabilidade objetiva. Confidencialidade ou publicidade processual? cit., p. 385.
[695] FONSECA, Rodrigo Garcia da; CORREIA, André de Luizi. A confidencialidade na arbitragem. Fundamentos e limites cit., p. 445.
[696] MARTINS, Julia Girão Baptista. Administração pública: arbitragem e confidencialidade cit., p. 263-282.
[697] CARMONA, Carlos Alberto. Arbitragem e administração pública – primeiras reflexões sobre a arbitragem envolvendo a administração pública cit., p. 20.
[698] SALLES, Carlos Alberto de. A confidencialidade possível: a administração pública como parte nos mecanismos alternativos de solução de controvérsias cit., p. 166.

Quadro 2 – Informações divulgadas por instituições estrangeiras em arbitragens com o Estado

Informação / documento	Anac	CLL	ICSID	Uncitral
Nome das partes	Sim	Sim	Sim	Sim
Nacionalidade das partes	Sim [1]	Sim [1]	Sim	Sim
Nome dos representantes das partes	Sim [1]	Sim [1]	Sim	Sim [1]
Nome dos árbitros	Sim	Sim	Sim	Sim
Por quem o árbitro foi indicado	Não	Sim	Sim	Não
Honorários recebidos pelos árbitros	Sim	Não	Não	Não
Nome do secretário do tribunal	Sim	Não	Não	Não
Nome do perito	Sim	Não	Não	Não
Data de registro, ou do requerimento da arbitragem, ou da formação do tribunal	Sim	Sim	Sim	Sim
Número do caso	Sim	Sim	Sim	Sim [1]
Objeto da disputa	Sim	Sim [1]	Sim	Sim [1]
Instrumentos/Contratos envolvidos	Não	Sim [1]	Sim	Sim
Setor da economia envolvido	Sim [1]	Sim [1]	Sim	Sim [1]
Valor da disputa	Sim	Sim [1]	Não	Sim [1]
Direito/Regras aplicáveis	Sim [1]	Sim [1]	Sim	Sim [1]
Idioma	Sim [1]	Sim [1]	Sim	Sim [1]
Sede/Lugar da arbitragem	Sim [1]	Sim [1]	Não	Sim [1]
Status/Resultado do processo	Sim	Sim	Sim	Sim
Linha do tempo do processo	Não	Não	Sim	Não
Data de proferimento ou depósito da sentença	Sim	Sim	Sim	Sim
Sentença	Sim	Sim	Não [2]	Sim
Ordens processuais	Não	Não	Não [2]	Sim
Alegações escritas das partes	Não	Não	Não	Sim
Documentos apresentados pelas partes	Não	Não	Não	Não
Audiência é aberta a terceiros?	Não	Não	Não	Sim [3]

[1] – Informação não consta diretamente no *site*, mas em geral está inserida na sentença ou nas manifestações das partes, que são divulgadas pela instituição.
[2] – Publicação apenas com autorização expressa das partes.
[3] – O tribunal arbitral pode decidir de forma diversa.

Fonte: elaborado pela autora.

Do Quadro 2 *supra* é possível concluir existir consenso entre as instituições pesquisadas quanto à divulgação das seguintes informações: nome das partes; nacionalidade das partes; nome dos representantes das partes; nome dos árbitros; data de registro ou do requerimento da arbitragem ou da instituição do tribunal arbitral; número de referência do caso; objeto da disputa; setor da economia envolvido; direito ou regras aplicáveis; idioma; *status*/resultado do processo; e data de proferimento ou de depósito da sentença arbitral.

No tocante à sentença arbitral, apenas o ICSID não a divulga obrigatoriamente, dependendo de consentimento expresso das partes para tanto.[699] O ICSID também é a única instituição que não revela o valor envolvido na disputa e a sede/lugar da arbitragem.

A nosso ver, as informações que devem ser divulgadas de forma ativa são aquelas que permitam a um terceiro ter conhecimento sobre a existência, o objeto do processo arbitral e suas principais características e participantes.

Incluem-se nessa categoria: o nome e a nacionalidade das partes e dos árbitros, uma breve descrição do objeto do procedimento (incluindo os instrumentos contratuais que deram origem à controvérsia e o setor da economia envolvido), o valor da causa, sede, data de início do procedimento e seu *status* (se em curso ou encerrado).

Também é essencial divulgar ativamente a sentença arbitral (parcial ou final), uma vez que ela pode criar obrigações e direitos para o ente público, o que exige sua divulgação à população.

---

[699] Se não houver consenso das partes na publicação da sentença, o ICSID ainda assim *pode* publicar excertos da fundamentação da sentença (artigo 48, § 4º, do Regulamento de Arbitragem do ICSID). No entanto, nem sempre tais excertos se encontram disponíveis no *site* da instituição. Sobre o tema: "Formerly, excerpts were published in ICSID's in-house law journal, the ICSID Review-Foreign Investment Law Journal, among other print sources. Today, the Centre strives to publish these extracts on its website, and a template is in place to standardize their format and expedite the creation of an extract. Where ICSID has not received the consent of both parties to publish an award, but one or more of the parties to the particular dispute has published it elsewhere in the public domain, ICSID will not prepare extracts of that award" (KINNEAR, Meg; OBADIA, Eloise; GAGAIN, Michael. The ICSID approach to publication of information in investor-state arbitration. *In*: MALATESTA, Alberto; SALI, Rinaldo (ed.). *The rise of transparency in international arbitration*: the case for the anonymous publication of arbitral award. New York: JurisNet, 2013. p. 118).

Informar o idioma é desnecessário, porque a Lei de Arbitragem já prevê a adoção do português. Com relação ao Direito aplicável, a Lei de Arbitragem não estipula expressamente o Direito brasileiro (apenas exige que a arbitragem seja de Direito, vedando o julgamento por equidade), portanto, esse dado também deve ser informado.

Com base nessas informações, o cidadão pode, se desejar, solicitar informações suplementares dos processos que lhe interessam. Para tanto, é necessário divulgar de forma ativa como e onde podem ser obtidas informações adicionais sobre a arbitragem, de modo a permitir o exercício da publicidade em sua forma passiva.

Considera-se inadequado divulgar ativamente todos os atos e informações do processo arbitral, pois isso pode ser muito custoso e inócuo, porquanto não existe interesse de toda a população em receber tais informações.[700]

De fato, as tecnicalidades do processo, incompreensíveis para grande parte da população, afastam seu interesse em acompanhar de perto todas as etapas de todos os processos. Nesse sentido, a doutrina relata que, em experiências prévias nas quais o processo arbitral esteve aberto à população, o interesse foi bastante reduzido.[701]

Logo, diante da dificuldade e desnecessidade de publicar de forma ativa todas as informações sobre a arbitragem, a maioria delas pode e deve ser disponibilizada apenas mediante requerimento prévio.

---

[700] "Transparency theory presumes, in the first instance, the existence of an interested public that need and wants to be fully informed. This presumption badly needs proof. A vast body of empirical studies demonstrates citizens' lack of political knowledge [...] Public choice theory explains this finding by asserting that voters, to the extent that they have any interest in politics at all, are more interested in policy outcomes then policy inputs, have an infinitesimally small impact on political decision making as individuals, and have few incentives to spend the resources required to acquire information. Thus, the public's ignorance is rational and will not be mitigated in the abstract much, if at all, by efforts to increase the disclosure of government information, especially given the already-existing 'superabundance' of information available from existing sources" (FENSTER, Mark. The opacity of transparency cit., p. 928).

[701] "The mere fact that publicity is available does not necessarily entice the public to attend or follow the case. This is also true in relation to arbitration: in cases where arbitration tribunals opened the doors for the public to attend hearings the attendance was very poor in the first days and there was no audience whatsoever in the final days of the case" (MISTELIS, Loukas A. Too much information or when information relating to arbitration obscures rather than clarifies the landscape cit.).

Havendo pedido de informações complementares, devem ser fornecidas todas as informações solicitadas (à exceção daquelas que estejam cobertas por sigilo), uma vez que o controle social da Administração Pública só pode ser plenamente realizado, se o cidadão interessado em exercê-lo tiver acesso às informações pertinentes.

Das três legislações atualmente existentes sobre o tema, o Decreto Federal nº 10.025/2019 se coaduna com o caminho ora proposto. Ele classifica quais informações não serão consideradas públicas (artigo 3º, IV), de onde se extrai que todas as demais o são e, portanto, podem ser divulgadas àqueles que as solicitarem.

Por seu turno, o Decreto Estadual nº 46.245/2018 do Rio de Janeiro considera publicáveis apenas as petições, os laudos periciais e as decisões dos árbitros (artigo 13, § 1º). O Decreto Estadual nº 64.356/2019 de São Paulo também prevê uma divulgação restrita às petições, aos laudos periciais, ao termo de arbitragem e às decisões dos árbitros.

Ocorre que, apesar de os Decretos de São Paulo e do Rio de Janeiro preverem uma publicidade passiva restrita, o cidadão ainda assim poderá solicitar eventuais informações que lhe forem negadas por meio da Lei de Acesso à Informação, portanto não é possível compreender por quais motivos tais decretos impõem essas restrições.

Acerca do modo de publicar as informações, considerando que no presente caso não é necessário tornar a publicação anônima, a complexidade na sua disponibilização é sensivelmente menor em comparação às arbitragens entre particulares.

Na hipótese de ter sido decretado o sigilo de alguma informação ou documento, estes deverão ser omitidos ou tarjados. Preferencialmente, devem ser omitidas exclusivamente as informações reputadas sigilosas, permitindo a divulgação das demais. Somente se isso não puder ser feito de forma satisfatória, é possível decretar o sigilo sobre todo o processo, hipótese que deve ser utilizada com muita cautela e em casos excepcionais.

Nos casos em que as ocultações forem necessárias, partes e árbitros deverão decidir como isso será feito. Para tanto, é extremamente importante que fique claro para todos os envolvidos quais são os dados sujeitos à confidencialidade, para que a tarefa de ocultação seja realizada a contento, sem prejudicar as partes.

As instituições podem ficar encarregadas dessa tarefa, se assim consentirem (podendo inclusive cobrar para realizar esse serviço adicional).

Outra solução possível é a adoção de um procedimento semelhante àquele previsto no regimento interno do Conselho Administrativo de Defesa Econômica ("CADE") em seus processos administrativos: havendo informações sigilosas, todas as petições, pareceres e documentos apresentados pelas partes devem ser juntados em duas versões, uma de "acesso restrito", contendo as informações confidenciais; e outra de "acesso público" que seja "editada com marcas, rasuras ou supressões, de modo a omitirem-se estritamente os números, as palavras, ou quaisquer outros elementos reputados de acesso restrito".[702]

Essa alternativa, porém, tem como consequência negativa o aumento do tempo e custo na preparação das manifestações e petições pelas partes, o que pode prejudicar a eficiência do processo. Assim, parece ser mais adequado que a ocultação seja feita após a apresentação da manifestação ou documento nos autos e delegada a um terceiro (que pode ser a instituição arbitral ou o secretário do tribunal arbitral, por exemplo). Desse modo, partes e árbitros podem focar sua atenção na resolução da controvérsia, exercendo somente a supervisão do trabalho de ocultação.

Quanto ao meio em que as informações serão disponibilizadas, deve ser dada preferência à rede mundial de computadores, que garante um acesso mais amplo do que publicações físicas. Como se propõe a divulgação ativa de informações mínimas, trata-se de medida pouco custosa e de fácil implementação, que pode ser feita no *site* do ente público, da parte privada ou da instituição, conforme combinado entre eles.

A esse respeito, como visto anteriormente, algumas instituições arbitrais já preveem regras que cumprem ao menos parcialmente a publicidade mínima proposta neste trabalho. É o caso do Cames, Camarb e CAM-CCBC, os quais preveem a divulgação da existência de processos com a Administração em seus próprios *sites*. Seria extremamente benéfico se as demais instituições brasileiras adotassem regras semelhantes, contribuindo para a publicidade e auxiliando as partes no cumprimento de seu dever legal.

Apesar de a divulgação pela *internet* ser o meio preferencial, não se descarta a publicação de informações por meio físico, como jornais ou o Diário Oficial do ente público envolvido.[703]

---

[702] Artigo 94, § 4º, do Regimento Interno do CADE (versão consultada em 12 dez. 2019).
[703] Nos termos do Decreto 9.215 de 2017, que trata sobre o Diário Oficial da União, é possível a publicação de "avisos e comunicados" (artigo 12, III), podendo a comunicação sobre a existência de arbitragem se encaixar nessa classificação.

Cumprida a publicidade ativa, se houver solicitações de informações adicionais, eventuais custos para sua disponibilização poderão ser cobrados do solicitante.

Nesse tocante, a Lei de Acesso à Informação permite que os entes públicos cobrem tais valores,[704] portanto, com mais propriedade, isso poderá ser feito por entes privados. As Regras de Transparência da Uncitral também preveem que o solicitante deverá pagar os custos de reprodução e do envio de documentos.[705]

Todavia, é importante que também seja prevista uma forma gratuita de acesso a tais informações àqueles que não tiverem capacidade de arcar com os custos, porquanto o direito de fiscalizar as atividades do Poder Público é um direito de todo e qualquer cidadão, independentemente de sua capacidade econômica. Uma alternativa é facultar ao interessado o agendamento de uma data e horário para que ele consulte os "autos" da arbitragem, sejam físicos ou eletrônicos, na sede da instituição, do ente privado ou do ente público.

A esse respeito, alguns autores exprimem o temor de que a publicidade possa transformar as instituições arbitrais em cartórios,[706] porém não é o caso. Como visto anteriormente, as instituições não estão legalmente vinculadas ao princípio da publicidade, mas elas podem, *se quiserem*, oferecer essa facilidade às partes, recebendo remuneração em troca.

Nessa perspectiva, caberá à instituição (se ela optar por oferecer tal serviço) e às partes estipular a forma mais adequada para cumprir tais deveres. É possível, por exemplo, prever prazos para atender às solicitações do público, impor um limite no número de pessoas atendidas por dia na instituição para eventuais consultas etc., tudo de forma a viabilizar a prestação de informações e, ao mesmo tempo, não impor custos desmedidos àqueles obrigados a fornecê-las.

---

[704] "Art. 12. O serviço de busca e fornecimento da informação é gratuito, salvo nas hipóteses de reprodução de documentos pelo órgão ou entidade pública consultada, situação em que poderá ser cobrado exclusivamente o valor necessário ao ressarcimento do custo dos serviços e dos materiais utilizados."

[705] Artigo 3, parágrafo 5, das Regras de Transparência da Uncitral.

[706] "Explico: as secretarias das câmaras não podem se transformar em cartórios, expedindo certidões e fornecendo cópias de documentos ou de peças dos processos arbitrais" (CARMONA, Carlos Alberto. Arbitragem e administração pública – primeiras reflexões sobre a arbitragem envolvendo a administração pública cit., p. 20).

A propósito, nota-se que mesmo a obtenção de informações diretamente do Poder Público está sujeita a um procedimento formal,[707] sendo absolutamente lícito que o particular também o faça.

5.6 A privacidade das arbitragens com a Administração Pública

Quando se tratou da transparência de arbitragens entre partes privadas, concluiu-se que a privacidade do processo arbitral deveria ser preservada (item 4.1 *supra*). Assim, o acesso e participação em uma arbitragem em andamento deveriam ser restritos aos sujeitos da relação jurídica arbitral e a outras pessoas eventualmente autorizadas a tanto, seja no que tange aos "autos" do processo ou aos atos presenciais (audiências, exames periciais etc.). Entretanto, no caso de arbitragens com a Administração Pública, a privacidade requer atenuações.

A divulgação da existência de uma arbitragem com o Estado aumenta a chance de terceiros pedirem para participar do processo.[708] A esse respeito, a doutrina admite em tese a presença de *amicus curiae* (ainda que de forma excepcional),[709] cabendo ao tribunal arbitral a decisão sobre sua admissão ou não no caso concreto. Nesse sentido, o CAM-CCBC autoriza expressamente essa participação,[710] a qual também é prevista nas Regras de Transparência da Uncitral.[711]

---

[707] A esse respeito, vide artigos 10 e seguintes da Lei de Acesso à Informação, que preveem requisitos para o pedido de acesso a informação, estipula prazos para o órgão atender à solicitação e formas de disponibilização.

[708] No caso de arbitragens entre partes privadas, também é possível que terceiros peçam para intervir. Todavia, considerando o amplo sigilo a que a maioria desses procedimentos está sujeita, os pedidos de intervenção são menos prováveis de acontecer, em comparação a procedimentos arbitrais com o Estado, em que há uma ampla publicidade.

[709] Nesse sentido: MEGNA, Bruno Lopes. *Arbitragem e administração pública*: fundamentos teóricos e soluções práticas cit., p. 314-320; e OLIVEIRA, Gustavo; SCHWARSTMANN, Guilherme Baptista. Arbitragem público-privada no Brasil: a especialidade do litígio administrativo e as especificidades do procedimento arbitral cit., p. 150-171.

[710] Resolução Administrativa nº 09/2014: "Enunciado 5. É permitida a participação de *amicus curiae* no procedimento arbitral, desde que previamente autorizado pelo Tribunal Arbitral, que deverá considerar, em seu juízo de conveniência e oportunidade, a relevância da matéria e a representatividade do postulante".

[711] Embora as Regras de Transparência da Uncitral não utilizem o termo *amicus curiae*, ele admite a intervenção de terceiros que possam assistir o tribunal arbitral na determinação de questões legais ou factuais relacionada ao processo arbitral, ou que possam trazer uma

Não cabe neste trabalho analisar em quais hipóteses seria possível admitir essa intervenção, bastando constatar que a simples *possibilidade* de que ela ocorra já é uma atenuação da privacidade típica do processo arbitral, pois se está admitindo a participação de um terceiro que não tem qualquer vínculo com a convenção de arbitragem ou com as partes, o que é extremamente improvável em uma arbitragem entre partes privadas.

Mais controversa, porém, é a possibilidade de o público em geral participar das audiências em arbitragens com a Administração Pública. Nos procedimentos entre particulares, não se cogitam audiências abertas ao público, as quais são reservadas aos sujeitos da relação jurídica arbitral, instituição arbitral e outras pessoas previamente autorizadas.

Entretanto, alguns autores entendem que o princípio da publicidade em arbitragens com o Estado se estende às audiências, o que permitiria a presença do público nelas,[712] embora não seja entendimento unânime.[713]

A esse respeito, o Decreto Estadual nº 46.245/2019 do Rio de Janeiro estipula como regra a privacidade das audiências (artigo 13, § 3º) e o Decreto Estadual nº 64.356/2019 de São Paulo, por sua vez, prevê que as audiências "poderão" ser reservadas, mas não cria essa obrigatoriedade (artigo 12, § 3º).

Das instituições arbitrais brasileiras, a Camarb e o CAM-CCBC preveem como regra a privacidade das audiências. As instituições arbitrais internacionais não possuem regra específica (seja para autorizar ou negar a privacidade), com exceção das Regras de Transparência da Uncitral, que estipulam que as audiências de instrução e de apresentação oral do caso devem ser públicas.[714]

"perspectiva, conhecimento particular ou uma ideia diferente daquela das partes em litígio" (artigo 4, parágrafo 3, b – tradução livre).

[712] Nesse sentido: TIBURCIO, Carmen; PIRES, Thiago Magalhães. Arbitragem envolvendo a administração pública: notas sobre as alterações introduzidas pela Lei 13.129/2005 cit., p. 431-462; HATANAKA, Alex S. O poder público e a arbitragem após a reforma da Lei nº 9.307/1996 cit., p. 26.

[713] Em sentido contrário, vide, por exemplo: FONSECA, Rodrigo Garcia da; CORREIA, André de Luizi. A confidencialidade na arbitragem. Fundamentos e limites cit., p. 447; LEMES, Selma M. Ferreira. Arbitragem na concessão de serviços públicos – arbitrabilidade objetiva. Confidencialidade ou publicidade processual? Disponível em: http://selmalemes.adv.br/artigos/artigo_juri15.pdf. Acesso em: 11 dez. 2019.

[714] Artigo 6, parágrafo 1, das Regras de Transparência da Uncitral.

As Regras de Transparência da Uncitral também determinam que os árbitros, após ouvidas as partes, podem decidir realizar parte da audiência ou toda ela em privacidade, se necessário por questões logísticas[715], ou se o caso envolver informações confidenciais.

Dessarte, não existe entendimento unânime sobre a privacidade ou não das audiências de processos arbitrais com participação do Estado.

A nosso ver, a solução adequada não é impor a publicidade nem a privacidade das audiências como regra. A decisão sobre a conveniência e oportunidade de abrir a audiência ao público deve ser tomada pelo tribunal arbitral caso a caso,[716] pois existem diversos fatores que podem interferir nessa decisão.

Um deles é se essa ampla publicidade será de fato útil. A doutrina relata experiências nas quais as audiências foram abertas à população e o comparecimento foi muito reduzido.[717] De fato, é forçoso reconhecer que não existe um interesse da população em acompanhar de perto *todos* os assuntos envolvendo o Poder Público.

Assim, devem os árbitros avaliar se, no caso *sub judice*, foi previamente demonstrado algum interesse da população em participar ou acompanhar o caso. Alguns indícios da existência de interesse são: se o caso aborda questões sensíveis à população, se houve pedido de intervenção de *amicus curiae*, se houve solicitações de informações e documentos adicionais por meio da publicidade passiva, se o caso foi objeto de divulgação na imprensa etc.

Havendo tais sinais, é razoável abrir as audiências ao público. Se não houver qualquer indício de interesse externo, a publicidade das audiências apenas representaria o dispêndio de recursos sem qualquer retorno ou benefício à população.

Caso se decida realizar as audiências a portas fechadas, isso não significa que eventuais documentos e registros nela produzidos não possam

---

[715] Artigo 6, parágrafo 3, das Regras de Transparência da Uncitral.

[716] Nesse sentido, considera-se oportuno o disposto no artigo 12, § 3º, do Decreto Estadual nº 64.356/2019 de São Paulo, que não estipula a publicidade, nem o sigilo das audiências como regra, apenas prevê que tais atos "poderão" ser privados.

[717] "This is also true in relation to arbitration: in cases where arbitration tribunals opened the doors for the public to attend hearings the attendance was very poor in the first days and there was no audience whatsoever in the final days of the case" (MISTELIS, Loukas A. Too much information or when information relating to arbitration obscures rather than clarifies the landscape cit.).

ser posteriormente disponibilizados por meio da publicidade passiva, assim como se sugeriu anteriormente com relação aos demais atos do processo. Nesse sentido, são corriqueiras em procedimentos arbitrais a gravação e posterior transcrição dos áudios da audiência, os quais poderiam ser disponibilizados àqueles que solicitassem.

O que se pretende evitar é apenas uma publicidade formal e inócua, que faz as partes incorrer em custos, sem gerar benefício. Nesse sentido, é importante lembrar que uma das premissas estabelecidas *supra* é a necessidade de buscar um equilíbrio entre publicidade e sigilo, uma vez que nenhum desses valores pode ser considerado absoluto.

Outro fator que deve ser levado em consideração pelo tribunal arbitral é se a audiência pode envolver informação confidencial. Em caso positivo, e a depender da finalidade da audiência, a publicidade pode não ser a solução mais adequada.

As Regras de Transparência da Uncitral determinam que, havendo informações sigilosas, as audiências sejam cindidas, realizando-se uma a portas fechadas, na qual podem ser abordadas questões confidenciais, e outra aberta ao público, na qual tais questões não podem ser tratadas.[718]

Todavia, essa opção impõe custo e tempo adicionais ao procedimento, além de poder ser extremamente difícil garantir uma divisão tão clara de temas abordados em cada audiência, especialmente no caso de depoimento de partes, testemunhas ou peritos. Cindir a audiência demandaria orientar essas pessoas sobre o que elas poderiam ou não falar em cada qual, o que tem chances de não se desenvolver do modo planejado e, consequentemente, violar o sigilo então estabelecido.

Outro fator que deve ser levado em conta pelos árbitros para decidir se a audiência será pública ou privada é a finalidade da audiência em questão.

Em arbitragem, não é incomum ocorrerem diversas audiências. Pode haver audiência de assinatura do termo de arbitragem; de apresentação do caso pelos patronos das partes; de oitiva de partes, testemunhas, peritos, assistentes técnicos; de apresentação de alegações finais, entre outras. Alguns desses atos podem acontecer durante a mesma audiência, mas podem também ocorrer separadamente.

---

[718] Artigo 6 das Regras de Transparência da Uncitral.

Além das audiências presenciais, é possível o tribunal arbitral se comunicar com as partes e seus patronos por meio de conferências telefônicas ou videoconferência, atos que, a princípio, também precisariam ser especificados se serão ou não públicos.

A nosso ver, as audiências que têm o potencial de ser mais proveitosas à população são as de apresentação do caso pelos patronos das partes. Aquelas em que são colhidas provas técnicas (oitiva de perito e assistentes, por exemplo) muito provavelmente não serão sequer compreensíveis à população leiga.

No tocante a eventuais conferências telefônicas entre partes e árbitros, não parece adequado sujeitá-las à publicidade, pois isso retiraria a agilidade típica desse tipo de comunicação, gerando prejuízo à celeridade do processo.

No caso de audiência de depoimento pessoal e oitiva de testemunhas, deve o tribunal averiguar se não há risco de prejuízo à qualidade da prova. Algumas partes e testemunhas podem não se sentir confortáveis em um ambiente aberto,[719] o que pode depender do tema que vão depor. Se houver risco de prejuízo, a publicidade deve ceder em prol de uma instrução probatória e, consequentemente, de uma decisão de maior qualidade.

Ainda acerca dos diversos "tipos" de audiência, é importante esclarecer que, embora no Brasil seja comum a publicidade das sessões de julgamento do Poder Judiciário, sendo algumas inclusive televisionadas em rede nacional (STF), na arbitragem não existem audiências de julgamento.

Os árbitros reúnem-se privativamente para debater e deliberar o caso, e o sigilo dessas reuniões é uma regra bem estabelecida na arbitragem e que não deve ser mudada,[720] até mesmo porque o modelo de

---

[719] Tanto assim que, como visto no item 1.7 *supra*, a privacidade é considerada um fator que privilegia a celebração de acordos, exatamente por deixar as partes mais a vontade para se manifestar e negociar livremente.

[720] "It is also a commonly recognized practice that arbitrators should keep strict confidentiality of their deliberation process. It is intended to, among others, serve the purpose of ensuring that each arbitrator is able to freely express his/her views and observations without worrying that any of his/her comments may subsequently become the subject of challenges by the parties" (TAO, Jingzhou. Chapter 33: deliberations of arbitrators. *In*: SHAUGHNESSY, Patricia; TUNG, Sherlin Tung (ed.). *The powers and duties of an arbitrator*: Liber Amicorum Pierre A. Karrer. Kluwer Law International, 2017. p. 357).

julgamento público no Brasil, no qual cada julgador costuma ler seu voto previamente preparado, sem que ocorram efetivos debates, não parece o melhor caminho a seguir.[721]

Portanto, em nenhuma hipótese as reuniões de deliberação dos árbitros devem ser submetidas à publicidade, preservando a qualidade da deliberação e da formação da convicção dos árbitros.

Considerados esses e outros elementos que o tribunal arbitral julgar apropriados e decidindo pela publicidade de uma ou mais audiências, existirão questões logísticas a ser resolvidas.

Eventuais problemas de logística não devem ser considerados *a priori* como um impedimento para tornar uma audiência pública, pois, com o uso da tecnologia, é possível conceber soluções que compatibilizem a necessidade de publicidade sem impor um custo desmedido às partes.

Planejar uma audiência de acesso *totalmente irrestrito* pode ser difícil, pois, se qualquer pessoa puder comparecer, por precaução, será necessário alugar e preparar uma sala que comporte grande número de pessoas, pois não se saberá previamente quantas pessoas comparecerão.

Isso importa em custos, que serão desperdiçados, se ninguém comparecer, o que certamente vai de encontro ao interesse público. E, se um grande número de pessoas atender à audiência, há chances de tumultos, o que pode prejudicar o andamento dos trabalhos.

Para evitar esses problemas, existem alternativas. Uma delas é vedar a presença física de pessoas na sala e transmitir a audiência ao vivo por meios digitais (via *streaming*, por exemplo). A esse respeito, as Regras da Transparência da Uncitral preveem expressamente a utilização de meios digitais para viabilizar a publicidade das audiências.[722]

Outra opção é permitir a presença do público na audiência por meio de inscrição prévia. Aqueles que desejarem comparecer deverão manifestar interesse. Verificando que o número de pessoas interessadas é baixo, a locação de uma sala de audiência que permita a presença física

---

[721] Sobre o tema: SILVA, Virgílio Afonso da. Deciding without deliberating. Disponível em: https://constituicao.direito.usp.br/wp-content/uploads/2013-ICON-11-Deciding-Deliberating.pdf. Acesso em: 11 dez. 2019.

[722] "Article 6. Hearings [...] 3. The arbitral tribunal shall make logistical arrangements to facilitate the public access to hearings (including where appropriate by organizing attendance through video links or such other means as it deems appropriate)."

de tais pessoas pode ser economicamente viável. Se o número de interessados for grande, poderá ser adotada a transmissão por meios digitais.

Diante do exposto, conclui-se que a privacidade da arbitragem com a Administração Pública também pode ser mitigada, em decorrência do princípio da publicidade previsto na Lei de Arbitragem. Todavia, devem-se evitar imposições genéricas a esse respeito, sendo mais adequado delegar aos árbitros a decisão sobre quando e como isso deve ocorrer, caso a caso.

Conclusões

O presente trabalho buscava responder a dois principais questionamentos: se o processo arbitral, no Brasil, pode se beneficiar com um nível maior de transparência e, em caso positivo, como fazê-lo.

Essas questões surgiram, inicialmente, a partir da percepção da autora de que a arbitragem comercial no Brasil possui um nível de transparência muito reduzido, especialmente quando comparado ao processo judicial, mas também quando contrastados com outros tipos de arbitragens, como a de investimento. Essa percepção foi confirmada neste trabalho por meio da *Pesquisa Instituições Brasileiras*, na qual foram analisadas as regras e práticas de sigilo e publicidade de 31 instituições arbitrais que atuam no País (Anexos 1 a 10).

Diante dessa comprovação, o próximo passo foi analisar se o processo arbitral *pode* se tornar mais transparente, pois é comum encontrar alegações de que a confidencialidade seria uma característica ou vantagem essencial à arbitragem.

Ao longo do Capítulo 1, ficou demonstrado que o sigilo não faz parte da natureza do instituto, não é uma imposição legal, nem jurisprudencial. No Brasil, a confidencialidade da arbitragem é uma opção conferida às partes, que podem ou não convencioná-lo. Contudo, como a grande maioria das instituições arbitrais prevê em seus regulamentos amplas normas de confidencialidade (que, em geral, impedem os participantes do processo de divulgar seus atos ou qualquer informação sobre ele, incluindo sua existência), o mais absoluto sigilo acaba prevalecendo.

Ademais, constatou-se no Capítulo 1 que, embora os usuários e demais atores da arbitragem julguem a confidencialidade e a privacidade como aspectos importantes do procedimento arbitral, eles não os consideram essenciais, nem os principais motivadores da escolha por esse método de solução de disputas. A relevância do sigilo e da privacidade justifica-se pelos benefícios que eles proporcionam às partes: evitar danos à imagem, obstar a divulgação de informações estratégicas, facilitar a celebração de acordos e impedir a participação de terceiros e eventuais atrasos no curso do processo.

Em face do exposto, foi possível concluir que há um evidente descompasso entre a forma pela qual as instituições disciplinam o sigilo (*i.e.*, o mais amplo possível) e a medida de segredo necessária para preservar os legítimos interesses das partes (*i.e.*, sigilo parcial).

Isso significa que é plenamente *possível* derrogar o total sigilo em prol de mais transparência. Entretanto, tendo em vista a importância da confidencialidade para os usuários, a derrogação não deve ser total, apenas parcial.

Com a certeza de que é possível mitigar o sigilo, o estudo prosseguiu para perquirir se isso seria benéfico ao sistema. Suspeitava-se que o nível baixo de transparência era, ainda que parcialmente, responsável por alguns dos problemas e críticas enfrentados pela arbitragem hoje em dia, por exemplo: aumento do tempo e do custo do processo, perda da eficácia da sanção reputacional, ser um mercado muito fechado e que favorece de forma desmedida *repeat players* etc.

Ao longo do Capítulo 2, esses e outros aspectos foram analisados e foi possível constatar que o baixo nível de transparência, ainda que não seja a fonte principal desses e outros problemas, colabora para sua permanência. De fato, concluiu-se que aumentar a transparência da arbitragem pode trazer inúmeros benefícios aos sujeitos da relação jurídica arbitral e, também, à sociedade, como: melhorar a qualidade da decisão das partes; propiciar a paridade de armas; aumentar a eficácia da sanção reputacional; promover segurança jurídica; diminuir custos de transação; desenvolver o Direito (em sentido amplo); promover o escopo social da jurisdição; e fortalecer a autonomia e a legitimidade da arbitragem.

Destarte, além de ser possível, aumentar o nível de transparência da arbitragem seria extremamente benéfico e, portanto, é uma medida que deve ser implementada pela comunidade arbitral.

CONCLUSÕES

É forçoso reconhecer que as constatações frutos dos Capítulos 1 e 2 não são inéditas. Existe extensa doutrina nacional e estrangeira que também conclui ser possível e vantajoso aumentar a transparência do sistema arbitral.

Apesar de não serem inéditas, essas conclusões representam um avanço importante, pois, em um passado não muito distante, parecia prevalecer o entendimento de que o sigilo é inerente à arbitragem comercial,[723] e que a publicidade externa não fazia sentido para o instituto, o qual interessava apenas e tão somente às partes que o contratam, entendimentos que não mais se sustentam.

Não obstante essa evolução, ainda é preciso avançar. Por mais que, em teoria, a necessidade de mais transparência esteja consolidada, ela ainda não gerou muitas repercussões práticas, ao menos não no Brasil.

Como se viu pela *Pesquisa Instituições Brasileiras*, pouquíssimas câmaras adotam concretamente alguma medida de publicidade. Em alguns casos, a publicidade é até prevista em regulamento, mas não é efetivada. É o que se verifica quanto à publicação das sentenças arbitrais: 80,64% das instituições pesquisadas anteveem tal medida em seu regulamento, mas apenas 8% publicaram alguma decisão até o momento (Anexo 3).

A maioria da doutrina tampouco se debruça profundamente em questões práticas sobre como implementar mais publicidade. Por esses motivos, a segunda parte deste trabalho (Capítulos 3, 4 e 5) teve cunho propositivo, com a ambição de analisar em detalhes quais medidas de publicidade podem ser adotadas e como um regime mais transparente pode ou deve ser concretizado.

Para tanto, buscou-se, dentro e fora do Brasil, quais são as medidas de publicidade sugeridas pela doutrina ou já implementadas por instituições arbitrais, por outras organizações envolvidas com arbitragem, pelo Estado e, até mesmo, por iniciativas da comunidade arbitral.

Os resultados de tais pesquisas foram expostos nos Capítulos 3 e 4 e Anexos 11 a 16, com o objetivo de prover ao leitor um "compilado" com diversos exemplos de medidas possíveis de publicidade, bem como uma

---

[723] Nesse sentido, em obras publicadas em 1999 e 2005, Pedro Antônio Batista Martins e José Emílio Nunes Pinto, respectivamente, afirmaram que o sigilo é um "dever intrínseco à natureza do instituto", "da essência da própria arbitragem [...] inerente a todo o procedimento arbitral" (MARTINS, Pedro A. Batista. Normas e princípios aplicáveis aos árbitros cit., p. 293; PINTO, José Emílio Nunes. A confidencialidade na arbitragem cit., p. 34-35).

análise crítica de cada uma delas, suas características, aspectos positivos e negativos.

Por considerar que as medidas de publicidade adotadas pelas instituições arbitrais são as mais eficazes (conforme exposto no item 3.4), o Capítulo 4 analisou especificamente algumas regras de publicidade que podem ser implementadas pelas instituições em seus regulamentos, mitigando o amplo sigilo hoje praticado.

Após detida análise, concluiu-se que duas medidas não devem ser adotadas pelas instituições ou devem ser tomadas com extrema cautela, como a divulgação do tempo de duração dos processos conduzidos pelos árbitros (item 4.5.2) e a criação de um sistema de avaliação dos árbitros pelos usuários (item 4.5.6). Recomenda-se, porém, a adoção de todas as demais iniciativas, considerando sempre os cuidados e as ressalvas expostos em cada item do Capítulo 4.

É certo que a passagem de um sistema de total sigilo para outro mais transparente não ocorrerá de imediato. As pesquisas feitas neste estudo demonstram que as regras de publicidade vêm sendo adotadas pelas instituições de forma paulatina e pontual. Tanto assim que nenhuma instituição prevê simultaneamente todas as iniciativas sugeridas no Capítulo 4, com destaque para a CCI, que implementa o maior número delas.[724]

É evidente que as instituições arbitrais têm ampla liberdade para decidir qual ou quais medidas incluir em seu regulamento, pois são entes privados. Elas podem optar por adotar, inicialmente, as medidas mais simples e menos custosas (como currículos de árbitros padronizados, publicação do nome dos árbitros nomeados e questionários de conflito de interesse e disponibilidade mais detalhados); ou implementar desde logo a medida considerada mais relevante, mas também a mais trabalhosa (publicação de sentenças arbitrais). Referida decisão dependerá, entre outros, do tamanho, da reputação, do orçamento e da estratégia da instituição arbitral.

Contudo, o importante é que as instituições brasileiras comecem a, de fato, publicar mais informações sobre as arbitragens que admi-

---

[724] A CCI adota as seguintes práticas estudadas no Capítulo 4: publicação de sentença arbitral; publicação de ordens processuais; divulgação do nome dos árbitros já nomeados; questionário de conflito de interesse e disponibilidade (cuja versão é mais completa e detalhada em comparação com as demais instituições analisadas); e divulgação de informações sobre os processos arbitrais.

nistram, pois, como dito anteriormente, a teoria em torno do tema da transparência está bem consolidada, o que ainda falta é transformá-la em prática.

Por fim, o quinto e último capítulo do trabalho ocupou-se de analisar a transparência em arbitragens com a Administração Pública, cujo regime jurídico é distinto daquele visto nos capítulos prévios. Deveras, para procedimentos com o Estado, a discussão sobre se é possível ou benéfico aumentar a transparência não é sequer necessária, pois o legislador já estabeleceu a obrigação de que tais processos respeitem o princípio da publicidade (art. 2º, § 3º, da Lei de Arbitragem).

Havendo o comando claro da lei nesse sentido, coube estudar *como* esse princípio pode ou deve ser concretizado. Em geral, chegou-se à conclusão de que processos arbitrais com o Estado devem ter a publicidade como regra e o sigilo como exceção. Inverteu-se, portanto, a lógica até então estabelecida para arbitragens comerciais entre particulares.

Ao longo do Capítulo 5, foram sugeridas regras e práticas que podem ser adotadas pelas partes, árbitros e instituição arbitral para concretizar o princípio da publicidade. Para alcançar esse propósito, foram buscados substratos na doutrina, em outras legislações sobre o tema e em previsões de instituições arbitrais brasileiras (Anexo 10). Além disso, também olhou-se para experiências estrangeiras, procurando exemplos de práticas que possam ser adotadas no País (Quadro 2).

Com base em tais pesquisas foi possível sugerir como e quais informações devem ser publicadas (tendo-se concluído pela divulgação de informações básicas sobre o processo de forma ativa, de modo a permitir a publicidade mais ampla em sua forma passiva), e como se regula a privacidade de arbitragens com o Estado (tópico que propôs parâmetros para balizar se e como uma audiência pode ser aberta ao público).

Portanto, o presente trabalho é encerrado com a esperança de ter alcançado o objetivo de traçar um panorama abrangente sobre o tema da transparência da arbitragem no País, que possa colaborar para que a comunidade arbitral *efetivamente* implemente mais medidas de publicidade.

Para o futuro, recomenda-se que o estudo sobre a transparência da arbitragem seja focado cada vez mais em aspectos práticos e englobe também análises setorizadas (por exemplo, arbitragens envolvendo o mercado de capitais).[725] Como as características da relação jurídica material subjacente podem interferir no nível de publicidade do processo arbitral, as peculiaridades de cada setor ou relação jurídica também precisam ser consideradas e estudadas, sendo certo que o presente estudo buscou propor um regime jurídico mais genérico, que não excluiu outros mais específicos.

---

[725] A esse respeito, foi comentado no item 3.3 a respeito da existência de regulamentação estatal específica sobre a publicidade de arbitragens envolvendo companhias de capital aberto, que alguns autores consideram insuficiente. Certamente, o tema requer uma análise mais aprofundada e específica, que leve em conta as peculiaridades de direito material, de direito processual e até mesmo sociais de litígios envolvendo companhias de capital aberto. Nesse sentido, Amanda Cristina Siqueira da Costa Vilela já deu um primeiro passo, estudando especificamente o tema da confidencialidade nesses processos arbitrais (*A confidencialidade da arbitragem em companhias abertas no Brasil*. 2019. Dissertação (Mestrado em Direito) – Faculdade de Direito da Universidade de São Paulo, Universidade de São Paulo, São Paulo, 2019).

ANEXOS

ANEXO 1

ANEXO 1 – *Pesquisa Instituições Brasileiras*: critérios de inclusão e exclusão

QUADRO 3 – Critérios utilizados pela autora para escolher quais instituições associadas ao Conima foram incluídas e excluídas da *Pesquisa Instituições Brasileiras*

Instituição associada ao Conima	*Site* localizado?	Administra arbitragem?	Regulamento disponível no *site*?	Incluída no estudo?
1ª Câmara COMAPA -Conselho de Mediação e Arbitragem do Estado do Pará	Não	-	-	Não
8ª Câmara de Mediação, Conciliação e Arbitragem	Sim	Sim	Sim	Sim
ADVANCE – Câmara de Conciliação, Mediação e Arbitragem	Não	-	-	Não
ALGI – Consultoria em Gestão de Conflitos Ltda.	Sim	Não	-	Não
AMCHAM – *American Chamber of Commerce for Brazil* SP	Sim	Sim	Sim	Sim
AMGULO – Governança estratégica e mediação de conflitos	Sim	Não	-	Não
ARBITAC – Câmara de Arbitragem da Associação Comercial do Paraná	Sim	Sim	Sim	Sim
CABH – Câmara de Mediação, Conciliação e Arbitragem de Belo Horizonte	Sim	Sim	Sim	Sim
CAE – Câmara de Mediação e Arbitragem das Eurocâmaras	Sim	Sim	Sim	Sim
CAESP – Conselho Arbitral do Estado de São Paulo	Sim	Sim	Sim	Sim
CAMAES – Câmara de Mediação e Arbitragem do Estado do Espírito Santo	Não	-	-	Não
CINDES/FINDES – Câmara de Conciliação, Mediação e Arbitragem	Sim	Sim	Sim	Sim

Instituição associada ao Conima	*Site* localizado?	Administra arbitragem?	Regulamento disponível no *site*?	Incluída no estudo?
Câmara de Conciliação, Mediação e Arbitragem da Associação Comercial da Bahia	Não	-	-	Não
Câmara FGV de Conciliação e Arbitragem	Sim	Sim	Sim	Sim
CAMARB – Câmara de Arbitragem Empresarial – Brasil	Sim	Sim	Sim	Sim
CAMCESP – Câmara de Arbitragem, Mediação, Conciliação e Estudos de São Paulo	Sim	Sim	Não	Não
CAMEAL – Câmara de Mediação e Arbitragem de Alagoas	Não	-	-	Não
CAMEC – Brasil – Câmara de Mediação e Arbitragem de Minas Gerais S/S Ltda.	Sim	Sim	Não	Não
CAMES – Câmara de Mediação e Arbitragem Especializada	Sim	Sim	Sim	Sim
CAMESC – Câmara de Arbitragem e Mediação de Santa Catarina	Sim	Sim	Sim	Sim
CAMFIEP – Federação das Indústrias do Estado do Paraná	Sim	Sim	Sim	Sim
CBMA – Centro Brasileiro de Mediação e Arbitragem	Sim	Sim	Sim	Sim
CBMAE – Câmara de Mediação e Arbitragem Empresarial da Confederação das Associações Comerciais e Empresariais do Brasil (CACB)	Sim	Sim	Sim	Sim
CAM-CCBC (Centro de Arbitragem da Câmara de Comércio Brasil-Canadá)	Sim	Sim	Sim	Sim

ANEXO 1

Instituição associada ao Conima	Site localizado?	Administra arbitragem?	Regulamento disponível no site?	Incluída no estudo?
CCMA – RJ – Câmara de Conciliação, Mediação e Arbitragem do Rio de Janeiro	Sim	Sim	Sim	Sim
CEBRAMAR – Centro Brasileiro de Mediação e Arbitragem	Sim	Sim	Sim	Sim
CEMAPE – Centro de Mediação e Arbitragem de Pernambuco	Não	-	-	Não
CMA CIESP/FIESP – Centro das Indústrias do Estado de São Paulo	Sim	Sim	Sim	Sim
CMA/CREA-MG – Câmara de Mediação e Arbitragem do Conselho Regional de Engenharia e Agronomia de Minas Gerais	Sim	Sim	Sim	Sim
CMAA ACIF – Câmara de Mediação e Arbitragem da Associação Comercial e Industrial de Florianópolis	Sim	Sim	Sim	Sim
CMA-IE – Câmara de Mediação e Arbitragem do Instituto de Engenharia	Sim	Sim	Sim	Sim
CMARB/SC – Centro de Mediação e Arbitragem de Santa Catarina	Sim	Sim	Sim	Sim
CMATRA – Primeira Câmara de Resolução Extrajudicial de Conflitos Trabalhistas	Sim	Sim	Sim	Sim
CMEAR – Câmara de Mediação e Arbitragem de Mogi das Cruzes	Sim	Sim	Não	Não
CONCILIAR BRASIL – Centro de Mediação, Conciliação e Arbitragem	Sim	Sim	Sim	Sim
CONSENSU Solução Eficiente de Conflitos	Sim	Sim	Sim	Sim

Instituição associada ao Conima	Site localizado?	Administra arbitragem?	Regulamento disponível no site?	Incluída no estudo?
CONTEMPLA Câmara Privada de Mediação e Conciliação	Sim	Não	-	Não
CRARS – Câmara de Mediação e Arbitragem do Conselho Regional de Administração do Rio Grande do Sul	Sim	Sim	Sim	Sim
D'ACCORD – Instituto de Mediação e Consultoria em Gestão de Conflitos Ltda.	Sim	Não	-	Não
EQUILIBRE Gestão de Conflitos	Sim	Não	-	Não
FIERN – Câmara de Mediação, Conciliação e Arbitragem da Federação das Indústrias do Rio Grande do Norte	Sim	Sim	Sim	Sim
Findresolution Consultoria Empresarial e Participações Ltda.	Sim	Não	-	Não
Gabinete de Mediação de Conflitos – GMC	Sim	Não	-	Não
GECONFLIT – Mediação, Consultoria e Treinamento	Sim	Não	-	Não
GIAR – Centro de Mediação e Capacitação	Sim	Não	-	Não
IMAB – Instituto de Mediação e Arbitragem do Brasil	Sim	Sim	Não	Não
IMAP – Mediação e Arbitragem Paulista Ltda.	Sim	Sim	Não	Não
ITKOS Medição Inteligente	Sim	Não	-	Não
JUSPRO – Justiça sem Processo Mediação e Conciliação S/S Ltda.	Sim	Não	-	Não
MEDIAR CONSENSO – Negociação e Mediação Privada Ltda.	Sim	Não	-	Não

ANEXO 1

Instituição associada ao Conima	*Site* localizado?	Administra arbitragem?	Regulamento disponível no *site*?	Incluída no estudo?
MEDIARE – Diálogos e Processos Decisórios	Sim	Não	-	Não
NUGECON – Núcleo de Gestão de Conflitos Ltda.	Não	-	-	Não
O Mediador | LEEGOL	Sim	Não	-	Não
Pro-Acordo – Mediação de Conflitos Empresariais Ltda.	Não	-	-	Não
SECOVI – Sind. Emp. De Compra, Venda, Locação e Adm. De Imóveis Resid. e Comer. de SP	Sim	Não	-	Não
Sfera Instituto de Conciliação, Mediação e Arbitragem	Sim	Sim	Sim	Sim
TAESP – Mediação & Arbitragem	Sim	Sim	Sim	Sim
Vamos Conciliar – Câmara de Conciliação e Mediação	Sim	Não	-	Não

Fonte: elaborado pela autora

ANEXO 2 – *Pesquisa Instituições Brasileiras*: confidencialidade

Quadro 4 – Análise das previsões sobre sigilo contidas nos regulamentos das instituições arbitrais incluídas na *Pesquisa Instituições Brasileiras*

Instituição	Objeto do sigilo	Pessoas sujeitas ao sigilo	Referência
8ª Câmara de Mediação, Conciliação e Arbitragem	Todas as informações trazidas ou relacionadas à arbitragem	Partes, árbitros, membros da instituição e pessoas que tenham participado do procedimento	Art. 24, Regulamento
AMCHAM – *American Chamber of Commerce for Brazil* SP	Todas as informações trazidas ou relacionadas à arbitragem	Partes, árbitros, membros da instituição e pessoas envolvidas no procedimento	Art. 20.1, Regulamento
ARBITAC – Câmara de Arbitragem da Associação Comercial do Paraná	Todas as informações trazidas ou relacionadas à arbitragem	Partes, árbitros, membros da instituição e pessoas que tenham participado do procedimento	Art. 54, Regulamento
CABH – Câmara de Mediação, Conciliação e Arbitragem de Belo Horizonte	Todas as informações trazidas ou relacionadas à arbitragem	Partes, árbitros, membros da instituição e pessoas envolvidas no procedimento	Art. 15.1, Regulamento
CAE – Câmara de Mediação e Arbitragem das Eurocâmaras	Existência e conteúdo da arbitragem	Partes e árbitros	Art. C.7 e F.1, Regulamento
CAESP – Conselho Arbitral do Estado de São Paulo	Todas as informações trazidas ou relacionadas à arbitragem	Partes, árbitros, peritos, membros da instituição e pessoas envolvidas no procedimento	Art. 67, Regulamento
CINDES/FINDES – Câmara de Conciliação, Mediação e Arbitragem	Todas as informações trazidas ou relacionadas à arbitragem	Partes, árbitros e membros da instituição	Art. 7.2 "g", 7.4.2 e 10.4, Regulamento

ANEXO 2

Instituição	Objeto do sigilo	Pessoas sujeitas ao sigilo	Referência
Câmara FGV de Conciliação e Arbitragem	Todas as informações trazidas ou relacionadas à arbitragem	Partes, árbitros, membros da instituição e pessoas que tenham participado do procedimento	Art. 46, Regulamento
CAMARB – Câmara de Arbitragem Empresarial – Brasil	Todas as informações trazidas ou relacionadas à arbitragem	Partes, árbitros, membros da instituição e pessoas que tenham participado do procedimento	Art. 13.1, Regulamento
CAMES – Câmara de Mediação e Arbitragem Especializada	Todas as informações trazidas ou relacionadas à arbitragem	Partes, árbitros e pessoas que tenham participado do procedimento	Art. 81, Regulamento
CAMESC – Câmara de Arbitragem e Mediação de Santa Catarina	A existência e informações trazidas ou relacionadas à arbitragem	Partes, seus advogados, árbitros e membros da instituição	Art. 8.2 e 28.3, Regulamento
CAMFIEP – Federação das Indústrias do Estado do Paraná	Todas as informações trazidas ou relacionadas à arbitragem	Partes, seus advogados, árbitros e membros da instituição	Art. 11.2 e 37.3, Regulamento
CBMA – Centro Brasileiro de Mediação e Arbitragem	Assuntos relacionados à arbitragem, salvo aqueles de domínio público ou já divulgados	Árbitros e membros da instituição	Art. 17.1, Regulamento
CBMAE – Câmara de Mediação e Arbitragem Empresarial da Confederação das Associações Comerciais e Empresariais do Brasil (CACB)	Reuniões	Não especifica.	Art. 10, §1º, IV, e 16, §3º, Regulamento
CCBC – Câmara de Comércio Brasil-Canadá	Todas as informações trazidas ou relacionadas à arbitragem.	Partes, árbitros, membros da instituição e demais intervenientes.	Art. 14.1 e 14.2, Regulamento

Instituição	Objeto do sigilo	Pessoas sujeitas ao sigilo	Referência
CCBC – Câmara de Comércio Brasil-Canadá	Todas as informações trazidas ou relacionadas à arbitragem.	Partes, árbitros, membros da instituição e demais intervenientes.	Art. 14.1 e 14.2, Regulamento
CCMA – RJ – Câmara de Conciliação, Mediação e Arbitragem do Rio de Janeiro	Todas as informações trazidas ou relacionadas à arbitragem.	Partes, árbitros, membros da instituição e demais intervenientes.	Art. 56 e 58, Regulamento
CEBRAMAR – Centro Brasileiro de Mediação e Arbitragem	Todas as informações relacionadas à arbitragem.	Partes, árbitros, membros da instituição e participantes do procedimento.	Art. 93, Regulamento
CIESP/FIESP – Centro das Indústrias do Estado de São Paulo	Todas as informações trazidas ou relacionadas à arbitragem.	Partes, árbitros e membros da instituição.	Art. 10.6, Regulamento
CMA/CREA-MG – Câmara de Med. e Arb. do Conselho Regional de Engenharia e Agronomia de MG	Todas as informações trazidas ou relacionadas à arbitragem.	Partes, árbitros, membros da instituição e terceiros participantes do procedimento.	Art. 12.1, Regulamento
CMAA ACIF – Câmara de Mediação e Arbitragem da Associação Comercial e Industrial de Florianopólis	Todas as informações trazidas ou relacionadas à arbitragem.	Partes, árbitros, membros da instituição e terceiros participantes do procedimento.	Art. 12.1, Regulamento
CMA-IE – Câmara de Mediação e Arbitragem do Instituto de Engenharia	Todas as informações trazidas ou relacionadas à arbitragem.	Partes, árbitros e membros da instituição.	Art. 15.3, Regulamento
CMARB/SC – Centro de Mediação e Arbitragem de Santa Catarina	Todas as informações trazidas ou relacionadas à arbitragem.	Partes, árbitros, advogados, peritos, membros da instituição e terceiros participantes do procedimento.	Art. 4º, Regulamento
CMATRA – Primeira Câmara de Resolução Extrajudicial de Conflitos Trabalhistas	Todas as informações trazidas ou relacionadas à arbitragem.	Árbitros e partes	Cláusulas 5, §2º; 14 e 17, Regulamento

ANEXO 2

Instituição	Objeto do sigilo	Pessoas sujeitas ao sigilo	Referência
CONCILIAR BRASIL – Centro de Mediação, Conciliação e Arbitragem	Assuntos relacionados à arbitragem, salvo aqueles de domínio público ou já divulgados.	Partes, árbitros e membros da instituição.	Art. 30.1, Regulamento
CONSENSU Solução Eficiente de Conflitos	Todas as informações relacionadas à arbitragem.	Partes, árbitros e pessoas que tenham participado do procedimento.	Art. 52, Regulamento
CRARS – Câmara de Mediação e Arbitragem do Conselho Regional de Administração do Rio Grande do Sul	Todas as informações relacionadas à arbitragem.	Partes, árbitros, membros da instituição e pessoas que tenham participado do procedimento.	Art. 71, Regulamento
FIERN – Câmara de Mediação, Conciliação e Arbitragem da Federação das Indústrias do Rio Grande do Norte	Todas as informações trazidas à arbitragem.	Partes, seus advogados, árbitros, peritos, membros da instituição e intervenientes.	Art. 51, Regulamento
Sfera Instituto de Conciliação, Mediação e Arbitragem	Todas as informações trazidas à arbitragem.	Partes, seus advogados, árbitros, peritos, membros da instituição e intervenientes.	Art. 14.1 e 14.2, Regulamento
TAESP – Mediação & Arbitragem	Todas as informações trazidas à arbitragem.	Partes, árbitros, membros da instituição e pessoas que tenham atuado no procedimento.	Art. 70, Regulamento
Corte de Arbitragem da Câmara de Comércio Internacional (CCI)	Não prevê sigilo amplo. Depende de pedido das partes e de decisão do tribunal. Prevê apenas que os trabalhos da secretaria da Corte serão confidenciais.	Não prevê sigilo amplo. Depende de pedido das partes e de decisão do tribunal. Os funcionários da Corte estão submetidos ao sigilo.	Art. 22 (3), Regulamento
CAM B3 – Câmara de Arbitragem do Mercado	Conteúdo da arbitragem.	Partes, árbitros, membros da instituição e pessoas que tenham atuado no procedimento.	Art. 9.1, Regulamento

Fonte: elaborado pela autora

ANEXO 3 – *Pesquisa Instituições Brasileiras*: publicação de sentenças arbitrais

QUADRO 5 – Análise da prática e da previsão sobre publicação de sentença nos regulamentos das instituições arbitrais incluídas na *Pesquisa Instituições Brasileiras*

Instituição	Prevê a publicação de sentença?	Publica sentenças periodicamente?	Referência
8ª Câmara de Mediação, Conciliação e Arbitragem	Sim	Não	Art. 24, Regulamento
AMCHAM – *American Chamber of Commerce for Brazil* SP	Sim	Não	Art. 20.3, Regulamento
ARBITAC – Câmara de Arbitragem da Associação Comercial do Paraná	Sim	Não	Art. 54, Regulamento
CABH – Câmara de Mediação, Conciliação e Arbitragem de Belo Horizonte	Sim	Não	Art. 15.2.1, Regulamento
CAE – Câmara de Mediação e Arbitragem das Eurocâmaras	Não	Não	-
CAESP – Conselho Arbitral do Estado de São Paulo	Não	Não	-
CINDES/FINDES – Câmara de Conciliação, Mediação e Arbitragem	Sim	Não	Art. 20.3, Regulamento
Câmara FGV de Conciliação e Arbitragem	Sim	Não	Art. 47, Regulamento
CAMARB – Câmara de Arbitragem Empresarial – Brasil	Sim	Não	Art. 13.2, Regulamento
CAMES – Câmara de Mediação e Arbitragem Especializada	Sim	Não	Art. 82, Regulamento
CAMESC – Câmara de Arbitragem e Mediação de Santa Catarina	Sim	Não	Art. 8.3, Regulamento
CAMFIEP – Federação das Indústrias do Estado do Paraná	Sim	Não	Art. 11.3, Regulamento

ANEXO 3

Instituição	Prevê a publicação de sentença?	Publica sentenças periodicamente?	Referência
CBMA – Centro Brasileiro de Mediação e Arbitragem	Sim	Não	17.2, Regulamento
CBMAE – Câmara de Mediação e Arbitragem Empresarial da Confederação das Associações Comerciais e Empresariais do Brasil (CACB)	Não	Não	-
CCBC – Câmara de Comércio Brasil-Canadá	Sim	Não	Art. 14.1.1, Regulamento
CCMA – RJ – Câmara de Conciliação, Mediação e Arbitragem do Rio de Janeiro	Sim	Não	Art. 53, Regulamento
CEBRAMAR – Centro Brasileiro de Mediação e Arbitragem	Sim	Não	Art. 94 e 95, Regulamento
CIESP/FIESP – Centro das Indústrias do Estado de São Paulo	Sim	Não	Art. 20.4 e 20.5, Regulamento
CMA/CREA-MG – Câmara de Med. e Arb. do Conselho Regional de Engenharia e Agronomia de MG	Sim	Não	Art. 12.2, Regulamento
CMAA ACIF – Câmara de Mediação e Arbitragem da Associação Comercial e Industrial de Florianópolis	Não	Não	-
CMA-IE – Câmara de Mediação e Arbitragem do Instituto de Engenharia	Sim	Não	Art. 15.7, Regulamento
CMARB/SC – Centro de Mediação e Arbitragem de Santa Catarina	Não	Não	-
CMATRA – Primeira Câmara de Resolução Extrajudicial de Conflitos Trabalhistas	Não	Não	-

Instituição	Prevê a publicação de sentença?	Publica sentenças periodicamente?	Referência
CONCILIAR BRASIL – Centro de Mediação, Conciliação e Arbitragem	Sim	Não	Art. 30.2, Regulamento
CONSENSU Solução Eficiente de Conflitos	Sim	Não	Art. 53, Regulamento
CRARS – Câmara de Mediação e Arbitragem do Conselho Regional de Administração do Rio Grande do Sul	Sim	Não	Art. 72 e 73, Regulamento
FIERN – Câmara de Mediação, Conciliação e Arbitragem da Federação das Indústrias do Rio Grande do Norte	Sim	Não	Art. 50, Regulamento
Sfera Instituto de Conciliação, Mediação e Arbitragem	Sim	Não	Art. 14.1.1, Regulamento
TAESP – Mediação & Arbitragem	Sim	Não	Art. 72, Regulamento
Corte de Arbitragem da Câmara de Comércio Internacional (CCI)	Sim	Sim	Itens 40 e 43 da "Nota às partes e ao tribunal arbitral sobre a condução da arbitragem [...]" (1º jan. 2019) *Collection of ICC Awards* [1]
CAM B3 – Câmara de Arbitragem do Mercado	Sim	Sim	Art. 7.10, Regulamento. Ementário de sentenças arbitrais [2]

[1] – *Collection of ICC Arbitral Awards*, que já conta com sete volumes. O *site* da CCI contém mais informações sobre tais livros. Disponível em: https://2go.iccwbo.org/collection-of-icc-arbitral-awards-2008-2011.html. Acesso em: 13 set. 2019.

[2] – CÂMARA DE ARBITRAGEM DO MERCADO. 1ª edição do ementário (06.12.2018). Disponível em: http://www.b3.com.br/pt_br/b3/qualificacao-e-governanca/camara-de-arbitragem-do-mercado-cam/ementario/. Acesso em: 10 set. 2019.

Fonte: elaborado pela autora

ANEXO 4 – *Pesquisa Instituições Brasileiras*: lista de árbitros

QUADRO 6 – Análise se as instituições incluídas na *Pesquisa Instituições Brasileiras* possuem lista de árbitro em seu *site*, e quais são os requisitos e métodos de escolha para que uma pessoa figure na lista

Instituição	Possui lista de árbitro	Requisitos para ser incluído na lista	Método de eleição/escolha	Referência
8ª Câmara de Mediação, Conciliação e Arbitragem	Sim	Informação não localizada	Informação não localizada	-
AMCHAM – *American Chamber of Commerce for Brazil* SP	Não	-	-	-
ARBITAC – Câmara de Arbitragem da Associação Comercial do Paraná	Sim	Informação não localizada	Informação não localizada	-
CABH – Câmara de Mediação, Conciliação e Arbitragem de Belo Horizonte	Sim	Informação não localizada	Informação não localizada	-
CAE – Câmara de Mediação e Arbitragem das Eurocâmaras	Sim	Informação não localizada	Informação não localizada	-
CAESP – Conselho Arbitral do Estado de São Paulo	Sim	Informação não localizada	Escolha da Diretoria Executiva	Art. 46, Código de Ética
CINDES/FINDES – Câmara de Conciliação, Mediação e Arbitragem	Não	-	-	-
Câmara FGV de Conciliação e Arbitragem	Sim	"pessoas de notório saber, reconhecida capacidade, experiência profissional e ilibada reputação"	Escolha pelo Presidente da Câmara FGV	Art. 3 e 7, Regulamento
CAMARB – Câmara de Arbitragem Empresarial – Brasil	Sim	"reputação ilibada e de notório saber em suas respectivas áreas de atuação profissional"	Aprovação pela Diretoria	Art. 17 e 37, Estatuto
CAMES – Câmara de Mediação e Arbitragem Especializada	Sim	Informação não localizada	Informação não localizada	-

Instituição	Possui lista de árbitro	Requisitos para ser incluído na lista	Método de eleição/escolha	Referência
CAMESC – Câmara de Arbitragem e Mediação de Santa Catarina	Sim	Informação não localizada	Informação não localizada	-
CAMFIEP – Federação das Indústrias do Estado do Paraná	Sim	Informação não localizada	Informação não localizada	-
CBMA – Centro Brasileiro de Mediação e Arbitragem	Sim	Necessário realizar inscrição prévia; ser indicado por um diretor ou associado; ser "pessoa de notória capacidade e reputação ilibada"	Aprovação pela Diretoria Executiva, a partir da análise dos currículos das pessoas indicadas ou que tenham se inscrito.	Art. 15 do Estatuto
CBMAE – Câmara de Mediação e Arbitragem Empresarial da Confederação das Associações Comerciais e Empresariais do Brasil (CACB)	Sim	Informação não localizada	"O processo de seleção dos membros do Corpo de Especialistas obedecerá a critérios definidos em Resolução de Coordenação, ad-referendum, do Conselho Consultivo"	Art. 20, Regimento Interno
CCBC – Câmara de Comércio Brasil-Canadá	Sim	"profissionais domiciliados no país ou no exterior, de ilibada reputação e de notável saber jurídico"	Nomeados pelo Presidente do CAM-CCBC, ouvido o Conselho Consultivo	Art. 3.1, Regulamento
CCMA – RJ – Câmara de Conciliação, Mediação e Arbitragem do Rio de Janeiro	Sim	Informação não localizada	Informação não localizada	-
CEBRAMAR – Centro Brasileiro de Mediação e Arbitragem	Sim	Informação não localizada	Informação não localizada	-

ANEXO 4

Instituição	Possui lista de árbitro	Requisitos para ser incluído na lista	Método de eleição/escolha	Referência
CIESP/FIESP – Centro das Indústrias do Estado de São Paulo	Sim	"Reputação ilibada e reconhecido saber jurídico ou técnico"	Designação pelo Presidente da Câmara e homologação pelo Conselho Superior	Art. 12, Regimento Interno
CMA/CREA-MG – Câmara de Med. e Arb. do Conselho Regional de Engenharia e Agronomia de MG	Não	-	-	-
CMAA ACIF – Câmara de Mediação e Arbitragem da Associação Comercial e Industrial de Florianópolis	Sim	"profissionais domiciliados no país ou no exterior, de ilibada reputação e de notável saber jurídico"	Nomeados pelo Presidente da CMAA, ouvido o Conselho Consultivo.	Art. 11, Estatuto
CMA-IE – Câmara de Mediação e Arbitragem do Instituto de Engenharia	Sim	Informação não localizada	Informação não localizada	-
CMARB/SC – Centro de Mediação e Arbitragem de Santa Catarina	Sim	"especialistas de variadas áreas do conhecimento, qualificados pelo notável saber jurídico, pela reputação ilibada, caráter probo e reconhecida experiência profissional"	Informação não localizada	Art. 10, Regulamento
CMATRA – Primeira Câmara de Resolução Extrajudicial de Conflitos Trabalhistas	Sim	Necessário realizar inscrição prévia; ser indicado por um associado ou nomeado pelo presidente da câmara e ser "pessoa de notório saber, reconhecida capacidade, experiência profissional e ilibada reputação".	Escolha pelo Presidente da Câmara	Art. 3º, Regulamento e art. 33, Estatuto

Instituição	Possui lista de árbitro	Requisitos para ser incluído na lista	Método de eleição/escolha	Referência
CONCILIAR BRASIL – Centro de Mediação, Conciliação e Arbitragem	Não [1]	Informação não localizada	Informação não localizada	-
CONSENSU Solução Eficiente de Conflitos	Não	-	-	-
CRARS – Câmara de Mediação e Arbitragem do Conselho Regional de Administração do Rio Grande do Sul	Sim	Ser administrador com curso de capacitação específico; ou outros profissionais de "ilibada reputação, alto nível de conhecimento, capacitação técnica e experiência específica no processo em questão"	O processo de seleção segue critérios definidos pelo Conselho Gestor e homologados pelo Plenário da CRA/RS	Art. 6, §2 e 13, Regimento Interno
FIERN – Câmara de Mediação, Conciliação e Arbitragem da Federação das Indústrias do Rio Grande do Norte	Sim	"profissionais de reputação ilibada, notável saber jurídico e/ou técnico, reconhecida e comprovada capacidade e experiência profissional"	Indicação do presidente da Câmara	Art. 9 e 13, Regimento Interno
Sfera Instituto de Conciliação, Mediação e Arbitragem	Sim	"profissionais domiciliados no país ou no exterior, de ilibada reputação e de notável saber jurídico"	Indicação do presidente da Câmara	Art. 3.1, Regulamento
TAESP – Mediação & Arbitragem	Não [1]	Informação não localizada	Informação não localizada	-
Corte de Arbitragem da Câmara de Comércio Internacional (CCI)	Não	-	-	-

ANEXO 4

Instituição	Possui lista de árbitro	Requisitos para ser incluído na lista	Método de eleição/escolha	Referência
CAM B3 – Câmara de Arbitragem do Mercado	Sim	"reputação ilibada e notório conhecimento sobre o mercado de capitais, direito empresarial, ou outra área técnica necessária à solução dos conflitos submetidos à administração da Câmara de Arbitragem"	O Presidente e o Secretário-Geral recebem indicações de candidatos, e o Conselho de Administração da BM&FBOVESPA escolhe.	Item 4, Regimento Interno

[1] – A prática ou medida é prevista no regulamento, regimento interno ou resolução da instituição, mas não está disponível no site.

Fonte: elaborado pela autora

ANEXO 5 – *Pesquisa Instituições Brasileiras*: custos

QUADRO 7 – Análise se as instituições incluídas na *Pesquisa Instituições Brasileiras* disponibilizam informações sobre os custos do processo arbitral em seu *site*

Instituição	Divulga informações sobre custos no *site*?
8ª Câmara de Mediação, Conciliação e Arbitragem	Não
AMCHAM – *American Chamber of Commerce for Brazil* SP	Sim
ARBITAC – Câmara de Arbitragem da Associação Comercial do Paraná	Sim
CABH – Câmara de Mediação, Conciliação e Arbitragem de Belo Horizonte	Não
CAE – Câmara de Mediação e Arbitragem das Eurocâmaras	Sim
CAESP – Conselho Arbitral do Estado de São Paulo	Sim
CINDES/FINDES – Câmara de Conciliação, Mediação e Arbitragem	Sim
Câmara FGV de Conciliação e Arbitragem	Sim
CAMARB – Câmara de Arbitragem Empresarial – Brasil	Sim
CAMES – Câmara de Mediação e Arbitragem Especializada	Sim
CAMESC – Câmara de Arbitragem e Mediação de Santa Catarina	Não
CAMFIEP – Federação das Indústrias do Estado do Paraná	Sim
CBMA – Centro Brasileiro de Mediação e Arbitragem	Sim
CBMAE – Câmara de Mediação e Arbitragem Empresarial da Confederação das Associações Comerciais e Empresariais do Brasil (CACB)	Sim
CCBC – Câmara de Comércio Brasil-Canadá	Sim
CCMA – RJ – Câmara de Conciliação, Mediação e Arbitragem do Rio de Janeiro	Sim
CEBRAMAR – Centro Brasileiro de Mediação e Arbitragem	Sim
CIESP/FIESP – Centro das Indústrias do Estado de São Paulo	Sim
CMA/CREA-MG – Câmara de Med. e Arb. do Conselho Regional de Engenharia e Agronomia de MG	Sim
CMAA ACIF – Câmara de Mediação e Arbitragem da Associação Comercial e Industrial de Florianópolis	Sim

ANEXO 5

Instituição	Divulga informações sobre custos no *site*?
CMA-IE – Câmara de Mediação e Arbitragem do Instituto de Engenharia	Sim
CMARB/SC – Centro de Mediação e Arbitragem de Santa Catarina	Sim
CMATRA – Primeira Câmara de Resolução Extrajudicial de Conflitos Trabalhistas	Sim
CONCILIAR BRASIL – Centro de Mediação, Conciliação e Arbitragem	Sim
CONSENSU Solução Eficiente de Conflitos	Sim
CRARS – Câmara de Mediação e Arbitragem do Conselho Regional de Administração do Rio Grande do Sul	Sim
FIERN – Câmara de Mediação, Conciliação e Arbitragem da Federação das Indústrias do Rio Grande do Norte	Sim
Sfera Instituto de Conciliação, Mediação e Arbitragem	Sim
TAESP – Mediação & Arbitragem	Não
Corte de Arbitragem da Câmara de Comércio Internacional (CCI)	Sim
CAM B3 – Câmara de Arbitragem do Mercado	Sim

Fonte: elaborado pela autora

ANEXO 6 – *Pesquisa Instituições Brasileiras*: informações estatísticas

QUADRO 8 – Análise se as instituições incluídas na *Pesquisa Instituições Brasileiras* disponibilizam informações estatísticas sobre os processos que administram em seu site, ou no Anuário de Arbitragem CESA, com análise específica sobre o tempo médio de duração dos casos

Instituição	Divulga informações no *site*	Participou do *Anuário de Arbitragem CESA 2016*	Participou do *Anuário de Arbitragem CESA 2017*	Tempo médio dos processos (a partir do requerimento de arbitragem), em meses
8ª Câmara de Mediação, Conciliação e Arbitragem	Não	Não	Não	-
AMCHAM – American Chamber of Commerce for Brazil SP	Não	Sim	Sim	28
ARBITAC – Câmara de Arbitragem da Associação Comercial do Paraná	Não	Sim	Sim	20
CABH – Câmara de Mediação, Conciliação e Arbitragem de Belo Horizonte	Não	Não	Não	-
CAE – Câmara de Mediação e Arbitragem das Eurocâmaras	Não	Não	Não	-
CAESP – Conselho Arbitral do Estado de São Paulo	Não	Sim	Sim	16
CINDES/FINDES – Câmara de Conciliação, Mediação e Arbitragem	Não	Não	Não	-
Câmara FGV de Conciliação e Arbitragem	Não	Não	Sim	18
CAMARB – Câmara de Arbitragem Empresarial – Brasil	Não	Sim	Sim	27
CAMES – Câmara de Mediação e Arbitragem Especializada	Não	Não	Não	-
CAMESC – Câmara de Arbitragem e Mediação de Santa Catarina	Não	Não	Não	-

ANEXO 6

Instituição	Divulga informações no *site*	Participou do *Anuário de Arbitragem CESA 2016*	Participou do *Anuário de Arbitragem CESA 2017*	Tempo médio dos processos (a partir do requerimento de arbitragem), em meses
CAMFIEP – Federação das Indústrias do Estado do Paraná	Não	Sim	Sim	16
CBMA – Centro Brasileiro de Mediação e Arbitragem	Não	Não	Sim	27,25
CBMAE – Câmara de Mediação e Arbitragem Empresarial da Confederação das Associações Comerciais e Empresarias do Brasil (CACB)	Não	Não	Sim	14
CCBC – Câmara de Comércio Brasil-Canadá	Sim	Sim	Sim	23,6 [1]
CCMA – RJ – Câmara de Conciliação, Mediação e Arbitragem do Rio de Janeiro	Não	Não	Não	-
CEBRAMAR – Centro Brasileiro de Mediação e Arbitragem	Não	Não	Não	-
CIESP/FIESP – Centro das Indústrias do Estado de São Paulo	Sim	Sim	Sim	33,8
CMA/CREA-MG – Câmara de Med. e Arb. do Conselho Regional de Engenharia e Agronomia de MG	Não	Não	Não	-
CMAA ACIF – Câmara de Mediação e Arbitragem da Associação Comercial e Industrial de Florianópolis	Não	Não	Sim	-
CMA-IE – Câmara de Mediação e Arbitragem do Instituto de Engenharia	Não	Não	Não	-
CMARB/SC – Centro de Mediação e Arbitragem de Santa Catarina	Não	Não	Não	-
CMATRA – Primeira Câmara de Resolução Extrajudicial de Conflitos Trabalhistas	Não	Não	Não	-

Instituição	Divulga informações no *site*	Participou do *Anuário de Arbitragem CESA 2016*	Participou do *Anuário de Arbitragem CESA 2017*	Tempo médio dos processos (a partir do requerimento de arbitragem), em meses
CONCILIAR BRASIL – Centro de Mediação, Conciliação e Arbitragem	Não	Não	Não	-
CONSENSU Solução Eficiente de Conflitos	Não	Não	Não	-
CRARS – Câmara de Mediação e Arbitragem do Conselho Regional de Administração do Rio Grande do Sul	Não	Não	Não	-
FIERN – Câmara de Mediação, Conciliação e Arbitragem da Federação das Indústrias do Rio Grande do Norte	Não	Não	Não	-
Sfera Instituto de Conciliação, Mediação e Arbitragem	Não	Não	Não	-
TAESP – Mediação & Arbitragem	Não	Não	Não	-
Corte de Arbitragem da Câmara de Comércio Internacional (CCI)	Sim	Sim	Sim	23,5
CAM B3 – Câmara de Arbitragem do Mercado	Não	Sim	Sim	22,3

[1] – O número indicado no Anuário de Arbitragem CESA 2017 não correspondia àquele informado no *site*. Consta na tabela o número indicado no Anuário.

Fonte: elaborado pela autora

ANEXO 7

ANEXO 7 – *Pesquisa Instituições Brasileiras*: nome dos árbitros

QUADRO 9 – Análise se as instituições incluídas na *Pesquisa Instituições Brasileiras* divulgam os nomes dos árbitros nomeados em seus *sites*

Instituição	Divulga nome dos árbitros efetivamente indicados?
8ª Câmara de Mediação, Conciliação e Arbitragem	Não
AMCHAM – *American Chamber of Commerce for Brazil* SP	Não
ARBITAC – Câmara de Arbitragem da Associação Comercial do Paraná	Não
CABH – Câmara de Mediação, Conciliação e Arbitragem de Belo Horizonte	Não
CAE – Câmara de Mediação e Arbitragem das Eurocâmaras	Não
CAESP – Conselho Arbitral do Estado de São Paulo	Não
CINDES/FINDES – Câmara de Conciliação, Mediação e Arbitragem	Não
Câmara FGV de Conciliação e Arbitragem	Não
CAMARB – Câmara de Arbitragem Empresarial – Brasil	Não
CAMES – Câmara de Mediação e Arbitragem Especializada	Não
CAMESC – Câmara de Arbitragem e Mediação de Santa Catarina	Não
CAMFIEP – Federação das Indústrias do Estado do Paraná	Não
CBMA – Centro Brasileiro de Mediação e Arbitragem	Não
CBMAE – Câmara de Mediação e Arbitragem Empresarial da Confederação das Associações Comerciais e Empresariais do Brasil (CACB)	Não
CCBC – Câmara de Comércio Brasil-Canadá	Sim
CCMA – RJ – Câmara de Conciliação, Mediação e Arbitragem do Rio de Janeiro	Não
CEBRAMAR – Centro Brasileiro de Mediação e Arbitragem	Não
CIESP/FIESP – Centro das Indústrias do Estado de São Paulo	Não
CMA/CREA-MG – Câmara de Med. e Arb. do Conselho Regional de Engenharia e Agronomia de MG	Não
CMAA ACIF – Câmara de Mediação e Arbitragem da Associação Comercial e Industrial de Florianópolis	Não
CMA-IE – Câmara de Mediação e Arbitragem do Instituto de Engenharia	Não
CMARB/SC – Centro de Mediação e Arbitragem de Santa Catarina	Não

Instituição	Divulga nome dos árbitros efetivamente indicados?
CMATRA – Primeira Câmara de Resolução Extrajudicial de Conflitos Trabalhistas	Não
CONCILIAR BRASIL – Centro de Mediação, Conciliação e Arbitragem	Não
CONSENSU Solução Eficiente de Conflitos	Não
CRARS – Câmara de Mediação e Arbitragem do Conselho Regional de Administração do Rio Grande do Sul	Não
FIERN – Câmara de Mediação, Conciliação e Arbitragem da Federação das Indústrias do Rio Grande do Norte	Não
Sfera Instituto de Conciliação, Mediação e Arbitragem	Não
TAESP – Mediação & Arbitragem	Não
Corte de Arbitragem da Câmara de Comércio Internacional (CCI)	Sim
CAM B3 – Câmara de Arbitragem do Mercado	Não

Fonte: elaborado pela autora

ANEXO 8

ANEXO 8 – *Pesquisa Instituições Brasileiras*: questionário de disponibilidade

QUADRO 10 – Análise se as instituições incluídas na *Pesquisa Instituições Brasileiras* enviam questionário de disponibilidade aos árbitros

Instituição	Envia questionário de disponibilidade aos árbitros?
8ª Câmara de Mediação, Conciliação e Arbitragem	Não
AMCHAM – *American Chamber of Commerce for Brazil* SP	Sim
ARBITAC – Câmara de Arbitragem da Associação Comercial do Paraná	Não
CABH – Câmara de Mediação, Conciliação e Arbitragem de Belo Horizonte	Sim
CAE – Câmara de Mediação e Arbitragem das Eurocâmaras	Não
CAESP – Conselho Arbitral do Estado de São Paulo	Não
CINDES/FINDES – Câmara de Conciliação, Mediação e Arbitragem	Sim
Câmara FGV de Conciliação e Arbitragem	Não
CAMARB – Câmara de Arbitragem Empresarial – Brasil	Sim
CAMES – Câmara de Mediação e Arbitragem Especializada	Sim
CAMESC – Câmara de Arbitragem e Mediação de Santa Catarina	Não
CAMFIEP – Federação das Indústrias do Estado do Paraná	Não
CBMA – Centro Brasileiro de Mediação e Arbitragem	Sim
CBMAE – Câmara de Mediação e Arbitragem Empresarial da Confederação das Associações Comerciais e Empresariais do Brasil (CACB)	Não
CCBC – Câmara de Comércio Brasil-Canadá	Sim
CCMA – RJ – Câmara de Conciliação, Mediação e Arbitragem do Rio de Janeiro	Sim
CEBRAMAR – Centro Brasileiro de Mediação e Arbitragem	Não
CIESP/FIESP – Centro das Indústrias do Estado de São Paulo	Não
CMA/CREA-MG – Câmara de Med. e Arb. do Conselho Regional de Engenharia e Agronomia de MG	Não
CMAA ACIF – Câmara de Mediação e Arbitragem da Associação Comercial e Industrial de Florianópolis	Sim
CMA-IE – Câmara de Mediação e Arbitragem do Instituto de Engenharia	Não
CMARB/SC – Centro de Mediação e Arbitragem de Santa Catarina	Sim

Instituição	Envia questionário de disponibilidade aos árbitros?
CMATRA – Primeira Câmara de Resolução Extrajudicial de Conflitos Trabalhistas	Não
CONCILIAR BRASIL – Centro de Mediação, Conciliação e Arbitragem	Sim
CONSENSU Solução Eficiente de Conflitos	Não
CRARS – Câmara de Mediação e Arbitragem do Conselho Regional de Administração do Rio Grande do Sul	Não
FIERN – Câmara de Mediação, Conciliação e Arbitragem da Federação das Indústrias do Rio Grande do Norte	Sim
Sfera Instituto de Conciliação, Mediação e Arbitragem	Sim
TAESP – Mediação & Arbitragem	Não
Corte de Arbitragem da Câmara de Comércio Internacional (CCI)	Sim
CAM B3 – Câmara de Arbitragem do Mercado	Sim

Fonte: elaborado pela autora

ANEXO 9

ANEXO 9 – *Pesquisa Instituições Brasileiras*: código de ética e sanções

QUADRO 11 – Análise se as instituições incluídas na *Pesquisa Instituições Brasileiras* possuem código de ética disponível em seu *site*, se ele é vinculante aos árbitros e se as instituições preveem sanções aos árbitros em caso de violação a deveres éticos

Instituição	Código de ética disponível no *site*?	Código de ética vinculante?	Sanções em caso de violação?	Referência
8ª Câmara de Mediação, Conciliação e Arbitragem	Não [1]	-	Não	-
AMCHAM – *American Chamber of Commerce for Brazil* SP	Não	-	Não	-
ARBITAC – Câmara de Arbitragem da Associação Comercial do Paraná	Não [1]	-	Não	-
CABH – Câmara de Mediação, Conciliação e Arbitragem de Belo Horizonte	Não	-	Não	-
CAE – Câmara de Mediação e Arbitragem das Eurocâmaras	Não [1]	-	Sim: destituição	Art. C.9, Regulamento
CAESP – Conselho Arbitral do Estado de São Paulo	Não	-	Sim: substituição	Art. 49 e 50, Código de Ética
CINDES/FINDES – Câmara de Conciliação, Mediação e Arbitragem	Sim	Sim	Sim: substituição	Art. 6.8, Regulamento
Câmara FGV de Conciliação e Arbitragem	Não	-	Sim: substituição	Art. 21, Regulamento
CAMARB – Câmara de Arbitragem Empresarial – Brasil	Não	-	Não	-
CAMES – Câmara de Mediação e Arbitragem Especializada	Sim	Sim	Sim: advertência, suspensão, exclusão da lista de árbitros	Art. 18, Código de Ética

Instituição	Código de ética disponível no *site*?	Código de ética vinculante?	Sanções em caso de violação?	Referência
CAMESC – Câmara de Arbitragem e Mediação de Santa Catarina	Sim	Sim	Sim: advertência, suspensão, exclusão da lista de árbitros	Art. 7º, Código de Ética
CAMFIEP – Federação das Indústrias do Estado do Paraná	Sim	Sim	Não	-
CBMA – Centro Brasileiro de Mediação e Arbitragem	Sim	Sim	Sim: substituição	Art. 8.2, Regulamento
CBMAE – Câmara de Mediação e Arbitragem Empresarial da Confederação das Associações Comerciais e Empresariais do Brasil (CACB)	Sim	Sim	Sim: exclusão da lista de árbitros	Art. 22, Regimento Interno
CCBC – Câmara de Comércio Brasil-Canadá	Sim	Não	Não	-
CCMA – RJ – Câmara de Conciliação, Mediação e Arbitragem do Rio de Janeiro	Sim	Sim	Sim: substituição	Art. 18, Regulamento
CEBRAMAR – Centro Brasileiro de Mediação e Arbitragem	Não	-	Não	-
CIESP/FIESP – Centro das Indústrias do Estado de São Paulo	Sim	Sim	Não	-
CMA/CREA-MG – Câmara de Med. e Arb. do Conselho Regional de Engenharia e Agronomia de MG	Não	-	Sim: substituição	Art. 4.6, Regulamento
CMAA ACIF – Câmara de Mediação e Arbitragem da Associação Comercial e Industrial de Florianópolis	Não	-	Não	-
CMA-IE – Câmara de Mediação e Arbitragem do Instituto de Engenharia	Não	-	Sim: substituição	Art. 6.2, Regulamento

ANEXO 9

Instituição	Código de ética disponível no *site*?	Código de ética vinculante?	Sanções em caso de violação?	Referência
CMARB/SC – Centro de Mediação e Arbitragem de Santa Catarina	Sim	Sim	Sim: advertência, exclusão da lista de árbitros, notificação para reparar danos, suspensão e substituição.	Art. 56, Código de Ética
CMATRA – Primeira Câmara de Resolução Extrajudicial de Conflitos Trabalhistas	Sim	Sim	Não	-
CONCILIAR BRASIL – Centro de Mediação, Conciliação e Arbitragem	Sim	Sim	Sim: substituição	Art. 21.2, Regulamento
CONSENSU Solução Eficiente de Conflitos	Sim	Sim	Não	-
CRARS – Câmara de Mediação e Arbitragem do Conselho Regional de Administração do Rio Grande do Sul	Sim	Sim	Sim: exclusão da lista de árbitros	Art. 14, Regimento Interno
FIERN – Câmara de Mediação, Conciliação e Arbitragem da Federação das Indústrias do Rio Grande do Norte	Sim	Sim	Sim: desligamento da câmara	Art. 9, Regimento Interno
Sfera Instituto de Conciliação, Mediação e Arbitragem	Sim	Não	Não	Código de Ética
TAESP – Mediação & Arbitragem	Não	-	Não	-
Corte de Arbitragem da Câmara de Comércio Internacional (CCI)	Não	-	Sim: substituição e redução de honorários	Art. 15(2), Regulamento e Art. 2(2), Apêndice III ao Regulamento
CAM B3 – Câmara de Arbitragem do Mercado	Não	-	Sim: substituição	Art. 4.6, Regimento Interno

[1] – A prática ou medida é prevista no regulamento, regimento interno ou resolução da instituição, mas não está disponível no site.

Fonte: elaborado pela autora

ANEXO 10 – *Pesquisa Instituições Brasileiras*: Administração Pública

QUADRO 12 – Análise se as instituições incluídas na *Pesquisa Instituições Brasileiras* possuem regras específicas para procedimentos com a Administração Pública, em especial regras de publicidade

Instituição	Possui regras específicas p/ arbitragem com a Adm. Pública?	Possui regras de publicidade específicas p/ arbitragens com a Adm. Pública?	Referência
8ª Câmara de Mediação, Conciliação e Arbitragem	Não	Não	-
AMCHAM – *American Chamber of Commerce for Brazil* SP	Não	Não	-
ARBITAC – Câmara de Arbitragem da Associação Comercial do Paraná	Sim	Sim	Art. 54, § 1º, Regulamento
CABH – Câmara de Mediação, Conciliação e Arbitragem de Belo Horizonte	Não	Não	-
CAE – Câmara de Mediação e Arbitragem das Eurocâmaras	Não	Não	-
CAESP – Conselho Arbitral do Estado de São Paulo	Não	Não	-
CINDES/FINDES – Câmara de Conciliação, Mediação e Arbitragem	Não	Não	-
Câmara FGV de Conciliação e Arbitragem	Sim	Não	Art. 12, parágrafo 2º, Regulamento
CAMARB – Câmara de Arbitragem Empresarial – Brasil	Sim	Sim	Art. 12.2 a 12.5, Regulamento
CAMES – Câmara de Mediação e Arbitragem Especializada	Sim	Sim	Art. 83, Regulamento
CAMESC – Câmara de Arbitragem e Mediação de Santa Catarina	Sim	Sim	Art. 8.2, 25.1 e 25.2, Regulamento
CAMFIEP – Federação das Indústrias do Estado do Paraná	Sim	Sim	Art. 25.1 e 25.2, Regulamento
CBMA – Centro Brasileiro de Mediação e Arbitragem	Não	Não	-

ANEXO 10

Instituição	Possui regras específicas p/ arbitragem com a Adm. Pública?	Possui regras de publicidade específicas p/ arbitragens com a Adm. Pública?	Referência
CBMAE – Câmara de Mediação e Arbitragem Empresarial da Confederação das Associações Comerciais e Empresariais do Brasil (CACB)	Sim	Sim	Art. 24, §7º, Regulamento
CCBC – Câmara de Comércio Brasil-Canadá	Sim	Sim	Resolução Administrativa 15/2016
CCMA – RJ – Câmara de Conciliação, Mediação e Arbitragem do Rio de Janeiro	Não	Não	-
CEBRAMAR – Centro Brasileiro de Mediação e Arbitragem	Não	Não	-
CIESP/FIESP – Centro das Indústrias do Estado de São Paulo	Sim	Sim	Resolução 03/2018
CMA/CREA-MG – Câmara de Med. e Arb. do Conselho Regional de Engenharia e Agronomia de MG	Sim	Não	Art. 12.7, Regulamento
CMAA ACIF – Câmara de Mediação e Arbitragem da Associação Comercial e Industrial de Florianópolis	Sim	Sim	Art. 11, Regulamento
CMA-IE – Câmara de Mediação e Arbitragem do Instituto de Engenharia	Não	Não	-
CMARB/SC – Centro de Mediação e Arbitragem de Santa Catarina	Sim	Sim	Art. 43, Regulamento
CMATRA – Primeira Câmara de Resolução Extrajudicial de Conflitos Trabalhistas	Sim	Não	Art. 4, Regulamento
CONCILIAR BRASIL – Centro de Mediação, Conciliação e Arbitragem	Não	Não	-
CONSENSU Solução Eficiente de Conflitos	Não	Não	-

Instituição	Possui regras específicas p/ arbitragem com a Adm. Pública?	Possui regras de publicidade específicas p/ arbitragens com a Adm. Pública?	Referência
CRARS – Câmara de Mediação e Arbitragem do Conselho Regional de Administração do Rio Grande do Sul	Não	Não	-
FIERN – Câmara de Mediação, Conciliação e Arbitragem da Federação das Indústrias do Rio Grande do Norte	Sim	Sim	Resolução Administrativa 01/2016
Sfera Instituto de Conciliação, Mediação e Arbitragem	Sim	Sim	Resolução Administrativa 06/2018
TAESP – Mediação & Arbitragem	Não	Não	-
Corte de Arbitragem da Câmara de Comércio Internacional (CCI)	Não	Não	-
CAM B3 – Câmara de Arbitragem do Mercado	Não	Não	-

Fonte: elaborado pela autora

ANEXO 11 – *Pesquisa Sentenças Publicadas*: sentenças analisadas

QUADRO 13 – Lista das sentenças arbitrais que foram objeto da *Pesquisa Sentenças Publicadas* e onde foram divulgadas

Ref.	Sentença analisada	Onde a decisão foi divulgada
CAM-B3 nº 01	"EMENTA. Operação de aquisição de controle – Obrigação de realizar oferta pública de ações (OPA) segundo regras de alienação de controle (*Tag along*) e de aquisição superior a 20% do capital social (*poison pill*) […]"	CÂMARA DE ARBITRAGEM DO MERCADO. 1ª edição do ementário (06.12.2018). Disponível em: http://www.b3.com.br/pt_br/b3/qualificacao-e-governanca/camara-de-arbitragem-do-mercado-cam/ementario/. Acesso em: 10 set. 2019.
CAM-B3 nº 02	"EMENTA. Direito civil e societário – Sociedade limitada – Alienação de controle – Contrato preliminar […]"	Idem.
CAM-B3 nº 03	"EMENTA. Contrato de promessa de subscrição de ações e outras avenças. Acordo de acionistas e outras avenças […]"	Idem.
CCI nº 18981	Buyer (India) v. Seller (Turkey). Final award. ICC Case No. 18981.	SCHILL, Stephan W. (ed.). *Yearbook Commercial Arbitration*, ICCA & Kluwer Law International, v. 43, p. 184-234, 2018.
CCI nº 18830	Buyer (PR China) v. (1) Seller (Singapore) and (2) Director of Seller (Singapore). Partial Award. ICC Case No. 18830.	Idem, p. 153-183.
CCI nº 18625	Seller (Singapore) v. Buyer (Xanadu). Final award. ICC Case No. 18625.	Idem, p. 61-107.
SCC nº 0158	Distributor (EU Country) v. Manufacturer (EU Country). Final award. SCC Case No. 158/2011.	BERG, Albert Jan van den (ed.). *Yearbook Commercial Arbitration*, ICCA & Kluwer Law International, v. 38, p. 253-274, 2013.
SCC nº 107	X, Seller (Russia) v. Y, Buyer (Germany). Final Arbitral Award. SCC Case No. 107/1997.	INTERNATIONAL COMMERCIAL ARBITRATION REVIEW. Association of Researchers in International Private and Comparative Law, 1998, v. 2018, Issue 2, p. 198-209, 2018.
SCC nº 36	X, Creditor (United States) v. Y, Debtor (Russia). Final Arbitral Award, SCC Case No. 36/1998.	Idem, p. 210-219.

Ref.	Sentença analisada	Onde a decisão foi divulgada
CAM Milano nº 6210	X v. Y, Award, CAM Case No. 6210, 4 May 2011	Coppo, Benedetta; Azzali, Stefano. X v. Y, Award, CAM Case n. 6210, 4 May 2011. *ITA Board of Reporters*, Kluwer Law International.
CAM Milano nº 115	X v. Y. Cam Award. CAM Case No. 115, 11 February 2016.	Coppo, Benedetta; Azzali, Stefano. X v. Y. Cam Award. CAM Case No. 115, 11 February 2016. *ITA Board of Reporters*, Kluwer Law International.
CAM Milano nº 10915	Contractor (US) v. Supplier (Italy). Final Award. CAM Case No 10915, 14 November 2016.	Berg, Albert Jan van den (ed.). *Yearbook Commercial Arbitration*, ICCA & Kluwer Law International, v. 42, p. 280-303, 2017.
VIAC nº 4403	C 09 – Final Award, VIAC Case No. SCH-4403, 1994.	VIENNA INTERNATIONAL ARBITRAL CENTRE OF THE AUSTRIAN FEDERAL ECONOMIC CHAMBER. *Selected Arbitral Awards*, Verlag WKÖ Service GmbH, v. 1, p. 87-91, 2015.
VIAC nº 5176	C 33 – Final Award, VIAC Case No. SCH-5176, 2012.	Idem, p. 230-237.
VIAC nº 5277	C 56 – Final Award, VIAC Case No. SCH-5277, 2014.	Idem, p. 359-362.
CAM Santiago nº 1740	ROL: 1740-2013	CENTRO DE ARBITRAJE Y MEDIACIÓN CÁMARA DE COMERCIO DE SANTIAGO. *Sentencias Arbitrales*, Chile, t. VII (2014-2016), v. 1, p. 89-162, 2017.
CAM Santiago nº 1841	ROL: 1841-2013	Idem, p. 163-176.
CAM Santiago nº 1845	ROL: 1845-2013	Idem, p. 177-185.
ICDR nº 152	ICDR Case No. 152-04	Hanessian, Grant (ed.). ICDR awards and commentaries. *JurisNet*, p. 99-130, 2012.
ICDR nº 367	ICDR Case No. 367-04	Idem, p. 183-199.
ICDR nº 379	ICDR Case No. 379-04	Idem, p. 209-220.

Fonte: elaborado pela autora

ANEXO 12

ANEXO 12 – *Pesquisa Sentenças Publicadas*

QUADRO 14 – Análise das informações contidas nas sentenças arbitrais que foram objeto da *Pesquisa Sentenças Publicadas*

	Tipo da sentença	Íntegra, Excertos ou Resumo	Data da publicação	Data de proferimento
ICDR nº 379	Final	Resumo + Íntegra	2012	2006
ICDR nº 367	Final	Resumo + Íntegra	2012	Não
ICDR nº 152	Final	Resumo + Íntegra	2012	Não
CAM Santiago nº 1845	Final	Resumo + Íntegra	2017	ago./14
CAM Santiago nº 1841	Final	Resumo + Íntegra	2017	jul./14
CAM Santiago nº 1740	Final	Resumo + Íntegra	2017	jun./14
VIAC nº 5277	Final	Resumo	2015	2014
VIAC nº 5176	Final	Resumo	2015	2012
VIAC nº 4403	Final	Resumo	2015	1994
CAM Milano nº 10915	Final	Resumo + Excerto	2017	Nov./16
CAM Milano nº 115	Parcial	Resumo	Não	fev./16
CAM Milano nº 6210	Final	Resumo + Íntegra	Não	mai./11
SCC nº 36	Final	Resumo + Excerto	2018	1998
SCC nº 107	Final	Resumo + Excerto	2018	1998
SCC nº 158	Final	Resumo + Excerto	2013	Não
CCI nº 18625	Final	Resumo + Excerto	2018	Não
CCI nº 18830	Parcial	Resumo + Excerto	2018	Não
CCI nº 18981	Final	Resumo + Excerto	2018	Não
CAM-B3 nº 03	Não	Resumo	dez/18	Não
CAM-B3 nº 02	Não	Resumo	dez/18	Não
CAM-B3 nº 01	Não	Resumo	dez/18	Não

TRANSPARÊNCIA NO PROCESSO ARBITRAL

		Data do início da arbitragem	Nº do caso	Sede	Direito aplicável	Idioma	Nacionalidade das partes	Nome dos árbitros	Nº de árbitros	Forma de nomeação dos árbitros	Convenção de arbitragem	Data dos fatos	Pedidos	Valores envolvidos	Dispositivo
ICDR nº 379	Nov./04	Sim	Sim	Sim	Não	Sim	Não	Não	Não	Não	Sim	Sim	Não	Não	Sim
ICDR nº 367	jul./04	Sim	Sim	Sim	Não	Não	Não	Não	Não	Não	Não	Sim	Sim	Sim	Sim
ICDR nº 152	mar/04	Sim	Sim	Sim	Não	Sim	Não	Sim	Sim	Sim	Sim	Sim	Sim	Sim	Sim
CAM Santiago nº 1845	ago./13	Sim	Não	Sim	Não	Não	Sim	Sim	Sim	Sim	Não	Sim	Sim	Sim	Sim
CAM Santiago nº 1841	jul./13	Sim	Não	Sim	Não	Não	Sim	Sim	Sim	Sim	Não	Sim	Sim	Sim	Sim
CAM Santiago nº 1740	mar/13	Sim	Não	Sim	Não	Não	Sim	Sim	Sim	Sim	Não	Sim	Sim	Sim	Sim
VIAC nº 5277	jun./12	Sim	Sim	Sim	Sim	Sim	Não	Sim	Não	Não	Não	Sim	Não	Não	Não
VIAC nº 5176	Não	Sim	Sim	Sim	Sim	Sim	Não	Sim	Não	Não	Não	Não	Sim	Não	Não
VIAC nº 4403	Não	Sim	Sim	Sim	Sim	Não	Sim	Não	Não	Não	Não	Não	Não	Não	Não
CAM Milano nº 10915	Não	Sim	Sim	Sim	Sim	Não	Sim	Não	Não	Não	Sim	Sim	Sim	Não	Sim
CAM Milano nº 115	2015	Sim	Sim	Sim	Não	Sim	Não	Sim	Não	Não	Não	Sim	Não	Não	Não
CAM Milano nº 6210	Não	Sim	Sim	Sim	Sim	Sim	Sim	Sim	Sim	Sim	Sim	Sim	Sim	Não	Sim
SCC nº 36	1998	Sim	Sim	Sim	Sim	Sim	Não	Sim	Sim	Sim	Sim	Sim	Sim	Sim	Sim
SCC nº 107	1997	Sim	Sim	Sim	Não	Sim	Não	Sim	Sim	Não	Sim	Sim	Sim	Sim	Sim
SCC nº 158	out/11	Sim	Sim	Sim	Não	Sim	Não	Sim	Sim	Não	Sim	Sim	Sim	Sim	Sim
CCI nº 18625	Não	Sim	Sim	Sim	Sim	Sim	Não	Sim	Sim	Sim	Sim	Não	Sim	Não	Sim
CCI nº 18830	Não	Sim	Sim	Sim	Sim	Não	Sim	Sim	Sim	Sim	Não	Não	Não	Não	Sim
CCI nº 18981	Não	Sim	Sim	Sim	Não	Sim	Não	Não	Não	Sim	Não	Sim	Não	Não	Sim
CAM-B3 nº 03	Não	Não	Não	Sim	Não	Não	Não	Não	Não	Não	Não	Não	Não	Não	Sim
CAM-B3 nº 02	Não	Não	Não	Não	Não	Não	Não	Não	Não	Não	Não	Não	Não	Não	Sim
CAM-B3 nº 01	Não	Não	Não	Não	Não	Não	Não	Não	Não	Não	Não	Não	Não	Não	Sim

ANEXO 12

	Decisão sobre custos	Palavras-chave ou temas	Objeto e contexto jurídico-econômico
ICDR nº 379	Sim	Sim	Sim
ICDR nº 367	Sim	Sim	Sim
ICDR nº 152	Sim	Sim	Sim
CAM Santiago nº 1845	Sim	Sim	Sim
CAM Santiago nº 1841	Sim	Sim	Sim
CAM Santiago nº 1740	Sim	Sim	Sim
VIAC nº 5277	Sim	Sim	Sim
VIAC nº 5176	Sim	Sim	Sim
VIAC nº 4403	Não	Sim	Sim
CAM Milano nº 10915	Sim	Sim	Sim
CAM Milano nº 115	Não	Sim	Sim
CAM Milano nº 6210	Sim	Sim	Sim
SCC nº 36	Sim	Sim	Sim
SCC nº 107	Sim	Sim	Sim
SCC nº 158	Sim	Sim	Sim
CCI nº 18625	Sim	Sim	Sim
CCI nº 18830	Sim	Sim	Sim
CCI nº 18981	Sim	Sim	Sim
CAM-B3 nº 03	Sim	Sim	Sim
CAM-B3 nº 02	Não	Sim	Sim
CAM-B3 nº 01	Não	Sim	Sim

Fonte: elaborado pela autora

ANEXO 13 – *Pesquisa OPs Publicadas*: ordens processuais analisadas

Quadro 15 – Lista das ordens processuais objeto da *Pesquisa OPs Publicadas* e onde foram divulgadas

Ref.	OP analisada	Onde a decisão foi divulgada
OP CCI nº 20XXX	A. (Austria) v. 1. B Ltd., 2. C Ltd (Thailand), Procedural Order, ICC Case No. 20XXX/EMT	SCHERER, Matthias (ed.). *ASA Bulletin.* Association Suisse de l'Arbitrage & Kluwer Law International, v. 36, Issue 3, p. 675-677, 2018.
OP CCI nº 09/2016	Claimant 1 and Claimant 2 v. Respondent, Procedural Order No. 9 (Extracts), ICC Case No. [...], 2016	Idem, p. 633-636.
OP CCI nº 2002	A v. Z, Order, 2 April 2002	ASA BULLETIN. Association Suisse de l'Arbitrage & Kluwer Law International, v. 21, Issue 4, p. 810-821, 2003.
OP CCI nº 14328	Claimant v. Respondents 1-9, Procedural Order No 8, ICC Case No. 14328, 24 July 2009	SCHERER, Matthias (ed.). *ASA Bulletin.* Association Suisse de l'Arbitrage & Kluwer Law International, v. 36, Issue 3, p. 680, 2018.
OP CCI nº 18907	Parties Not Indicated, Procedural Order No 1 (Extracts), ICC Case No. 18907, 24 December 2012	Idem, p. 681.
OP CCI nº 12542	Parties Not Indicated, Procedural Order, ICC Case No. 12542/EC, 19 December 2003	ASA BULLETIN. Association Suisse de l'Arbitrage & Kluwer Law International. Association Suisse de l'Arbitrage & Kluwer Law International, v. 23, Issue 4, p. 685-700, 2005.
OP CCI nº 04/2008	Claimant v. Respondent, Procedural Order No. 4 on Respondent's Application to Stay the Proceedings (Extracts), ICC Case No. [...], 2008	SCHERER, Matthias (ed.). *ASA Bulletin.* Association Suisse de l'Arbitrage & Kluwer Law International, v. 36, Issue 3, p. 670-674, 2018.
OP CCI nº 03/2008	X. S.A.R.L, Lebanon v. Y. AG, Germany, Procedural Order No. 3, 2008	ASA BULLETIN. Association Suisse de l'Arbitrage & Kluwer Law International, v. 28, Issue 1, p. 37-45, 2010.
OP CCI nº 04/2009	Parties Not Indicated, Procedural Order No. 4, 2009	Idem, p. 59-70.
OP Ad Hoc nº 01	E. Holding (Claimant) v. Z Ltd. (United Kingdom), First Respondent, Mr. A, Second Respondent, Mr. B, Third Respondent, Procedural Order N]. 3, Ad hoc arbitration (UNCITRAL Rules), 16 November 2010	SCHERER, Matthias (ed.). *ASA Bulletin.* Association Suisse de l'Arbitrage & Kluwer Law International, v. 36, Issue 3, p. 642-646, 2018.

Ref.	OP analisada	Onde a decisão foi divulgada
OP Ad Hoc nº 02	C SA (in Bankruptcy) v. 1. A Limited, 2. T Holdings Limited, Procedural Order No. 5, Decision Regarding Respondents' Application for Stay of Arbitration, Ad hoc arbitration (UNCITRAL Rules), 8 April 2009	Idem, p. 655-660.
OP Ad Hoc nº 03	X. Holding in Bankruptcy, Switzerland v. Y. Co. Ltd. Republic of Yemen, Procedural Order No. 4, 2003	ASA BULLETIN. Association Suisse de l'Arbitrage & Kluwer Law International, v. 28, Issue 1, p. 23-28, 2010.
OP Ad Hoc nº 04	Mr X v. Mrs Y. Decision, 2003	Idem, p. 15-22.
OP SCAI nº 05/2014	Claimant and Counter-Respondent v. Respondent 1 and Counter-Claimant, Respondent 2 and Respondent 3, Procedural Order No 5, SCAI Case No. 300273-2013, 24 July 2014	SCHERER, Matthias (ed.). *ASA Bulletin*. Association Suisse de l'Arbitrage & Kluwer Law International, v. 36, Issue 3, p. 653-654, 2018.
OP SCAI nº 09/2014	Claimant and Counter-Respondent v. Respondent 1 and Counter-Claimant, Respondent 2 and Respondent 3, Procedural Order No 9 Regarding the Stay of the Proceedings in light of the Order of the Swiss Federal Supreme Court, SCAI Case No. 300273-2013, 4 October 2014	Idem, p. 647-648.
OP SCAI nº 07/2014	Claimant and Counter-Respondent v. Respondent 1 and Counter-Claimant, Respondent 2 and Respondent 3, Procedural Order No 7 (Extracts), SCAI Case No. 300273-2013, 4 September 2014	Idem, p. 661-663.
OP SCAI nº 04/2014	Claimant and Counter-Respondent v. Respondent 1 and Counter-Claimant, Respondent 2 and Respondent 3, Procedural Order No. 4 (Extracts), SCAI Case No. 300273-2013, 18 June 2014	Idem, p. 682-685.
OP SCAI nº 15/2015	Claimant and Counter-Respondent v. Respondent 1 and Counter-Claimant, Respondent 2 and Respondent 3, Procedural Order No. 15, SCAI Case No. 300273-2013, 10 July 2015	Idem, p. 637-641.
OP SCAI nº 01/2008	Claimant 1-2 v Respondents 1-16, Order No. 1, 2008	ASA BULLETIN. Association Suisse de l'Arbitrage & Kluwer Law International, v. 28, Issue 1, p. 47-59, 2010.
OP SCAI nº 12/2014	Parties Not Indicated, Procedural Order No. 12 on the Claimant's Request for Stay of Arbitration, SCAI Case No. 300229-2012, 23 June 2014	SCHERER, Matthias (ed.). *ASA Bulletin*. Association Suisse de l'Arbitrage & Kluwer Law International, v. 36, Issue 3, p. 649-652, 2018.

Fonte: elaborado pela autora

ANEXO 14 – Pesquisa OPs Publicadas

QUADRO 16 – Análise das informações contidas nas ordens processuais objeto da *Pesquisa OPs Publicadas*

	Íntegra, Excertos ou Resumo	Data da publicação	Data de proferimento	Data do início da arbitragem	Nº do caso	Sede	Direito aplicável	Idioma	Nacionalidade das partes	Nome dos árbitros
OP SCAI nº 12/2014	Íntegra	2018	jun/14	Não	Sim	Sim	Não	Não	Não	Não
OP SCAI nº 01/2008	Excertos	2010	2008	jna/08	Não	Sim	Sim	Não	Não	Não
OP SCAI nº 15/2015	Íntegra	2018	jul/15	Não	Sim	Sim	Não	Não	Não	Não
OP SCAI nº 04/2014	Excertos	2018	jun/14	dez/13	Sim	Sim	Não	Não	Não	Não
OP SCAI nº 07/2014	Excertos	2018	set/14	Não	Sim	Não	Não	Não	Não	Não
OP SCAI nº 09/2014	Íntegra	2018	out/14	Não	Sim	Sim	Não	Não	Não	Não
OP SCAI nº 05/2014	Íntegra	2018	jul/14	Não	Sim	Sim	Não	Não	Não	Não
Ad Hoc nº 04	Íntegra	2010	2003	Não	Não	Não	Sim	Não	Não	Não
Ad Hoc nº 03	Excertos	2010	2003	Não	Não	Não	Sim	Sim	Não	Não
Ad Hoc nº 02	Excertos	2018	abr/09	Não	Não	Sim	Sim	Não	Não	Não
Ad Hoc nº 01	Excertos	2018	nov/10	Não	Não	Não	Sim	Não	Não	Não
OP CCI n. 04/2009	Resumo e Excertos	2010	abr/09	Não	Não	Sim	Não	Não	Não	Não
OP CCI nº 03/2008	Íntegra	2010	jul/08	Não	Não	Sim	Sim	Não	Não	Não
OP CCI nº 04/2008	Excertos	2018	2008	Não	Não	Sim	Não	Não	Não	Não
OP CCI nº 12542	Excertos	2005	dez/03	Não	Sim	Sim	Não	Não	Não	Não
OP CCI nº 18907	Excertos	2018	dez/12	Não	Sim	Não	Não	Não	Não	Não
OP CCI nº 14328	Íntegra	2018	jul/09	Não	Sim	Não	Não	Não	Não	Não
OP CCI nº 2002	Íntegra	2003	abr/02	Não	Não	Sim	Não	Não	Não	Não
OP CCI nº 09/2016	Excertos	2018	2016	Não	Não	Sim	Não	Não	Não	Não
OP CCI nº 20XXX	Íntegra	2018	Não	Não	Sim	Sim	Sim	Não	Sim	Não

ANEXO 14

	Nº de árbitros	Forma de nomeação dos árbitros	Convenção de arbitragem	Data dos fatos	Pedidos	Valores envolvidos	Dispositivo	Decisão sobre custos	Palavras-chave ou temas	Objeto e contexto jurídico-econômico
OP SCAI nº 12/2014	Não	Não	Não	Sim	Sim	Não	Sim	Não	Sim	Não
OP SCAI nº 01/2008	Não	Não	Não	Sim	Sim	Sim	Sim	Não	Não	Não
OP SCAI nº 15/2015	Sim	Não	Não	Sim	Sim	Não	Sim	Não	Sim	Não
OP SCAI nº 04/2014	Sim	Não	Não	Sim	Sim	Não	Sim	Não	Sim	Não
OP SCAI nº 07/2014	Sim	Não	Não	Sim	Sim	Não	Sim	Não	Sim	Não
OP SCAI nº 09/2014	Sim	Não	Não	Sim	Sim	Não	Sim	Não	Sim	Não
OP SCAI nº 05/2014	Sim	Não	Não	Sim	Sim	Não	Sim	Não	Sim	Não
Ad Hoc nº 04	Não	Não	Não	Sim	Sim	Sim	Sim	Sim	Não	Não
Ad Hoc nº 03	Não	Não	Não	Sim	Sim	Sim	Sim	Sim	Não	Não
Ad Hoc nº 02	Não	Não	Não	Sim	Sim	Não	Sim	Não	Sim	Não
Ad Hoc nº 01	Não	Não	Não	Não	Sim	Não	Sim	Não	Sim	Não
OP CCI n. 04/2009	Não	Não	Não	Não	Sim	Sim	Sim	Não	Sim	Sim
OP CCI nº 03/2008	Sim	Não	Não	Sim	Sim	Sim	Sim	Não	Não	Não
OP CCI nº 04/2008	Não	Não	Não	Não	Sim	Não	Sim	Sim	Sim	Sim
OP CCI nº 12542	Não	Não	Não	Sim	Sim	Sim	Sim	Sim	Sim	Não
OP CCI nº 18907	Não	Não	Sim	Sim	Sim	Não	Sim	Não	Sim	Não
OP CCI nº 14328	Não	Não	Não	Sim	Sim	Não	Sim	Não	Sim	Não
OP CCI nº 2002	Não	Não	Não	Sim	Sim	Não	Sim	Sim	Sim	Sim
OP CCI nº 09/2016	Sim	Não	Não	Não	Sim	Não	Sim	Não	Sim	Não
OP CCI nº 20XXX	Não	Não	Não	Sim	Sim	Não	Sim	Não	Sim	Não

Fonte: elaborado pela autora

ANEXO 15 – *Pesquisa Decisões de Impugnações*: decisões analisadas

QUADRO 17 – Lista das decisões objeto da *Pesquisa Decisões de Impugnações* e onde foram divulgadas

Ref.	Decisão analisada	Onde a decisão foi divulgada
LCIA nº 173566	LCIA Reference No. 173566, Decision Rendered 21 July 2017	LONDON COURT OF INTERNATIONAL ARBITRATION. LCIA Challenge Decision Database. Disponível em: https://www.lcia.org/challenge-decision-database.aspx. Acesso em: 8 jan. 2020.
LCIA nº 153149	LCIA Reference No. 153149, Decision Rendered 12 April 2017	Idem
LCIA nº 142778	LCIA Reference No. 142778, Decision Rendered 31 March 2017	Idem
LCIA nº 142683.2	LCIA Reference No. 142683 (Second Challenge Decision), Decision Rendered 16 December 2016	Idem
LCIA nº 163283	LCIA Reference No. 163283, Decision Rendered 3 October 2016	Idem
LCIA nº 142683.1	LCIA Reference No. 142683 (First challenge), Decision Rendered 4 August 2016	Idem
LCIA nº 152906	LCIA Reference No. 152906, Decision Rendered 25 May 2016	Idem
LCIA nº 142603	LCIA Reference No. 142603, Decision Rendered 16 February 2016	Idem
LCIA nº 152914	LCIA Reference No. 152914, Decision Rendered 5 August 2015	Idem
LCIA nº 132551	LCIA Reference No. 132551, Decision Rendered 22 July 2015	Idem
SCC nº 2017/201	SCC Arbitration 2017/201	IPP, Anja; CARÉ, Rodrigo; DUBESHKA, Valerya. *SCC Practice Note* – SCC Board Decisions on Challenges to Arbitrators 2016-2018. Disponível em: https://sccinstitute.com/media/795278/scc-practice-note_scc-decisions-on-challenges-to-arbitrators-2016-2018.pdf. Acesso em: 8 jan. 2020.
SCC nº 2017/042	SCC Arbitration 2017/042	Idem

ANEXO 15

Ref.	Decisão analisada	Onde a decisão foi divulgada
SCC nº 2016/183	SCC Arbitration 2016/183	Idem
SCC nº 2016/154	SCC Arbitration 2016/154	Idem
SCC nº 2016/051	SCC Arbitration 2016/051	Idem
SCC nº 2018/112	SCC Arbitration 2018/112 e 2018/113	Idem
SCC nº 2018/102	SCC Arbitration 2018/102	Idem
SCC nº 2017/176	SCC Arbitration 2017/176	Idem
SCC nº 2017/169	SCC Arbitration 2017/169	Idem
SCC nº 2017/123	SCC Arbitration 2017/123 under the UNCITRAL Rules	Idem

Fonte: elaborado pela autora

ANEXO 16 – Pesquisa Decisões de Impugnações

QUADRO 18 – Análise das informações contidas nas decisões objeto da *Pesquisa Decisões de Impugnações*

	Íntegra, Excertos ou Resumo	Data da publicação	Data de proferimento	Data do início da arbitragem	Nº do caso	Sede	Direito aplicável	Idioma	Nacionalidade das partes
SCC nº 2017/123	Resumo	2019	Não	Não	Sim	Sim	Sim	Sim	Sim
SCC nº 2017/169	Resumo	2019	Não	Não	Sim	Sim	Não	Sim	Sim
SCC nº 2017/176	Resumo e Excertos	2019	Não	Não	Sim	Sim	Sim	Sim	Sim
SCC nº 2018/102	Resumo	2019	Não	Não	Sim	Sim	Não	Sim	Sim
SCC nº 2018/112	Resumo e Excertos	2019	Não	Não	Sim	Sim	Não	Sim	Sim
SCC nº 2016/051	Resumo	2019	Não	Não	Sim	Sim	Não	Sim	Sim
SCC nº 2016/154	Resumo	2019	Não	Não	Sim	Sim	Não	Sim	Sim
SCC nº 2016/183	Resumo	2019	Não	Não	Sim	Sim	Não	Sim	Sim
SCC nº 2017/042	Resumo	2019	Não	Não	Sim	Sim	Sim	Sim	Sim
SCC nº 2017/201	Resumo e Excertos	2019	Não	Não	Sim	Sim	Não	Sim	Sim
LCIA nº 132551	Resumo e Excertos	2018	Jul./15	Nov./13	Sim	Sim	Sim	Sim	Não
LCIA nº 152914	Resumo e Excertos	2018	Ago./15	Jan./15	Sim	Sim	Sim	Sim	Não
LCIA nº 142603	Resumo e Excertos	2018	Fev./16	Jan./14	Sim	Sim	Sim	Sim	Não
LCIA nº 152906	Resumo e Excertos	2018	Mai./16	Jan./15	Sim	Sim	Sim	Sim	Não
LCIA nº 142683.1	Resumo e Excertos	2018	Ago./16	Abr./14	Sim	Sim	Sim	Sim	Não
LCIA nº 163283	Resumo e Excertos	2018	Out./16	Mar./16	Sim	Sim	Sim	Sim	Não
LCIA nº 142683.2	Resumo e Excertos	2018	Dez./16	Abr./14	Sim	Sim	Sim	Sim	Não
LCIA nº 142778	Resumo e Excertos	2018	Mar./17	Set./14	Sim	Sim	Sim	Sim	Não
LCIA nº 153149	Resumo e Excertos	2018	Abr./17	Out./15	Sim	Sim	Sim	Sim	Não
LCIA nº 173566	Resumo e Excertos	2018	Jul./17	Fev./17	Sim	Sim	Sim	Não	Não

ANEXO 16

	Nome de quem proferiu a decisão	Nome dos árbitros	Número de árbitros	Forma de nomeação dos árbitros	Convenção de arbitragem	Data dos fatos	Pedidos	Valores envolvidos	Dispositivo	Decisão sobre custos	Palavras-chave ou temas	Objeto e contexto jurídico-econômico
SCC nº 2017/123	Não	Não	Não	Não	Não	Não	Sim	Não	Sim	Sim	Não	Não
SCC nº 2017/169	Não	Não	Sim	Não	Não	Sim	Não	Sim	Sim	Não	Não	Não
SCC nº 2017/176	Não	Não	Não	Sim	Não	Sim	Não	Sim	Não	Não	Não	Não
SCC nº 2018/102	Não	Não	Sim	Sim	Não	Não	Sim	Não	Sim	Não	Não	Não
SCC nº 2018/112	Não	Não	Não	Sim	Não	Não	Não	Sim	Não	Não	Não	Não
SCC nº 2016/051	Não	Não	Não	Sim	Não	Sim	Não	Sim	Não	Não	Não	Não
SCC nº 2016/154	Não	Não	Não	Sim	Não	Não	Não	Sim	Não	Não	Não	Não
SCC nº 2016/183	Não	Não	Não	Sim	Não	Não	Não	Sim	Não	Não	Não	Não
SCC nº 2017/042	Não	Não	Não	Sim	Não	Não	Sim	Sim	Não	Não	Não	Não
SCC nº 2017/201	Não	Não	Sim	Sim	Não	Não	Sim	Sim	Não	Não	Não	Não
LCIA nº 132551	Não	Não	Sim	Sim	Não	Sim	Não	Sim	Não	Sim	Sim	Sim
LCIA nº 152914	Não	Não	Sim	Sim	Não	Sim	Não	Sim	Sim	Sim	Não	Sim
LCIA nº 142603	Não	Não	Sim	Sim	Não	Sim	Não	Sim	Sim	Sim	Sim	Não
LCIA nº 152906	Não	Não	Sim	Sim	Não	Sim	Não	Sim	Sim	Sim	Sim	Sim
LCIA nº 142683.1	Não	Não	Sim	Sim	Não	Sim	Sim	Sim	Sim	Sim	Não	Sim
LCIA nº 163283	Não	Não	Sim	Sim	Não	Sim	Não	Sim	Sim	Sim	Não	Sim
LCIA nº 142683.2	Não	Não	Sim	Sim	Não	Sim	Não	Sim	Sim	Sim	Não	Sim
LCIA nº 142778	Não	Não	Sim	Sim	Não	Sim	Sim	Sim	Sim	Sim	Sim	Sim
LCIA nº 153149	Não	Não	Sim	Sim	Não	Sim	Sim	Não	Sim	Sim	Sim	Não
LCIA nº 173566	Não	Não	Sim	Sim	Não	Sim	Sim	Não	Sim	Sim	Sim	Não

Fonte: elaborado pela autora

REFERÊNCIAS

ABBUD, André de Albuquerque Cavalcanti. *Soft law e produção de provas na arbitragem internacional*. São Paulo: Atlas, 2014.

ABBUD, André. Confidencialidade *vs.* publicação de sentenças pelas câmaras arbitrais: das regras às condutas. *In*: VASCONCELOS, Ronaldo; MALUF, Fernando; SANTOS, Giovani Ravagnani; LUÍS, Daniel Tavela (org.). *Análise prática das Câmaras Arbitrais e da Arbitragem no Brasil*. São Paulo: Iasp, 2019. p. 361-380.

ABDO, Helena Najjar. A publicidade do processo. *In*: CARVALHO, Milton Paulo de (coord.). *Direito processual civil*. São Paulo: Quartier Latin, 2007. p. 81-100.

ABDO, Helena Najjar. *Mídia e processo*. São Paulo: Saraiva, 2011.

ALVES, Rafael Francisco. *Árbitro e direito: o julgamento de mérito na arbitragem*. São Paulo: Almedina, 2018.

AMARAL, Guilherme Rizzo. *Judicial precedent and arbitration*: are arbitrators bound by judicial precedent? A comparative study of UK, US and Brazilian Law and Practice. London: Wildy, Simmonds & Hill, 2017.

AMARAL, Guilherme Rizzo. Vinculação dos árbitros ao precedente judicial. *Consultor Jurídico*, 3 out 2017. Disponível em: https://www.conjur.com.br/2017-out-03/guilherme-amaral-vinculacao-arbitros-aos-precedentes-judiciais#_ftnref15. Acesso em: 17 dez. 2018.

APRIGLIANO, Ricardo. Custas, despesas e condenação em honorários advocatícios em arbitragem. *In*: CARMONA, Carlos Alberto; LEMES, Selma M. Ferreira; MARTINS, Pedro Batista (coord.). *20 anos da Lei de Arbitragem*: homenagem a Petrônio R. Muniz. São Paulo: Atlas, 2017. p. 667-688.

AUTORITÀ NAZIONALE ANTICORRUZIONE. *Comunicato della Camera Arbitrale numero 1 del 19 gennaio 2017*. Disponível em: http://www.anticorruzione.it/portal/public/classic/Autorita/CameraArbitrale/_comunicato?id=1f7b94140a77804276e12f98101e86ed. Acesso em: 9 jul. 2018.

ÁVILA, Flávia; BIANCHI, Ana Maria (org.). *Guia de economia comportamental e experimental.* São Paulo: EconomiaComportamental.org, 2015.

ÁVILA, Humberto. *Teoria da segurança jurídica.* 4. ed. São Paulo: Malheiros, 2016.

AZZALI, Stefano. Introduction: balancing confidentiality and transparency. *In*: MALATESTA, Alberto; SALI, Rinaldo (ed.). *The Rise of Transparency in International Arbitration:* the case for the anonymous publication of arbitral award. Milano: JurisNet, 2013. p. xix-xxxii.

BACELO, Joice. Casos julgados em oito anos somam R$ 87 bi. *Valor Econômico*, 2 out 2018.

BACELO, Joice. Conflitos com chineses podem ser resolvidos por arbitragem. *Valor Econômico*, São Paulo, 12-14 maio 2018, Legislação e Tributos, p. E1.

BAKER, C. Mark, GREENWOOD, Lucy. Are challenges overused in international arbitration? *Journal of International Arbitration*, vol. 30, nº 2. Kluwer Law International, 2013, pp. 101-112.

BAKER, Kevin G. Mandatory Consumer Arbitration: has compliance with California's landmark data transparency law been sufficient to accomplish the legislature's goals? Assembly Judiciary Committee. p. 9-10. Disponível em: https://ajud.assembly.ca.gov/sites/ajud.assembly.ca.gov/files/reports/Arbitration%20Data%20Background%20paper.pdf. Acesso em: 18 maio 2019.

BAPTISTA, Luiz Olavo. Arbitragem: aspectos práticos. *Revista Brasileira de Arbitragem*, Curitiba, CBAr & IOB, v. 0, n. 0, p. 215-220, 2003.

BASILIO, Ana Tereza; LINS, Tiago. A confidencialidade na arbitragem; companhias abertas. *Revista de Arbitragem e Mediação*, São Paulo, v. 49, p. 157-172, abr./jun. 2016.

BENTOLILA, Dolores. Arbitrators as lawmakers. *International Arbitration Law Library*, Kluwer Law International, v. 43, p. 171-172, 2017.

BERGER, Klaus Peter. The International Arbitrators' Application of Precedents. *Journal of International Arbitration*, Kluwer Law International, v. 9, n. 4, p. 5-22, 1992.

BERGER, Renato; CARVALHO, Rafael Villac Vicente de. Em prol da "jurisprudência" arbitral societária. *Revista de Direito Empresarial*, São Paulo, ano 3, v. 8, p. 197-221, mar./abr. 2015.

BINENBOJM, Gustavo. O princípio da publicidade administrativa e a eficácia da divulgação de atos do poder público pela internet. *Revista Eletrônica de Direito do Estado*, Salvador, n. 19, p. 1-23, jul./set. 2009.

BISHOP, Doak. Ethics in International Arbitration, p. 11-12. Disponível em: http://www.arbitration-icca.org/media/0/12763302233510/icca_rio_keynote_speech.pdf. Acesso em: 20 mar. 2018.

BLAVI, Francisco. A case in favour of publicly available awards in international commercial arbitration: transparency v. confidentiality. *International Business Law Journal*, n. 1, p. 83-92, 2016.

BÖCKSTIEGEL, Karl-Heinz. Party autonomy and case management: experiences and suggestions of an arbitrator. Disponível em: http://www.arbitration-icca.org/articles.html?author=Karl_Heinz_Bockstiegel&sort=author. Acesso em: 21 fev. 2018.

BORN, Gary B. Institutions need to publish arbitrator challenge decisions. *Kluwer Arbitration Blog*, 10 maio 2010. Disponível em: http://arbitrationblog.kluwerarbitration.com/2010/05/10/institutions-need-to-publish-arbitrator-challenge-decisions/. Acesso em: 19 out. 2019.

BORN, Gary B. *International arbitration*: law and practice. 2. ed. Kluwer Law International, 2015.

BORN, Gary B. *International commercial arbitration*. 2. ed. Kluwer Law International, 2014.

BRAGHETTA, Adriana. *A importância da sede da arbitragem*: visão a partir do Brasil. Rio de Janeiro: Renovar, 2010.

BREKOULAKIS, Stavros L. Chapter 1: introduction: the evolution and future of international arbitration. *In*: BREKOULAKIS, Stavros L., LEW, Julian D. M., et al (ed.). *The evolution and future of international arbitration*. Kluwer Law International, 2016. p. 1-20. (International Arbitration Law Library Series, v. 37.)

BREKOULAKIS, Stravos; HODIS, Adrian. Information about arbitrators – an empirical assessment. *Kluwer Arbitration Blog*, 25 jul. 2018. Disponível em: http://arbitrationblog.kluwerarbitration.com/2018/07/25/mr/. Acesso em 23 fev. 2019.

BURGOS, María Angélica. Double-hatting in international commercial arbitration? In: GONZÁLEZ-BUENO, Carlos (ed). *40 under 40 International Arbitration*. Dykinson, S.L., 2018, pp. 87 – 98.

BUYS, Cindy G. The tensions between confidentiality and transparency in international arbitration. *The American Review of International Arbitration*, v. 14, p. 121-138, 2003.

CAHALI, Francisco José. *Curso de arbitragem*. 5. ed. São Paulo: RT, 2015.

CALAMANDREI, Piero. O processo como jogo. Tradução Roberto B. Del Claro. *Genesis – Revista de Direito Processual Civil*, Curitiba, n. 23, p. 191-209, jan./mar. 2002.

CAMERA ARBITRALE DE MILANO. Codice Deontologico Arbitri. Disponível em: https://www.camera-arbitrale.it/it/arbitrato/regolamento-arbitrale/codice-deontologico-arbitri.php?id=104. Acesso em: 10 maio 2018.

CARMO, Lie Uema do. *Análise econômica da interpretação contratual*. 2006. Dissertação (Mestrado em Direito Civil) – Faculdade de Direito da Pontifícia Universidade Católica de São Paulo, São Paulo, 2006.

CARMONA, Carlos Alberto. Arbitragem e administração pública – primeiras reflexões sobre a arbitragem envolvendo a administração pública. *Revista Brasileira de Arbitragem*, Curitiba, CBAr & IOB, v. XIII, n. 51, p. 7-21, 2016.

CARMONA, Carlos Alberto. *Arbitragem e processo*: um comentário à Lei nº 9.307/96. 3. ed. São Paulo: Atlas, 2009.

CARMONA, Carlos Alberto. As listas de árbitros. In: ROCHA, Caio Cesar Vieira; SALOMÃO, Luis Felipe (coord.). *Arbitragem e mediação*: a reforma da legislação brasileira. 2. ed. São Paulo: Atlas, 2017. p. 65-79.

CARMONA, Carlos Alberto. Flexibilização do procedimento arbitral. *Revista Brasileira de Arbitragem*, Curitiba, CBAr & IOB, v. VI, n. 24, p. 7-21, 2009.

CARVALHO, Eliane; GRION, Renato Stephan (coord.). *Anuário de Arbitragem no Brasil 2017*. São Paulo: Comitê Temático de Arbitragem do Centro de Estudos das Sociedades de Advogados – Cesa, 2018. Disponível em: http://www.cesa.org.br/media/files/CESAAnuariodaArbitragem2017.pdf. Acesso em: 12 fev. 2018.

CARVALHO, Lucila de Oliveira; LOPES, Luiz Felipe Calábria. Arbitragem multiparte e multicontrato: um estudo comparativo de regulamentos de arbitragem. *Revista Brasileira de Arbitragem*, CBAr & IOB, v. XI, n. 42, p. 39-40, 2014.

CENTRO DE ARBITRAGEM E MEDIAÇÃO DA CÂMARA DE COMÉRCIO BRASIL CANADÁ. *Código de ética do CAM-CCBC*. Disponível em: http://www.ccbc.org.br/Materia/1384/codigo-de-etica-do-arbitro. Acesso em: 6 maio 2018

CENTRO DE ESTUDOS DAS SOCIEDADES DE ADVOGADOS. *Anuário da arbitragem no Brasil 2016*. Coordenação de Eliane Carvalho e Renato Stephen Grion, dez. 2017. Disponível em: http://www.cesa.org.br/anuario_da_arbitragem_no_brasil_2016.html. Acesso em: 8 maio 2018.

CHARTERED INSTITUTE OF ARBITRATORS. *Costs of international arbitration survey*. London, 2011. Disponível em: https://www.international-arbitration-attorney.com/wp-content/uploads/CIArb-costs-of-International-Arbitration-Survey-2011.pdf. Acesso em: 2 maio 2018.

CINTRA, Antonio Carlos de Araújo; GRINOVER, Ada Pellegrini; DINAMARCO, Cândido Rangel. *Teoria geral do processo*. 26. ed. São Paulo: Malheiros, 2010.

CLUB ESPAÑOL DE ARBITRAJE. *Código de Boas Práticas em Arbitragem do Clube Espanhol de Arbitragem*. 2019. Disponível em: https://www.clubarbitraje.com/grupos/mediacion/publicaciones/. Acesso em: 27 nov. 2019.

COELHO, Eleonora. A tomada de decisões dos árbitros: a ignorada e relevante influência dos vieses inconscientes. In: BAPTISTA, Luiz Olavo, VISCONTE, Debora, ALVES, Mariana Cattel Gomes (org). *Estudos de Direito*: uma homenagem ao prof. José Carlos de Magalhães. São Paulo: Atelier Jurídico, 2018, p. 801-832.

COELHO, Eleonora. Desenvolvimento da cultura dos métodos adequados de solução de conflitos: uma urgência para o Brasil. *In*: ROCHA, Caio Cesar Viera; SALOMÃO, Luis Felipe (coord.). *Arbitragem e mediação*: a reforma da lei brasileira. São Paulo: Atlas, 2015. p. 101-126.

COMISSION, Jeffery P. Precedent in Investment Treaty Arbitration. *Journal of International Arbitration*, Kluwer Law International, v. 24, n. 2, p. 129-158, 2007.

COMITÊ BRASILEIRO DE ARBITRAGEM. *Arbitragem no Brasil* – Pesquisa CBAr-Ipsos. Disponível em: http://www.cbar.org.br/PDF/Pesquisa_CBAr-Ipsos-final.pdf. Acesso em: 7 jan. 2018.

COMITÊ BRASILEIRO DE ARBITRAGEM. Projeto de Lei 29/2017, de autoria do Sr. Deputado José Eduardo de Cardozo. Disponível em: http://cbar.org.br/site/wp-content/uploads/2018/04/Parecer-PLC-n%C2%BA-29.2017.pdf. Acesso em: 6 maio 2019.

COMOGLIO, Paolo; RONCAROLO, Chiara. Guidelines for publication of arbitral awards. *In*: MALATESTA, Alberto; SALI, Rinaldo (ed.). *The rise of transparency in international arbitration*: the case for the anonymous publication of arbitral award. New York: JurisNet, 2013.

COMRIE-THOMSON, Paul. A statement of arbitral jurisprudence: the case for a national law obligation to publish international commercial arbitral awards. *Journal of International Arbitration*, Kluwer Law International, v. 34, n. 2, p. 275-302, 2017.

CONSELHO ADMINISTRATIVO DE DEFESA ECONÔMICA. Cade aprova, com restrições, operação entre BM&FBovespa e Cetip. Notícia publicada no *site* do Cade em 22 mar. 2017. Disponível em: http://www.cade.gov.br/noticias/cade-aprova-com-restricoes-operacao-entre-bm-fbovespa-e-cetip. Acesso em: 2 maio 2018.

CONTHE, Manuel. Majority decision in complex arbitration cases: the role of issue-by-issue voting. *Spain Arbitration Review / Revista del Club Español del Arbitraje*, vol. 2010, nº 8. Club Español del Arbitraje, Wolters Kluwer España, 2010, p. 13.

COPPO, Benedetta; AZZALI, Stefano. X v. Y, Award, CAM Case No. 6210, 4 May 2011. *ITA Board of Reporters*, Kluwer Law International. Disponível em: http://www.kluwerarbitration.com/document/kli-ka-1138013#a0003. Acesso em: 13 set. 2019.

Correia, Marcelo dos Santos Barradas. A responsabilidade civil do árbitro. *Revista Brasileira de Arbitragem*, Curitiba, CBAr & IOB, v. X, n. 39, p. 7-24, 2013.

Corte de Arbitragem da Câmara de Comércio Internacional. *Nota às partes e aos tribunais arbitrais sobre a condução da arbitragem conforme o regulamento de arbitragem da CCI*. 1º de janeiro de 2019. Disponível em: https://cms.iccwbo.org/content/uploads/sites/3/2017/03/icc-note-to-parties-and-arbitral-tribunals-on-the-conduct-of-arbitration-portuguese.pdf. Acesso em: 25 nov. 2019.

Cotterrell, R. (ed.). *Law and Society*. Aldershot: Darmouth, 1994.

Cremades, Bernardo M.; Cortés, Rodrigo. The principle of confidentiality in arbitration: a necessary crisis. *Journal of Arbitration Studies*, v. 23, n. 3, p. 25-38, set. 2013.

Cretella Neto, José. Quão sigilosa é a arbitragem?. *In*: Wald, Arnoldo (org.). *Arbitragem e mediação*: a arbitragem. Introdução e histórico. São Paulo: RT, 2014. p. 125-151. (Coleção Doutrinas essenciais, v. I.)

Cruz e Tucci, José Rogério. O árbitro e a observância do precedente judicial. *Consultor Jurídico*, 1º nov. 2016. Disponível em: https://www.conjur.com.br/2016-nov-01/paradoxo-corte-arbitro-observancia-precedente-judicial. Acesso em: 4 dez. 2018.

Cwmgiedd, Thomas of. Developing commercial law through the courts: rebalancing the relationship between the courts and arbitration. The Bailii Lecture 2016. Disponível em: https://www.judiciary.uk/wp-content/uploads/2016/03/lcj-speech-bailli-lecture-20160309.pdf. Acesso em: 5 dez. 2018.

Dallari, Dalmo de Abreu. A tradição da arbitragem e sua valorização contemporânea. *In*: Wald, Arnoldo (org.). *Arbitragem e mediação*: a arbitragem, introdução e histórico. São Paulo: RT, 2014. p. 881-895. (Coleção Doutrinas essenciais, v. I.)

Davidai, Shai; Gilovich, Thomas; Ross, Lee. The meaning of default options for potential organ donors. *PNAS*, v. 109, n. 38, p. 15201-15205, 2012. Disponível em: https://www.pnas.org/content/109/38/15201. Acesso em: 7 jul. 2019.

De Plácido e Silva. *Vocabulário jurídico*. 26. ed. Rio de Janeiro: Forense, 2016.

Dezalay, Yves; Garth, Bryant G. *Dealing in virtue*: international commercial arbitration and the construction of a transnational legal order. Chicago: The University of Chicago Press, 1996.

DÍAZ-CANDIA, Hernando. "Issue conflict" in arbitration as apparently [un]seen in 2011 by a U.S. Court in STMicroelectronics vs. Credit Suisse Securities. *In*: *Arbitraje: revista de arbitraje comercial y de inversione*. Centro Internacional de Arbitraje, Mediación y Negociación (CIAMEN), IproLex 2012, vol. 5, nº 1, p. 287-297.

DICIONÁRIO MICHAELIS. Versão *online*. Disponível em: http://michaelis.uol.com.br/moderno-portugues/busca/portugues-brasileiro/transparente/. Acesso em: 1º mar 2018.

DINAMARCO, Cândido Rangel. *A arbitragem na teoria geral do processo*. São Paulo: Malheiros, 2013.

DINAMARCO, Cândido Rangel. *A instrumentalidade do processo*. 8. ed. São Paulo: Malheiros, 2000.

DINAMARCO, Cândido. *Instituições de direito processual civil*. 7. ed. São Paulo: Malheiros, 2017. v. II.

DINAMARCO, Cândido Rangel. *Instituições de direito processual civil*. 8. ed. São Paulo: Malheiros, 2016. v. I.

DINAMARCO, Cândido Rangel; LOPES, Bruno Vasconcelos Carrilho. *Teoria geral do novo processo civil*. 2. ed. São Paulo: Malheiros, 2017.

DI PIETRO, Maria Sylvia Zanella. *Direito administrativo*. 24. ed. São Paulo: Atlas, 2011.

DRAHOZAL, Christopher R. Chapter 32: The State of Empirical Research on International Commercial Arbitration: 10 years later. *In*: BREKOULAKIS, Stavros L.; LEW, Julian D. M. et al. (ed.). *The evolution and future of international arbitration*. Kluwer Law International, 2016. p. 453-458. (International Arbitration Law Library, v. 37.)

DRAHOZAL, Christopher R. Is arbitration lawless? *Loyola of Los Angeles Law Review*, v. 40, 2007. Disponível em: https://ssrn.com/abstract=935091. Acesso em: 22 jan. 2019.

ECONOMIA COMPORTAMENTAL. "Opção Default". Disponível em: http://www.economiacomportamental.org/opcao-padrao-default/. Acesso em: 7 jul. 2019.

ELIAS, Carlos Eduardo Stefen. *Imparcialidade dos árbitros*. 2014. Tese (Doutorado em Direito) – Faculdade de Direito da Universidade de São Paulo, Universidade de São Paulo, São Paulo, 2014.

FEEHILY, Ronán. Neutrality, independence and impartiality in international commercial arbitration, a fine balance in the quest for arbitral justice. *The Penn State Journal of Law & International Affairs*, vol. 7, nº 1, 2019, pp. 88-114.

FENSTER, Mark. The opacity of transparency. *Iowa Law Review*, v. 97, p. 885-949, 2006.

FERRAZ JR., Tercio Sampaio. Apresentação. *In*: LUHMANN, Niklas. *Legitimação pelo procedimento*. Tradução Maria da Conceição Corte-Real. Brasília: Editora Universidade de Brasília, 1980.

FERRAZ JR., Tercio Sampaio. *Introdução ao estudo do direito*: técnica, decisão, dominação. 6. ed. São Paulo: Atlas, 2008.

FICHTNER, José Antonio; MANHEIMER, Sergio Nelson; MONTEIRO, André Luis. A confidencialidade na arbitragem: regras gerais e exceções. *In*: FICHTNER, José Antonio; MANHEIMER, Sergio Nelson; MONTEIRO, André Luis. *Novos temas de arbitragem*. Rio de Janeiro: Ed. FGV, 2014. p. 91-151.

FICHTNER, José Antonio; MANHEIMER, Sergio Nelson; MONTEIRO, André Luis. A distribuição do custo do processo na sentença arbitral. *In*: FICHTNER, José Antonio; MANHEIMER, Sergio Nelson; MONTEIRO, André Luis. *Novos temas de arbitragem*. Rio de Janeiro: Ed. FGV, 2014. p. 231-274.

FINKELSTEIN, Cláudio; ESCOBAR, Marcelo Ricardo. Arbitragem na administração pública. *In*: MUNIZ, Joaquim de Paiva; BONIZZI, Marcelo José M.; FERREIRA, Olavo A. V. Alves (coord.). *Arbitragem e administração pública*: temas polêmicos. Ribeirão Preto: Migalhas, 2018. p. 261-280.

FINKELSTEIN, Cláudio; RAMOS, Caio Pazinato. Questionário de imparcialidade/independência e conflito de interesses na arbitragem institucional. *In*: VASCONCELOS, Ronaldo; MALUF, Fernando; SANTOS, Giovani Ravagnani; LUÍS, Daniel Tavela (org.). *Análise prática das câmaras arbitrais e da arbitragem no Brasil*. São Paulo: Iasp, 2019. p. 179-207.

FIORAVANTI, Marcos Serra Netto. *A arbitragem e os precedentes judiciais*: observância, respeito ou vinculação? Rio de Janeiro: Lumen Juris, 2018.

FOLLONIER-AYALA, Alejandro. ¿Jurisprudencia arbitral o precedente arbitral?. *Spain Arbitration Review* – Club Español del Arbitraje, Madrid, n. 28, p. 45-52, 2017.

FONSECA, Rodrigo Garcia da; CORREIA, André de Luizi. A confidencialidade na arbitragem. Fundamentos e limites. *In*: LEMES, Selma M. Ferreira; BALBINO, Inez (coord.). *Arbitragem*. Temas contemporâneos. São Paulo: Quartier Latin, 2012. p. 416-448.

GABBAY, Daniela Monteiro; PASTORE, Ricardo Ferreira. Arbitragem e outros meios de solução de conflitos em demandas indenizatórias na área de direito da concorrência. *Revista Brasileira de Arbitragem*, Curitiba, v. XI, n. 43, p. 7-32, 2014.

GAGLIARDI, Rafael Villar. Confidencialidade na arbitragem comercial internacional. *Revista de Arbitragem e Mediação*, São Paulo, v. 36, p. 95-135, jan./mar. 2013.

GAILLARD, Emmanuel. Keynote speech: consent: the essence of an ordinary jurisdiction. *In*: VALENÇA FILHO, Clávio de M.; VISCONTE, Debora; NANNI, Giovanni Ettore (org.). *Trabalhos do XV congresso internacional de arbitragem do Comitê Brasileiro de Arbitragem – CBAr*: consentimento na arbitragem internacional. São Paulo: CBAr, 2017. p. 7-22.

GAJARDONI, Fernando da Fonseca; ROQUE, André Vasconcelos. A sentença arbitral deve seguir o precedente judicial do novo CPC?. *Jota*, 7 nov. 2016. Disponível em: https://www.jota.info/opiniao-e-analise/colunas/novo-cpc/sentenca-arbitral-deve-seguir-o-precedente-judicial-novo-cpc-07112016. Acesso em: 4 dez. 2018.

GALANTER, Marc. Why the "haves" come out ahead: speculations on the limits of legal change, p. 9. Disponível em https://www.fd.unl.pt/docentes_docs/ma/MFG_MA_11419.pdf. Acesso em: 3 jul. 2018.

GAMA, Lauro. Realidade e desafios de ser árbitro no Brasil. ICC Masterclass. São Paulo. 15 de maio de 2014. *Revista Brasileira de Arbitragem*, Curitiba, CBAr & IOB, v. XI, n. 42, p. 7-14, 2014.

GARCEZ, José Maria Rossani; MARTINELLI, Ivan. A confidencialidade na arbitragem. *In*: MUNIZ, Joaquim de Paiva; VERÇOSA, Fabiane *et al.* (coord.). *Arbitragem e mediação*: temas controvertidos. Rio de Janeiro: Forense, 2014. p. 239-252.

GINSBURG, Tom. The culture of arbitration. *Vanderbilt Journal of Transnational Law*, n. 36, p. 1335-1345, 2003.

GORGA, Érica. Arbitragem, governança corporativa e retrocesso no mercado de capitais brasileiro. *In*: FONTES FILHO, Joaquim Rubens; LEAL, Ricardo Pereira Câmara (org.). *O futuro da governança corporativa*: desafios e novas fronteiras. São Paulo: Saint Paul, 2013. p. 216-232.

GREBLER, Eduardo. A ética dos árbitros. *Revista Brasileira de Arbitragem*, Curitiba, CBAr & IOB, v. X, n. 40, p. 72-77, 2013.

HALE, Thomas N., SLAUGHTER, Anne-Marie. Transparency: possibilities and limitations. *The Fletcher Forum of World Affairs*, v. 30, p. 153-164, 2006.

HATANAKA, Alex S. O poder público e a arbitragem após a reforma da Lei nº 9.307/1996. *Revista Brasileira de Arbitragem*, Curitiba, CBAr & IOB, v. XIII, n. 49, p. 7-35, 2016.

HOBER, Kaj. Chapter 34: Interpreting and understanding arbitral awards for purposes of scholarly research. *In*: BREKOULAKIS, Stavros L.; LEW, Julian D.

M. et al. (ed.). *The evolution and future of international arbitration.* Kluwer Law International, 2016. p. 465-470. (International Arbitration Law Library, v. 37.)

Hwang, Michael, Lim, Kevin. Issue conflict in ICSID arbitrations. *Transnational Dispute Management*, vol. 8, nº 5, 2011, pp. 1-32.

ICC Dispute Resolution Bulletin 2018. Issue 2. Disponível em: https://cdn.iccwbo.org/content/uploads/sites/3/2018/07/2017-icc-dispute-resolution-statistics.pdf. Acesso em 13 fev. 2019.

International Bar Association. *IBA guidelines on conflicts of interest in international arbitration.* Disponível em https://www.ibanet.org/Publications/publications_IBA_guides_and_free_materials.aspx#Practice%20Rules%20and%20Guidelines. Acesso em: 6 maio 2018.

International Bar Association. *Rules of ethics for the international arbitrator.* Disponível em: https://www.ibanet.org/Search/Search.aspx?query=%20IBA%20Rules%20of%20Ethics%20for%20International%20Arbitrators. Acesso em: 6 maio 2018.

International Bar Association. *The current state and future of international arbitration: regional perspectives.* Disponível em https://www.ibanet.org/LPD/Dispute_Resolution_Section/Arbitration/Publications.aspx. Acesso em 12 Dez 2019.

International Centre for Settlement of Investment Disputes. *Rules of procedure for arbitration proceedings.* Disponível em: http://icsidfiles.worldbank.org/icsid/icsid/StaticFiles/basicdoc/basic-en.htm. Acesso em: 8 jul. 2018.

International Chamber of Commerce. ICC Court announces new policies to foster transparency and ensure greater efficiency. 5 jan. 2016. Disponível em: https://iccwbo.org/media-wall/news-speeches/icc-court-announces-new-policies-to-foster-transparency-and-ensure-greater-efficiency/. Acesso em: 19 mar. 2019.

International Law Association. *ILA report on confidentiality in international arbitration (the hague conference 2010).* Disponível em: https://slides.tips/ila-report-on-confidentiality-in-international-commercial-arbitration-the-hague.html#_=_. Acesso em: 29 abr. 2018.

Ipp, Anja Havedal; Burova, Elena. *SCC Practice Note*: SCC Board Decisions on Challenges to Arbitrators 2013-2015. Disponível em: https://sccinstitute.com/media/176447/scc-decisions-on-challenges-to-arbitrators-2013-2015.pdf. Acesso em: 26 out. 2019.

IPP, Anja Havedal; CARÈ, Rodrigo; DUBESHKA, Valerya. *SCC Practice Note*: SCC Board Decisions on Challenges to Arbitrators 2016-2018. Publicada em ago. 2019. Disponível em: https://sccinstitute.com/media/795278/scc-practice-note_scc-decisions-on-challenges-to-arbitrators-2016-2018.pdf. Acesso em: 26 out. 2019.

KAHNEMAN, Daniel. *Rápido e devagar*: duas formas de pensar. Tradução Cássio de Arantes Leite. Rio de Janeiro: Objetiva, 2012.

KARTON, Joshua. A conflict of interests: seeking a way forward on publication of international arbitral awards. *Arbitration International*, London Court of International Arbitration & Kluwer Law International, v. 28, n. 3, p. 447-486, 2012.

KAUFMANN-KOHLER, Gabrielle. Arbitral precedent: dream, necessity or excuse?. *Arbitration International*, London Court of International Arbitration, v. 23, n. 3, p. 357-378, 2007.

KAUFMANN-KOHLER, Gabrielle. Globalization of arbitral procedure. *Vanderbilt Journal of Transnational Law*, v. 36, p. 1313-1333, 2003.

KAUFMANN-KOHLER, Gabrielle. When arbitrators facilitate settlement: towards a transnational standard: Clayton Utz/University of Sydney International Arbitration Lecture. *Arbitration International*, LCIA, v. 25, issue 2, p. 187-206, 2009.

KINNEAR, Meg; OBADIA, Eloise; GAGAIN, Michael. The ICSID approach to publication of information in investor-state arbitration. *In*: MALATESTA, Alberto; SALI, Rinaldo (ed.). *The rise of transparency in international arbitration*: the case for the anonymous publication of arbitral award. New York: JurisNet, 2013.

KULESZA, Gustavo Santos; AUN, Daniel. Contratos Fidic. *In*: BAPTISTA, Luiz Olavo; PRADO, Maurício Almeida. *Construção civil e direito*. São Paulo: Lex Magister, 2011. p. 175-210.

KUYVEN, Luiz Fernando Martins. Eficácia da sentença arbitral e segurança jurídica. *Revista de Direito Bancário e do Mercado de Capitais*, São Paulo, v. 56, p. 443-453, abr./jun. 2012.

KUYVEN, Luiz Fernando Martins. O necessário precedente arbitral. *Revista de Arbitragem e Mediação*, São Paulo, v. 36, p. 295-315, 2013.

LAU, Christopher. Do rules and guidelines level the playing field and properly regulate conduct? – An arbitrator's perspective. *In*: MENAKER, Andrea (ed.). *International arbitration and the rule of law*: contribution and conformity. Kluwer Law International, 2017. p. 559-598. (ICCA Congress Series, v. 19.)

LEE, João Bosco. A especificidade da arbitragem comercial internacional. *In*: CASELLA, Paulo B. (coord.). *Arbitragem*: lei brasileira e praxe internacional. 2. ed. São Paulo: LTr, 1999. p. 176-204.

LEE, João Bosco. A Lei 9.307/96 e o direito aplicável ao mérito do litígio na arbitragem comercial internacional. *Doutrinas Essenciais Arbitragem e Mediação*, São Paulo, v. 5, p. 425-440, 2014.

LEITE, António Pinto. Papel das instituições de arbitragem na construção da jurisprudência arbitral – a procura das melhores práticas. *Revista Brasileira de Arbitragem*, CBAr & IOB, n. 41, v. XI, p. 107-123, 2014.

LEMES, Selma M. Ferreira. A arbitragem e o estudante de direito. Disponível em: http://selmalemes.adv.br/artigos/Arbitragem.pdf. Acesso em: 27 jun. 2018.

LEMES, Selma M. Ferreira. Arbitragem na concessão de serviços públicos – arbitrabilidade objetiva. Confidencialidade ou publicidade processual? Disponível em: http://selmalemes.adv.br/artigos/artigo_juri15.pdf. Acesso em: 11 dez. 2019.

LEMES, Selma M. Ferreira. Arbitragem na concessão de serviços públicos – arbitrabilidade objetiva. Confidencialidade ou publicidade processual?. *In*: GUILHERME, Luiz Fernando do Vale de Almeida (coord.). *Novos rumos da arbitragem no Brasil*. São Paulo: Fiuza, 2004. p. 363-387.

LEMES, Selma M. Ferreira. Árbitro. O padrão de conduta ideal. Disponível em: http://selmalemes.adv.br/artigos/artigo_juri33.pdf. Acesso em: 13 nov. 2018.

LEMES, Selma M. Ferreira. *Árbitro*: princípios da independência e da imparcialidade. São Paulo: LTr, 2001.

LEMES, Selma M. Ferreira. O papel do árbitro. Disponível em http://selmalemes.adv.br/artigos/artigo_juri11.pdf. Acesso em: 2 maio 2018.

LEMES, Selma M. Ferreira. Dos árbitros. *In*: MARTINS, Pedro A. Batista; LEMES, Selma M. Ferreira; CARMONA, Carlos Alberto. *Aspectos fundamentais da Lei de Arbitragem*. Rio de Janeiro: Forense, 1999. p. 279-283.

LEMES, Selma M. Ferreira. Pesquisa: arbitragem em números e valores. Período de 2010 (jan./dez.) a 2016 (jan./dez.) – 7 anos. Disponível em: http://selmalemes.adv.br/artigos/An%C3%A1lise-%20Pesquisa-%20Arbitragens%20Ns%20%20e%20Valores%20_2010%20a%202016_.pdf. Acesso em: 1º maio 2018.

Lo, Chang-fa. On a balanced mechanism for publishing arbitral awards. *Contemporary Asia* Arbitration Journal, v. 1, n. 2, p. 235-253, 2008.

LUHMANN, Niklas. *Legitimação pelo procedimento*. Tradução Maria da Conceição Corte-Real. Brasília: Editora Universidade de Brasília, 1980.

LY, Filip, BROZOLO, Luca G. Radicati di; FRIEDMAN, Mark. Confidentiality in international arbitration. *Revista de Arbitragem e Mediação*, São Paulo, v. 31, p. 191-232, out./dez. 2011.

MAGALHÃES, José Carlos. Os deveres do árbitro. *In*: CARMONA, Carlos Alberto, LEMES, Selma M. Ferreira; MARTINS, Pedro A. Batista (coord.). *20 anos da Lei de Arbitragem*: homenagem a Petrônio Muniz. São Paulo: Atlas, 2017. p. 228-238.

MAGRAW JR., Daniel Barstow, AMERASINGHE, Niranjali Manel. Transparency and public participation in investor-state arbitration. *ILSA Journal of International & Comparative Law*, vol. 15, nº 2, 2009, p. 337-360.

MALHEIRO, Emerson Penha; BENATTO, Pedro Henrique Abreu. Arbitragem no poder público do Brasil. *Direitos Fundamentais & Justiça*, Belo Horizonte, ano 11, n. 36, p. 131-144, 2017.

MALINTOPPI, Loretta; LIMBASAN, Natalie. Living in glass houses? The debate on transparency in international investment arbitration. *BCDR International Arbitration Review*, Kluwer Law International, v. 2, n. 1, p. 31-58, 2015.

MARIANI, Rômulo Greff. *Precedentes na arbitragem*. 2017. Tese (Doutorado em Direito) – Faculdade de Direito da Universidade de São Paulo, Universidade de São Paulo, São Paulo, 2017.

MARINANGELO, Rafael. Aspectos relevantes dos modelos contratuais Fidic. *In*: MARCONDES, Fernando (org.). *Temas de direito da construção*. São Paulo: PINI, 2015. p. 187-207.

MARQUES, Ricardo Tadeu Dalmaso. A Resolução nº 35/2019 do CAM/CCBC – A transparência da constituição de tribunais arbitrais como imprescindível passo para a preservação da legitimidade e da confiança na arbitragem. *Revista Brasileira de Arbitragem*, CBAR & Kluwer Law International, n. 63, v. XVI, p. 96-137, 2019.

MARQUES, Ricardo Tadeu Dalmaso. Inexistência de vinculação do árbitro às decisões e súmulas judiciais vinculantes do Supremo Tribunal Federal. *Revista Brasileira de Arbitragem*, CBAr & IOB, v. X, n. 38, p. 96-137, 2013.

MARQUES, Ricardo Tadeu Dalmaso. *O dever de revelação do árbitro*: extensão e consequências de sua violação. 2017. Dissertação (Mestrado em Direito) – Faculdade de Direito da Universidade de São Paulo, Universidade de São Paulo, São Paulo, 2017.

MARTINS, André Chateaubriand. A administração pública na reforma da lei de arbitragem. *In*: ROCHA, Caio Cesar Vieira; SALOMÃO, Luis Felipe (coord.).

Arbitragem e mediação: a reforma da legislação brasileira. 2. ed. São Paulo: Atlas, 2017. p. 21-33.

Martins, Julia Girão Baptista. Administração pública: arbitragem e confidencialidade. *Revista de Arbitragem e Mediação*, São Paulo, v. 53, p. 263-282, abr./jun. 2017.

Martins Junior, Wallace Paiva. *O princípio da transparência administrativa*. 2002. Tese (Doutorado em Direito) – Faculdade de Direito da Universidade de São Paulo, Universidade de São Paulo, São Paulo, 2002.

Martins, Pedro A. Batista. Arbitragem através dos tempos: obstáculos e preconceitos à sua implementação no Brasil. Disponível em: http://batistamartins.com/en/arbitragem-atraves-dos-tempos-obstaculos-e-preconceitos-sua-implementacao-no-brasil/. Acesso em: 21 jun. 2016.

Martins, Pedro A. Batista. Dever de revelar do árbitro. *In*: Wald, Arnoldo (org.). *Arbitragem e mediação*: elementos da arbitragem e medidas de urgência. São Paulo: RT, 2014. p. 915-925. (Coleção Doutrinas essenciais, v. II.)

Martins, Pedro A. Batista. Normas e princípios aplicáveis aos árbitros. *In*: Martins, Pedro A. Batista; Lemes, Selma M. Ferreira; Carmona, Carlos Alberto. *Aspectos fundamentais da lei de arbitragem*. Rio de Janeiro: Forense, 1999. p. 289-311.

Mcilwrath, Michael; Schroeder, Roland. Users need more transparency in international arbitration. *In*: Malatesta, Alberto; Sali, Rinaldo (ed.). *The rise of transparency in international arbitration*: the case for the anonymous publication of arbitral award. New York: JurisNet, 2013.

Megna, Bruno Lopes. *Arbitragem e administração pública*: fundamentos teóricos e soluções práticas. Belo Horizonte: Fórum, 2019.

Megna, Bruno Lopes. *Arbitragem e administração pública*: o processo arbitral devido e adequado ao regime jurídico administrativo. 2017. Dissertação (Mestrado em Direito). Faculdade de Direito da Universidade de São Paulo. Universidade de São Paulo, São Paulo.

Meirelles, Hely Lopes. *Direito administrativo brasileiro*. 36. ed. São Paulo: Malheiros, 2008.

Melo, Leonardo de Campos. Note – Banco Santander Brasil S/A v. Paranapanema S/A, Tribunal de Justiça do Estado de São Paulo, Agravo de Instrumento nº 0036343-44.2013.8.26.0000, 2 May 2013. *Revista Brasileira de Arbitragem*, CBAr & IOB, v. X, n. 40, p. 129-133, 2013.

Mendes, Rodrigo Octávio Broglia. *Arbitragem, lex mercatoria e direito estatal*: uma análise dos conflitos ortogonais no direito transnacional. São Paulo: Quartier Latin, 2010.

MENON, Sundaresh. *International arbitration – the coming of a new age for Asia (and elsewhere)*. Opening plenary session – ICCA Congress 2012. Disponível em: http://www.arbitration-icca.org/media/0/13398435632250/ags_opening_speech_icca_congress_2012.pdf. Acesso em: 20 mar. 2018.

MILAN CHAMBER OF ARBITRATION. *Guidelines for the Anonymous Publication of Arbitral Awards*. Disponível em: https://www.camera-arbitrale.it/Documenti/guidelines_anonym-aw.pdf. Acesso em: 15 set. 2019.

MILLS, Karen; PHILIPPE, Mirèze; SMEUREANU, Ileana M. Lists, checklists, guidelines, principles, techniques, protocols, best practices: are they useful?. *Kluwer Arbitration Blog*, 16 jan. 2014. Disponível em: http://arbitrationblog.kluwerarbitration.com/2014/01/16/lists-checklists-guidelines-principles-techniques-protocols-best-practices-are-they-useful/. Acesso em: 20 jan. 2019.

MISTELIS, Loukas A. Too much information or when information relating to arbitration obscures rather than clarifies the landscape. *Kluwer Arbitration Blog*, 18 dez. 2014. Disponível em: http://arbitrationblog.kluwerarbitration.com/2014/12/18/too-much-information-or-when-information-relating-to-arbitration-obscures-rather-than-clarifies-the-landscape/. Acesso em: 11 jul. 2018.

MONTORO, André Franco. *Introdução à ciência do direito*. 26. ed. São Paulo: RT, 2005.

MOURRE, Alexis. Arbitral jurisprudence in international commercial arbitration: the case for a systematic publication of arbitral awards in 10 questions... *Kluwer Arbitration Blog*, 28 maio 2009. Disponível em: http://arbitrationblog.kluwerarbitration.com/2009/05/28/arbitral-jurisprudence-in-international-commercial-arbitration-the-case-for-a-systematic-publication-of-arbitral-awards-in-10-questions/. Acesso em: 5 dez. 2018.

MOURRE, Alexis. The case for the publication of arbitral awards. *In*: MALATESTA, Alberto; SALI, Rinaldo (ed.). *The rise of transparency in international arbitration*: the case for the anonymous publication of arbitral award. New York: JurisNet, 2013.

NALINI, José Renato. Ética na arbitragem. *In*: GUILHERME, Luiz Fernando do Vale de Almeida (coord.). *Novos rumos da arbitragem no Brasil*. São Paulo: Fiuza, 2004. p. 237-242.

NEVES, Flávia Bittar. Arbitragem institucional: fatores críticos na escolha da instituição arbitral. *In*: GUILHERME, Luiz Fernando do Vale Almeida (coord.). *Aspectos práticos da arbitragem*. São Paulo: Quartier Latin, 2006. p. 254-275.

Neves, Flávia Bittar; Maia Neto, Francisco; Muniz, Joaquim de Paiva; Ranzolin, Ricardo. *Memórias do desenvolvimento da arbitragem no Brasil*. Brasília: OAB, Conselho Federal, 2018.

Neves, José Roberto Castro. Os honorários advocatícios de sucumbência na arbitragem. *In*: Carmona, Carlos Alberto; Lemes, Selma M. Ferreira; Martins, Pedro Batista (coord.). *20 anos da Lei de Arbitragem*: homenagem a Petrônio R. Muniz. São Paulo: Atlas, 2017. p. 639-649.

Oliveira, Gustavo; Schwarstmann, Guilherme Baptista. Arbitragem público-privada no Brasil: a especialidade do litígio administrativo e as especificidades do procedimento arbitral. *Revista de Arbitragem e Mediação*, São Paulo, v. 44, p. 150-171, jan./mar. 2015.

Ong, Colin Yc. Confidentiality of Arbitral Awards and the Advantage for Arbitral Institutions to Maintain a Repository of Awards. *Asian International Arbitration Journal*, Singapore International Arbitration Centre e Kluwer Law International, n. 1, v. 1, p. 169-180, 2005.

Parente, Eduardo de Albuquerque. *Processo arbitral e sistema*. São Paulo: Atlas, 2012.

Pargendler, Mariana; Prado, Viviane Muller; Barbosa Júnior, Alberto. Cláusulas arbitrais no mercado de capitais brasileiro. *Revista de Arbitragem e Mediação*, São Paulo, v. 40, p. 105-111, 2014.

Park, William W. (ed.). *Arbitration international special edition on arbitrator challenges*. LCIA & Kluwer Law International, 2011.

Park, William W. Arbitrators and accuracy. *Journal of International Dispute Settlement*, v. 1, n. 1, p. 25-53, 2010.

Park, William W. Part III chapter 9: arbitrator integrity. In: Waibel, Michael, Kaushal, Asha e outros (ed). *The backlash against investment arbitration*. Kluwer Law International, 2010, pp. 189 – 251.

Partasides, Constantine. What has been the "spillover" effect of the transparency debate on commercial arbitrations? In: Kalicki, Jean Engelmayer, Raouf, Mohamed Abdel (ed). *Evolution and adaptation: the future of international arbitration* (ICCA Congress Series, vol. 20). International Council for Commercial Arbitration e Kluwer Law International: 2019, p. 699-709.

Paulsson, Jan. Ethics, elitism, eligibility. *Journal of International Arbitration*, vol. 14, nº 4. Kluwer Law International, 1997, pp. 13 – 22.

Paulsson, Jan. *Moral Hazard in International Dispute Resolution*. Inaugural Lecture as Holder of the Michael R. Klein Distinguished Scholar Chair University of Miami School of Law 29 April 2010. Disponível em: https://

www.arbitration-icca.org/media/0/12773749999020/paulsson_moral_hazard.pdf. Acesso em: 25 nov. 2019.

PAULSSON, Jan. *The idea of arbitration*. New York: Oxford University Press, 2013.

PAULSSON, Jan; PETROCHILOS, Georgios. *Uncitral Arbitration*. Kluwer Law International, 2017.

PEREIRA, Flavia A. Godinho; BENEVIDES, Mers S. G. A necessidade da confidencialidade nos litígios envolvendo tecnologia da informação. *Revista de Arbitragem e Mediação Empresarial* (Grupo de Estudos em Arbitragem da Pontifícia Universidade Católica de Minas Gerais. Grupo de Estudos em Mediação Empresarial da Pontifícia Universidade Católica de Minas Gerais), Belo Horizonte, ano I, n. 1, p. 99-124, 2014.

PERMANENT COURT OF ARBITRATION. *Arbitration rules 2012*. Disponível em: https://pca-cpa.org/en/services/arbitration-services/pca-arbitration-rules-2012/. Acesso em: 8 jul. 2018.

PINTO, José Emílio Nunes. A arbitrabilidade de controvérsias nos contratos com o Estado e empresas estatais. *Revista Brasileira de Arbitragem*, Curitiba, CBAr & IOB, v. I, n. 1, p. 9-26, 2004.

PINTO, José Emílio Nunes. A confidencialidade na arbitragem. *Revista de Arbitragem e Mediação*, São Paulo, v. 6, p. 25-36, jul./set. 2005.

PINTO, José Emílio Nunes. Chapter 8: ceci n'est pas um article. *In*: DERAIN, Yves; LEVY, Laurent (ed.). *Is arbitration only as god as the arbitrator? Status, powers and role of the arbitrator*. Kluwer Law International & ICC, 2011. p. 131-136. (Dossiers of the ICC Institute of World Business Law, v. 8.)

PINTO, José Emílio Nunes. Proposta para a preservação do sigilo da arbitragem na execução específica da cláusula compromissória. Disponível em: http://www.egov.ufsc.br/portal/sites/default/files/anexos/32711-40260-1-PB.pdf. Acesso em: 18 jan. 2018.

POMBO, Bárbara. Cade inova e aposta em arbitragem entre empresas. *Jota*, publicado em 6 mar. 2015. Disponível em: https://www.jota.info/justica/cade-inova-e-aposta-em-arbitragem-entre-empresas-06032015. Acesso em: 2 maio 2018.

PRYLES, Michael. Confidentiality. *In*: NEWMAND, Lawrence W., HILL, Richard D. (ed.). *The leading arbitrator's guide to international arbitration*. 2. ed. New York: Juris Publishing, 2008. p. 415-468.

PUGLIESE, Antonio Celso Fonseca; SALAMA, Bruno Meyerhof. A economia da arbitragem: escolha racional e geração de valor. *In*: JOBIM, Eduardo; BICCA, Rafael Machado (coord.). *Arbitragem no Brasil*: aspectos jurídicos relevantes. São Paulo: Quartier Latin, 2008. p. 119-140.

Puig, Sergio. Social capital in the arbitration market. *The European Journal of International Law*, v. 25, n. 2, p. 387-424, 2014.

Queen Mary Univesity of London. 2010 *International arbitration survey*: choices in international arbitration. Disponível em: http://www.arbitration.qmul.ac.uk/docs/123290.pdf. Acesso em: 7 jan. 2018.

Queen Mary Univesity of London. 2010 *International arbitration survey*: choices in international arbitration. Disponível em: http://www.arbitration.qmul.ac.uk/docs/123290.pdf. Acesso em: 7 jan. 2018.

Queen Mary Univesity of London. 2012 *International arbitration survey*: current and preferred practices in the arbitral process Disponível em: http://www.arbitration.qmul.ac.uk/media/arbitration/docs/2012_International_Arbitration_Survey.pdf. Acesso em: 04 jan. 2020.

Queen Mary Univesity of London. 2015 *International arbitration survey*: improvements and innovations in international arbitration. Disponível em: http://www.arbitration.qmul.ac.uk/media/arbitration/docs/2015_International_Arbitration_Survey.pdf. Acesso em: 10 maio 2018.

Queen Mary Univesity of London. 2018 *International arbitration survey*: the evolution of international arbitration. Disponível em: https://www.whitecase.com/sites/whitecase/files/files/download/publications/2018-international-arbitration-survey.pdf. Acesso em: 10 maio 2018.

Queen Mary Univesity of London. *Corporate choices in international arbitration*: industry perspectives. Disponível em: http://www.arbitration.qmul.ac.uk/media/arbitration/docs/pwc-international-arbitration-study2013.pdf. Acesso em: 04 jan. 2020.

Queen Mary Univesity of London. *International arbitration*: corporate attitudes and practices 2006. Disponível em: http://www.arbitration.qmul.ac.uk/media/arbitration/docs/IAstudy_2006.pdf. Acesso em: 04 jan 2020.

Queen Mary Univesity of London. *International arbitration*: corporate attitudes and practices 2008. Disponível em: http://www.arbitration.qmul.ac.uk/media/arbitration/docs/IAstudy_2008.pdf. Acesso em: 04 jan 2020.

Queen Mary Univesity of London. *Pre-empting and resolving technology, media and telecoms disputes*: international dispute resolution survey. Disponível em http://www.arbitration.qmul.ac.uk/media/arbitration/docs/Fixing_Tech_report_online_singles.pdf. Acesso em: 04 jan. 2020.

Quintana, Guilherme Enrique Malosso; Barthasar, Rafael Martinez. Sujeição ao regulamento arbitral. *In*: Vasconcelos, Ronaldo; Maluf, Fernando; Santos, Giovani Ravagnani; Luís, Daniel Tavela (org.). *Análise prática das Câmaras Arbitrais e da Arbitragem no Brasil*. São Paulo: Iasp, 2019.

REDFERN, Alan. Dissenting opinions in international commercial arbitration: the good, the bad and the ugly – 2003 Freshfields Lecture. *Arbitration International*, LCIA, v. 20, n. 3, 2004.

REPORT of the ASIL-ICCA Joint Task Force on Issue Conflicts in Investor-State Arbitration. Publicado em 17 de março de 2016. Disponível em: https://www.arbitration-icca.org/media/6/81372711507986/asil-icca_report_final_5_april_final_for_ridderprint.pdf. Acesso em: 13 dez. 2019.

RESNIK, Judith. Diffusing disputes: the public in the private of arbitration, the private in Courts, and the erasure of rights. *The Yale Law Journal* (Faculty Scholarship Series), n. 124, p. 2804-2939, 2015.

REUBEN, Richard C. Confidentiality in arbitration: beyond the myth. *University of Kansas Law Review*, n. 54, p. 1255-1300, 2006.

RIBEIRO, João; DOUGLAS, Michael. Transparency in investor-state arbitration: the way forward. *Asian International Arbitration Journal*, Singapore International Arbitration Centre & Kluwer Law International, v. 11, n. 1, p. 49-67, 2015.

ROGERS, Catherine. A window into the soul of international arbitration: arbitrator selection, transparency and stakeholder interests. *Victoria U. Wellington Law Review*, n. 46, p. 1179-1190, 2015.

ROGERS, Catherine. Chapter II: the arbitrator and the arbitration procedure, transparency in arbitrator selection. *In*: KLAUSEGGER, Christian, KLEIN, Peter *et al*. (ed.). *Austrian Yearbook on International Arbitration 2016*. Viena: Manz'sche Verlags- und Universitätsbuchhandlung, 2016. p. 75-85.

ROGERS, Catherine. The arrival of the "Have-Nots" in International Arbitration. *Nevada Law Journal*, v. 8, p. 341-384, 2007.

ROGERS, Catherine. The vocation of the international arbitrator. *American University International Law Review*, v. 20, p. 957-1020, 2005.

ROGERS, Catherine. Transparency in international commercial arbitration. *Kansas Law Review*, v. 54, p. 1301-1337, 2006.

RUBINS, Noah. Chapter V: Investment arbitration – Opening the investment arbitration process: at what cost, for what benefit?. *In*: KLAUSEGGER, Christian; KLEIN, Peter *et al*. (ed.). *Austrian Yearbook on International Arbitration 2009*. Viena: Manz'sche Verlags- und Universitätsbuchhandlung, 2016. p. 483-492.

SABATER, Aníbal. Towards transparency in arbitration (a cautious approach). *Berkeley Journal of International Law Publicist*, vol. 5, nº 1, 2010, pp. 47-53.

SACHS, Klaus. Protocol on expert teaming: a new approach to expert evidence. Disponível em: https://www.lawlibrary.ie/rss/CPDArbitration09072011/15SachsProtocolOnExperts.pdf. Acesso em: 20 jan. 2019.

SALI, Rinaldo. Transparency and confidentiality: how and why to publish arbitration decisions. *In*: MALATESTA, Alberto; SALI, Rinaldo (ed.). *The rise of transparency in international arbitration*: the case for the anonymous publication of arbitral award. New York: JurisNet, 2013. p. 73-85.

SALLA, Ricardo Medina. Arbitragem e direito público. *Revista Brasileira de Arbitragem*, Curitiba, v. VI, n. 22, p. 78-106, abr./jun. 2009.

SALLES, Carlos Alberto de. A confidencialidade possível: a administração pública como parte nos mecanismos alternativos de solução de controvérsias. *Revista Eletrônica de Direito Processual*, Rio de Janeiro, ano 11, v. 18, n. 1, p. 156-173, 2017.

SALLES, Carlos Alberto de. *Arbitragem em contratos administrativos*. Rio de Janeiro: Forense, 2011.

SALOMÃO FILHO, Calixto. Breves notas sobre transparência e publicidade na arbitragem societária. *Revista de Arbitragem e Mediação*, São Paulo, v. 52, p. 63-69, 2017, versão *online*.

SALOMÃO FILHO, Calixto. *Regulação da atividade econômica* (princípios e fundamentos jurídicos). 2. ed. São Paulo: Malheiros, 2008.

SCALETSCKY, Fernanda. A teoria dos grupos societários e a extensão da cláusula compromissória a partes não signatárias. *Revista Brasileira de Arbitragem*, CBAr & IOB, v. XII, n. 46, p. 20-47, 2015.

SCC. *SCC Board to provide reasoned decisions on arbitrator challenges*. Publicado em 8 nov. 2017. Disponível em: https://sccinstitute.com/about-the-scc/news/2017/scc-board-to-provide-reasoned-decisions-on-arbitrator-challenges/. Acesso em: 17 out. 2019.

SCHMITZ, Amy J. Untangling the privacy paradox in arbitration. *University of Kansas Law Review*, v. 54, p. 1211-1253, 2006.

SICA, Heitor Vitor Mendonça. Arbitragem e fazenda pública. *In*: YARSHELL, Flávio Luiz; PEREIRA, Guilherme Setoguti J. (coord.). *Processo societário*. São Paulo: Quartier Latin, 2015. v. II, p. 327-340.

SICA, Heitor Vitor Mendonça. Panorama atual da garantia de publicidade no processo civil brasileiro. *In*: CARVALHO, Milton Paulo de; CASTRO, Daniel Penteado de (coord.). *Direito processual civil*. São Paulo: Quartier Latin, 2011. v. II, p. 121-139.

SILVA, Fernanda Tartuce. *Vulnerabilidade como critério legítimo de desequiparação no processo civil*. Tese (Doutorado em Direito) – Faculdade de Direito da Universidade de São Paulo. Universidade de São Paulo, São Paulo, 2011.

SILVA, José Afonso da. *Curso de direito constitucional positivo*. 29. ed. São Paulo: Malheiros, 2007.

SILVA, Virgílio Afonso da. Deciding without deliberating. Disponível em: https://constituicao.direito.usp.br/wp-content/uploads/2013-ICON-11-Deciding-Deliberating.pdf. Acesso em: 11 dez. 2019.

SMEUREANU, Ileana M. Confidentiality in international commercial arbitration. *Kluwer Law International*, p. 27-31, 2011 (International Arbitration Law Library Series, v. 22.).

SOMBRA, Thiago Luís. Mitos, crenças e a mudança de paradigma da arbitragem com a administração pública. *Revista Brasileira de Arbitragem*, Curitiba, CBAr & IOB, v. XIV, n. 54, p. 54-72, 2017.

STIPANOWICH, Thomas J.; VASCONCELLOS, Marcio. The interplay between empirical studies and commercial arbitration practice. *In*: BREKOULAKIS, Stavros L.; LEW, Julian D. M. et al. (ed.). *The evolution and future of international arbitration*. Kluwer Law International, 2016. p. 471-485. (International Arbitration Law Library, v. 37.).

SUNDFELD, Carlos Ari. *Fundamentos de direito público*. 4. ed. São Paulo: Malheiros, 2006.

TALAMINI, Eduardo; FRANZONI, Diego. Arbitragem e empresas estatais. *Interesse Público – IP*, Belo Horizonte, ano 19, n. 105, p. 15-45, set./out. 2017.

TAO, Jingzhou. Chapter 33: deliberations of arbitrators. *In*: SHAUGHNESSY, Patricia; TUNG, Sherlin Tung (ed.). *The powers and duties of an arbitrator*: Liber Amicorum Pierre A. Karrer. Kluwer Law International, 2017. p. 349-358.

THALER, Richard H.; SUSTEIN, Cass R. *Nudge*: improving decisions about health, wealth, and happiness. New Haven & London: Yale University Press, 2008.

THEODORO JÚNIOR, Humberto. *Curso de direito processual civil*. 57. ed. Rio de Janeiro: Forense, 2016. v. I.

TIBURCIO, Carmen. Arbitragem no Brasil: panorama dos últimos 15 anos. *In*: LEMES, Selma M. Ferreira; BALBINO, Inez (coord.). *Arbitragem*: temas contemporâneos. São Paulo: Quartier Latin, 2012. p. 75-101.

TIBURCIO, Carmen; PIRES, Thiago Magalhães. Arbitragem envolvendo a administração pública: notas sobre as alterações introduzidas pela Lei 13.129/2005. *Revista de Processo*, São Paulo, v. 254, p. 431-462, abr. 2016.

TIMM, Luciano Benetti. Análise econômica dos contratos. *In*: TIMM, Luciano Benetti (org.). *Direito e economia no Brasil*. 2. ed. São Paulo: Atlas, 2014. p. 158-179.

TIMM, Luciano Benetti; DIAS, Lucas de Souza. Arbitragem nos contratos de franquia. *Revista Brasileira de Arbitragem*, CBAr & IOB, v. VI, n. 21, p. 35-60, 2009.

TIMM, Luciano Benetti; GUANDALINI, Bruno; RICHTER, Marcelo de Souza. Reflexões sobre uma análise econômica da ideia de arbitragem no Brasil. Disponível em: https://www.researchgate.net/publication/321165153_RE FLEXOES_SOBRE_UMA_ANALISE_ECONOMICA_DA_IDEIA_DE_ ARBITRAGEM_NO_BRASIL. Acesso em: 12 nov. 2018.

TUNG, Sherlin; LIN, Brian. Chapter II: The arbitrator and the arbitration procedure, more transparency in international commercial arbitration: to have or not to have?. *In*: KLAUSEGGER, Christian; KLEIN, Peter *et al.* (ed.). *Austrian Yearbook on International Arbitration 2018*. Viena: Manz'sche Verlags- und Universitätsbuchhandlung, 2018. p. 77-94.

TUPONI JÚNIOR, Benedito Aparecido. A (in)arbitrabilidade dos dissídios individuais trabalhistas. *Revista Brasileira de Arbitragem*, Curitiba, CBAr & IOB, v. V, n. 18, p. 39-59, 2008.

TZIRULNIK, Ernesto. A arbitragem no projeto de lei de contrato de seguro. Disponível em: http://www.etad.com.br/a-arbitragem-no-projeto-de-lei-de-contrato-de-seguro/. Acesso em: 5 maio 2019.

UNITED NATIONS. *Report of the United Nations Commissions on International Trade Law*: Forty-seventh session (7-18 July 2014). United Nations, New York, 2014.

VALLE, Martim Della. Considerações sobre os pressupostos processuais em arbitragens. *Revista Brasileira de Arbitragem*, CBAr & IOB, v. III, n. 12, p. 7-30, 2006.

VAUGHN, Gustavo Fávero; SANTOS, Guilherme P. M. C. dos; SÁ, Lucas Fernandes de. Um paralelo entre os negócios jurídicos processuais e a arbitragem. *Migalhas*, 14 set. 2016. Disponível em: http://www.migalhas.com.br/dePeso/16,MI245509,11049-Um+paralelo+entre+os+negocios+juridicos+p rocessuais+e+a+arbitragem. Acesso em: 27 jun. 2018.

VIDAK-GOJKOVIC, Ema; GREENWOOD, Lucy; MCILWRATH, Michael. Chapter II: The Arbitrator and the Arbitration Procedure, Puppies or Kittens? How to Better Match Arbitrators to Party Expectations. *In*: KLAUSEGGER, Christian, KLEIN, Peter *et al.* (ed.). *Austrian Yearbook on International Arbitration 2016*. Viena: Manz'sche Verlags- und Universitätsbuchhandlung, 2016. p. 61-74.

VILELA, Amanda Cristina Siqueira da Costa. *A confidencialidade da arbitragem em companhias abertas no Brasil*. 2019. Dissertação (Mestrado em Direito) – Faculdade de Direito da Universidade de São Paulo, Universidade de São Paulo, São Paulo, 2019.

Villaggi, M. Florencia. International commercial arbitral awards: moving from secrecy towards transparency?. *Young ICCA Blog*, 14 jan. 2013, p. 19.

Disponível em: http://www.youngicca-blog.com/international-commercial-arbitral-awards-moving-from-secrecy-towards-transparency/. Acesso em: 25 set. 2019.

Vita, Jonathan Barros. Arbitragem e sigilo: análise estrutural e consequências jurídicas de sua quebra. *In*: Pinto, Ana Luiza B. da Mota, Skitnevsky, Karin Hlavnicka (coord.). *Arbitragem nacional e internacional*: os novos debates e a visão dos jovens arbitralistas. Rio de Janeiro: Elsevier, 2012. p. 49-68.

Walsh, Thomas; Teitelbaum, Ruth. The LCIA Court Decisions on challenges to arbitrators: an introduction. *In*: Park, William W. (ed.). *Arbitration international special edition on arbitrator challenges*. LCIA & Kluwer Law International, 2011. p. 283-313.

Weidenmaier, W.C. Mark. Judging-Lite: how arbitrators use and create precedent. *North Carolina Law Review*, UNC School of Law, v. 90, n. 4, p. 1091-1146, 2012.

Wilske, Stephan; Edworthy, Chloë. Chapter II: The arbitrator and the arbitration procedure. The predictable arbitrator: a blessing or a curse?. *In*: Klausegger, Christian, Klein, Peter et al. (ed.). *Austrian Yearbook on International Arbitration 2017*. Viena: Manz'sche Verlags- und Universitätsbuchhandlung, 2017. p. 75-90.

World Bank. *The ICSID caseload – statistics (issue 2018-1)*. Disponível em: www.icsid.worldbank.org. Acesso em: 25 mar. 2018.

Yarshell, Flávio Luiz. Convenção das partes em matéria processual: rumo a uma nova era?. *In*: Cabral, Antonio do Passo; Nogueira, Pedro Henrique (coord.). *Negócios processuais*. Salvador: JusPodivm, 2015. p. 63-80.

Young, Lacey. Milan chamber reveals tribunal members. Publicado em 1º ago. 2016. Disponível em: https://www.camera-arbitrale.it/upload/documenti/centro%20studi%20articoli/Lacey%20Yong_Milan%20chamber%20reveals%20tribunal%20members_Articolo%20GAR%20(1).pdf. Acesso em: 3 nov. 2019.

Zlatanska, Elina. To publish or not to publish arbitral awards: that is the question... *Arbitration*: The International Journal of Arbitration, Mediation and Dispute Management, Thomson Reuters – Sweet & Maxwell, v. 81, n. 1, p. 25-37, fev. 2015.